E-Commerce Logistics Management

电子商务物流管理

（第2版）

欧伟强　钟晓燕　主　编

电子工业出版社
Publishing House of Electronics Industry
北京·BEIJING

内 容 简 介

本书围绕"商流、物流、信息流、资金流",梳理了电子商务物流管理领域的前沿内容和最新研究成果,包括跨境电子商务物流管理、智慧电子商务物流管理、电子商务供应链金融、区块链与电子商务物流等。同时,紧紧围绕实践和案例分析来展开,每章都设置了引导案例、知识链接、案例阅读、实训题等,进一步拓展学生的知识面,培养学生的创新能力和综合素质。

本书可供经济管理类专业的学生作为电子商务物流管理课程的教材,也可供实际工作人员参考。

未经许可,不得以任何方式复制或抄袭本书之部分或全部内容。
版权所有,侵权必究。

图书在版编目(CIP)数据

电子商务物流管理 / 欧伟强,钟晓燕主编. — 2 版. —北京:电子工业出版社,2021.11
ISBN 978-7-121-42360-4

Ⅰ. ①电… Ⅱ. ①欧… ②钟… Ⅲ. ①电子商务-物流管理-高等学校-教材 Ⅳ. ①F713.365.1

中国版本图书馆 CIP 数据核字(2021)第 233799 号

责任编辑:石会敏　　文字编辑:苏颖杰
印　　刷:大厂回族自治县聚鑫印刷有限责任公司
装　　订:大厂回族自治县聚鑫印刷有限责任公司
出版发行:电子工业出版社
　　　　　北京市海淀区万寿路 173 信箱　　邮编:100036
开　　本:787×1092　1/16　　印张:17.75　　字数:454.4 千字
版　　次:2018 年 9 月第 1 版
　　　　　2021 年 11 月第 2 版
印　　次:2023 年 9 月第 5 次印刷
定　　价:52.00 元

凡所购买电子工业出版社图书有缺损问题,请向购买书店调换。若书店售缺,请与本社发行部联系,联系及邮购电话:(010)88254888,88258888。
质量投诉请发邮件至 zlts@phei.com.cn,盗版侵权举报请发邮件至 dbqq@phei.com.cn。
本书咨询联系方式:738848961@qq.com。

第 2 版前言

《电子商务物流管理》自 2018 年 9 月出版以来,得到了广大教师的认可和高校的采用,在此表示感谢。但是电子商务物流的发展日新月异,第 1 版的不足日益明显。新冠肺炎疫情的爆发又为电子商务物流发展带来了新的机遇和挑战。为此,编者从 2020 年寒假即着手第 2 版的写作,冬去春来,到第 2 版初稿完成时,福州已经迎来夏天。

第 2 版是第 1 版的重大升级,除了对全书的引导案例、知识链接、案例阅读、实训题等进行更新,亦对各章内容进行了大幅修订,具体如下:

第一篇"电子商务物流基础理论"。第一章:删减电子商务模式相关内容;增加 F2C、C2M 模式、电子商务物流案例分析。第二章:删减物流模式部分表述,删除物流联盟相关内容;增加 RCEP 协定、互联网+物流企业运营模式分析、电子商务物流产业链分析等内容。

第二篇"电子商务物流功能管理"。第三章:删减包装材料、传统包装技术内容;增加新增电子商务包装技术、包装新趋势等内容;删减装卸搬运部分内容;增加自动化分拣系统、工业 4.0 下的智能搬运等内容。第四章:删减传统仓储的基本功能、合理化等内容;增加高铁+电子商务物流、网络货运与无车承运人、航运与电子商务、中美货机运力比较、无人驾驶与电子商务、前置仓、中小微仓、电子商务仓储基本流程、建设方式等内容。第五章:删减电子商务配送新要求、优势、流程等内容,修改电子商务物流配送模式相关内容;增加流通加工实践案例,如中央厨房、净菜电子商务行业分析。第六章:简化各物流技术的描述性内容,增补应用性介绍及相关案例;增加 EDI 的标准、GNSS 在电子商务物流中的应用。第七章:将原来的第二节删除,将部分内容整合到原来的第一节;增加电子商务物流增值服务内容;更新运输、仓储费用构成,电子商务配送成本最新数据。第八章:删减供应链分类等部分内容;增加唯品会、朴朴超市等电子商务供应链管理实践案例。

第三篇"电子商务物流前沿管理"。第九章:修改我国跨境电子商务物流发展存在的问题;增加跨境电子商务平台物流模式对比分析及代表性跨境电子商务物流企业案例。第十章:对第 1 版的第十章和第十一章进行整合,并新增大数据、人工智能在电子商务物流中的应用,形成"智慧电子商务物流管理";新增内容详见二级子目录。第十一章:更新案例,删减供应链金融模式内容表述;增加供应链金融、贸易金融和物流金融的辨析,互联网+供应链金融的八大模式。第十二章:删减"区块链视角下的电子商务物流体系";增加数字货币的四种类型、基于区块链的电子商务应用等内容，增加央行法定数字货币、数字货币标准建设等知识点。

第 2 版秉承第 1 版的写作风格，在深入浅出、通俗易懂方面狠下功夫，特别是结合新发展格局下电子商务物流发展的新特点，力求将理论框架梳理清楚，并适当辅以最新实践知识点，增强本书的可阅读性。第 2 版的修订得到了电子工业出版社编辑一如既往的支持，在此表示感谢。第 2 版的错漏与不足之处，依然恳请读者指正。正是您的一贯支持，给予了我们不断前行的动力。

本教材是省级一流本科课程配套教材，课程资源有：

(1) 全套 PPT(12 章，合计 800 多页)；

(2) 线上课程：mooc1-1.chaoxing.com/course/203840370.html；

(3) 教案或课程建设相关材料，请联系 38229635@qq.com 索取。

目　　录

第一篇　电子商务物流基础理论

第一章　电子商务与物流的融合 …… 2
第一节　电子商务概述 …… 3
　　一、电子商务基本概念 …… 3
　　二、电子商务的典型模式 …… 4
第二节　现代物流概述 …… 12
　　一、物流基本概念 …… 12
　　二、物流的价值实现 …… 12
　　三、物流的分类 …… 14
第三节　电子商务与物流的关系 …… 18
　　一、电子商务对物流的影响 …… 18
　　二、物流在电子商务中的地位 …… 19
　　三、电子商务与物流的共生 …… 20
第四节　电子商务环境下的物流管理 …… 21
　　一、电子商务物流的内涵 …… 21
　　二、电子商务物流管理的作用 …… 23

第二章　电子商务物流市场与模式 …… 27
第一节　电子商务物流市场 …… 29
　　一、物流市场 …… 29
　　二、电子商务物流市场定义 …… 30
　　三、电子商务物流市场构成 …… 31
　　四、电子商务物流市场特征 …… 33
第二节　电子商务物流模式 …… 34
　　一、电子商务物流模式介绍 …… 34
　　二、互联网+物流企业运营模式 …… 39
　　三、电子商务物流模式选择 …… 41

第二篇　电子商务物流功能管理

第三章　电子商务包装与装卸搬运管理 …… 48
第一节　包装 …… 50
　　一、包装概述 …… 50
　　二、电子商务包装材料 …… 53
　　三、电子商务包装技术 …… 55
　　四、特殊的包装：集装单元 …… 58
　　五、电子商务包装发展趋势 …… 62
第二节　装卸搬运 …… 63
　　一、装卸搬运的概念、特点、作用及分类 …… 63
　　二、常用装卸搬运设备 …… 66
　　三、装卸搬运的合理化 …… 71
　　四、工业4.0下的智能搬运 …… 73

第四章　电子商务运输与仓储管理 …… 79
第一节　电子商务运输管理 …… 81
　　一、运输概述 …… 81
　　二、主要运输方式及特点 …… 82
　　三、运输的合理化 …… 89
第二节　电子商务仓储管理 …… 90
　　一、仓储的概念 …… 91
　　二、仓储在电子商务物流中的作用 …… 91
　　三、电子商务仓库的特殊性 …… 92
　　四、电子商务仓储基本流程 …… 92
　　五、电子商务仓储的建设方式 …… 93

第五章　电子商务配送与流通加工管理 …… 98
第一节　电子商务与物流配送 …… 100

　　　　一、物流配送概述………… 100
　　　　二、电子商务对物流配送的
　　　　　　影响…………………… 101
　　　　三、电子商务配送的特征…… 102
　　第二节　电子商务物流配送流程
　　　　　　与模式………………… 103
　　　　一、电子商务物流配送流程… 103
　　　　二、电子商务物流配送模式… 105
　　第三节　电子商务流通加工管理… 108
　　　　一、流通加工的概念及特点… 108
　　　　二、流通加工的地位及作用… 109
　　　　三、流通加工的合理化……… 111

第六章　电子商务物流信息管理……… 116
　　第一节　物流信息概述…………… 118
　　　　一、物流信息的概念和特点… 118
　　　　二、物流信息的分类………… 119
　　第二节　物流信息技术…………… 119
　　　　一、条形码技术……………… 120
　　　　二、EDI 技术………………… 124
　　　　三、RFID 技术……………… 126
　　　　四、自动跟踪技术…………… 128
　　第三节　电子商务物流信息系统… 132
　　　　一、电子商务物流信息系统的
　　　　　　功能…………………… 133
　　　　二、电子商务物流信息系统的
　　　　　　构成…………………… 134

第七章　电子商务物流服务与成本
　　　　管理…………………………… 140
　　第一节　电子商务物流服务……… 142

　　　　一、电子商务物流服务概述… 142
　　　　二、电子商务物流服务价值链… 143
　　　　三、电子商务物流常规服务… 145
　　　　四、电子商务物流增值服务… 146
　　　　五、物流服务质量管理……… 147
　　　　六、物流服务与成本的关系… 148
　　第二节　电子商务物流成本管理
　　　　　　与控制………………… 149
　　　　一、物流成本管理理论……… 149
　　　　二、物流成本分类…………… 150
　　　　三、物流成本核算…………… 152
　　　　四、物流成本控制策略……… 153

第八章　电子商务供应链管理………… 158
　　第一节　供应链管理概述………… 160
　　　　一、供应链管理的含义……… 160
　　　　二、供应链管理的目标、内容、
　　　　　　要求…………………… 161
　　　　三、供应链的主要分类……… 162
　　第二节　电子商务与供应链管理的
　　　　　　关系…………………… 166
　　　　一、电子商务环境下的供应链管理
　　　　　　特点…………………… 166
　　　　二、电子商务与物流企业的供应链
　　　　　　转型…………………… 167
　　第三节　电子商务供应链管理相关
　　　　　　理论…………………… 168
　　　　一、电子商务供应链的概念… 168
　　　　二、电子商务供应链管理概述… 170
　　　　三、电子商务供应链管理的内容… 171

第三篇　电子商务物流前沿管理

第九章　跨境电子商务物流管理………… 178
　　第一节　跨境电子商务物流概述…… 179
　　　　一、跨境电子商务概述……… 179
　　　　二、我国跨境电子商务物流的发展
　　　　　　现状…………………… 183

　　　　三、我国跨境电子商务物流的运作
　　　　　　模式…………………… 184
　　　　四、我国跨境电子商务物流发展存在
　　　　　　的问题………………… 185
　　　　五、促进我国跨境电子商务物流发展
　　　　　　的对策………………… 187

第二节 进口跨境电子商务的物流
　　　　选择……………………188
　　一、进口跨境电子商务业务模式……188
　　二、进口跨境电子商务物流模式
　　　　对比……………………190
　　三、进口跨境电子商务物流配送的
　　　　发展趋势…………………192
第三节 出口跨境电子商务的物流
　　　　选择……………………192
　　一、出口跨境电子商务的物流
　　　　模式……………………192
　　二、海外仓：跨境电子商务的
　　　　突破口…………………196

第十章 智慧电子商务物流管理………202
第一节 物联网与电子商务物流……204
　　一、物联网概述……………204
　　二、物联网发展现状…………205
　　三、物联网在电子商务物流中的
　　　　应用……………………209
第二节 人工智能与电子商务
　　　　物流……………………211
　　一、人工智能概述……………211
　　二、人工智能在电子商务物流中的
　　　　应用……………………212
第三节 大数据与电子商务物流……218
　　一、大数据概述……………218
　　二、大数据发展趋势…………219
　　三、大数据在电子商务物流中的
　　　　应用……………………221
第四节 云计算与电子商务物流……224
　　一、云计算概述……………224
　　二、基于云计算的电子商务模式…227

第十一章 电子商务供应链金融………233
第一节 供应链金融概述……………234
　　一、供应链金融发展阶段……235
　　二、供应链金融相关概念……236
第二节 供应链金融的基本业务
　　　　模式……………………239
　　一、应收类融资模式…………240
　　二、存货类融资模式…………243
　　三、预付类融资模式…………244
第三节 电子商务企业供应链金融
　　　　创新模式………………247
　　一、电子商务企业供应链金融的
　　　　内涵……………………247
　　二、电子商务企业供应链金融的主要
　　　　模式……………………248

第十二章 区块链与电子商务物流……255
第一节 区块链概述…………………256
　　一、区块链的起源……………256
　　二、区块链与数字货币………260
第二节 基于区块链的电子商务
　　　　应用……………………264
　　一、区块链的去中心化………264
　　二、区块链的电子商务应用场景…265
第三节 区块链视角下的电子商务
　　　　物流体系………………267
　　一、基于区块链的电子商务平台
　　　　应用……………………267
　　二、基于区块链的电子商务物流体系
　　　　框架……………………268

参考资料……………………………273

第一篇

电子商务物流基础理论

第一章　电子商务与物流的融合
第二章　电子商务物流市场与模式

【本篇导读】

　　随着信息技术在国际贸易和商业领域的广泛应用，利用计算机技术、网络通信技术和互联网实现商务活动的国际化、信息化和无纸化，已成为各国商务发展的趋势。电子商务正是为了适应这种以全球为市场的变化而出现和发展起来的。电子商务提出了一种全新的商业机会、需求、规则和挑战，它代表了未来信息产业的发展方向，已经并将继续对全球经济和社会的发展产生深刻的影响。

　　电子商务是集商流、物流、信息流、资金流于一身的完整的流通贸易形式。电子商务环境下的商流、信息流、资金流可以凭借电子工具和网络通信技术的支持，通过轻点鼠标瞬间完成。但是，物质资料的空间位移，即具体的运输、储存、装卸搬运、配送等物流活动是不可能直接通过网络传输的方式来完成的。显然，此时的商流与物流是相互分离的。所以，缺少了现代化的物流系统，电子商务活动就难以顺畅地完成。物流配送是制约电子商务发展的最关键因素。

　　本篇重点探讨电子商务与物流的融合、电子商务物流市场与模式。

第一章　电子商务与物流的融合

【学习目标】
- 了解电子商务与物流的相关概念；
- 理解电子商务与物流的关系；
- 熟悉电子商务物流及其过程；
- 掌握电子商务环境下的物流管理。

【引导案例】

背后支撑战"疫"的是全球物流网络

2020年1月新冠疫情爆发以后，随之而来的是一场全民战"疫"行动。在这场全民之战中，每个人、每家企业、每个行业都在用自己的行动和力量来战斗。尤其是物流行业，"菜鸟"简直成了救援的"主力军"，不仅带来了一股暖流，更将温暖注入了每位医务工作者、爱心人士及消费者的心中。

面对突如其来的疫情，"菜鸟"的反应能力和行动能力很突出。首先是领导人的快速决断：阿里巴巴董事会主席张勇在疫情一开始，就要求"菜鸟""民用"转"军用"，立即开通绿色物流通道，保障医疗物资和生活物资运输。

在武汉封城后，"菜鸟"迅速集结全球供应链和物流网络的所有力量，从2020年1月25日起，联合国内外物流伙伴开辟武汉救援物资运输绿色通道，在全球范围免费承运爱心人士捐赠的医疗物资。顷刻间，海内外各界爱心人士、华人华侨团体的捐赠咨询电话涌入"菜鸟"400运输热线。全球各国政界、企业的救援物资，纷纷通过"菜鸟"绿色物流通道源源不断地运抵国内。截至2020年3月3日，"菜鸟"绿色物流通道已将来自中国大陆和全球38个国家、地区的超过4 811万件捐赠物资送往武汉等地，其中口罩3 750万只，防护服175万件。这些救援物资直达全国11个省的72家医院和66个其他接收单位。

对阿里巴巴来说，物流战略的想象力绝不止于关起门来做自家生意，自建一个服务阿里平台的闭环，而是要打通一个全球物流网络。早在7年前，"菜鸟"就开始探索打造全球智能物流骨干网，与国家物流枢纽战略全面对接，以加快实现"全国24小时，全球72小时必达"。从2013年开始，"菜鸟"就在杭州、中国香港特别行政区、吉隆坡、迪拜、莫斯科等地陆续推进eHub超级枢纽布局。在枢纽之外，"菜鸟"还与阿联酋、新加坡、埃塞俄比亚、空桥航空公司等合作，建立了通达的空运网络及海运网络。随着全球物流网络不断拓展，家具等大件商品也可以运到澳大利亚等地。"菜鸟"和出入境部门已经合作形成货物高效清关的成熟模式，仅 2019 年"双十一"，即在 19 个口岸实现一天清关超 2 800 万个包裹。这样的能力，使"菜鸟"在抗疫总体战中发挥了特殊效能。

（资料来源：今日头条，https://www.toutiao.com/a6801454281674195469/）

思考题：
1. 阿里巴巴的"菜鸟"能在最短的时间内在战"疫"中脱颖而出的因素有哪些？
2. 为什么要建立全球物流网络？

第一节　电子商务概述

一、电子商务基本概念

对电子商务的理解，应从"现代信息技术"和"商务"两个方面考虑。一方面，"电子商务"概念所包括的"现代信息技术"应涵盖各种以电子技术为基础的通信方式；另一方面，对"商务"一词应做广义解释，使其包括契约型和非契约型的一切商务性质的关系所引起的种种事项。如果将"现代信息技术"看作一个子集，将"商务"看作另一个子集，电子商务所覆盖的范围应当是这两个子集所形成的交集。电子商务概念模型图如图 1-1 所示。可以理解，电子商务的概念可能广泛涉及互联网、内部网和电子数据交换在贸易方面的各种用途。

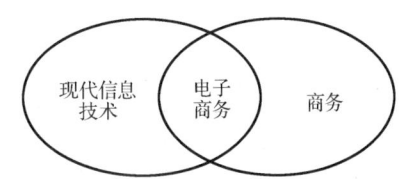

图 1-1　电子商务概念模型图

结合相关概念，电子商务是各种具有商业活动能力和需求的实体(生产企业、商贸企业、金融企业、政府机构、个人消费者等)为了跨越时空限制和提高商务活动效率，而采用计算机网络和各种数字化传媒技术等电子方式实现商品交易和服务交易的一种贸易形式。

电子商务有狭义和广义之分。狭义的电子商务，也称为电子交易(Electronic Commerce)，主要是指通过 Internet 网络进行的网上交易，以及电子商情、电子合同、网络营销、网络贸易、电子银行等；广义的电子商务(Electronic Business，E-Business)，则是指一切通过计算机网络进行的包括电子交易在内的全部商贸活动，如市场调查、财务核算、生产计划安排、客户联系、物资调配等，这些活动涉及企业内外。

从图 1-2 可知，电子商务比传统商务在运作过程的各个环节更注重采用电子方式来实现，因此，在理解电子商务的定义时，须理解以下几层含义。
(1) 采用多种电子方式，特别是通过互联网。
(2) 实现商品交易、服务交易(其中包含人力资源、资金、信息服务等)。
(3) 包含企业间的商务活动，也包含企业内部的商务活动(生产、经营、管理和财务等)。
(4) 涵盖交易的各个环节，如询价、报价、订货、售后服务等。

(5)电子方式是形式,跨越时空、提高效率是主要目的。

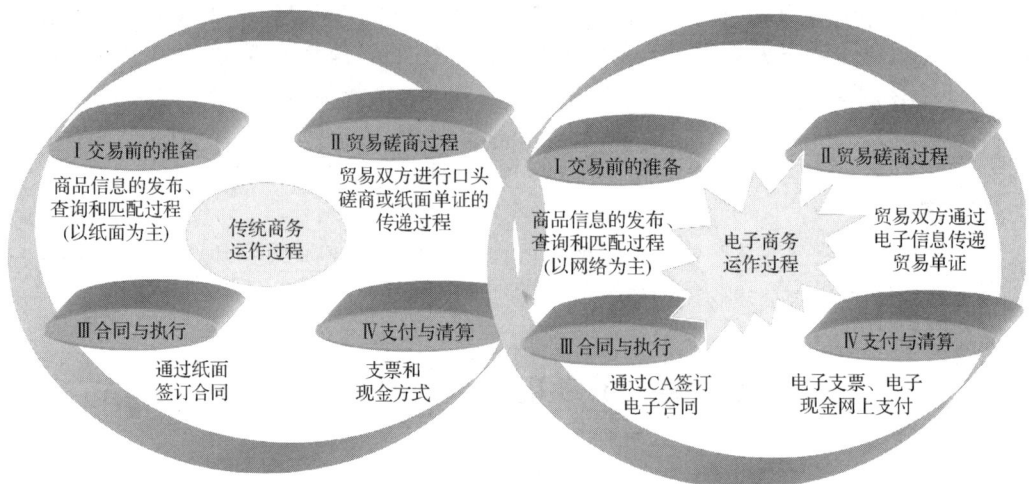

图1-2 传统商务运作过程与电子商务运作过程的区别

二、电子商务的典型模式

(一)B2B

企业与企业之间的电子商务是电子商务业务的主体,约占电子商务总交易量的90%。就目前来看,电子商务在供货、库存、运输、信息流通等方面大大提高了企业的效率,电子商务最热心的推动者也是商家。企业和企业之间的交易通过引入电子商务能够大大提高经济效益。对于一家处于流通领域的商贸企业来说,由于没有生产环节,电子商务活动几乎覆盖了企业的整个经营管理活动,是利用电子商务最多的企业。通过电子商务,商贸企业可以更及时、更准确地获取消费者的信息,从而准确订货、减少库存,并通过网络促进销售,以提高效率、降低成本,从而获取更大的利益。B2B电子商务业务流程如图1-3所示。

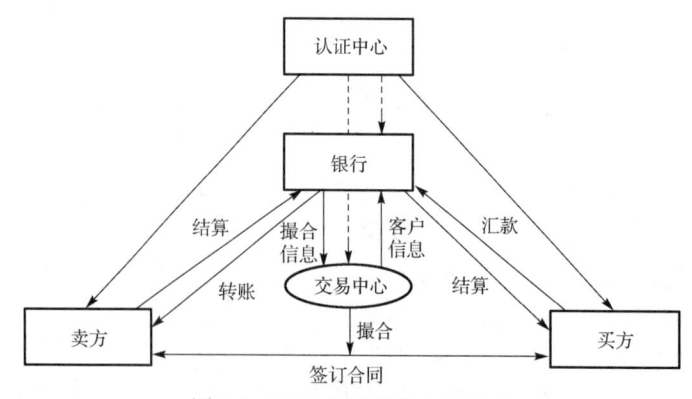

图1-3 B2B电子商务业务流程

国内B2B类电子商务网站的代表有阿里巴巴(传统型)、慧聪(传统型)、兰亭集势(跨境电子商务)等。

1. B2B 电子商务模式交易的优势

传统企业间的交易往往要耗费企业的大量资源和时间，无论是销售和分销，还是采购，都要占用产品成本。通过 B2B 交易方式，买卖双方能够在网上完成整个业务流程。从建立最初印象到货比三家，再到讨价还价、签单和交货，最后到客户服务，B2B 使企业之间的交易减少了许多事务性的工作流程和管理费用，降低了企业经营成本。网络的便利性及延伸性使企业扩大了活动范围，企业跨地区、跨国界发展更方便，成本更低廉。

2. B2B 电子商务的典型盈利模式

B2B 电子商务的典型盈利模式有 4 种：电子市场、电子分销商、服务提供商、信息中介，如表 1-1 所示。

表 1-1 B2B 电子商务的典型盈利模式

盈利模式	特 点	举 例	盈 利 来 源
电子市场	将买卖双方集合在一起，降低交易成本	Alibaba.com	交易费
电子分销商	直接为企业提供产品或者服务	Grainger.com	产品销售
服务提供商	通过网络向其他企业提供业务服务	Salesforce.com	交易费、租金等
信息中介	收集消费者信息并出售给其他企业	Doubleclick.com	信息出售费、咨询费等

资料来源：姜红波，韩洁平. 电子商务概论（第 2 版）. 北京：清华大学出版社，2013.

(1) 电子市场。

一个电子市场就是一个数字化的市场形态，供应商和采购商均可以在此进行交易。因为电子市场的出现，企业可以降低交易成本，简化交易手续，获得更多的交易机会。目前全球的电子市场主要出现了两种细分模式，即综合性电子市场和垂直型电子市场。综合性电子市场又称为水平市场，主要针对较大范围的企业来销售产品和服务，例如阿里巴巴、慧聪网等。垂直型电子市场主要针对特定的行业，如钢铁、汽车、化工或者物流配送等，这些行业多为生产资料性行业，成交量大、专业性强，例如中国纺织网、中国化工网等。

(2) 电子分销商。

电子分销商是直接向各企业提供产品和服务的企业。电子分销商与电子市场的不同是：电子市场是将许多企业招揽到一起，使它们有机会与其他公司做生意；而电子分销商则是一家寻求为多个客户服务的企业。

(3) 服务提供商。

服务提供商是指向其他企业提供业务服务的企业。它们主要通过整合各方资源，提供集中物流服务、公共服务、信用保障服务、支付服务、信息服务等一站式服务，将供应链运作整体解决方案提交给客户，并对客户决策产生影响。从本质上看，服务提供商就是为企业级采购、分销等供应链过程提供服务的。

(4) 信息中介。

信息中介是以收集消费者信息并将其出售给其他企业以盈利的商业模式。目前的信息中介主要为面向供应商模式：中介将消费者信息收集给供应商，供应商利用这些信息向不同的消费者有针对性地提供产品、服务和促销活动。信息中介的盈利主要靠收取信息出售费和数据挖掘后的咨询费等。

(二) B2C

商家为个人服务的 B2C 电子商务系统可以提供多种服务,如网上付账(水费、煤气费、电费、有线电视收视费、电话费等)、网上购物(购买各种商品)、网上教育(需要付费和身份认证)、网上有偿服务(电子邮件、新闻组等)、网上有偿提供的信息(电子报刊、多媒体产品和有价信息等)、网上个人银行、网上炒股等。

B2C 形式的网站的最典型代表是 Amazon,其主要业务来自个人顾客。B2C 的活动主要包括销售折扣商品、提供迅速的送货服务、提供较多种类的商品,还有各种特价促销、会员有奖积分、网上支付等多方面的服务。目前出现了不少 B2C 网站,如当当网(www.dangdang.com)、京东商城(www.jd.com)等。这些网站都是以 B2C 为主营业务,通过一般的 B2C 流程进行商品销售的。

1. B2C 模式的特点

(1)用户群数量巨大,所采用的商务、身份认证、信息安全等方面的技术和管理办法必须方便、简洁、成本低廉、易于大面积推广。

(2)安全技术应能够确认客户,避免冒名顶替和非法操作。

(3)经常会出现"一次性"客户,即不注册、不连续使用,只希望在方便的时候使用一下 B2C 的服务。

(4)网络上传输的信息可能涉及个人机密,如账号和操作金额等。

(5)商务活动涉及的支付或转账金额较低(小额支付)。

2. B2C 运作业务流程

一个典型的 B2C 电子商务解决方案应包括企业、消费者、金融单位和认证中心几个基本部分,也需要法律法规、物流等相关服务体系的支撑。B2C 电子商务运作业务流程如图 1-4 所示。

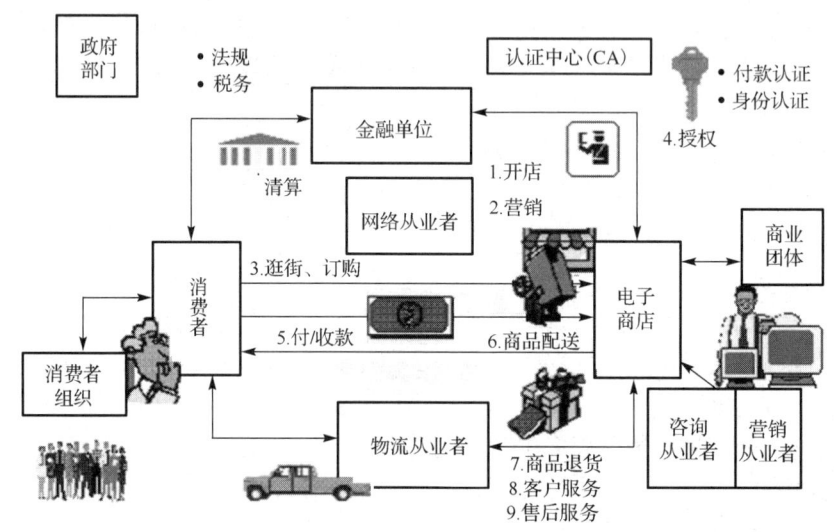

图 1-4 B2C 电子商务运作业务流程

企业在其企业网站发布可交易的商品资料。消费者通过访问企业网站获取商品信息,选定商品做出消费决定后通过网络向企业网站下订单。企业网站将消费者链接到支付网关，消费者通过支付网关访问银行数据库。银行确认消费行为合法后，从消费者的银行账户中将资金划拨到企业账户。企业随后向消费者发货。整个交易过程中，除消费者查阅商品信息、订货和企业向消费者发货有人工参与之外，其余的交易过程都通过网络自动完成。交易过程中，支付网关通过安全交易协议（如 SET 协议）等保证交易资金的安全性，避免非法交易的发生。认证中心的功能是核实双方的合法身份。目前较为成熟的身份认证方法是由认证中心向参与交易者颁发电子身份认证证书。

3. B2C 电子商务的盈利模式

按照商品的属性，B2C 电子商务企业的经营模式可以分为两种，即经营无形产品的电子商务模式与经营有形产品的电子商务模式。

(1) 经营无形产品的电子商务模式。

① 网上订阅模式。网上订阅模式指的是企业通过网站向消费者提供在网上直接浏览信息和订阅的电子商务模式。在线出版、在线服务、在线娱乐是这种模式的三种主要形式。网上订阅模式主要被商业在线机构用来销售报刊、有线电视节目等。

② 收取服务费模式。收取服务费模式主要是向网上商店或消费者收取服务费的电子商务盈利模式，如付费方式的广告、技术服务费等。以阿里巴巴旗下网站阿里妈妈为例，其基本的盈利模式是收取服务费，分为按时长计费和按单击计费两种。例如，该公司的"全国联播"服务来自广告平台上已经加入的 40 万个中小网站和 90 万个互联网广告位。这些广告位被打包并分组，广告主可以选择在全国大量的中小网站上同时展示广告，每天可以覆盖 8 000 万人。

③ 付费浏览模式。付费浏览模式指的是企业通过网站向消费者提供计次收费的信息浏览和信息下载的电子商务模式。

④ 广告支持模式。在线服务商免费向消费者提供在线信息服务，其营业收入完全靠网站上的广告来获得。这种模式是目前最成功的电子商务模式之一。

⑤ 网上赠予模式。网上赠予模式是指一些软件公司将测试版软件通过互联网向用户免费发送，用户自行下载试用，如果满意则有可能购买正式版本的软件。采用这种模式，软件公司不仅可以降低成本，还可以扩大测试群体，改善测试效果，提高市场占有率。

(2) 经营有形产品的电子商务模式。

有形产品和劳务的交付不是通过计算机作为信息载体，而是通过传统的方式来实现的。实际上，大多数企业的经营模式并不是单一的，而是将各种模式综合起来实施电子商务。

① 销售衍生产品。销售与本行业相关的产品，如花礼网除销售鲜花外，还销售健康美食和礼品等。

② 产品租赁。提供租赁服务，如太阳玩具网开展玩具租赁业务。

③ 拍卖。拍卖产品，收取中间费用，如汉唐收藏网为收藏者提供拍卖服务。

④ 销售平台。接收客户的在线订单，收取交易中介费，如九州通医药网、书生之家。

⑤ 特许加盟。运用该模式，一方面可以迅速扩大规模，另一方面可以收取一定的加盟费，如当当网、花礼网、E 康网。

(三) C2C

C2C 电子商务模式就是通过为买卖双方提供一个在线交易平台，使卖方可以主动提供商品上网拍卖，而买方可以自行选择商品进行竞价和购买。

C2C 最大的特点就是利用专业网站提供的大型电子商务平台，免费或以比较低的费用在网络平台上销售自己的商品。其主要特点就是可以给用户带来便宜的商品，无论是外企白领、大学生还是下岗女工都可以在家"营业"，网上开店不需要店铺租金，不受地域、时间的限制，却可以面向来自全国甚至全世界的客户。

1. 拍卖平台运作模式

eBay、淘宝都为网上拍卖提供平台，它们利用多媒体手段提供产品资讯。买方竞价，卖家再根据买家信誉和出价拍出货品。而网站本身并不参与买卖，免除了烦琐的采购、销售和物流业务，只利用网络提供信息传递服务，并向卖方收取中介费用。

电子拍卖是传统拍卖形式的在线实现。卖方可以借助网上拍卖平台运用多媒体技术来展示自己的商品。电子拍卖具有两大优势，即价廉物美与即买即得。选购的物品多为手机、电脑和女性用品（服装、化妆品）。目前，电子拍卖的参与者主要还是消费者，企业参与的还比较少，所以主要还是 B2C 形式。例如，西祠胡同的网上二手交易市场，每天都有 700 条左右的拍卖信息。

2. 店铺平台运作模式

店铺平台运作模式是电子商务企业提供平台，方便个人在上面开店铺，可通过会员制的方式收费，也可通过广告或其他服务收取费用。这种平台也可称作网上商城。入驻网上商城、开设网上商店不仅依托网上商城的基本功能和服务，而且客户主要来自该商城的访问者，因此，平台的选择非常重要。有些网上商城没有基本的招商说明，收费标准也不明朗，只能通过电话咨询，这也为人们选择网上商城带来一定的困惑。

（四）O2O

O2O 即 Online to Offline，其应用模式如图 1-5 所示。O2O 将线下商务的机会与互联网结合在了一起，让互联网成为线下交易的前台。这样，线下服务就可以在线上来揽客，消费者可以在线上筛选服务，成交还可以在线结算。该模式最重要的特点是：推广效果可查，每笔交易可跟踪。

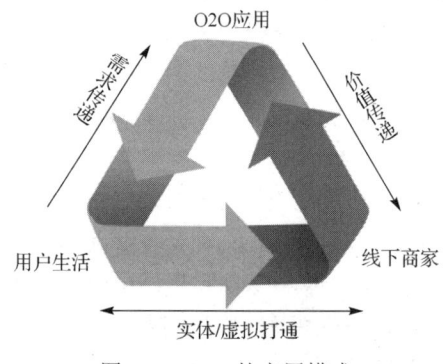

图 1-5　O2O 的应用模式

O2O 的理念算不上新颖，但很重要。数据显示，美国线上消费只占 8%，线下消费的比例依旧高达 92%；而中国的这一比例，大约分别为 3% 和 97%。TrialPay 公司的创始人

Alex Rampell 的说法很形象,"普通的网络购物者每年花费约 1 000 美元,假使普通美国人每年收入为 4 万美元,那么剩下的 39 000 美元到哪里了?答案是,大部分都在本地消费了,人们会把钱花在咖啡店、酒吧、健身房、餐厅、加油站、干洗店和发廊"。O2O 的使命,就是把电子商务的效力引入目前消费占比 90% 以上的部分中。

1. O2O 模式代表网站

采用 O2O 模式经营的网站有很多,团购外卖网站就是其中一类,如美团网、饿了么。另外,还有一种为消费者提供生活信息和服务的网站,如赶集网、搜房网等。此外,众多零售商、服务商也致力打造 O2O 新兴服务模式,如苏宁易购、京东到家、朴朴超市。

2. O2O 与 B2C、C2C 及团购的区别

B2C、C2C 是在线支付,购买的商品通过物流公司送到消费者手中。O2O 是在线支付,购买线上的商品、服务,再到线下享受商品和服务。O2O 是网上商城。团购是低折扣的临时性促销。图 1-6 展示了 O2O 与团购及 B2C/C2C 之间的关系。

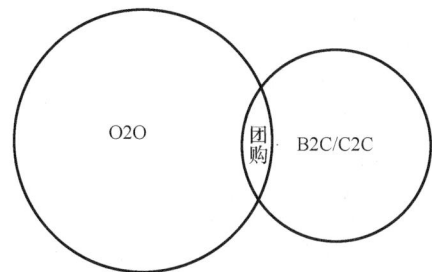

图 1-6 O2O 与团购及 B2C/C2C 之间的关系

【知识链接】

生鲜 O2O 迎来快速发展,传统商超将如何布局?

在我国的零售市场中,水果生鲜品类一直都占据着极大的份额比重。近几年"新零售"概念兴起后,生鲜行业更是最为火热的领域,诞生了网络菜场、前置仓、无人货柜、跨界超市等生鲜新零售模式,以及盒马鲜生、叮咚买菜、谊品生鲜、美团买菜、超级物种、钱大妈等社区生鲜电子商务平台、生鲜新零售品牌。

受益于非接触经济,生鲜 O2O 迎来发展良机。新冠疫情期间,全国各地城市和乡镇都对出行进行限制,而日常生活用品和生鲜必需品的购买是人们居家生活最核心的问题,线上买菜成为大多数城市居民的第一选择。越来越多线上巨头加入社区生鲜到家行业。美团成立"美团优选",开展到家业务。拼多多上线"多多买菜",进军社区团购。滴滴推出"橙心优选",开始试水社区电子商务模式。数据显示,在 2020 年春节期间,阿里本地生活的"60 后"用户线上买菜的订单量翻了 4 倍;每日优鲜的 40 岁以上用户增加了 237%。新冠疫情之后,虽然经济生活恢复正常,但很多人已养成线上买菜习惯,成为线上买菜 App 的忠实用户。

与此同时,传统商超凭借线下优势也在加速布局到家业务。新冠疫情期间由于出行不便,超市到店客流普遍大幅下降,消费者纷纷转向线上购买。大批超市为应对这种情况,

紧急上线自营到家业务平台，比如重百超市推出"重百优选"，大润发超市上线"大润发优鲜"，步步高超市上线"小步到家"等。而商超龙头永辉超市和高鑫零售很早就开始布局到家业务，新冠疫情期间也迎来了爆发式增长，高鑫零售到家业务平台成交额增长达到 400%，永辉超市单日订单量突破 20 万单，步步高线上到家业务环比增长 300%。永辉超市中期报告显示，线上业务占比已经接近 10%。

传统商超在供应链方面有多年优势，又具有线下门店优势，开展到家业务需要投入的资金量要远小于互联网类企业。但是传统商超在数字化能力及线上线下协同运营能力方面普遍还具有较大提升空间，未来可能需要较大的资金和人力投入。就目前的生鲜行业而言，无论是互联网电子商务还是传统商超，尽管生鲜玩家们前赴后继，但时至今日仍未有人真正坐稳行业龙头的位置；因此，生鲜行业的战局至今仍然处于胶着状态。在这种情况下，谁掌握的资本、供应链等优势多，谁就有可能成为真正的赢家。

（资料来源：今日头条，https://www.toutiao.com/a6892437486753022467/）

（五）F2C

F2C 指的是 Factory to Customer，即从工厂到消费者的电子商务模式，如图 1-7 所示。F2C 模式是品牌公司把设计好的产品交由工厂代工后通过终端送达消费者，确保产品合理，同时质量服务都有保证。它们为消费者提供了高性价比的产品。F2C 电子商务平台中，目前还没有出现一个明显的寡头，也还没有出现成熟的电子商务模式，存在着较大的机遇。然而也有专家认为 F2C 类似于直销模式，抑或是商家的一种噱头。或许只有真正地把物联网与 F2C 结合在一起，才会实现这种商业模式的价值。

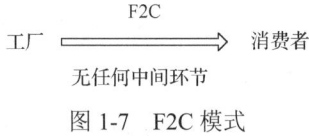

图 1-7　F2C 模式

【知识链接】

F2C 能颠覆电子商务吗？

F2C 颠覆传统电子商务？绝无可能！直接去做 C 端，没有中间商赚差价就是一个笑话！不要总认为去中心化是互联网的本质。去中心化是一种理想的状态，因为没有效率，平台其实还是中心化的，但可以做到分布式、不依赖，效率和体验也大幅提升了。

在中国，传统营销大多不可能直接做到 C 端，因为这样做效率太低，管控太困难。常见的做法是通过代理商、经销商来管理和服务市场，厂家做得最多的是渠道下沉，如深度分销，帮扶和有选择地终端管控，但不是厂家直接管理终端，更不要说直接做 C 端了。

没有中间商赚差价就是一个谎言。中间商不仅赚取了差价，还提供了服务、资金、信息，从商流和物流的角度，也解决了成本和效率问题。到了互联网时代，电子商务盛行，也在一定程度上解决了成本和效率问题，但电子商务提供不了完整的体验，毕竟人还需要有一些线下的交流和体验。无论是传统的营销还是电子商务，这些模式都不会直接从厂家到消费者,因为需要体验和服务,要么是平台提供服务,要么是线下提供体验,厂家不可能到处去直接开店覆盖C端,效率、成本、体验,三者不能兼具。

(资料来源:搜狐网,https://www.sohu.com/a/255496915_100036625)

(六)C2M

C2M(Customer-to-Manufacturer),又被称为"短路经济",是指用户直连制造商,即消费者直达工厂,强调的是制造业与消费者的衔接,如图1-8所示。事实上,它是一种"聪明"的模式:在C2M模式下,消费者直接通过平台下单,工厂接收消费者的个性化需求订单,然后根据需求设计、采购、生产、发货。主要包括纯柔性生产,小批量多批次的快速供应链反应。

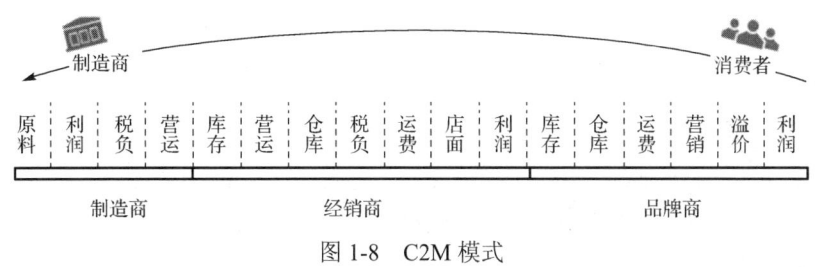

图1-8 C2M模式

C2M模式省略了库存、物流、总销、分销等一切可以省略的中间环节,砍掉了包括库存在内的所有不必要的成本,让用户以超低价格购买到超高品质的产品,同时让中国高端制造业直接面对用户需求。

C2M模式与F2C模式的区别在于:F2C仅强调中间环节的削减,而C2M模式突出按需生产,用户先下单,工厂再生产,没有库销比,消除了库存顽疾。

2015年7月,以必要商城为代表的C2M电子商务平台纷纷上线,带动汽车、家居、箱包、服装、眼镜等行业的一批企业向C2M模式转型。在必要商城的C2M模式下,工厂以自主品牌方的身份入驻;用户在平台下单后,订单将直接反馈给工厂;工厂收到订单后进行生产和发货配送。电子商务平台可以利用大数据描绘客群画像并对消费特征进行分析,帮助工厂选品、改造工艺等,降低库存压力,同时通过电子商务平台规模化订单来平衡成本,实现利润最大化。

2020年,受新冠肺炎疫情影响,C2M概念再度引起关注,体现为线下经济恢复尚不确定的大背景下传统企业的突围自救,比如电子商务直播带货。直播将消费场景与内容深度结合,提升品牌传播与营销转化效率,为新品牌提供培育土壤与突围机会。

对消费者而言,直播电子商务的优势在于能够提供更好的购物体验和更便宜的商品。从供应方的角度来看,直播电子商务能快速提高品牌和产品的曝光度,实现更广泛的用户触达。

以薇娅、李佳琦、辛有志等头部主播为代表的网红带货人,通过直播建立了便捷的用户沟通渠道、忠实的用户群体,并从其用户群体的需求出发去反控供应链。

依据用户的实际购买行为或在直播过程中的实时反馈,向供应端提出改进意见,形成人对货的影响与掌控,这就是基于直播的C2M模式的基本逻辑。

第二节 现代物流概述

一、物流基本概念

在 2006 年颁布并于 2007 年 5 月 1 日开始实施的新版中华人民共和国国家标准《物流术语》(GB/T 18354—2006)中，物流的定义是：物流是物品从供应地向接收地的实体流动过程。根据实际需要，物流将运输、储存、装卸、搬运、包装、流通加工、配送、回收、信息处理等基本功能实施有机结合。

二、物流的价值实现

(一) 时间价值

"物"从供给者到需要者之间本来就存在一段时间差，由于改变这一时间差创造的价值，称为"时间价值"。通过物流获得时间价值的形式有以下几种。

1. 缩短时间

缩短物流时间可以获得多方面的好处，如减少物流损失、降低物流消耗、加速物品的周转、节约资金等。

从全社会物流的总体来看，加速物流周转、缩短物流时间，是物流必须遵循的一条经济规律。现代物流学着重研究如何采取技术的、管理的、系统的方法来尽量缩短物流时间，从而获得较高的时间价值。

2. 弥补时间差

经济社会中，需求和供给之间普遍存在着时间差。例如，粮食集中产出，但是人们对粮食的消费却是一年 365 天天天有需求，因而粮食的供给和需求之间就出现了时间差；凌晨制造的早点在上午出售，头天采摘的果蔬在次日销售等，都说明了供给与需求的时间差。正是因为有了这个时间差，商品才能取得自身的最高价值。

商品本身不会自动弥补这个时间差，如果没有有效的办法，集中生产的粮食除了当时的少量消耗，会损坏、腐烂，而在非产出时间，人们就会找不到粮食吃。物流便是以科学的、系统的方法弥补这种时间差，以实现其时间价值。

3. 延长时间差

总体上说，物流系统遵循"提高物流速度、缩短物流时间"这一规律，以尽量缩小时间间隔来创造价值。但是，在某些具体物流活动中也存在人为地、能动地延长物流时间来创造价值的现象。例如，配合待机销售的物流便是一种有意识地延长物流时间差来创造价值的情况。当然，这种情况比较少见，不是普遍现象。

(二) 空间价值

供给者和需求者之间往往处于不同的场所，由于改变"物"的所在场所而创造的价值称为"空间价值"或"场所价值"。物流创造空间价值是由现代社会产业结构、社会分工所决定的，主要通过运输、装卸、搬运、配送功能来实现，主要有以下几种形式。

1. 从集中生产场所流入分散需求场所创造价值

现代化大生产的特点之一往往是通过集中的、大规模的生产以提高生产效率、降低成本。但是，在一个小范围内集中生产的产品可以覆盖大面积的需求地区，有时甚至可以覆盖一个国家乃至若干国家。通过物流将产品从集中生产的低价位地区转移到分散于各处的高价位地区，可以获得很高的利润。物流的空间价值也依此产生。例如，我国"西煤东运、北煤南运、西气东输、南矿北运"就是将集中的原材料产地的各种物料通过物流流入分散的需求地区，以获得更高的价值。

2. 从分散生产场所流入集中需求场所创造价值

与上一形式相反，这种形式表现为分散的生产和集中的需求。例如，粮食是在一块块土地上分散生产出来的，而一个大城市的需求却相对集中；一个汽车厂不同的零配件生产相对分散，但却集中在一个大厂中进行装配，这些都形成了分散生产和集中需求，物流便依此产生了空间价值。

3. 从低价值生产场所流入高价值需求场所创造价值

现代社会中供给与需求的空间差十分普遍。空间差除由大生产所决定外，还有不少是自然地理和社会发展因素决定的，如农村生产粮食、蔬菜而异地于城市消费，南方生产水果而异地于北方消费等。现代人每天消费的物品几乎都是在相距一定距离甚至十分遥远的地方生产的。这么复杂交错的供给与需求的空间差都是靠物流来弥合的，物流业也从中取得了利益。

在经济全球化浪潮中，国际分工和全球供应链的构筑，一个基本的选择就是在成本最低的地区进行生产，通过有效的物流系统和全球供应链，在价值最高的地区销售。信息技术和现代物流技术为此创造了条件，使物流得以创造价值。

(三) 附加价值

在生产加工过程中，物化劳动和活劳动的不断注入，增加了"物"的成本，同时也增加了它的价值。在流通过程中，通过流通加工、包装等特殊生产形式，处于流通过程中的"物"增加了附加值，这就是物流创造的附加价值。例如，根据消费者需要的特定型号和尺寸，对钢板、玻璃进行裁切；生鲜食品或大米的拣选；自行车的组装等。 需要指出的是，物流创造的附加价值是有限的。它不能取代正常的生产活动，而只能是生产过程在流通领域的一种完善和补充。

【知识链接】

岂止是快?！看日日顺物流如何激荡"新消费浪潮"

新消费时代，消费者看重的不只是快速到手，商品的品质感和送装的体验感直接影响着购买决定，尤以大件商品的送装售后服务最为明显。随着新一代消费主力军带来新的消费观念转变、消费习惯变化和消费需求升级，物流行业亟须适应"新消费时代"的新特性，主动出击、变革，创造新供给，满足新需求。

以日日顺物流为例，家住苏州市的丁先生购买顾家家居单椅沙发，日日顺物流同步实现了配送、安装的一体化，其场景服务师还附赠了沙发的皮革护理和日常保养知识的传授。贴心的定制化服务，是日日顺物流聚焦用户需求、一次到位地让消费者深度体验"配送+安装+场景定制"全链路、一体化的服务过程，也是其试图在物流行业内掀起"新消费浪潮"的变革决心。

在物流行业普遍把配送效率提升至极致之时，日日顺物流则回归用户视角，寻找新的增长锚点。日日顺物流的相关负责人指出，在消费不断升级、个性化需求不断增加的物联网新消费时代，消费者在购买商品之后，不再局限于追求收拆快递的快感，而是对收货体验提出了"个性化"的升级需求。比如配送时间灵活、验货拆装时效更高、配装与指导专业、个性化场景服务等方面的渴望尤为强烈。

大件物流配送慢、送装不同步、货物损坏、缺少个性化服务等，都是网购大件商品过程中令买家和卖家头疼的问题。这些问题直接影响购物体验，也影响后续的购物决策。凭着对用户痛点的深刻洞察，日日顺物流开始场景物流的探索，力求让用户体验达到最佳。"以往都是收到货后再联系安装，现在日日顺物流的送货上门、安装调试、专业的使用指导等一整套流程都非常标准、规范，太方便了。"网购了抽油烟机的李女士感慨道。

传统物流的快速送达已不能满足消费者的需求，交付后的服务价值才是物流企业的核心区隔。作为行业内首个场景物流生态品牌，日日顺物流率先实现了从送货、安装服务到为用户量身定制解决方案的全链路、一体化服务，开启了物流行业场景服务的新时代。

（资料来源：亿邦动力网，https://www.ebrun.com/20201125/411823.shtml）

三、物流的分类

物流的分类是一个比较复杂的问题。由于物流的范围、范畴不同，物流系统的性质不同，物流服务对象不同，从而形成了不同的物流种类，如表1-2所示。

表1-2 物流的分类

分类标准	种类
物流涉及的领域	宏观物流、微观物流
物流系统性质	社会物流、行业物流、企业物流
物流活动覆盖范围	地区物流、国内物流、国际物流
物流服务对象	一般物流、特殊物流
从事物流活动的主体	第一方物流、第二方物流、第三方物流、第四方物流
物流的作用	供应物流、生产物流、销售物流、逆向物流

（一）按照物流涉及的领域分类

1. 宏观物流

宏观物流是指社会再生产总体的物流活动，从社会再生产总体角度认识和研究物流活动。这种物流活动的参与者是构成社会再生产总体的大产业、大集团，研究的是产业或集团的物流活动和物流行为。社会物流、国民经济物流、国际物流都属于宏观物流。

2. 微观物流

消费者、生产企业所从事的实际的、具体的物流活动属于微观物流。在整个物流活动中的一个局部、一个环节的具体物流活动也属于微观物流,在一个小地域空间发生的具体的物流活动也属于微观物流,针对某一产品进行的物流活动也属于微观物流。微观物流的主要特点是具体性和局部性,我们经常涉及的物流活动皆是微观物流,如企业物流、生产物流、供应物流、销售物流、回收物流、废弃物流及生活物流等。

(二) 按照物流系统性质分类

1. 社会物流

社会物流是指在社会范围内主要由物流企业进行的服务于全社会的物流活动,是企业外部物流活动的总称。社会物流属于宏观物流,一般都伴有商流发生。社会物流研究社会领域内再生产过程、国民经济中的物流活动,物流如何为社会服务,以及物流如何在社会环境中健康发展等。

2. 行业物流

行业物流是指在一个行业内部发生的物流活动。一般情况下,同一个行业的各个企业往往在经营上是竞争对手,但为了共同的利益,在物流领域中却又常常互相协作、共同促进行业物流系统的合理化。目前,我国已经组建了汽车、钢铁等行业物流组织。行业物流系统化的结果是使参与的企业得到相应的利益。各个行业协会或学会应该把行业物流作为重要的研究课题之一。

3. 企业物流

企业物流是指生产和流通企业在经营活动中所发生的物流活动。企业物流是具体的、微观的物流活动的典型领域,它由企业供应物流、企业生产物流、企业销售物流、企业回收物流、企业废弃物流等几部分组成。

(三) 按照物流活动覆盖范围分类

1. 地区物流

所谓地区物流,是指在特定地区内进行的物流活动。作为社会物流的一种形式,地区物流管理的重点是针对该地区的特点制定高水平的地区物流系统规划。地区物流系统对于提高地区企业物流活动的效率及保障当地居民的生活、福利、环境具有不可或缺的作用。地区物流应根据各自的特点,从各自利益出发组织好物流活动。

2. 国内物流

国内物流的范围一般是某个国家或相当于国家的实体范围,生产和消费等所有物流据点都在一个国家境内。物流作为国民经济的一个重要方面,也应该纳入国家的总体规划内容中。全国物流系统的发展必须从全局着眼,应该清除部门分割、地区分割所造成的物流障碍。在物流系统的建设投资方面也要从全局考虑,使一些大型物流项目能尽早建成。系统化地推进国家整体物流,必须发挥政府的行政作用,进行物流基础设施的建设,制定各种交通政策法规,实施与物流活动有关的各种设施、装置、机械的标准化,开发、引进物流新技术,培养物流技术专门人才等。

3. 国际物流

国际物流是指不同国家（地区）之间的物流活动（GB/T 18354—2006）。国际物流是国际贸易的一个必然组成部分，各国之间的相互贸易最终通过国际物流来实现。当前世界的发展主流使国家与国家之间的交流越来越频繁，任何国家不投身于国际经济大协作的交流之中，本国的经济就得不到良好的发展。工业生产也正在走向社会化和国际化，出现了许多跨国公司，一个企业的经济活动可以遍布世界各大洲。国家之间的原材料与产品的流通越来越迅速，因此，国际物流是现代物流系统中重要的领域。

（四）按照物流服务对象分类

1. 一般物流

一般物流是指带有普遍性、通用性和共同性的物流活动，或者说没有特殊要求的物流活动。一般物流研究的着眼点在于分析物流的一般规律，建立普遍适用的物流标准化系统，研究物流的共同功能要素，研究物流与其他系统的结合、衔接，研究物流信息系统及管理体制的统一性等。

2. 特殊物流

特殊物流是指在专门领域、特殊行业发生的物流活动。特殊物流在遵循一般物流规律的基础上，还有自身的特殊制约因素、特殊应用领域、特殊管理方式、特殊劳动对象、特殊机械装备特点等。如危险品、军需品、易燃、易爆、易腐蚀、易变质物品及大件物品的物流，对运输工具、保管条件、物流设施设备都有特殊的要求，以实现安全、准时的物流服务。

（五）按照从事物流活动的主体分类

1. 第一方物流

第一方物流是指供应方（生产厂家或原材料供应商）提供运输、仓储等单一或某种物流服务的物流业务。如厂家负责送货到超市门店。

2. 第二方物流

第二方物流是指需求方（生产企业或流通企业）为满足本企业物流方面的需求，由自己完成或运作的物流业务。例如，永辉超市负责将蔬菜从生产基地集中运到自己的门店进行销售。

3. 第三方物流

第三方物流是指由物流的供应方与需求方以外的物流企业提供的物流服务，即由第三方专业物流企业以签订合同的方式为其委托人提供所有或部分物流服务，又称合同制物流。国内大多数的知名物流公司均是第三方物流公司，如中国远洋运输总公司、中海物流、中外运、宝供物流等。

4. 第四方物流

第四方物流专门为第一方、第二方和第三方提供物流规划、咨询、物流信息系统、供应链管理等服务。第四方并不实际承担具体的物流运作活动。第四方物流是一个供应链的集成商，是供需双方及第三方的领导力量，它不是物流的利益方，而是通过拥有的信息技术、整合能力及其他资源为供需双方及第三方提供一套完整的供应链解决方案，并以此获取一定的利润。国内做第四方物流的公司，主要有埃森哲咨询、法布劳格咨询、亿博物流咨询、上海欧麟咨询、杭州通创咨询、青岛海尔咨询、大连智丰咨询等。

（六）按照物流的作用分类

按照物流在社会经济活动中所起到的作用，也就是按照物流所处的社会流通阶段可以将物流分为供应物流、生产物流、销售物流、逆向物流。社会流通各阶段的物流划分如图1-9所示。

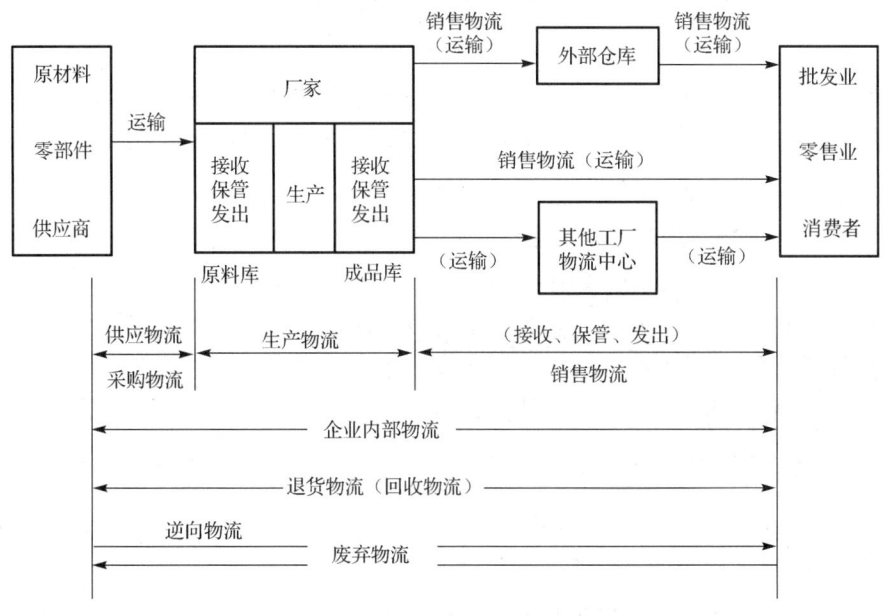

图1-9 社会流通各阶段的物流划分

1. 供应物流

供应物流(Supply Logistics)是指提供原材料、零部件或其他物料时所发生的物流活动。生产企业、流通企业或消费者购入原材料、零部件或其他物料时，物品在提供者与需求者之间的实体流动称为供应物流，也就是物资生产者、持有者至使用者之间的物流。

2. 生产物流

生产物流(Production Logistics)是指企业生产过程中发生的涉及原材料、在制品、半成品、产成品等的物流活动。生产物流包括从生产企业的原材料购进入库起，直到生产企业成品库的成品发送出去为止的物流活动的全过程。

3. 销售物流

销售物流(Distribution Logistics)是指企业在出售商品过程中所发生的物流活动。生产企业或流通企业售出产品或商品的物流过程即为销售物流，也就是物资的生产者或持有者与用户或消费者之间的物流。

4. 逆向物流

逆向物流(Reverse Logistics)是指不合格物品的返修、退货及周转使用的包装容器从需方返回到供方所形成的物品实际流动，包含了回收物流(退货物流)和废弃物流。回收物流主要针对生产及流通活动中可以回收并加以利用的物资，如作为包装容器的纸箱，建筑行业的脚手架，对旧报纸和书籍进行回收、分类再制成生产用的原材料纸浆，利用金属废弃物的再生性在回收后重新熔炼成有用的原材料等。废弃物流主要是对不具有回收价值的物品进行处理的过程。为了减少资金消耗、提高效率、更好地保障生产和生活的正常秩序，对废弃物综合利用进行研究很有必要。

第三节　电子商务与物流的关系

物流是实现电子商务的重要保证，电子商务所带来的对物流的巨大需求，推动了现代物流学科的进一步发展，促进了物流技术水平的提高，把物流业提升到了前所未有的高度。

一、电子商务对物流的影响

作为一个新兴的商务活动，电子商务为物流创造了一个虚拟的运动空间。在电子商务的状态下，人们在进行物流活动时，物流的各种职能及功能可以通过虚拟化的方式表现出来。在这种虚拟化的过程中，人们可以通过各种组合方式寻求物流的合理化，使商品实体在实际的运动过程中达到效率最高、费用最省、距离最短、时间最少的效果。

(一)电子商务将改变物流的运作方式

首先，电子商务可使物流实现网络的实时控制。在电子商务中，物流运作是以信息为中心的，信息不仅决定了物流的运动方向，而且决定着物流的运作方式。在实际运作过程中，通过网络上的信息传递，可以有效地实现对物流的控制，实现物流的合理化。其次，网络对物流的实时控制是对整体物流进行的。在传统的物流活动中，虽然也会通过计算机对物流进行实时控制，但这种控制都是以单个的运作方式来进行的。而在电子商务时代，网络全球化的特点可使物流在全球范围内实现整体的实时控制。

(二)电子商务将改变物流企业的经营形态

首先，电子商务将改变物流企业对物流的组织和管理。在传统经济条件下，物流往往是由某一企业来进行组织和管理的，而电子商务则要求物流从社会的角度来实行系统的组织和管理，以改变传统物流分散的状态。这就要求企业在组织物流的过程中，不仅要考虑本企业的物流组织和管理，而且更重要的是要考虑全社会的整体系统。其次，电子商务将改变物流企业的竞争状态。在传统经济活动中，物流企业之间存在着激烈的竞争，这种竞争往往是依靠本企业提供优质服务、降低物流费用等来进行的。在电子商务时代，这些竞争内容虽然依然存在，但有效性却大大降低了，原因在于电子商务需要一个全球性的物流系统来保证商品实体的合理流动。对于一个企业来说，即使它的规模再大，也难以达到这一要求，这就要求物流企业相互联合起来，形成一种协同竞争的状态，实现物流高效化、合理化、系统化。

(三)电子商务将促进物流基础设施的改善、物流技术的进步与物流管理水平的提高

首先，电子商务将促进物流基础设施的改善。电子商务高效率和全球性的特点，要求

物流也必须达到这一目标。而物流要达到这一目标，良好的交通运输网络、通信网络等基础设施则是最基本的保证。其次，电子商务将促进物流技术的进步。物流技术水平的高低是决定物流效率高低的一个重要因素。要建立一个适应电子商务运作的高效率的物流系统，加快提高物流的技术水平将发挥重要的作用。最后，电子商务将促进物流管理水平的提高。物流管理水平的高低直接决定和影响着物流效率的高低，也影响着电子商务的效率。只有提高物流管理水平，建立科学合理的管理制度，将管理手段和方法应用于物流管理当中，才能确保物流的顺利进行，实现物流的合理化和高效化，促进电子商务的发展。

(四)电子商务对物流人才提出了更高的要求

电子商务要求物流管理人员不但要具有较高的物流管理水平，而且要具有较扎实的电子商务知识，并在实际的运作过程中能有效地将两者有机结合在一起。特别是近几年跨境电子商务的兴起，例如速卖通、亚马逊、Wish等平台，急需精通外语、国际知识、事务处理、法律法规的复合型人才。面对电子商务物流人才培养的瓶颈，政府部门、高校、企业和社会机构都需要积极行动。

二、物流在电子商务中的地位

(一)物流是电子商务的基本要素之一

电子商务的任何一笔交易都由商流、物流、信息流和资金流4个基本部分组成，在电子商务概念模型的建立过程中，强调"四流"合一，如图1-10所示。将商流、物流、信息流和资金流作为一个整体来考虑和对待会产生更大的能量，创造更大的经济效益。

商流：指商品在购、销之间进行的交易和商品所有权转移的运动过程，具体是指商品交易的一系列活动。

物流：指交易的商品或服务等物质实体的流动过程，具体包括商品的运输、储存、装卸、保管、流通加工、配送、物流信息管理等各种活动。

信息流：指商品信息、营销、技术支持、售后服务等内容，也包括询价单、报价单、付款通知单、转账通知单等商业贸易单证以及交易方的支付能力和信誉。

资金流：主要是指交易的资金转移过程，包括付款、转账等。

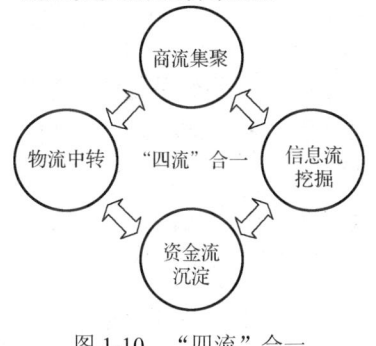

图1-10 "四流"合一

"四流"互为依存，密不可分，相互作用。它们既有独立存在的一面，又有互动的一面。商流是物流、资金流和信息流的起点，一般情况下，没有商流就不太可能发生物流、资金流和信息流。反过来，没有物流、资金流和信息流的匹配和支撑，商流也不可能达到目的。

(二)物流是电子商务流程的重要环节

"商品的发货、仓储、运输、加工、配送、收货"实际上是电子商务中的物流过程，这一过程是实现电子商务的重要环节和基本保证。物流对电子商务的发展起着十分重要的作用，应大力发展现代物流，通过重新构筑或再造现代物流体系来推广电子商务。电子商务交易流程如图1-11所示。

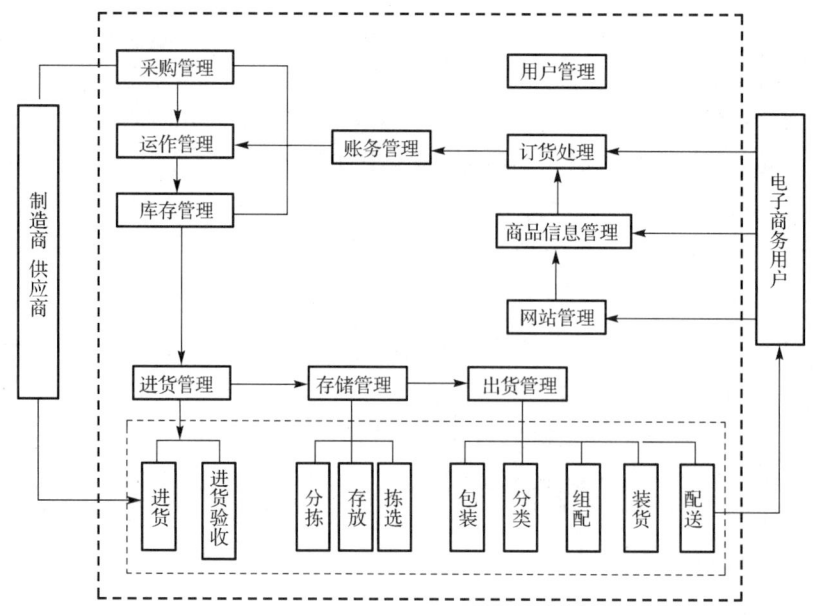

图 1-11 电子商务交易流程

三、电子商务与物流的共生

电子商务目前在发达国家已经占到了社会商品营收总额的 30%～40%。近两年我国物流业的增长很大一部分得益于电子商务的发展。统计数据显示，2017 年全国快递业务量达 400.6 亿件，规模连续 4 年世界第一，电子商务是背后带动这一增长的新引擎。

（一）物流对电子商务的制约与促进

作为电子商务的一个重要构成方面，有形商品的网上交易活动近几年来得到了迅速的发展。在这一发展过程中，物流已经成为有形商品网上交易活动能否顺利进行和发展的一个关键因素。因为没有一个高效的、合理的、畅通的物流系统，电子商务所具有的优势就难以有效地发挥；只有建立一个与电子商务相适应的物流体系，才能有效促进电子商务的发展。

（二）电子商务对物流的制约与促进

电子商务对物流的制约主要表现在：当网上有形商品交易规模较小时，它不可能形成一个专门为网上交易提供服务的物流体系，这不利于物流专业化和社会化的发展。

电子商务对物流的促进主要表现在两个方面：一是网上交易规模较大时，它有利于物流专业化和社会化的发展；二是电子商务技术会促进物流的发展。

（三）电子商务物流体系的形成

电子商务买卖双方网络化的消费习惯，要求物流企业逐渐实现"只有货物在路上，其他全部在网上"的物流电子商务，进而必然要求物流企业实现业务流程的信息化，具有较强的信息收集、处理及传输能力。因此，电子商务环境下的物流企业需要通过网络化和信息化的途径，实现企业自身的低成本、高效率运作，同时为客户降低成本、节省时间。

目前，无论是 UPS、DHL、FedEx 等跨国公司，还是中邮物流、宝供物流等国内知名企业，抑或菜鸟物流、京东物流等电子商务物流平台，乃至顺丰速运、"四通一达"等民营快递企业，都已经实现了不同程度的网络化和信息化。它们以雄厚的资本和巨大的投入为保障，不仅建设了在线查询和提交订单、在线支付的 B2C 物流电子商务网站，实现了业务流程的信息化，而且斥资引入了全球定位系统、地理信息系统、电子标签等先进技术，更有领先者已经实现了智能终端无线查询、受理等业务。

电子商务必须有现代化的物流技术支持，才能体现出其所具有的无可比拟的先进性和优越性，最大限度地使交易双方得到便利、获得效益。因此，只有大力发展电子商务物流体系，电子商务才能得到更好的发展。

【知识链接】

电子商务物流服务典型企业

中国电子商务物流服务领域有 11 大类企业：电子商务自建物流、快运、COD（代收货款服务模式）、快递、最后一公里、电子商务仓储服务、电子商务物流信息化、电子商务物流与供应链咨询、电子商务物流设备服务商、电子商务系统集成商、综合类（支付、包装等）。典型企业举例如下。

电子商务自建物流：京东物流、苏宁易购配送、亚马逊物流、酒仙网等；

快运：德邦、飞远配送、佳吉、天地华宇等；

COD：易境通等；

快递：EMS、顺丰、申通、圆通等；

最后一公里：京东社区自提站、菜鸟驿站、快递超市、丰巢等；

电子商务仓储服务：普洛斯、安博、五洲在线、百利威等；

电子商务物流与供应链咨询：埃森哲、IBM 等；

电子商务物流设备服务商：摩托罗拉、霍尼韦尔、Zebra 等；

电子商务系统集成商：德马泰克、TGW 等。

（资料来源：中国电子商务研究中心，http://www.100ec.cn/detail--6082279.html）

第四节　电子商务环境下的物流管理

一、电子商务物流的内涵

（一）电子商务物流的概念

电子商务物流就是在电子商务的条件下，依靠计算机技术、互联网技术、电子商务技术及信息技术等进行的物流活动。电子商务物流的研究对象是物流在电子商务和现代科学技术条件下的运作和管理等。

电子商务物流具有三个主要的标志，即商业模式的合理性、科学技术应用的先进性和管理方法的科学性。商业模式的合理性可以用供应链的思想对商业模式进行分析与判断；科学技术应用的先进性是指是否在电子商务物流活动中有效地采用了现代科学技术，特别是现代的信息技术、计算机技术、互联网技术等；管理方法的科学性是指是否在电子商务物流活动中实现了科学化管理。

(二)电子商务物流的特征

1. 信息化

信息化既是电子商务的必然要求，也是物流现代化的基础。没有信息化，任何先进的技术设备都不可能应用于物流领域。物流信息化具体表现为物流信息的商品化、物流信息收集的数据库化和代码化、物流信息处理的电子化和计算机化、物流信息传递的标准化和实时化、物流信息储存的数字化等。因此，条形码技术(Bar Code)、数据库技术(Database)、电子订货系统(Electronic Ordering System，EOS)、电子数据交换(Electronic Data Interchange，EDI)、快速反应(Quick Response，QR)及有效的客户反应(Effective Customer Response，ECR)、企业资源计划(Enterprise Resource Planning，ERP)等先进技术与管理策略在物流中将得到普遍应用。

2. 自动化

自动化以信息化为基础，以机电一体化为核心，以无人化为外在表现，以增强物流作业能力、提高劳动生产率、减少物流作业差错和省力化为其效果的最终体现。物流自动化设施非常多，如条形码/语音/射频自动识别系统、自动分拣系统、自动存取系统、自动导引车、货物自动跟踪系统等。这些设施在发达国家已普遍用于物流作业流程中，而在我国由于物流业起步晚、发展水平低，自动化技术的普及还需要相当长的时间。

3. 网络化

网络化已成为电子商务物流活动的重要特征之一，同时，互联网的发展及网络技术的普及也为物流网络化提供了良好的外部环境。物流网络化包括两层含义：一是物流配送系统的计算机通信网络，借助于增值网上的电子订货系统和电子数据交换技术来自动实现配送中心与供应商和下游顾客之间的通信联系；二是组织的网络化，即利用内部网(Intranet)，采取外包的形式组织生产，再由统一的物流配送中心将商品迅速发给顾客，这一过程离不开高效的物流网络的支持。

4. 智能化

智能化是自动化、信息化的一种高层次应用，物流作业中的运筹和决策(如库存水平的确定、运输路径的选择、自动分拣机的运行等)都需要借助于大量的专业知识才能实现，物流智能化已成为电子商务物流发展的一个新趋势。

5. 柔性化

柔性化本来是为实现"以顾客为中心"理念而在生产领域提出的，但要真正做到柔性化，即能真正地根据消费者的需求变化来灵活调整生产工艺，没有配套的柔性化物流系统是不可能达到目的的。柔性化物流是配合生产领域中的柔性制造而提出的一种新型物流模式。物流柔性化对配送中心的要求就是根据多品种、小批量、多批次、短周期的全新消费需求，灵活有效地组织和实施物流作业。

【知识链接】

电子商务物流发展中的十大深坑

近几年,随着电子商务的蓬勃发展,国内物流市场也热闹非凡,众包物流、快递第2梯队、物流与B2B、互联网+细分物流等纷纷传来融资或并购的消息。然而,对于电子商务物流而言,需要警惕发展中的货量不均、财务混乱、花钱窟窿、人心漂移、安全隐患、合作漏洞、跨区陷阱、竞争盲区、数据假象、杠杆失控等十大深坑。

(资料来源:ZAKER新闻,http://www.myzaker.com/article/58a010451bc8e01779000002/)

二、电子商务物流管理的作用

电子商务物流管理的目标是实现企业在交易结束后的产品从原材料组织、生产、库存、运输全过程的一体化管理,在更加开放、透明、丰富的信息资源支持下,发挥电子商务物流管理的集成优势。

(一) 整合现有物流资源,提供集成化的物流服务

电子商务物流管理体系在整合零散的物流资源基础上,不仅能够提供仓储、运输、搬运装卸、包装、流通加工、信息处理等基本物流服务,而且能提供诸如订单处理、物流方案的选择与策划、货款代收与结算、物流系统设计与规划方案的制定等增值服务,以及按客户制定的业务流程,设计一整套完善的供应链解决方案的个性化定制服务,更好地为客户服务,提供完善的物流产品和服务,提升交易和服务的透明度。

(二) 实现"一站式"的无缝物流服务运营

借助于互联网技术和信息平台,电子商务物流管理体系通过标准、规范、制度等机制要素,将供应链成员企业内部的业务流程和供应链成员企业之间的业务流程有机地整合起来,在一个品牌的基础上,实现信息共享化、管理一体化、服务标准化和业务规范化,从而构筑一个无缝连接的运营整体,通过企业间的协作共同获得更大的利益。因此,在电子商务物流管理体系中,强调"四流"整合,实现"一站式"的无缝物流服务运营。

(三) 有效地实现全球化物流运营服务

在电子商务物流管理体系中,供应链成员全球化合作的意愿将更加强烈,来自全球化市场的竞争压力也将加剧。尽管在供应链物流体系中仍然存在着营销与竞争壁垒、金融壁垒和配送渠道壁垒,但经济增长、供应链理念、地区化、技术和解除管制等主要动力始终推动着企业的物流运营的全球化进程。全球化的电子商务平台有效地扩展了电子商务物流管理的活动范围和生存空间,实现了在全球范围内提供物流服务。无论电子商务物流管理提供何种层次和何种水平的物流服务,都具备了达到国际水准的潜力。

(四) 完善综合化的管理体系

在信息及时、传输准确的电子商务物流管理体系的支持下,供应链成员企业能够快速地

组织产品的生产及销售，实现对物流活动的综合化管理。物流系统是由物流活动的各个环节组成的统一的、有机联系的整体，物流管理的目的是实现总体效益最佳。因此，电子商务物流管理不仅涉及物流系统中不断转移的物质实体，也涉及使物质实体发生运动的手段与所使用的材料、设施、设备的规划、设计、选择、使用以及与此有关的经济、技术和劳务等方面的问题，还涉及电子商务物流与物质实体流通的技术、经济、信息和网络关系。

【知识链接】

中国电子商务物流产业联盟

中国电子商务物流产业联盟（原中国电子商务物流企业联盟），是由中国电子商务协会发起的推进电子商务物流协同创新的全国性、专业性社团服务组织。它面向中国电子商务物流领域广泛吸纳会员，以"立足于电子商务物流行业，围绕电子商务物流协同创新，联合重点企业、重点机构、专家团队，建立协同互惠机制，打造资源共享服务平台，成为推进我国电子商务物流持续健康发展的中坚力量，通过服务联盟成员全面提升客户满意度"为宗旨，提供规划、咨询、标准、金融、会议会展、企业市场宣传与推广、人力资源、商务推进合作等相关服务，也是该领域优秀领军人物与行业精英的联谊之家。

（资料来源：中国电子商务物流服务网，http://www.56ec.org.cn/）

【本章小结】

物流是实现电子商务的重要保证，电子商务所带来的对物流的巨大需求，推动了现代物流学科的进一步发展，促进了物流技术水平的提高，把物流业提升到了前所未有的高度。只有大力发展作为电子商务重要组成部分的现代化物流，电子商务才能得到更好的发展。

电子商务物流就是在电子商务的条件下，依靠计算机技术、互联网技术、电子商务技术及信息技术等进行的物流活动。电子商务物流的研究对象是物流在电子商务和现代科学技术条件下的运作和管理等。电子商务物流的特征包括物流信息化、物流自动化、物流网络化、物流智能化、物流柔性化。

电子商务物流管理，就是对电子商务物流活动进行计划、组织、指挥、协调和控制等。电子商务物流管理的目的就是使各项物流活动实现最佳的协调与配合，从而降低物流成本，提高物流效率和经济效益。简单地说，电子商务物流管理就是研究并应用电子商务物流活动规律对物流全过程、各环节、各方面进行管理。

案例阅读

"最后一公里"极速配送

作为万亿市场，消费生鲜电子商务一度被誉为电子商务行业的"最后一片蓝海"。但生鲜保质期较短，对配送时间有着很高的要求，难以通过电子商务交付。但正因为门槛高，生鲜电子商务也被称为"难海"。

如何才能让库存周转更快？如何才能提高匹配度，减少损耗？如何在保证商品质量的同时提高运营效率？解决这些问题的关键，就是前置仓。

2019年11月28日，全球蛙生鲜超市全面升级前置仓体系，为用户提供全球生鲜产品"最快29分达"的冷链配送服务。

1．精选更省心

在2019年11月28日开仓的许东、南沙河和火车站三大仓，使全球蛙生鲜新零售平台单一前置仓的SKU增加至近5 000SKU，最大单仓面积近千平方米。除了品类和面积的增加，全球蛙前置仓此次的选址也更靠近小区及用户比较集中的区域。

在经历全面升级后，全球蛙将围绕餐桌的生鲜产品，实现蔬菜、水果、乳品、零食、肉蛋、水产等全品类生鲜布局。专业买手团队全球原产地直采，精选商品，严选优质好货，商品将更新鲜、更丰富、更实惠，让用户在App上选购更省心，买得安心，买得快速，买得放心。

2．品质严把控

前置仓升级后，从源头到配送全程冷链物流、层层品控把关，从产地到舌尖，保留最原始的新鲜，确保每一份食材的安全。因为提供了更多品类和服务，前置仓在温度控制系统上也做出了更多针对性的调整，以便更好地储存生鲜。国家邮政局统计数据显示，这些提供即时配送的同城速递已成为物流行业增速最快的子行业，未来5年仍将保持30%的增速，预计市场规模超2 000亿元。

除了在商品储存和温度上严格把控，在入库前后还会对前置仓商品进行认真检查、准确登记，装拣流程也严格参照标准流程执行。可以说，每个配送供应链环节都经过严格把控，所有商品均为正品，确保每一份送达用户手上商品的品质与安全。

3．配送更高效

全球蛙打造了500人的专业物流团队，将整个物流体系牢牢掌控在自己手中。当全球蛙前置仓接到用户订单后，分拣员会用带有库位系统的扫码枪迅速找齐商品并打包，再交由配送员完成配送，商品从接单到出库往往只需几分钟。

前置仓模式离用户更近，但位置并不是全球蛙前置仓的最大优势——更关键的是，全球蛙平台打磨出数据化、智能化的前置仓运营管理系统。

据悉，全球蛙平台拥有百人以上的专业技术研发团队。通过强大的大数据分析能力，以大数据赋能供需补货系统，可实现用大数据赋能选址选品等环节，并结合每个仓所属的区域属性，精准预测前置仓需求量，并且每天从大仓精准向前置仓补货，全方位保证商品的新鲜。

自建物流配送、会员免配送费、用户可自选送达时间、3公里生活圈……这种无压力的买菜方式增强了线下菜市场的被替代性，而会员的无门槛配送则在降低用户下单门槛的同时，通过完善的白金会员体系，为用户的黏性和复购意愿再加砝码。

4．未来发展

许东、南沙河和火车站三大仓只是一个开始，随着前置仓密度的不断增加，以及全球蛙生鲜超市管理水平和大数据的不断升级，前置仓将逐步成为全球蛙生鲜超市的核心。未来，全球蛙会在太原构建 20+前置仓，覆盖 5 000+小区，进一步完善品类，将前置仓标准化，用智能化系统完善运营和管理，为用户提供更好的商品和服务，让每个人全方位、全渠道地享受美好的食物。

（资料来源：搜狐网，https://www.sohu.com/a/357434996_99983747）

案例思考：

1．为什么"最后一公里"末端配送对时效要求很高？
2．如何辨证看待极速配送的利弊？

【思考题】

1．简述电子商务物流管理的内容。
2．为什么说物流是电子商务的重要组成部分，是实现电子商务的保证？
3．电子商务对物流有哪些影响？
4．什么是增值物流服务？增值物流服务包括哪些内容？
5．电子商务环境下现代物流的发展趋势是什么？

【实训题】

网络购物体验。

1．选择一家电子商务网站注册，开通银行卡的网上银行业务，开通第三方支付工具。
2．在网站上搜集商品信息，确定要购买的产品信息。
3．和卖家进行沟通，重点询问商品的价格、质量、产地，确定物流公司和发货时间、到货时间等内容，并完成网上支付。
4．等待物流公司上门送货。利用物流商品的发货号在相应的物流公司网站上进行实时跟踪查询。注意物流公司的发货速度、服务质量、态度及商品的完好程度等。
5．结合小组同学的多次网购经验，选取比较有代表性的网购体验进行汇报。

第二章 电子商务物流市场与模式

【学习目标】
- 了解电子商务物流市场的相关概念；
- 理解电子商务物流模式的选择依据；
- 掌握电子商务环境下的物流模式。

【引导案例】

快递行业市场风云再起，各方角力的情况正愈演愈烈

国家邮政局近日公布的数据显示，2020年全国邮政业预计完成业务收入1.1万亿元，其中快递业务量和业务收入分别为830亿件和8 750亿元，同比分别增长30.8%和16.7%。过去一年，快递行业在快速发展的同时，价格战也愈演愈烈，甚至一度出现"八毛寄全国"的现象。企业利润越来越薄，加盟商的日子更是难过，末端网点老板跑路、网点异常的情况时有发生。而这时还有实力雄厚的新手不断入局，快递江湖再生变局。

1. 价格战白热化

2020年年初，受新冠肺炎疫情的影响，快递行业受到了不小的冲击。3月国内快递企业逐步复工后，便开始实施价格战，以价换量、牺牲短期利润，以"毛"为单位的快递价格刷新了行业纪录，低价竞争伴随着2020年快递行业的发展。

从各大快递企业2020年1~11月的经营简报看，企业的业务收入及业务量均保持稳定增长，但单票收入持续下降。2020年11月，在"双十一"大促背景下，顺丰、圆通、申通、韵达的单票收入依然大幅下滑。究其原因，有快递企业表示，主要是市场竞争及为缓解网络合作伙伴的竞争压力而加大补贴力度所致。价格战可以让企业在短时间内获得更大的市场份额，但是从长远来看，并不利于行业的持续健康发展。

低价竞争不仅会影响快递服务的质量，更让行业末端动荡不已。2020年下半年，快递加盟网点因故暂停的状况时有发生。网点承包商也承受着很大的经营压力，有的急于转手网点，有的转手无果直接申请退网，有的则入不敷出停摆倒闭，焦虑情绪在行业中有所蔓延。

2. 新企业强势入局

2020年，快递行业竞争激烈，一众新企业强势入局尤为瞩目。

例如，微信上线"微信寄快递"小程序，滴滴上线货运业务，哈罗单车试水快送业务……虽然目前"微信寄快递"小程序只是一个快递服务平台，不涉及具体的业务操作，但也给行业带来了不小的震动。在当下阿里巴巴旗下的"菜鸟"在物流服务平台领域一家独大的情况下，微信的入局无疑会加剧行业竞争。

在专业的第三方快递领域，入局的新手已经正式加入战斗。背靠OPPO系起家的极兔速递于2020年5月完成起网工作后就迅速加入快递大战中，目前已经接入包括拼多多在内的国内11家电子商务平台，得到了相关电子商务企业的大力支持。除此之外，众邮快递也强势来袭。2020年3月，众邮快递正式对外招商加盟。据悉，众邮是京东打造的经济快递加盟平台，专注于下沉市场与经济型商业发展，其业务定位聚焦3公斤小件与电子商务包裹。值得注意的是，极兔与众邮采取的均是加盟制，专注电子商务市场。从这一点看，极兔与众邮很可能会与"通达系"快递企业形成直接竞争关系。

新入局者给老牌快递企业带来了巨大的压力。在老牌企业和新手之间，各方角力的情况正愈演愈烈。

3. 市场风云变幻

2020年对于快递行业来说热闹非凡，各方势力你争我抢，同时，市场局势也在不断发生变化。就在大家以为竞争对手已经各就各位时，突然又冒出了其他的力量。

2020年阿里巴巴正式入股韵达，自此"通达系"快递企业统一归入阿里系。快递行业的竞争势力也迅速聚集，阿里系与顺丰对决的局势有所明朗。顺丰不断拓展电子商务经济件，挤压阿里系的生存空间，而阿里系则积极巩固自身业务。

就在阿里系与顺丰你争我抢时，极兔与众邮的加入，让阿里系快递企业还要迎战背靠拼多多的极兔与有着京东支持的众邮。由此，阿里巴巴"物流帝国"与顺丰之间的角逐，逐渐成为阿里巴巴、顺丰、京东、极兔之间的较量。

快递市场风云变幻，本以为原来的"通达系"会拧成一股绳站到阿里巴巴身边时，韵达又突然与德邦抱团取暖。2020年5月24日，韵达与德邦同时发布公告，韵达计划向德邦战略投资6.14亿元，将成为后者第二大股东。2020年12月21日，德邦股份与韵达股份再次签订战略合作补充协议，基于双方在大小件快递、零担等业务方面的优势经验，通过交叉销售推进销售资源共享。德邦与韵达的合作进入实质性阶段，双方也越抱越紧。

此外，进入2021年后，背靠央企的哪吒速运招商加盟工作已全面开启，快递经营许可春节前将办理完成，并有望在年中起网运营。

（资料来源：环球科技网，http://www.sc-rh.com/kjjj/20210114/400225000.html）

思考题：

1. 巨头们在竞争中又有合作，到底想在快递市场中得到什么呢？
2. 极兔与众邮采取的加盟制是如何运作的？

第一节 电子商务物流市场

一、物流市场

(一)物流市场的含义

从经济学角度来理解,物流市场是指物流服务供给、需求关系的总和。从管理学角度看,物流市场是物流服务的供需双方在共同认可的一定条件下所进行的交换活动。营销意义上的物流市场则是站在物流供应方的角度上来看,由对物流服务具有欲望并且愿意和能够以交换来满足这些需求的顾客所组成。

综上所述,本书认为物流市场是为保证生产和流通过程顺利进行而形成的商品在流动和暂时停留时所需要的服务性市场以及包装、装卸、搬运等辅助性市场。这也就是说,物流市场是由物流服务市场和提供物流服务所借助的技术、设备等商品市场构成的。

(二)物流市场的供求分析

1. 物流市场需求分析

物流需求是指一定时期内社会经济活动对生产、流通、消费领域的原材料、成品和半成品、商品以及废旧物品、废旧材料等的配置作用而产生的对物在空间、时间和费用方面的要求,涉及运输、库存、包装、装卸搬运、流通加工以及与之相关的信息需求等物流活动的诸方面。物流需求是物流发展的重要前提条件,作为消费者的个人、企业、行业、部门、区域或国家都有可能具有物流需求,物流需求已经涉及现代社会中的各个方面。而物流需求和需求的潜力决定着物流业的发展,从企业经营角度看,建立物流运作系统的目的是在货物运送、储存和提供相关服务方面充分满足客户的期望和要求,推动企业走向成功。物流需求具有以下特征。

(1)派生性。派生性是物流需求的一个重要特征。在社会经济活动中,如果某种商品或劳务的需求由另一种或几种商品或劳务的需求派生出来,则称该商品或劳务的需求为派生性需求。物流需求正是在社会生产活动和消费活动的基础之上,为满足生产或消费的需求而产生的,因此是一种派生性需求。

(2)广泛性。物流需求的广泛性是指其存在的范围广泛。生产和消费在空间和时间上的间隔是物流需求产生的客观基础。如果从区域角度分析,一个区域,无论是大区域还是小区域,不管其空间经济组织如何完备,都不可能是一个完全封闭的独立空间,必然要与其他区域有物资、信息等方面的交流,只不过在空间范围和联系程度大小上有所不同。国民经济物流包括全国范围内跨区域和区域内的多种物流形式。

(3)个性化、多样性。物流需求的个性化是指需求主体的具体需求各有不同,多样性则基于主体的多样化和对象的多样化。不同类型的物流需求主体提出的物流需求在形式、内容方面均会有差异,而物流的对象——原材料、零部件和产成品,由于在重量、容积、形状、性质上等各有不同,因而对运输、仓储、包装、流通加工等条件的要求也各不相同,从而使物流需求呈现个性化、多样性。例如，石油等液体货物需用罐车或管道运输，鲜活货物需用冷藏车运输，化学品、危险货物、长大货物等都需要特殊的运输条件，有些物品需要进行包装或流通加工等。

(4) 不平衡性。物流需求在时间和空间上有一定的不平衡性。物流需求的时间不平衡性是指不同的经济发展阶段对物流需求量的影响是不一样的。例如，经济繁荣时期的物流活动与经济萧条时期的物流活动在强度上肯定是有差别的。物流需求的空间不平衡性是指在同一时间，不同区域物流需求的空间分布存在差异，主要是由自然资源、地理位置、生产力布局等因素的差异造成的。

(5) 层次性。物流需求是有层次的，可分为基本物流需求和增值物流需求等。基本物流需求主要包括对运输、仓储、配送、装卸搬运和包装等物流基本环节的需求。增值物流需求主要对包括库存规划和管理、流通加工、采购、订单处理和信息系统、系统设计、设施选址和规划等具有增值要求的需求。基本物流需求一般是标准化服务需求，而增值物流需求则是过程化、系统化、个性化服务需求。发达国家除了基本物流需求旺盛，对增值物流服务也有很大需求，如对库存管理、物流系统设计的需求。发展中国家的需求则主要是基本物流服务，如干线运输、市内配送、储存保管等服务。

2. 物流市场供给分析

物流供给是与物流需求相对应的一个重要概念。经济学中的供给是指在一定价格下，企业愿意提供产品的数量。从微观经济主体看，物流供给主要是指在一定价格水平下，企业愿意提供的各种物流服务的数量。物流供给的实质就是物流服务的提供。物流市场供给具有以下特征。

(1) 个性化。物流市场供给的个性化是指物流服务供给要满足具体市场的需求，而需求的个性化也必然决定了供给的个性化。但物流供给的个性化并不排斥标准化，相反，它是标准化基础上的个性化，即物流供给是整合运输、仓储等标准活动基础之上的个性化。具体表现为物流服务供给主体能够根据不同需求主体提供"量身定做"的服务，既可以提供从供应地到消费地的全程一体化服务，也可以提供环节性服务。

(2) 完整性。物流供给需要一系列不同的功能活动(运输、仓储、包装、流通加工等)有机协调，才能有效地满足客户真正需要的服务。如果只是完成其中某一环节的功能，那么这种不完整的服务也不是完整意义的物流供给。

(3) 经济性。物流供给的经济性表现为通过现代管理和各种技术手段，实现物品在时间和空间变化方面的合理化，达到对空间和时间利用的经济性，寻求把正确的物品以正确的方法送到正确地点的正确客户手中。物流活动是一种降低总成本的活动，这种总成本降低的活动包括的内容是广泛的，即时间成本、空间成本及交易成本等的降低。

二、电子商务物流市场定义

电子商务物流市场是指在电子商务环境下，构成物流服务的各种交换关系的总和。这些交换关系主要包括以下几个方面。

(1) 市场主体之间的关系。包括物流的提供者与需求者，也包括生产者、经营者及消费者与物流服务提供商之间的关系,以及以上各市场主体与物流软件服务商的关系。

(2)市场客体之间的关系。不仅包括与货物实体运动相关的物流作业服务,而且包括物流管理咨询及支持物流运作的其他服务。

(3)市场运行过程中的关系。包括物流市场的运行方式、运行机制及不同市场态势下的相关关系。

三、电子商务物流市场构成

(一)电子商务物流市场主体

1. 定义

电子商务物流市场主体是指以独立形态从事、参加物流运作的有关当事人或机构组织。

2. 主体应具备的条件

(1)具有独立的经济利益,能够独立自主地进行自身的经济活动。

(2)平等、自愿的权利让渡构成了其行为基础。在市场活动中,市场对自身权利的每一种(次)让渡,都必须有相应的价值反向让渡来进行补偿。

3. 市场主体的构成

按组织性质划分,电子商务物流市场主体包括企业、政府和消费者三大类。

(1)企业。企业是社会经济活动的基本细胞,是依法自主经营、自负盈亏、自我约束、自我发展的经济实体,是市场主体中最具有拓展能力的组成部分,在电子商务物流市场中处于绝对的主导地位。一般来说,企业具有稳定的组织结构和科学决策系统。在电子商务物流市场中,企业可用多种标准来进行划分。

(2)政府。中央或地方政府职能部门为实现其社会组织和管理职能而直接进入市场时,也就成为市场主体的一个组成部分。目前,随着我国电子政务的快速发展,一方面,政府通过网上公开招标和协议合同的方式进行采购,也通过这种方式选择其采购货物的物流服务代理商;另一方面,强调低价优先和有着繁杂的文书程序是政府选择供应商和物流服务代理商的一个基本条件。

【知识链接】

中国已完成 RCEP 的核准

2021年3月,中国完成区域全面经济伙伴关系协定(RCEP)的核准,成为率先批准协定的国家。RCEP所有成员国均表示,将在2021年底前批准协定,推动协定于2022年1月1日生效。各成员国积极推动协定早日生效,对全球贸易和世界经济复苏具有重要意义。

RCEP的15个成员国(东盟十国、中、日、韩、澳、新)总人口22.7亿,经济总量26万亿美元,出口总额达5.2万亿美元。各成员国2020年11月签署RCEP,意味着占全球约1/3的经济体量将形成一体化大市场。

RCEP是互惠的、具有包容性的经济伙伴关系协定,为扩大成员国间贸易、投资、人员交流,巩固和发展区域内产业链、供应链、价值链提供了新契机。RCEP框架内的合作是全面性经济合作，不仅涉及商品、服务和投资，还纳入了知识产权、电子商务、政府采购等现代化议题。

(资料来源：中国自贸网，http://fta.mofcom.gov.cn/article/fzdongtai/202103/44781_1.html)

(3) 消费者。消费者作为市场主体，在进行网上采购时，也会对物流服务提出要求。目前的情况是，消费者在网上购买商品后，一般都是由销售者即卖方或销售者委托物流服务商送货的。

按作用划分，电子商务物流市场主体可以划分为物流服务需求者(物流服务消费者)和物流服务提供者两类。物流服务需求者的构成、需求内容与需求特点如表 2-1 所示。物流服务提供者的分类如表 2-2 所示。

表 2-1 物流服务需求者的构成、需求内容与需求特点

物流服务需求者的构成	需求内容	需求特点
生产企业	物流作业服务 物流管理咨询	具有稳定性和连续性
商业企业	物流作业服务 物流管理咨询	具有稳定性和连续性
网站	物流作业服务 物流管理咨询	具有稳定性和连续性
政府	物流作业服务	稳定性相对差、规模变化较大
消费者	物流作业服务 物流管理咨询	不稳定、规模小

表 2-2 物流服务提供者的分类

按主导业务分类	提供物流作业服务的物流服务提供者
	提供物流信息服务的物流服务提供者
	提供物流咨询服务的物流服务提供者
	提供物流技术软件的物流服务提供者
按综合程度分类	提供专业物流服务的物流服务提供者
	提供综合物流服务的物流服务提供者
按资产组成分类	有限公司制物流服务提供者、股份公司制物流服务提供者等
按所有制分类	全民制物流服务提供者、集体制物流服务提供者、混合制物流服务提供者
按规模分类	大型物流服务提供者、中型物流服务提供者、小型物流服务提供者

(二) 电子商务物流市场客体

1. 按货物的自然属性划分

按货物的自然属性划分，有金属材料、化工材料、机电产品、建筑材料、木材、燃料、机械产品、食品、服装等。

2. 按物流服务的内容划分

按物流服务的内容划分，有物流作业服务市场、物流信息服务市场、物流管理服务市场和综合物流服务市场等。

四、电子商务物流市场特征

(一)服务性

在电子商务物流市场上,各方交易的不是商品,也不让渡商品的所有权,而是一种提供物流服务与被服务的关系。对于委托方来说,得到的是受托方提供的物流服务,同时支付受托方为自己提供物流服务的费用;对于受托方来说,得到的是通过提供物流服务,获得劳动的价值收入,更重视物流服务的系统化、标准化、规范化等。

(二)技术性

在物流业务委托代理关系的建立过程中,各方会广泛地通过互联网、使用各种先进的信息技术进行商务来往,物流的运作方也会采用先进的信息技术进行作业管理,更加重视现代管理方法的运用,如 JIT 快速反应、物料需求计划、分销需求计划及物流资源计划等。

(三)虚拟化

电子商务为物流创造了虚拟化空间,物流的各种职能及功能可以通过虚拟化的方式表现出来,人们可通过各种组合方式寻求物流的合理化。电子商务改变物流的运作方式,可使物流实现网络的实时控制,而网络对物流的实时控制是以整体物流来进行的。

(四)灵活性

电子商务使得客户的期望值不断提高,客户对配送的要求经常是及时送货,隔日送货甚至当日送货已成趋势。同时,大量货物直接送达消费者,使得分拣和配送批量减小、批次增多,这就要求物流系统具有更好的响应性。传统物流可以根据产品数量、高峰期等确定设施与人员配置,但电子商务的业务是难以预测的,这就要求物流部门能迅速有效地适应需求的变化。同时,退货的增多也要求物流更加灵活地进行退货处理。为满足客户的响应性与灵活性要求,企业需要高效的物流操作以快速发运产品,高效的物流操作超出传统的分拣、包装和发货功能而形成扩展的仓库管理系统能力,包括寻址、增值服务、理货区管理及射频(RF)处理一体化。

(五)竞争性

电子商务将竞争压力提升到了一个新高度。随着越来越多的提供相同或相似产品的网上商店和网上交易的出现,产品正在变为商品,品牌优势正在消失,服务成为区分竞争对手的主要因素。为了保持竞争力,企业必须从整体上优化供应链,在不断改进服务的同时,降低物流成本;在提高劳动效率的同时,使仓库和设备的利用率最大化。

(六)可视性

对于电子商务企业来说,拥有可视化的物流信息系统在某种意义上比拥有若干车队、仓库等实体物流资源更为重要。电子商务系统的可视化除了考虑经济因素,又增加了新的内容。一是全系统可视,完整意义上的电子商务可视化系统包括可视化的采购、可视化的仓储、可视化的中转运输和配送以及可视化的销售等子系统。可视化贯穿于供应链的各环节，这些环节的可视构成了全系统的可视。二是全程可视，在采购入库、批发出库、配送入户、商品调剂及销售等全过程中，管理人员都能够准确地获取或传递信息，通过网络信息平台监控物流运转的全过程，从而为实施精确的物资补充提供可靠的保证。三是实时可视，电子商务商品流动范围广、速度快，直接面对下游需求方，尤其是以零售为主的电子商务商品品种数以万计，通过实时可视，电子商务企业能够实时获取某一时段的商品流动信息，为企业决策提供可靠的依据。四是双向可视，电子商务企业和客户双方都可以通过网络非常方便地查询所需信息，双方很清楚商品的移动位置。目前，大部分电子商务企业都能提供这种货物网上跟踪业务。

第二节　电子商务物流模式

一、电子商务物流模式介绍

(一)自营物流

1. 自营物流的含义

企业借助于其开展电子商务的先进经验同时开展物流业务，即电子商务企业自身经营物流，这就是企业自营物流模式。目前采取自营物流的电子商务企业主要有以下两类。

(1)传统的大型制造企业或批发企业经营的电子商务网站。

由于传统的大型制造企业或批发企业经营的电子商务网站自身在长期的传统商务中已经建立起初具规模的营销网络和物流配送体系，在开展电子商务时只需将其加以改进、完善就可满足电子商务条件下对物流配送的要求。

(2)资金实力雄厚且业务规模较大的电子商务公司。

具有雄厚资金实力和较大业务规模的一些传统的大型企业集团经营的电子商务公司，凭借原有的庞大的连锁分销渠道和零售网络，在第三方物流不能满足其成本控制目标和客户服务要求的情况下，自行建立适应业务的畅通的、高效的物流系统，并可向其他物流服务需求方(如其他电子商务公司)提供第三方综合物流服务，以充分利用其物流资源，实现规模效益。

2. 自营物流的优势

(1)掌握控制权。

企业自营物流时，可以根据掌握的物流资料对物流活动的各个环节进行有效调节，能够迅速取得供应商、销售商及最终顾客的第一手信息，解决管理物流活动的过程中出现的问题，以便随时调整经营策略。通过自营物流，企业可以全过程地有效控制物流系统的运作。

(2)避免商业秘密的泄露。

企业为了维持正常的运营，必须对某些特殊运营环节采取保密措施，如原材料的构成、生产工艺等。当企业将物流业务外包，特别是引入第三方物流来经营其生产环节中的内部物流时，其基本的运营情况就不可避免地向第三方物流公开。企业物流外包后，企业经营中的商业秘密就可能会通过第三方物流泄露给竞争对手，从而削弱企业的市场竞争力。

(3) 降低交易成本。

企业靠自己完成物流业务，就不必就相关的运输、仓储、配送和售后服务的费用问题与物流企业进行谈判，避免了交易结果的不确定性，降低了交易风险，减少了交易费用。

(4) 盘活企业原有资产。

中国生产企业中拥有铁路专用线的企业占3%，拥有机械化装卸设备的企业占33%，73%的企业拥有自己的仓库，而拥有汽车车队的企业更是达到73%。企业选择自营物流的模式，在改造企业经营管理、结构和机制的基础上使原有物流资源得到充分的利用，盘活了原有的企业资产，为企业创造了利润空间。

(5) 提高企业品牌价值。

自营物流能够更好地控制市场营销活动，一方面，企业可以为顾客提供优质的服务，使顾客能更好地熟悉企业、了解产品，让顾客感受到企业的亲和力，切身体会到企业的人文关怀，提升企业在顾客心目中的形象；另一方面，企业可以最快地掌握顾客信息和市场发展动向，从而根据顾客需求和市场信息制定和调整战略，提高企业的市场竞争力。

3. 自营物流的劣势

(1) 投资需求大。

企业建立物流系统，在仓储设备、运输设备及相关人力资源等方面都需要投入资金，不利于企业抵御市场风险。这必然会减少企业其他重要环节的投入，削弱企业的市场竞争力。

(2) 企业配送效率低下，管理难以控制。

对于绝大部分企业而言，物流并不是企业所擅长的业务。在这种情况下，企业自营物流就等于迫使自己从事不擅长的业务活动，企业的管理人员往往需要花费过多的时间、精力和资源去从事物流相关工作，结果可能是辅助性的工作没有做好，又没有发挥关键业务的作用。

(3) 专业化程度不高。

对规模较小的企业来说，企业产品数量有限，采用自营物流，不足以形成规模效应。一方面，这会导致物流成本过高，产品成本升高，市场竞争力降低；另一方面，由于规模的限制，物流配送的专业化程度较低，企业的需求无法得到满足。

(4) 无法进行准确的效益评估。

许多自营物流的企业内部各职能部门独立地完成各自的物流活动，没有将物流费用从整个企业分离出来进行独立核算，因此企业无法准确地计算出产品的物流成本，所以无法进行准确的效益评估。

【知识链接】

国内自营物流的两大代表体系

目前市面上的自营物流可分为两大体系。

第一种，以阿里巴巴为代表的平台物流体系，联合"通达系"等第三方物流公司打造电子商务生态链条，本质是整合几家快递公司统一搭建数据系统，以此提高物流效率和质量。

第二种，以京东为代表的供应链物流模式，通过多地设仓、建配送站等手段，提升货物分拨的效率，从而提高物流效率。不仅是综合性购物网站，一些垂直细分领域的电子商务平台也早早加入建设自营物流的队伍中，如专注女性化妆品的聚美、专注母婴用品的蜜芽及深耕宠物领域的E宠。

（资料来源：艾媒网，http://www.iimedia.cn/53886.html）

（二）第三方物流

1. 第三方物流的含义

第三方物流(Third Party Logistics，3PL或TPL)是指独立于买卖双方的专业化物流公司，长期以合同或契约的形式承接供应链上相邻组织委托的部分或全部物流业务，因地制宜地为特定企业提供个性化的全方位物流解决方案，实现特定企业的产品或劳务快捷地向市场移动，在信息共享的基础上实现优势互补，从而降低物流成本，提高经济效益。它是由相对"第一方"发货人和"第二方"收货人而言的第三方专业企业来承担企业物流活动的一种物流形态。

2. 第三方物流的分类

(1) 按照物流业务范围和服务功能划分。

① 综合性物流企业，是指能够完成和承担多项甚至所有物流功能的物流企业，包括从配送中心的设计到物流的战略策划乃至商品实物运输等多方面。综合性物流企业一般规模大、资金雄厚，并且有着良好的物流服务信誉。综合性物流企业由于承担综合性物流服务，因此要求管理水平比较高，具有相当的竞争力。目前，许多综合性物流企业是跨国公司，其触角伸向全世界。

② 功能性物流企业，也叫作单一物流企业，仅仅承担和完成某一项或几项物流功能。按照主要的物流功能，可将其进一步分为运输企业、仓储企业、流通加工企业等。目前，功能性物流企业无论是在国内还是在国外数量都较多，有些有比较悠久的历史，有些已经成为世界知名的跨国公司，如美国联合包裹公司(UPS)和日本的佐川急便等。国内专业化的物流企业主要是由原来的国家大型仓储、运输企业发展而来以及中外合资或外商投资创办的专业物流公司，如中国远洋运输公司、中国对外贸易运输(集团)总公司、中国外轮代理公司、天地快运、EMS等。这些企业的营业范围涉及全国配送、国际物流服务、多式联运和邮件快递等。

(2) 按照提供物流服务的手段划分。

① 资产型第三方物流企业，是指拥有从事专业物流活动或约定物流活动的装备、设施、运营机构等生产条件，并且以此作为自身核心竞争力的物流供应商。按照企业资产的类型，还可以将资产型第三方物流企业划分为以提供运输服务为主的物流企业、以提供仓储服务为主的物流企业和以提供终端服务为主的物流企业。由于资产型第三方物流企业自身拥有物流设备、设施等资源，因此可以随时根据客户需求提供稳定、可靠的服务。同时，由于资产的可见性，这种物流企业的资信程度会比较高，对客户有较大的吸引力。但是，由于购置设施、设备的费用和设施、设备经常性的维护费用较高，因此资产型第三方物流企业投资较大。虽然自有资产可以提供高效率的确定性服务，但很难按照客户的个性化需求进行灵活的改变，往往会出现灵活性不足的问题。

② 非资产型第三方物流企业，是指不拥有或租赁资产，以人才、信息和先进的物流管理系统作为向客户提供服务的手段，并以此作为自身核心竞争力的物流供应商。在网络经济时代，这种类型的第三方物流实际上是以"知识"作为核心竞争力，通过网络信息技术的深入运用，以高素质的人才和管理力量，利用社会的设施、装备等最终向客户提供优良服务的。根据提供服务的类型，非资产型第三方物流企业可进一步划分为以提供货物代理为主的物流企业、以提供信息和系统为主的物流企业及以提供物流增值服务为主的物流企业。

③ 优化型第三方物流企业，完全拥有非资产型第三方物流在信息、组织、管理方面的优势，同时建立必要的物流设施装备系统，而不是全面建设。这是既可以满足客户的管理咨询服务需求，又可以满足企业普遍物流业务需求的综合性企业。因此，这种企业既避免了以上两种类型的缺点，又综合了两者的优点。

3. 第三方物流的优势分析

(1) 使客户企业集中于核心能力。

电子商务营运商把经营重点投入自己的核心业务中，物流环节全部分包给专业物流企业，即通常说的第三方物流。这种物流模式的好处在于，对电子商务营运商来说，可以把精力集中于电子商务平台的建立和完善，加大专业业务的深度；对专业的物流企业来说，既可以拓展服务范围，又可以提高自身的信息化程度。

(2) 为客户企业提供技术支持或解决方案。

随着技术进步和需求变化，供应商或零售商有着越来越高的物流配送与信息技术方面的要求。例如，需要使用特殊软件来设计一个把商品发送给客户的优化顺序和路线；或者需要一种公共的电子信息交换平台以实现信息共享。物流企业要满足这些需求就必须具备较强的技术创新能力。只有具备丰富的专业知识（包括最新的 IT 知识）、深谙物流中存在的各种问题、把物流作为自己核心业务的企业，才肯投入 100%的力量来进行物流领域的技术创新，并且往往能够以一种更快速、更具成本有效性的方式来满足客户对新技术的需求。

(3) 为客户提供灵活增值服务。

第三方物流提供各类物流增值服务，满足客户在诸如地理分布或个性化服务等多方面的灵活性要求。例如，美国 UPS 的一个部门向那些哪怕一小时的设备停顿都会造成巨大损失的特殊客户提供一种更加复杂的第三方物流服务。这一服务明显节省了客户的成本，同时，由于客户"愿意为速度付钱"，因而这项业务也使 UPS 获利颇丰。另外，第三方物流供应商可以不拥有任何车辆、仓库及人力等物流资源，但却可以凭借其独特的解决方案，通过资源的外包，为客户组织这些物流资源。

(4) 节省物流费用，减少库存。

专业的第三方物流企业利用规模优势、专业优势，通过提高各环节的利用率节省费用，使客户企业能从费用结构中获益。第三方物流企业还借助精心策划的物流计划和适时配送等手段，最大限度地盘活库存，改善企业的现金流量。

(5) 提升客户企业形象。

第三方物流企业的利润并非只来源于运费、仓储费等直接收入，还来源于与客户企业共同在物流领域创造的新价值。所以，第三方物流企业与客户企业是战略伙伴。例如，通过全球性的信息网络使客户企业的供应链管理完全透明化，企业可随时了解供应链的情况；极大地缩短交货期，有利于企业改进服务，树立自己的品牌形象；通过"量体裁衣"式的设计，制定出以顾客为导向、低成本、高效率的物流方案，为企业在竞争中取胜创造有利条件等。

4. 第三方物流的劣势分析

第三方物流在为企业提供上述便利的同时，也会给企业带来诸多的不利，主要表现在以下几个方面：企业不能直接控制物流职能；不能保证供货的准确和及时；不能保证顾客服务的质量，不能维护与顾客的长期关系；企业将放弃对物流专业技术的开发，等等。例如，企业在使用第三方物流时，第三方物流企业的员工经常与企业的顾客发生交往，此时，第三方物流企业会通过在运输工具上喷涂自己的标志或让员工穿着统一服饰等方式来提升其在顾客心目中的整体形象。

(三) 第四方物流

1. 第四方物流的概念

按照约翰·加特托纳的定义，第四方物流 (the Fourth Party Logistics, 4PL) 是一个供应链的集成商，它对公司内部和具有互补性的服务供应商所拥有的不同资源、能力和技术进行整合和管理，提供一整套供应链解决方案。第四方物流服务主要是指由咨询公司提供的物流咨询服务，但咨询公司并不等于第四方物流企业。第四方物流企业应顾客要求，以其知识、智力、信息和经验为资本，为其提供物流系统的分析和诊断，或提供物流系统优化和设计方案等物流系统咨询服务。

2. 第四方物流的特征

第四方物流主要是在第三方物流的基础上，通过对物流资源、物流设施、物流技术的整合和管理，提出物流全过程的方案设计、实施办法和解决途径，为顾客提供全面的供应链解决方案。第四方物流具有以下特征。

(1) 第四方物流是供应链的集成者、整合者和管理者。

第四方物流的核心竞争力就在于其对整个供应链及物流系统进行整合规划的能力，这也是降低客户企业物流成本的根本所在。第四方物流作为有领导力量的物流服务提供商，可以通过其影响整个供应链的能力，整合最优秀的第三方物流服务商、管理咨询服务商、信息技术服务商和电子商务服务商等，为企业客户提供个性化、多样化的供应链解决方案，为其创造超额价值。

(2) 第四方物流通过影响整个供应链来进行增值。

第四方物流充分利用一批服务供应商的能力，包括第三方物流信息技术供应商、呼叫中心、电信增值服务商等，提供全方位供应链解决方案来满足企业的复杂需求。它关注供应链的各个方面，既能提供不断更新和优化的技术方案，又能满足顾客的独特需求。

(3) 人才优势。

第四方物流企业拥有大量高素质、国际化的物流和供应链管理专业人才和团队，可以为企业客户提供全面的、卓越的供应链管理与运作以及服务个性化、多样化的供应链解决方案，在完成物流实际业务的同时，实施与企业战略相适应的物流发展战略。发展第四方物流可以减少物流资本投入和占用资金。

3. 第四方物流的主要模式

在提供具体服务过程中,第四方物流主要存在以下 3 种模式。

(1) 协同运作模式。

协同运作是指第四方物流企业为第三方物流企业服务,协助第三方物流企业提高物流运作能力,一般是提供第三方物流企业缺少的技术和战略方案等。在这种运作模式下,第四方物流企业只与第三方物流企业内部存在合作关系,即第四方物流供应商不直接与企业客户接触,而是通过第三方物流服务供应商将其提出的供应链解决方案、再造的物流运作流程等付诸实施。

(2) 方案集成商模式。

方案集成是指第四方物流为物流需求方服务。这种模式下,第四方物流企业作为物流需求方与所有第三方物流供应商联系的中心,将企业客户与第三方物流供应商连接起来,这样企业客户就不需要与众多第三方物流服务供应商进行接触,而是直接通过第四方物流企业来实现复杂的物流运作管理。

(3) 行业创新者模式。

行业创新是指第四方物流为某一行业的企业服务。第四方物流企业通过对同步与协作的关注,为众多的产业成员运作供应链。行业创新者模式与方案集成商模式有相似之处,都是作为第三方物流和客户沟通的桥梁,将物流运作的两个端点连接起来。两者的不同之处在于行业创新者模式的客户是同一行业的多个企业,而方案集成商模式只针对一个企业客户进行物流管理。

二、互联网+物流企业运营模式

一个典型的电子商务产业链包括上游平台商家(品牌商、分销商)、中游电子商务平台、下游支付商/物流商和终端消费者四个环节。典型的电子商务产业链(以快递业为例)如图 2-1 所示。

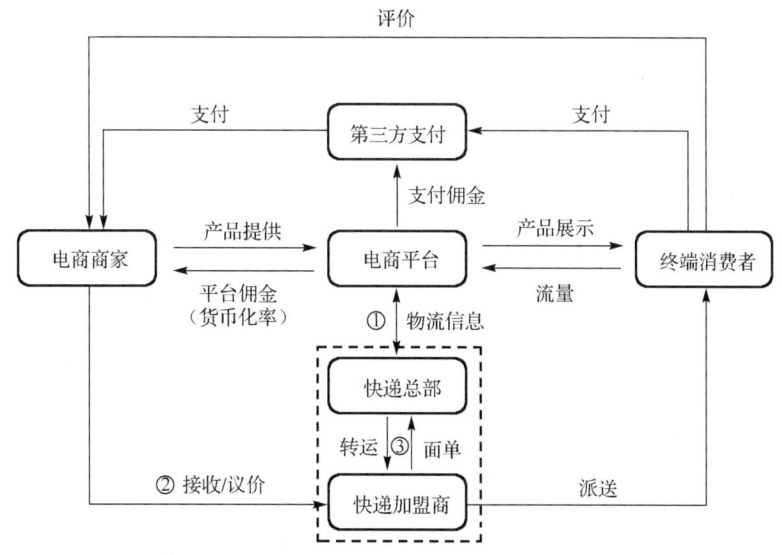

图 2-1 典型的电子商务产业链(以快递业为例)

互联网物流企业发展到目前，主要解决的是运力统筹和货源统筹的双重难题，主要有以下5种模式。

（一）一装多卸模式

初期发展起来的互联网物流企业以平台为主，主要解决传统物流服务站信息不对称的问题。随着进一步的市场探索，各企业逐渐开始在货物集散端思考更多可行方案。最普遍的做法是，互联网物流企业搭建平台，平台一端对接客户，另一端对接司机。平台的价值更多体现在整合了离散的货源，完成了集货功能。例如，从泉州到广东惠东和东莞运输22吨产品，即为一装两卸：在泉州装一次，在惠东、东莞各卸货一次。

然而，以平台为基础，并没有解决集货困难、成本高、周期长、一流货源难寻的问题。整车配送，一装多卸模式其实只做到了最基本的表层重构，完成了对信息、货物的聚合与分发，并没有从根本上改变物流行业供应链。

（二）"滴滴打车"模式

随着移动互联网的发展，基于LBS位置服务，类似"滴滴打车"模式的互联网物流企业纷纷上线，用户在平台发布送货请求，货车司机在线抢单，例如同城货运中的快狗打车、货拉拉。这种完全照搬"滴滴打车"模式的物流企业存在一定弊端。首先，"人打车"和"货配送"有本质上的区别。物流配送的需求多来自企业，相比打车，其流程复杂，要求多样，难以标准化。其次，在支付闭环并没有完全打通的情况下，物流配送的运费结算单价较高，司机不能直接出具发票，双方需要签收回单，还有账期等一系列问题难以解决。

【知识链接】

快 狗 打 车

快狗打车前身为58速运，2018年8月正式更名为"快狗打车"，定位为"拉货的打车平台"，它是致力于为用户随时随地提供拉货、搬家、运东西等短途货品运送及交易服务的平台，全面贴合及匹配现今用户日常出行运物习惯，以全流程闭环的线上交易平台和海量社会化运力为基础，致力于高效满足各类用户的不同类型的短途货物运输及物品运送需求。

基于独特的互联网及大数据运营基因，通过国际水准的物流交付服务及世界先进的智能运力系统，快狗打车在有效满足各种物流需求的同时帮助客户降低成本、提高运输效率。目前，快狗打车已与顺丰速运、京东、德邦、苏宁、脉动、康师傅、每日优鲜、饿了么、宜家等近十万家知名企业建立合作。

（资料来源：快狗打车官网，https://suyun.daojia.com/pc/suyun/guanyuwomen）

（三）拼车模式

拼车模式以整车为单位，但并不是指整车出租，它和海运船舶的分仓理念相似，将车辆的空间按照货物的体积、大小进行划分安排，通过系统统一调配，配送车辆可以多点取送，多装多卸，将社会闲散运力整合起来，达到成本和效率的最优化。

目前市场上"拼货"的主流观点是"高频带低频，强需求带动弱需求"，但是在市场尚未完全打开之前，拼车的空间利用率会打折扣。另外，在技术、货源等因素综合影响下，时间、空间和距离三者之间的最佳平衡点也难以确定。

（四）平台招投标模式

用户通过平台发布货运需求，司机在平台展开竞价，用户根据报价选择性价比合适的司机进行接洽。以此模式发展起来的互联网物流企业，更加看重的是平台对供应链的控制价值，企业一旦可以掌控供应链管理技术，后期将有很大的市场想象空间。

互联网的本质是公开透明的，互联网物流企业的货运报价也会越来越接近刚性成本，当货运物流交易效率要求较高时，竞价就会失去优势。物流企业可能会通过补贴拉低竞价来扩大市场份额。长远来看，这种烧钱模式很难持续。其代表企业为早期的运满满和货车帮。

（五）立体生态经济模式

互联网物流企业将基层的末端配送运营、干线整合、全国仓储圈地、信息平台建设、大数据战略、金融服务等延伸到制造代工，这一系列就会组合成物流的立体生态经济模式。立体生态经济模式最终会掌控整个商业生态，成为最大的供应链链主平台。其代表企业为满帮集团(运满满+货车帮)。

【知识链接】

满 帮 集 团

满帮集团由江苏运满满和贵州货车帮在 2017 年合并而成，是中国干线运力基础设施和大动脉平台。它全心全意帮助司机和货主，助力物流降本增效，坚持以技术为导向，逐渐完成由平台型企业到智慧型企业再到生态型企业的升级。

平台认证司机用户 1 000 万，货主用户 500 万，业务覆盖城市 339 个，年度撮合成交规模达到 8 000 亿元，覆盖线路数量超过 11 万条。平台司机月行驶里程由 9 000 公里提升至 12 000 公里，空驶率由 38%下降至 34%，月承运次数由 14 次提升至 20 次。同时，20%的司机会通过平台选择加油服务，ETC 充值覆盖率为 24%，保险覆盖率为 16%，贷款覆盖率为 15%。

(资料来源：满帮集团官网，https://ymm56.zhiye.com/a/GSJJ)

三、电子商务物流模式选择

企业在进行物流决策时，应立足于自己的实际需要和资源条件，以提高自身的核心能力和市场竞争力为导向，综合考虑以下主要因素，慎重选择物流模式。

（一）物流子系统的战略地位

企业在进行物流模式决策时，首先要考虑物流子系统的战略地位，它是电子商务企业决定实施哪种物流模式的首要影响因素。物流地位越重要，企业自营物流的可能性就越大，反之亦然。而物流战略对企业的影响因企业所属的行业性质而定，不同的行业对物流的要求不同。对于零售、分销商而言，物流战略意义大，要求加强对物流渠道的控制，故自营物流的可能性较大；而对于生产制造商来说，物流相对而言战略重要性偏低，故选择外包的可能性较大。此外，物流战略的影响力还跟企业所具备的物流专业人才及物流成本占企业总成本的比例有关，企业所拥有的物流专业人才越多，物流成本占企业总成本的比例越大，企业物流战略意义也就越大。

(二) 物流管理能力

企业对物流的管理能力是影响其选择物流模式的又一重要因素。通常来说，在其他条件相同的情况下，若电子商务企业具有比较强的物流管理能力，自营物流就显得比较可取，而且其物流管理能力越强，自营物流的可行性就会越大。而在电子商务企业对物流的管理能力比较差的情况下，如其物流子系统在战略上处于一定的重要地位，则应当选择合适的物流伙伴来建立物流联盟，反之采用第三方物流较为合适。

(三) 柔性要求

随着科技的进步与经济的发展，企业要根据市场不断调整自己的经营方向、重点、市场及产品等，这就对企业的柔性有了更高的要求。相比而言，物流外包可以使企业具有更大的柔性，而且能够较容易地对企业业务的内容、重点与数量等进行相关调整。因此，处于发展变化速度较快的行业中的企业的商品数量、种类等较不稳定，非规则化及变动较多、较大，通常需要根据具体情况来相对较快地调整其经营管理模式和相应的业务，故为保证足够的企业柔性，应当外购物流服务。相反，业务相对稳定、物流商品种类也比较稳定、数量大的企业，对柔性要求比较低，故采取自营物流的可能性较大。

(四) 物流系统总成本

在选择自营物流还是外包物流时，企业必须弄清两种模式下的物流系统总成本。通常来说，企业的物流系统总成本包括三大板块，分别是采购成本、库存成本和配送成本，而这些成本之间存在着效益背反现象：减少库存数量，可以降低库存成本，但却会因缺货率上升导致采购成本与配送成本增加。如果采购成本与配送成本的增加部分超过了库存成本的减少部分，就会造成物流系统总成本的增加。因此，电子商务企业在选择与设计物流系统时，应当对物流系统总成本加以论证，最终选择总成本最低的物流系统。

(五) 企业规模和实力

对于一些规模较大、资金充裕、货物配送量巨大的企业来说，投资建立自己的配送系统，能够掌握物流配送的主动权，并能够保证以客户为中心的经营理念，也是一种战略选择。这些企业有能力建立自己的物流配送体系，制订合适的物流需求计划，保证物流服务的高质量。同时，过剩的物流网络资源还可供给外部企业。而对于中小企业来说，受资金、人员及核心业务的限制，物流建设投资巨大，并存在管理等方面的风险，如果物流业务量小，则会增加物流成本，降低物流效率。而且，由于物流技术手段有限，中小企业无法承担诸如集装箱、铁路运输及国际运输等物流业务。这些小企业更适合把物流业务交由信誉良好的第三方专业物流代理公司。

(六) 企业产品自身的物流特点

物流对企业的影响程度跟企业产品自身的特点有关，不同类型的产品对物流的要求存在差别。对大宗工业品原料的回运或者鲜活产品的分销,可以采用相对固定的专业物流服务供应商与短渠道物流;对全球市场的分销,宜利用地区性的专业物流公司来提供支援;对产品线单一或做配套的企业,则应当在龙头企业统一下自营物流。另外,产品自身的单位价值对物流方式的选择也会产生一定影响。例如,对单位价值较大的商品,企业往往会倾向于采取自营物流的方式;而对小批量、单位价值较低的商品,企业则倾向于委托第三方物流公司来送货。

物流是整个交易的最后一环,物流工作的好坏直接关系到企业商品销售的成败。而对于不同的企业,面对不同的物流模式往往难以抉择,且自营物流、第三方物流和物流联盟等模式各有优劣,企业若选择不当,轻则造成运作成本加大,重则关乎企业战略成败。因此,企业必须慎重选择适合自身发展的物流模式。

【知识链接】

国内家电企业物流模式比较

1. 物流模式一:组建物流网络,自营物流;代表企业:海尔。
2. 物流模式二:剥离物流业务、组建第三方物流公司;代表企业:美的。
3. 物流模式三:与大型物流企业共组家电物流平台;代表企业:科龙、小天鹅。
4. 物流模式四:自营+外包;代表企业:长虹。
5. 物流模式五:与第三方物流合作,全面外包物流业务;代表企业:伊莱克斯。

(资料来源:参考网,http://www.fx361.com/page/2017/0123/637173.shtml)

【本章小结】

电子商务物流市场是指在电子商务环境下,构成物流服务的各种交换关系的总和。电子商务物流市场的特征包括服务性、技术性、虚拟化、响应性、灵活性、竞争性及可视性。

电子商务物流模式包括自营物流、第三方物流和第四方物流等。企业自营物流模式是指企业借助其开展电子商务的先进经验同时开展物流业务,即电子商务企业自身经营物流。第三方物流是指独立于买卖双方的专业化物流公司,长期以合同或契约的形式承接供应链上相邻组织委托的部分或全部物流业务,因地制宜地为特定企业提供个性化的全方位物流解决方案,从而降低物流成本,提高经济效益。第四方物流服务主要是指由咨询公司提供的物流咨询服务,但咨询公司并不等于第四方物流。第四方物流应企业客户的要求为其提供物流系统的分析和诊断,或提供物流系统优化和设计方案等。

互联网+物流企业运营典型模式包括:一装多卸模式、"滴滴打车"模式、拼车模式、平台招投标模式和立体生态经济模式。科学地选择企业的物流模式是实现物流战略的关键。电子商务环境下,物流模式选择主要应考虑以下几点:物流子系统的战略地位、物流管理能力、柔性要求、物流系统总成本、企业规模和实力及企业产品自身的物流特点。

 **案例阅读**

全城配送 蔬粮到家
——石家庄电子商务物流稳市场保民生

买菜不用愁,手机下单送到社区门口。为确保市民居家期间生活物资不断档,自 2021 年 1 月 10 日起,河北省石家庄市商超全部转入线上销售,实行网上下单"无接触配送",仅 1 月 11 日当天就突破了 5 万单。同城配送在这座城市变得活跃而重要。

1. 开放仓配资源 理顺商超物流链条

留营华苑小区、幸福城小区、良兴美嘉城小区……1 月 11 日上午 10 时多,苏宁物流石家庄新华区大郭站点快递员王晓朋在自己负责的片区奔波着。1 月 11 日后,在石家庄市区,更多像王晓朋一样的快递员,恢复了往日的配送工作。

"现在早上下单,最慢下午也能送到。买菜已经不是问题了。"家住石家庄二环内的王女士告诉记者。告别交通管控初期一家人凌晨 6 时备战网上"抢菜"的紧迫感,如今石家庄生活物资供应充足,商品订单最快半个小时就能送到社区门口。

这背后是物流到平台再到商店全链条的理顺。1 月 11 日,多家电子商务物流平台与商家成立"石家庄保供联盟",保障供给,一些物流企业加大仓配资源开放,及时为线下商超提供社会化、定制化供应链履约方案。

疫情发生后,京东到家积极沟通北国超市、永辉超市、华润万家、中粮福临门等众多商超、零售商、品牌商,快速补充调配门店拣货人员,利用大数据安排门店备货。平时以"同城跑腿"角色出现的顺丰同城也迅速链接到永辉超市等大型商超线上平台,消化部分订单。

据介绍,由于销售模式转变,一些大型超市每天单量可达到 2 000 单到 3 000 单,比原来线上订单量增加了 7 到 8 倍,运力需求剧增。为保障同城配送运力供给,顺丰同城联动顺丰速运,打通石家庄地区运力资源,对全市完成二次核酸检测且健康的快递员进行同城配送业务相关技能的紧急培训,为即配业务输送充足的骑士资源。

通过先前整合的包括家乐福、苏宁线上超市、精品超市等在内的快消业态供应链,苏宁物流与社会物流合作,加大仓储之间的联动,开设天津武清至石家庄分仓线路班车,确保石家庄苏宁、家乐福门店及时补货和供给。美团快驴进货也开通了石家庄区域的"绿色通道"服务,面向有食材供应需求的所有医疗机构、防疫部门、养老机构、学校等机构开放,为 B 端用户提供食材。

2. 优化仓配路径 减少物资周转

石家庄疫情爆发后,美团快驴进货一键开通在线采购通道,依托就近仓储定向销售库存食材。"有了'绿色通道',我们足不出户,很快收到了配送上门的食材。"石家庄第四医院食堂的工作人员说。

对于多端配送需求,顺丰同城、苏宁物流等企业利用大数据分析等技术,根据订单分布为商户进行前置仓规划建议,提升了线下门店的即配、仓店调拨等服务的整体运营效率。

石家庄疫情发生后,苏宁物流依托线下家乐福多家门店前置仓,联动深入城市社区的苏宁小店，强化门店到家服务。消费者随时下单，门店随时送货，整个过程通常不超过1小时。此外，结合智能拣货系统"微仓系统"，苏宁物流通过商品图片、信息提示、任务推荐、纠错等应用提升履约效率和消费体验。对拣货员来说，拣货产品有更直观的图片展示，可以优化路径，大大提高拣货效率；对门店管理员来说，可以实时查看库存、补货上架，加强精准管理。"对于消费者的预约订单，微仓系统也能实现更智能化的推送、备货。比如，微仓系统能精准识别出含生鲜的预约订单，对这样的订单会在预约配送时间的前3小时才推单到门店，保证了消费者能享受到最新鲜的产品。"苏宁物流相关负责人介绍。

值得一提的是，智能取餐柜、无人取菜柜的应用，也让物流末端配送环节时效大幅提升。外卖员把餐食放入智能取餐柜，消费者可凭借手机收到的取餐码取餐。目前，美团外卖在石家庄中交财富中心先期投放的智能取餐柜提升了末端配送的效率。

"取餐柜对骑手'太友好了'。"骑手王先生说，"现在人手还是很紧缺的，我们一次性取十多份餐食，可以依次放到取餐柜里。取餐柜具备自动通知取货功能，我们就能赶紧去接别的订单了。"

3. 无接触配送 安全闭环管理

方便面、火腿肠、矿泉水……在石家庄市乐汇城负一层的永辉超市内，超市的工作人员刘女士正一手拿着手机，一手推着购物车，为线上购物的顾客配货。

为确保无接触配送良好执行，该门店将整个超市分为3个专区，分别为分拣称重区、装袋区和取货区。在取货区，商品的货架上挂着从0到9的粉色纸牌，超市员工在分拣好货物后，按照订单的尾数放置，以便配送员能够按照订单号码迅速取走货物，再送抵顾客指定地点。配送员及超市员工之间没有接触，隔空实现物品的迅速传递。

这仅仅是安全配送的第一步。为遵守防疫要求，石家庄同城配送人员在仓储、运输、交付等多个环节严格管控，实现安全闭环。

"目前配送员都进行了核酸检测，结果全部是绿码。"顺丰同城相关负责人介绍。为保障配送员及用户的安全，顺丰同城为配送员配备口罩、手套及消杀喷雾、喷壶等防疫物资，并每天对配送员逐一进行体温测量和健康码检查，督促配送员按时更换口罩与手套，同时每两小时对场地和配送车辆进行消毒。

在末端无接触配送上，基于近一年来的疫情防控经验，石家庄苏宁物流严格落实防疫措施，除了苏宁小店代收、物业代收、指定位置投递、社区自提等多种无接触配送方式，必须当面交付的，苏宁配送员要与消费者保持1米以上距离，确保双方安全。

美团快驴进货也全面启动"非当面签收"的无接触配送。用户下单时选择该收货方式，配送司机会把货物放在用户指定位置，避免面对面接触可能带来的风险。

据了解，疫情爆发以来，美团快驴进货平台全面执行严格的仓配防疫标准，仓配线工作人员均严格佩戴口罩、测量体温、洗手消毒，每日采取出勤车辆、保温箱、蔬菜筐清洁消毒等举措，全力保障食材配送安全。

（资料来源：中国交通新闻网，http://www.zgjtb.com/2021-01/27/content_256412.htm）

案例思考：

1. 美团快驴如何实现仓配路径优化？

2．各平台如何做到无接触配送，实现安全闭环管理？

【思考题】

1．互联网背景下，电子商务物流市场有何新的变化？
2．电子商务环境下物流模式有哪些？
3．我国第三方物流的发展思路是什么？
4．第四方物流和第三方物流的关系是怎样的？
5．我国应当如何发展物流企业联盟？

【实训题】

调查某集团公司物流运营模式：

1．登录官方网站，收集公司物流运作方面的相关资料。
2．了解集团公司近年来的发展历程及在物流方面的投入变化。
3．分析公司在建立电子商务平台以后，物流所起的关键作用。
4．公司对哪些业务进行了外包？公司对供应商的物流运营是如何掌控的？
5．依据先进的物流解决方案，分析该公司在实际物流运营过程中值得肯定的地方及存在的问题，提出一些改进的建议。

根据上述要点，收集该公司近3年的资料，撰写调研报告，制作PPT并进行汇报。

第二篇

电子商务物流功能管理

第三章　电子商务包装与装卸搬运管理
第四章　电子商务运输与仓储管理
第五章　电子商务配送与流通加工管理
第六章　电子商务物流信息管理
第七章　电子商务物流服务与成本管理
第八章　电子商务供应链管理

【本篇导读】

　　电子商务物流管理的目的就是使各项物流活动实现最佳协调与配合，从而降低物流成本，提高物流效率和经济效益。简单地说，电子商务物流管理就是研究并应用电子商务物流活动规律对物流全过程、各环节、各方面进行管理。

　　电子商务物流管理体系在整合零散的物流资源基础上，不仅能够提供仓储、运输、搬运装卸、包装、流通加工、信息处理等基本物流服务，而且能提供诸如订单处理、物流方案的选择与策划、货款代收与结算、物流系统设计与规划方案的制定等增值服务，以及按客户制定的业务流程，设计一整套完善的供应链解决方案的个性化定制服务。它能更好地为客户服务，提供完善的物流产品和服务，增加交易和服务的透明度。

　　本篇重点探讨电子商务物流的包装与装卸搬运管理、运输与仓储管理、配送与流通加工管理、物流信息管理、物流服务与成本管理、供应链管理等。

Chapter 3

第三章　电子商务包装与装卸搬运管理

【学习目标】

- 了解电子商务包装的概念、分类、功能；
- 认识常见的包装材料；
- 掌握包装的合理化措施；
- 了解装卸搬运的内涵、作用及作业流程；
- 熟悉主流的装卸搬运设备；
- 掌握装卸搬运的合理化措施。

【引导案例】

颜值经济下，产品溢价是品牌+包装

在 2020 年 8 月 20 日举办的"长三角产业数字化创新峰会暨 2020 亿邦零售数字化进化者大课"上，一撕得包装科技合伙人刘焕然发表了题为《驱动品牌指数增长，从包装的数字化创新开始》的主题演讲。他指出，今天的消费市场发生了消费观念、消费群体、消费场景三方面的变化，品牌包装也要相应地进行变化。以下是刘焕然的演讲稿。

经常出来演讲发现一个问题，很多人在台下听，但是发现在台上讲的人和我没有关系。我今天讲的东西可能与在场的每一个人都有关系。有的时候我们出来学习，发现学到的东西很多用不了，为什么呢？第一，比如说周董讲的，人家是中国服装本土第一名，刚才 Nancy 讲的，大家不要忘了，人家是全球服装第一名，这可能离我们非常遥远。我要讲的东西，大家今天一听就懂、一看就会、一学就能用。

我今天还是根据本次演讲主题收集到了一些数据，更多的是分享一些当下非常火的品牌的现象，希望大家通过这些现象能够意识到背后数据的力量。也许大家平常不重视的包装，今天正在成为你的品牌竞争力。

这些品牌我相信大家这一年可能都会去了解，第一个品牌是 POP MART，大家知道它火的背后原因是什么吗？潮玩行业今天成为 95 后年轻人的第一消费行业，而且是花重金。据淘宝数据统计，在潮玩这个行业，淘宝买家里面有 20 万的买家是年消费大于 2 万元的，最高的花 100 多万元买手办。所以，潮玩这个行业现在已成为 90 后、00 后最愿意花重金的行业。

第一个是手伴，第二个是潮鞋，第三个是电竞，第四个是 Cosplay，第五个是摄影，这都是我们当下年轻人非常愿意花钱的行业。第二个品牌是花西子，这个品牌也非常火。当年它的规模还非常小，但是经过两年的发展，花西子去年的销售额已经达到十几亿元的规模，是目前中国本土国潮彩妆的第一品牌。第三个品牌是李子柒，这也是我们的客户，知名的美食博主。今天大家不再去消费红烧牛肉面，我们在吃什么？螺蛳粉，味道是不是特别酸爽？第四个品牌是猿辅导。疫情期间大家在家，孩子需要学习，再苦不能苦孩子，再穷不能穷教育，所以疫情期间从教育部到民营的教育机构全都开设了视频网课，大家感受到没有？我不知道大家听网课了没有，谁的好？我认为猿辅导做得最好，而且七月份刚刚拿下了 10 亿元金的融资，成为在线教育领域的独角兽企业。第五个品牌是小仙炖，这也是我们的客户，它在两年的时间内成长为鲜炖燕窝的第一品牌。以上品牌可能大家都非常关注，在学习它的销售模式、营销方式，但大家可能不知道它们都是我们一撕得的客户。

一撕得是做什么的呢？我们是一家包装公司，右边的产品就是我们生意的开始，从一个纸箱开始。我们的生意开始于 100 多年来没有变化过的纸箱。这是一个平口箱。今年电子商务非常火，你是不是还在用这种普通的纸箱？

我告诉各位，你已经 Out 了，100 多年都没有发生变化，然而你的流量在变、客群在变、营销方式在变，你的很多钱都花了，但是包装没有花钱，这是最后一个环节。

我觉得前面做的所有营销在今天看来最多只是做了一半，在客户体验的那一刻，他通过包装认识到了你的产品、感受到了你的品质。几年前，我们跟各位一样也在做电子商务，我们创立了一个化妆品品牌，当时淘宝的流量像今天很多嘉宾分享的那样——非常贵。

当时我们为了客户体验做了小小的纸箱，今天我们把它变成了一个 B2B 的生意，在变成 B2B 生意的时候我们发现问题来了。你自己用和推销给 B 端企业用是两码事，这里有非常多的环节。

第一，客户体验。客户不需要在拿到纸箱的那一刻找钥匙、小刀，收到箱子之后只需要轻轻地一撕就能拉开，把原先很繁杂的动作变得简单，就这么一个简单的动作创造了独特的客户体验。

第二，绿色环保。2016 年阿里巴巴找到我们说，你们这个纸箱非常环保，因为它没有胶带。现在一撕得的纸箱是阿里巴巴推荐的重要绿色环保包装之一。

第三，包装效率。原先我们纸箱闭合需要用双面胶。双面胶一般都是两面齐，粘的时候要把上边的玻璃纸撕掉，这时候就有问题了，你平常撕一个的时候没有问题，如果卖给B端企业，把包装变为产品，还需要这样做那就不行了。仓库在中国是什么？它采用计件制，这时候效率是非常重要的，所以在这个上面花很多时间，你的 B 端企业不会买单。各位回去问一下仓库的主管，他一定会告诉你效率太低，所以我们做了一个非常大的改变，把双面胶变成了波浪形。这解决了一个问题，即使你戴着手套也能在冬天轻松撕掉，所以这也是我们的发明专利。

第四，更适配电子商务的双面胶。在座的今天估计心里一定想，一撕得没有什么，我回去自己也能做一个。各位，你能模仿我的箱，但模仿不了我的胶，因为这个胶是有技术含量的，而且我今天把这个胶变成了一个关键原材料进行输出，即使你在东北-20℃的低温下，或者在华南 30~40℃的高温下都可以操作这个胶。大家知道夏天的快递集装箱里面温度是多少吗？我们专门做过测温，最高温度是 65℃，在里面也没有问题。

一撕得成功的背后是什么？是这个时代消费者对包装的需求发生了变化，如果放在 10

年前，我相信我们很难成功，为什么？包装自诞生以来所拥有的功能就是保护商品。我们经常在淘宝买东西，我们会看到什么？五花大绑的包装箱。有些女孩子说：光拆包装就拆得心烦意乱。还有的消费者收到产品时说："我光看包装箱就感觉买到了假货，因为我花1 000多块钱买一件衣服，但包装箱非常烂。"所以有时候包装真的非常重要。

一个做包装箱的今天都在研究消费者，何况在座的各位！我今天简单跟大家分享一下这个时代消费者发生的三大变化：

第一个是消费观念。第一，从有用到有品。今天大家不再只顾着购买必需品了，有用的就好这件事已经不重要了，关键是有品位。第二，从品质到精致，质量好不好重要吗？重要，但光质量好还不行，更重要的是质量之外你还必须重视外观、设计、包装等一系列消费体验。第三，从需要到想要。大家不光购买必需品，更购买想要的东西。今天我们看到，影视会员、健身等一系列需求都在增长。第四，从从众到出众。随波不逐流是当下年轻人很重要的标签。今天的年轻人既要好，还要低调。如何低调、优雅地展现自己，成为今天的年轻人非常重要的标签。

第二个是消费群体。90后、00后已经成为消费主体，这件事所有人今天都在说，但是你光知道这句话没有用，因为我们大家都知道，但你知道90后、00后喜欢什么？他们的文化母体是什么？什么样的文化基因成就了当下这一群年轻人？如果你不了解，你就不知道元气森林为什么这么火，你就不知道星巴克出了一款猫爪杯，为什么会有人在上海的门店前大打出手，从200元炒到3 000元。因为什么？因为二次元文化、ACGN文化影响了中国的年轻人。所以你不光要关注目标用户是谁，还必须了解目标用户的文化、他们所处的社会背景。他们今天正在推动着时代的变革。

第三个是消费场景。星巴克是什么？休闲场景，而瑞幸是办公场景。前几年，从天猫到京东，我们都认为没有机会了，大佬都已经站位了，房地产市场盖满楼了。但是后来又出现了拼多多，为什么？我们的社会通信基础设施发生了非常大的变化，微信火了，社交电子商务火了，所以说任何一个时代沟通技术和消费阶层的变化都将推动整个时代的变化。以上是我认为的今天消费者的三大变化，所以在变化的时候我们的一系列手段都需要变化。

一撕得今天正在为很多新零售品牌设计它们的包装体验项目，我们从产品设计到产品制造，提供了全流程的服务，让包装成为竞争力。

(资料来源：亿邦动力网，https://www.ebrun.com/20200820/398509.shtml)

思考题：

1. 一撕得的包装成功之处在哪儿？
2. 颜值经济下，未来的包装形式应该是怎样的？

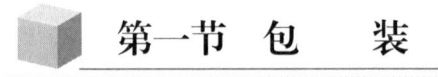

第一节 包 装

一、包装概述

包装的发展可谓源远流长，历经了古代包装、近代包装和现代包装三个阶段。古代包装，从原始人用兽皮包肉，用贝壳装水，用芭蕉叶、竹筒包食物等开始。而近代包装是从19世纪初开始的，西方爆发了工业革命，随着机器的发明和能源的开发，人们开始要求提高产品的质量，并开始注意到产品外观的美观等问题，于是包装开始起到美化的作用，从而具有了审美价值。现代包装开始于20世纪30年代，美国开始出现超级市场，销售的商品范围广、数量多，能达到5 000~20 000种商品，货架上成千上万的同类产品，只能靠各自的包装吸引顾客。

大部分物品在物流过程中需要频繁地进行装卸、搬运、运输和堆码等物理性活动，为了保护物品和提高效率，需要适当的包装和集装措施。包装不仅有助于防止物品损坏，而且有助于推销商品，使顾客得知产品信息。此外，包装的大小、形状和材料会极大地影响劳动效率。尽管包装不像运输一样昂贵，但也占综合物流成本的10%。

(一) 包装的定义

中国国家标准《物流术语》(GB/T 18354—2006)对包装的定义是：在流通过程中为保护产品、方便储运、促进销售，按一定技术方法而采用的容器、材料及辅助材料等的总体名称。包装也指为达到上述目的而在采用容器、材料及辅助材料的过程中施加一定的技术方法等操作活动。简言之，包装是包装物及包装操作的总称。

在社会再生产过程中，包装处于生产过程的末尾和物流过程的开端。它既是生产的终点，又是物流的起点。在传统的生产观念中，一般都认为包装是生产过程的最后一个环节，所以，在实际的生产过程中，包装的设计都是从生产的角度来考虑的，但是，这样却不能满足物流的需要。在现代物流观念形成之后，包装与物流之间的关系比包装与生产之间的关系要密切得多。而且，包装在物流过程中所起的作用，随着消费者个性化需求的出现而显得更为重要。因此，一般都把包装看作物流过程的起点。

(二) 包装的功能

1. 保护功能

保护被包装物品是包装制品的基本功能。被包装物品的复杂性决定了它们具有各种质地和形态，有固体的、液体的、粉末的或膏状的等。这些物品一旦形成商品，就要经过多次搬运、储存、装卸等许多过程，最后才能到达消费者手中。在以上流通过程中，都要经历冲撞、挤压、受潮、腐蚀等不同程度的损毁。如何将商品保持完好状态，使各类损失降到最低点，这是包装制品生产制造之前首先要考虑的问题，同时也是选材设计乃至结构设计的理论依据。

2. 便利功能

一个良好的包装，从生产厂商到消费者手中，再到它的废弃回收，无论从生产者、仓储运输者、代理销售者，还是消费者的立场，都应该让人感受到包装所带来的便利。各类商品大小形态不一，会给运输或储存带来许多不便，而包装恰恰能够解决这一问题，它可以统一商品的大小规格，以方便储运、搬运或数量的清点。

(1) 便于储存作业。

物资的包装为保管工作提供了便利的条件，便于维护物资本身的原有使用价值。包装物的各种标志，使仓库的管理者易于识别、易于存取、易于盘点，有特殊要求的物资易于引起注意；易于开包、便于重新打包的包装方式为验收提供了方便。各种包装方法的结合运用，对于节约验收时间、加快验收速度也会起到十分重要的作用。

(2) 装卸搬运作业。

物资经适当包装后为装卸搬运作业提供了方便。物资的包装便于各种装卸、搬运机械的使用，有利于提高装卸、搬运机械的生产效率。包装袋规格尺寸标准化后为集合包装提供了条件，从而能极大地提高装载效率。

(3) 便于运输作业。

包装袋的规格、形状、重量等与货物运输关系密切。包装尺寸与运输车辆、船舶、飞机等运输工具的吻合性，方便了运输，提高了运输效率。

【知识链接】

物流基础模数尺寸

物流基础模数尺寸是指为使物流系统标准化而制定的标准规格尺寸。国际标准化组织中央秘书处和欧洲各国确定的物流基础模数尺寸为 600mm×400mm。确定这样的基础模数尺寸，主要考虑了现有物流系统中影响最大而又最难改变的输送设备，是采用"逆推法"，由现有输送设备的尺寸推算的；也考虑了已通行的包装模数和已使用的集装设备，并从行为科学角度研究对人和社会的影响，使基础模数尺寸适合人体操作。基础模数尺寸一经确定，物流系统的设施建设、设备制造，物流系统中各环节的配合协调，物流系统与其他系统的配合，都要以基础模数尺寸为依据，选择其倍数为规定的标准尺寸。

(资料来源：MBA 智库，http://wiki.mbalib.com/wiki/物流模数)

3. 促销功能

销售包装是无声的推销员，在商品和消费者之间起媒介作用，其通过美化商品和宣传商品，使商品能吸引消费者，激起消费者对商品的购买欲，从而促进销售。包装的促销功能是由包装具有传达信息功能、表现商品功能和美化商品功能而引起的。

包装的传达信息功能是通过包装上的文字说明，向消费者介绍商品的名称、品牌、产地、规格、用途、使用方法、价格、注意事项等，起到宣传商品、指导消费的作用。

包装的表现商品功能主要是依靠包装上的图案、照片及开窗包装、透明包装所显露的商品实物，把商品的外貌展示给消费者，使消费者在感性认识的基础上加深对商品的了解，刺激消费者的购买欲望，促进购买。

包装的美化商品功能体现在包装的艺术装饰性内容对商品功能起到加强、突出美化的作用。造型独特别致的容器、印刷精美的装饰，不但能促进商品销售，同时还可以作为艺术鉴赏品收藏。

【知识链接】

杜 邦 定 律

企业除了靠产品创新和优质、快速的服务取胜外，包装也愈来愈显得重要。从市场观点看，包装是商品整体中的形式产品，是很重要的一部分内容，通过它可以使消费者产生购买欲望，从而刺激消费。美国最大的化学工业公司杜邦公司的一项调查表明：63%的消费者是根据商品的包装来选购商品的。这一发现就是著名的杜邦定律。

（资料来源：MBA 智库，http://wiki.mbalib.com/wiki/杜邦定律）

（三）电子商务包装与传统包装的区别

1. 包装设计重点不同

在网购模式下，所售商品通过详尽的文字及细节全面的图片展示出来，消费者可以自行获知商品的相关信息，甚至还可与卖家通过网络对商品进行咨询，获取更详尽的信息。消费者关注的是商品自身的实用功能，对其包装的要求只限于能够保证商品安全到家。因此，网购商品的包装设计重点在于网上的商品展示设计及流通过程中的安全设计。

2. 陈列展示形式不同

网购模式下，商家通过网页上商品或商品包装各个角度的图片，把商品的细节展现给消费者。而且，当消费者搜索某种商品时，不同商家的同类商品往往会排列在同一页面上，每件商品只能有展示一张图片的机会，只能依赖单张图片吸引消费者的视线。商品包装呈现在网上的效果实际上是印刷效果、电子效果与摄影效果的综合反映，因此基于网络销售的商品包装，在设计时还要考虑其经过摄影处理后置于电脑屏幕上陈列展示时的效果。

3. 包装材料有所变化

为保证网购商品经过长途跋涉最终安全地运输到消费者手中，网购包装应足够坚固。网购商品的包装材料除了要适应网购包装的性质、状态和重量外，还要整洁、干燥，没有异味和油渍；包装外表面不能有凸出的钉、钩、刺等，还要便于搬运、装卸和摆放。因此，网购包装除了其结构要更加合理，所用包装材料的选择也要考虑很多因素，除了商品的原始包装外，还要根据商品的尺寸、重量和特性选择适宜的外包装及填充物。

二、电子商务包装材料

包装材料有纸质、塑料、玻璃及陶瓷、金属、木材、复合材料等。常见的电子商务外包装包括纸质包装、塑料包装、木材包装、复合包装等。

（一）纸质包装

纸质包装材料包括纸、纸板或以纸为基材的复合材料，是应用最为广泛的包装材料，可占所有包装材料用量的40%以上。纸质包装主要表现为可盛装物品的纸质器具。纸质包装主要取材于木材、稻草、麦秸、芦苇等。

纸质包装的优点在于资源广泛、多样，制造成本低，易于加工，具有一定的刚度、强度及良好的弹性和韧性，无毒无污染等。同时，纸质包装自身重量轻，可折叠，因此有利于节约储运空间和降低物流成本。某些纸质包装可以反复使用，但纸质包装也存在防潮、防湿能力较差的缺点。

【知识链接】

瓦楞纸箱

1856年英国人爱德华·希利和爱德华·艾伦兄弟发明了在纸上加压成波纹瓦楞，作为帽子的内衬，用来透气并吸汗。1871年美国人阿尔伯特·琼斯（Albert Jones）发明了单面瓦楞纸板，用于包装玻璃灯罩和类似的易碎物品，获得美国第一个专利权。到19世纪末，美国开始研究用瓦楞纸板制作包装运输箱。瓦楞纸箱如图3-1所示。

1920年双瓦楞纸板问世，其用途迅速扩大。在第一次世界大战期间，瓦楞纸箱在运输包装中仅占20%。但在第二次世界大战期间，瓦楞纸箱在运输包装中已占到80%。瓦楞纸箱现已成为现代商业和贸易中使用最广泛的包装容器，用瓦楞纸箱包装也是当今世界各国最重要的包装形式之一。

图3-1　瓦楞纸箱

（资料来源：中国纸网，http://www.paper.com.cn/news/daynews/05060605.htm）

（二）塑料包装

常见的塑料包装材料有聚乙烯、聚氯乙烯、聚丙烯、聚酯、聚偏二氯乙烯及聚碳酸酯，是一种应用比较广泛的包装材料，占所有包装材料用量的25%以上。塑料包装主要表现为塑料薄膜、塑料包装容器、泡沫塑料、塑料编织袋和塑料无纺布等，如图3-2所示。

塑料包装材料具有良好的可加工性，易于成型，易于着色。塑料包装加工成本较低；耐化学性好，有良好的耐酸、耐碱、耐各类有机溶剂的性能；具有良好的绝缘性。同时，塑料包装也具有一定的强度。但某些塑料包装无法在自然环境中降解，从而对环境造成一定污染。

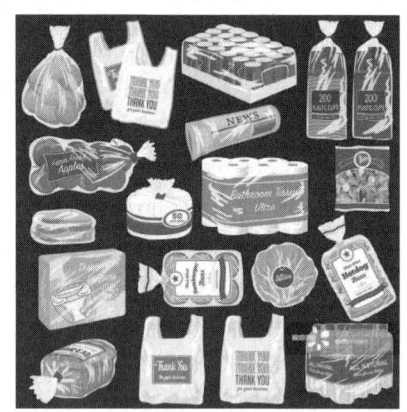

图3-2　塑料包装

【知识链接】

限塑令

《国务院办公厅关于限制生产销售使用塑料购物袋的通知》发布于2007年12月31日，目的是限制和减少塑料袋的使用，遏制"白色污染"。这份称为"限塑令"的通知明确规定，"自2008年6月1日起，在全国范围内禁止生产、销售、使用厚度小于0.025毫米的塑料购物袋""自2008年6月1日起，在所有超市、商场、集贸市场等商品零售场所实行塑料购物袋有偿使用制度，一律不得免费提供塑料购物袋"。

（资料来源：塑料袋网，http://www.suliao-daiwang.cn/news021808.htm）

（三）木材包装

木材包装是指由各种木材制成的各种形状的容器，包括木箱、木桶等，如图 3-3 所示。木材包装应用在运输包装或商业包装中，具有较好的抗破裂、耐压、能承受较大负荷等优点。木材包装是一种传统包装容器，虽然在很多情况下，其已逐步被瓦楞纸箱取代，但某些方面仍有其优越性和不可取代性，因此在整个运输包装容器中仍占有一席之地。

图 3-3　木材包装

图 3-4　复合包装

（四）复合包装

复合包装是由两种或两种以上材料，经过一次或多次复合工艺组合在一起，从而具有一定功能的包装，如图 3-4 所示。复合包装一般可分为基层、功能层和热封层：基层主要起美观、印刷、阻湿等作用；功能层主要起阻隔、避光等作用；热封层与包装物品直接接触，具有适应性、耐渗透性、热封性及透明性等性能。

【知识链接】

利 乐 包 装

利乐包装是指采用瑞典利乐公司的全无菌生产线生产的复合纸质包装。该公司是为液态食品(如牛奶、果汁)提供整套包装系统的大型供应商。早在 20 世纪 50 年代，利乐公司就开始为液态牛奶提供包装。自此以后，它就成为世界上牛奶、果汁、饮料等商品包装系统的大型供货商之一。

(资料来源：MBA 智库，http://wiki.mbalib.com/wiki/利乐包装)

三、电子商务包装技术

（一）最常见的保护技术：防震包装

所谓防震包装，是指为减缓内装物受到冲击和震动，保护其免受损坏所采取的具有防护措施的包装。防震包装又称缓冲包装，在各种包装方法中占有重要的地位。

1. 全面防震包装方法

全面防震包装方法是指内装物和外包装之间全部用防震材料填满进行防震的包装方法，主要有填充式包装、模压包装、裹包包装和发泡包装，如图 3-5、图 3-6、图 3-7、图 3-8 所示。

2. 局部防震包装方法

对于整体性好的产品和有内装容器的产品，仅在产品或内包装的拐角或局部地方使用防震材料进行衬垫即可。所用包装材料主要有泡沫塑料防震垫、充气型塑料薄膜防震垫和橡胶弹簧等。局部防震包装技术如图3-9所示。

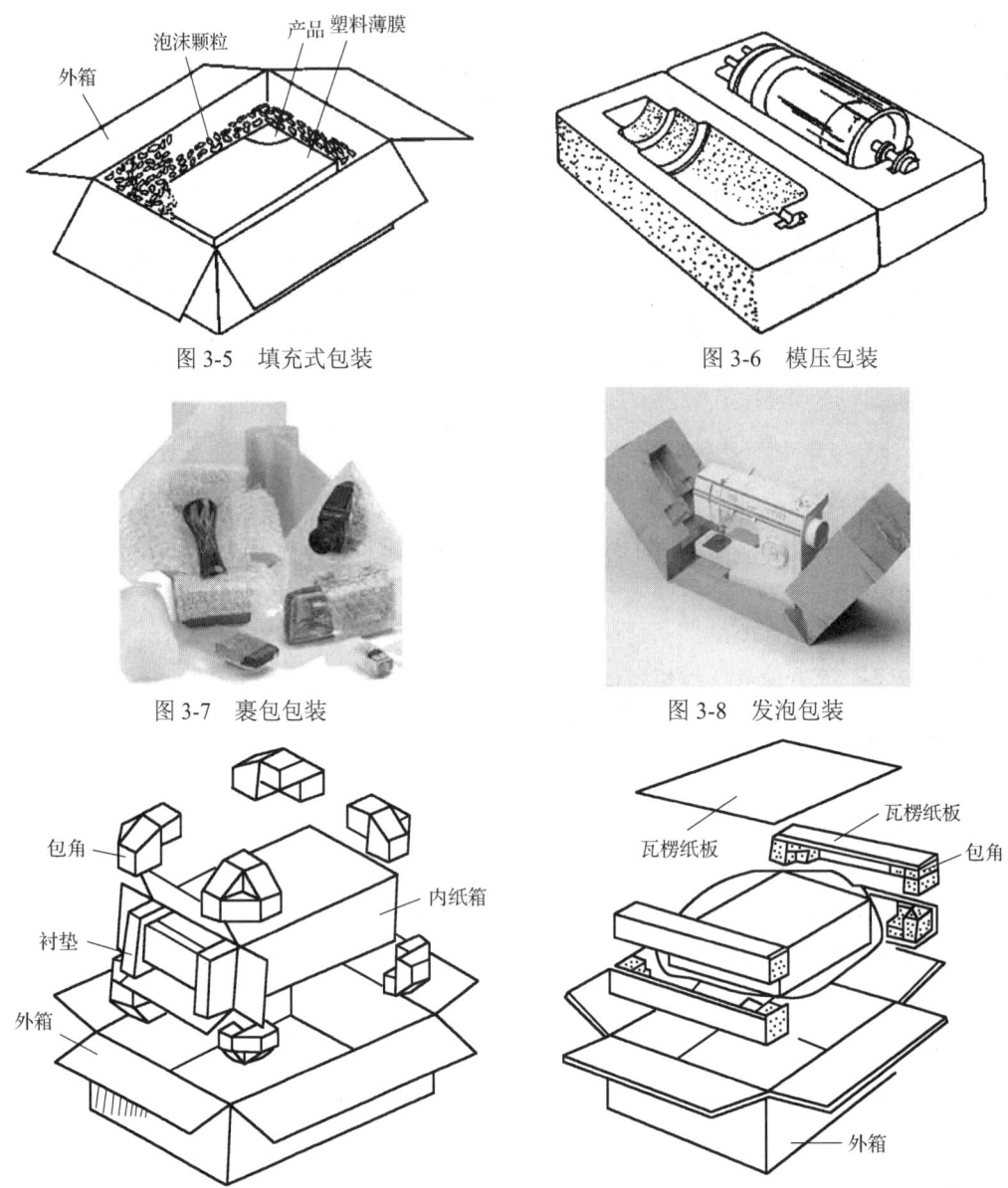

图3-5 填充式包装　　　　　　　图3-6 模压包装

图3-7 裹包包装　　　　　　　图3-8 发泡包装

图3-9 局部防震包装技术

3. 悬浮式防震包装方法

对于某些贵重易损的物品(如化妆品、电子产品等),为了有效地保证其在流通过程中不被损坏,应保证外包装容器比较坚固,然后用绳、带、弹簧、薄膜等将被装物悬吊在包装容器内。无论在什么操作环节,被装物都被稳定地悬吊而不与包装容器发生碰撞,从而减少损坏。悬浮式防震包装技术(弹簧)如图3-10所示。

悬浮式防震包装技术(薄膜天窗)如图3-11所示,是将弯折处附有薄膜天窗的纸卡框架，放入包装箱内，将产品悬空放置在箱内正中央；放置另一个附有薄膜天窗的纸卡框架，这样产品就悬挂在两层坚固有弹性且不易滑动的薄膜之间。关上包装箱，产品就被紧紧地固定在两个薄膜天窗之间，防止因受到冲击和震动而发生损坏。

图 3-10　悬浮式防震包装技术（弹簧）

图 3-11　悬浮式防震包装技术（薄膜天窗）

（二）电子商务包装案例

通过对主流电子商务平台的快递包装试样进行比较，发现市场上的快递包装都有以下 3 个共同的问题：产品在快递箱中随意放置，基本没有固定；包装箱内剩余空间多，捆包体积浪费过大；为了防盗，胶带过多使用，已经达到了滥用的地步。电子商务包装存在的共同问题如图 3-12 所示。

图 3-12　电子商务包装存在的共同问题

针对以上问题，电子商务包装须进行创新性设计。如图 3-13、图 3-14、图 3-15、图 3-16 所示，分别是创新性的防盗纸包装设计、内摇盖印刷设计、瓶装物纸缓冲材料设计、家电类悬空包装设计。

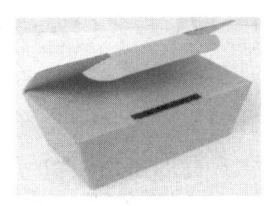

纸箱组装完成后，内部形成锁扣要取出产品必须破坏纸箱结构

图 3-13　防盗纸包装设计

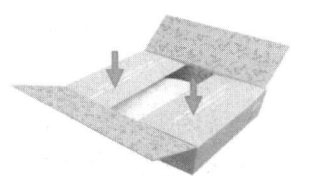
内摇盖印刷关爱语，增加消费者体验
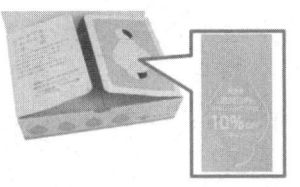
内摇盖印刷打折券，与消费者互动

图 3-14　内摇盖印刷设计

图 3-15　瓶装物纸缓冲材料设计　　　　图 3-16　家电类悬空包装设计

【知识链接】

快递封装新标准

2018 年 2 月 7 日上午，国家质检总局、国家标准委批准发布了化妆品、快递包装袋、烟花爆竹等 291 项国家标准。其中，新修订的《快递封装用品》标准，于 2018 年 9 月 1 日起实施。快递封装袋外封要求如图 3-17 所示。

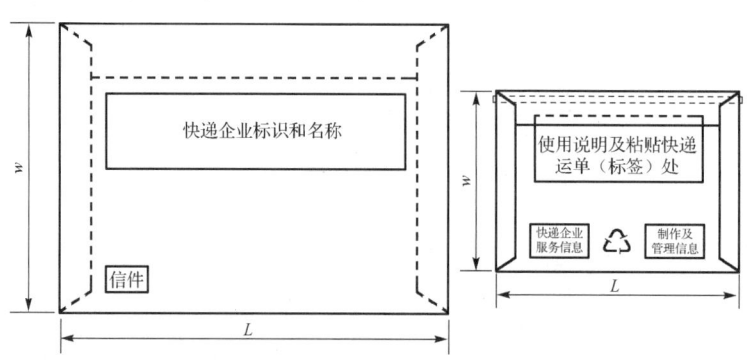

图 3-17　快递封装袋外封要求

（资料来源：搜狐科技，http://www.sohu.com/a/221759981_170557）

四、特殊的包装：集装单元

（一）集装单元

单元化是将规模思想应用到不同物料的搬运中，其效果已在物流业得到很好的印证。物品搬运不仅要实现单元化，所有单元还应实现标准化。标准化是指物品包装与集装单元的尺寸（如托盘的尺寸、包装箱的尺寸等）要符合一定的标准模数。标准化后有利于物流系统中各个环节的协调配合，在易地、中转等作业时不用换装，提高通用性，减少搬运作业时间，减轻物品的散失、损坏，从而节约费用。常见的标准化集装单元可以是托盘、箱、袋、筒和集装箱等，其中以集装箱、托盘和集装袋的应用最为广泛。

（二）集装箱

集装箱最早出现在 1830 年英国的铁路运输中，当时主要的作用是完成较大货物的包装或作为集装吊具。第二次世界大战后，经过几十年的发展，集装箱从最初只用于陆上运输发展到用于水上运输、陆上运输及多式联运。目前,根据国际标准化组织(ISO)TC/104 技术委员会的定义,凡具备下列条件的运输容器,可称为集装箱。

(1) 具有足够的强度,能长期反复使用。
(2) 中途转运时,不用搬动箱内的货物,可整体转载。
(3) 具有便于装卸的特点,能进行快速装卸。
(4) 便于货物的装入和卸出。
(5) 具有 1 立方米以上的内部容积。

集装箱总体结构示意图如图 3-18 所示。

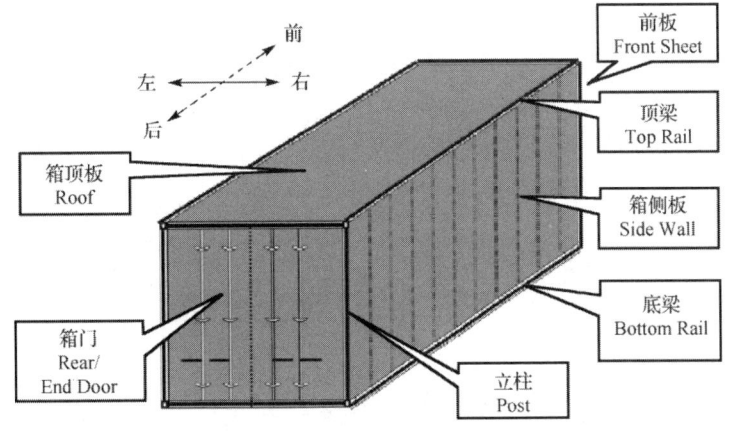

图 3-18 集装箱总体结构示意图

ISO 组织对集装箱的尺寸规格及其他参数进行了详细的规定。现行国际标准为第一系列,所有集装箱主要外部尺寸的宽度均为 8ft(2 438mm),高度主要有 8ft(2 438mm)、8.5ft(2 591mm)、9.5ft(2 896mm)三种,长度则有 A、B、C、D、E 五种,分别为 40ft、30ft、20ft、10ft、45ft。按照长度和高度的组合,现行集装箱尺寸类型共有 15 种。集装箱型号主要外部尺寸如表 3-1 所示。

为便于统一计算集装箱的营运量,集装箱采用 TEU 为换算单位,即 20ft 集装箱为 1TEU,40ft 集装箱为 2TEU。

表 3-1 集装箱型号主要外部尺寸

集装箱型号	长度 L		宽度 W		高度 H		额定质量(总质量)	
	mm	ft in	mm	ft	mm	ft in	kg	1b
1EEE	13 716	45′	2 438	8′	2 896	9′6″	30 480	67 200
1EE					2 591	8′6″		
1AAA	12 192	40′	2 438	8′	2 896	9′6″	30 480	67 200
1AA					2 591	8′6″		
1A					2 438	8′		
1AX					<2 438	<8′		
1BBB	9 125	29′11″1/4	2 438	8′	2 896	9′6″	30 480	67 200
1BB					2 591	8′6″		
1B					2 438	8′		
1BX					<2 438	<8′		

续表

集装箱型号	长度 L		宽度 W		高度 H		额定质量(总质量)	
	mm	ft in	mm	ft	mm	ft in	kg	1b
1CC	6 058	19'10"1/2	2 438	8'	2 591	8'6"	30 480	67 200
1C					2 438	8'		
1CX					<2 438			
1D	2 991	9'6"3/4	2 438	8'	2 438	8'	10 160	22 400
1DX					<2 438	<8'		

为了便于集装箱作业管理,在 ISO 6346—1995 中规定了集装箱的标记符号,包括必备和自选两种,每一种又可以分为识别标记与作业标记。在必备的识别标记中,主要标记是箱主代号(4个大写字母,前3位箱主自定,第4个字母一律用 U)、顺序号(箱号,6位数字)、核对号(1位方框数字),如 KKTU 745263⑧。作业标记有额定质量和自重标记、空陆水联运集装箱标记、登箱顶触电警告标记、超高标记等。集装箱识别标记(箱侧)与集装箱识别标记(箱门)如图 3-19 和图 3-20 所示。

图 3-19 集装箱识别标记(箱侧)

图 3-20 集装箱识别标记(箱门)

(三)集装袋

集装袋又称柔性集装箱,俗称吨袋,是集装单元器具的一种,配以起重机或叉车,就可以实现集装单元化装卸、搬运。它适用于装运大宗散状、粉粒状物料,其特点在于结构简单、自重轻、可以折叠、所占空间小、价格低廉。集装袋既可以一次性使用,又可以重复使用。常见的集装袋多为橡胶、塑料或帆布材质;形状有圆桶形、方形、圆锥形、折叠形;提升重量从 0.5t 到 3t 不等;提升方式有顶吊式、侧吊式和底吊式三种,如图 3-21 所示。

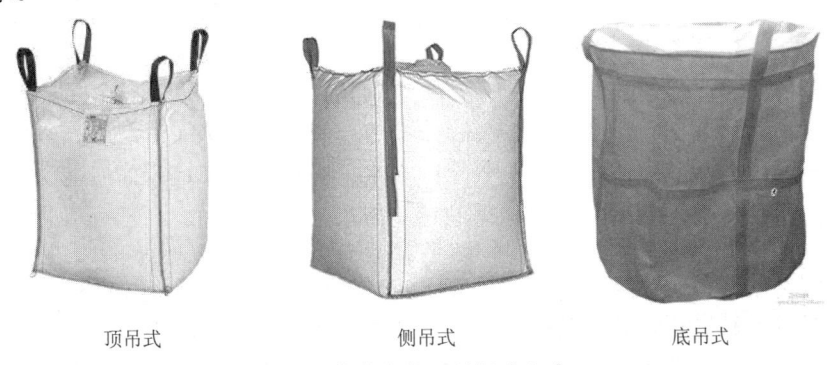

顶吊式　　　　　侧吊式　　　　　底吊式

图 3-21　集装袋的三种提升方式

(四)托盘

随着叉车在市场上出现,托盘作为叉车的一种附属装卸搬运工具,与叉车配套使用。同时,货物带托盘储存的办法,使托盘成为一种储存工具。

为消除转载时码盘、拆盘等繁重体力劳动,托盘从港内、站内、企业内使用,发展到随车船运输,成为一种运输工具。托盘不仅是仓储系统的辅助设备,而且是整个物流系统的集装化工具,是物流合理化的重要条件。

通用托盘按其结构不同可分为平托盘(如图 3-22 所示)、箱式托盘、柱式托盘和轮式托盘等。在通用托盘中,平托盘是一种基本型托盘,其应用最为广泛,其他各种结构的托盘都是由平托盘发展而来的。平托盘在承载面和支撑面间夹以纵梁,构成可集装物料,可使用叉车或搬运车等进行作业。平托盘按使用面可分为单面平托盘、双面平托盘;按货叉插入口分为两向进叉托盘、四向进叉托盘。

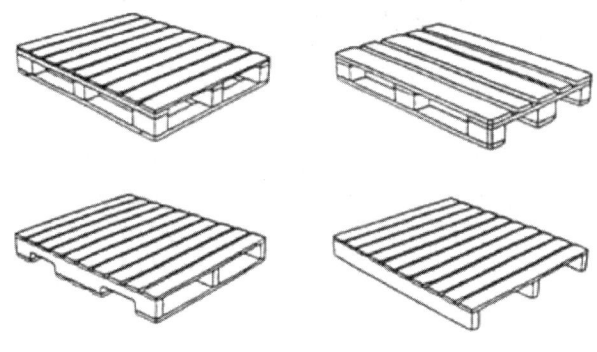

图 3-22　平托盘

托盘的主要参数有 5 个,即长度、宽度、总高度、叉孔高和插口高。但世界各国托盘的长度和宽度的尺寸都不相同,而这两个关键尺寸与货架、搬运设备、运输工具等密切相关。目前主要的托盘规格尺寸有800mm×1 200mm(欧式托盘)、1 000mm×1 200mm(通用标准托盘)、1 016mm×1 219mm(美式托盘)、1 140mm×1 140mm(日、韩采用的日式托盘)等几种。国际标准择优采用800mm×1 200mm和1 000mm×1 200mm两种尺寸。2007年我国颁布了国家标准GB/T 2934—2007,将1 200mm×1 000mm和1 100mm×1 100mm两种规格作为我国联运通用平托盘的规格,并优先推荐1 200mm×1 000mm。

五、电子商务包装发展趋势

一项消费者网购的调查显示,58%的人表示,如果他们从线上商店收到受损或破碎的产品时,将会考虑从其他线上商店购买,或未来干脆拒绝再来这家商店购买。因此,随着消费者对网上购物需求的增加,对优秀的包装需求也随之增加。

(一)消费者体验

包装必须能够履行其基本功能,并且应该进行优化以便合理地放置产品。亚马逊作为电子商务巨头之一,其内部的包装协议对包装体验性提出了一些意见。亚马逊全球包装高级经理布伦特·纳尔逊(Brent Nelson)表示,亚马逊的认证准则规定,卖家需要优化其包装以适应电子商务。针对实体零售设计的包装在许多情况下不适用于线上。为了在零售货架上脱颖而出,包装往往过大,有一定的防盗功能,但并不能保护产品。好的包装体验,不仅能带动产品销量,而且会是产品宣传的好帮手。

(二)独特的包装设计

独特的包装设计可提升消费者对品牌的认知。这可以是单独强调功能性或装饰性,其效果是让消费者在接收包裹时能产生兴奋感。例如,在包装中添加增强现实(AR)功能为客户创造了高度身临其境的用户体验,从而使品牌更加令人难忘。对于寿命短的产品,AR包装能将品牌和客户更深层次地联系在一起。

【知识链接】

卖早餐的家乐氏出了款AR包装

家乐氏在澳大利亚把包装玩出了花来:把外观设计成黑白的,邀请孩子们来填色,这是大人小孩都解压的活动。要玩噱头当然不只填色那么简单,填完色的人物/动物居然还能够动起来!与创意机构The Kinetic Agency及艺术用品商Crayola携手,家乐氏推出了一个App,孩子们只要将手机的摄像头对准画好的形象,通过AR技术,就可以制作成动画啦。

(资料来源: 知乎, https://zhuanlan.zhihu.com/p/74271718)

(三)数据优化

优化仓储管理,可以帮助大型仓库提高工作效率。例如,添加条形码或RFID标签有助于加快从货架上取货和包装。从设计的角度来看,改变配色方案,通过"类型"来直观地对产品进行分类,或者在包装盒的多个侧面进行内容描述,有助于快速识别存储产品。另外,可通过分析包装数据以提高包装开发各个阶段(从设计到实施)的效率。

(四)个性化

好的包装能提高顾客满意度,增强购买体验,弥补线上购物与传统零售购物之间的差距。几十年来,奢侈品牌一直提供高级包装,但是由于过去几年个性化软件的开发,这种体验可以以经济实惠的方式整合到各种规模和类型的企业中。例如,企业可以通过使用应用程序自动生成客户专属的包装,这样会让消费者和企业之间的关系更密切。同时,还可以考虑通过包装实用程序为消费者带来不错的拆箱体验。

(五)可重复使用的材料

消费者对环保包装的需求将扩大到任何类型的电子商务产品。无论是选择再生材料,还是重新设计包装,都要尽可能地使其与产品相符。普利司通和凡士通对 4 000 名客户就汽车护理进行了调查,数据显示:86%的人对可持续、超薄的包装感兴趣。多用途、节省空间和可重复使用的设计是电子商务品牌的另一个未来发展趋势。例如必胜客推出的 DJ 比萨盒,是一款可作为便携式 DJ 平台的包装设计,它的特点是有一个交叉键、音量和提示按钮(配合蓝牙连接)。在考虑产品的使用寿命(有时候很短)时,提供可重复使用的包装,使得品牌有机会在产品本身消耗很长一段时间后,将品牌的相关信息展示在用户家中。

第二节 装卸搬运

一、装卸搬运的概念、特点、作用及分类

(一)装卸搬运的概念

1. 概念

装卸是指在指定地点以人力或机械将物品装入运输设备或从运输设备上卸下物品。装卸是改变"物"的存放、支撑状态的活动,主要指物体上下方向的移动。

搬运是指在同一场所内,对物品进行水平移动为主的物流作业。搬运是改变"物"的空间位置的活动,主要指物体横向或斜向的移动。

装卸搬运是指在一定地域范围内(如车站、工厂、仓库内部等),以改变物的存放状态和空间位置为主要内容和目的的活动,具体包括装上、卸下、移送、拣选、分类、堆垛、入库、出库等活动。

【知识链接】

嘉峪关——"冰道运石"

磨子沟的花岗岩是嘉峪关修建时所用的石材。在采石场的最高处(第三采石场),工匠首先从山体上敲凿下巨大石块后,再分割成适合规格要求的小型石块,然后运至"溜石槽"处,由溜石槽将石块溜到山下,再由山下的工匠挑选后进行粗略加工。最

后将石料运至第一采石场进行集中加工凿刻，达到要求后再由磨子沟运出黑山，送至嘉峪关建造工地。古代聪明的工匠很善于利用减小物体间摩擦的物理原理来运送石料。另外，从磨子沟的地理环境来分析，这里是一个水源非常充沛的山沟。在寒冷的冬季，工匠们将水引到山路上结成厚厚的冰道，再借助山谷海拔落差形成的坡度来运送这些巨大的石块。

(资料来源：网易新闻，http://news.163.com/14/1206/20/ACQDGPIV00014AEF.html)

2. 装卸搬运的作业内容

装卸搬运主要由装卸、搬运、堆码、取出、分类和理货6个动作组成。

装卸——将物品装上运输设备或从运输设备上卸下。

搬运——使物品在较短的距离内移动。

堆码——将物品或包装货物进行码放、堆垛等相关作业。

取出——将物品从保管场所取出。

分类——将物品按品种、顾客需求、发货方向、类别等进行分类。

理货——将物品备齐，以便随时装货、提货。

(二)装卸搬运的特点

1. 装卸搬运是附属性、伴生性的活动

装卸搬运是物流每一项活动开始及结束时必然发生的活动，因而时常被人忽视，有时被看成是进行其他操作时不可缺少的组成部分。例如，一般而言的"汽车运输"，实际就包含相随的装卸搬运；仓库中泛指的保管活动，也包含有装卸搬运活动。

2. 装卸搬运是支持性、保障性的活动

装卸搬运对其他物流活动有一定决定性。装卸搬运会影响其他物流活动的质量和速度。例如，装车不当，会造成运输过程中的损失；卸放不当，会造成货物进入下一流程的困难。许多物流活动只有在有效的装卸搬运支持下，才能实现高水平的动作。

3. 装卸搬运是衔接性的活动

各种物流活动互相过渡时，都是以装卸搬运来衔接的。因此，装卸搬运往往成为整个物流的"瓶颈"，是物流各功能之间能否形成有机联系和紧密衔接的关键，而这又是一个系统的关键。能否建立一个有效的物流系统，关键看这一衔接是否有效。

(三)装卸搬运的作用

(1)装卸搬运是物流各阶段之间相互转换的桥梁。物流各阶段(环节、功能)的前后或同一阶段的不同活动之间，都必须进行装卸搬运作业。运输过程结束后，货物在进入仓库之前，必须有装卸搬运作业。正是装卸搬运把"物"的运动的各个阶段连接成为连续的"流"，使物流的概念名实相符。

(2)装卸搬运(换装)连接各种不同的运输方式，使多式联运得以实现。通常经联合运输的货物，要经过4次以上的装卸搬运与换装(多则经过十几次)。

(3)在许多生产领域和流通领域中，装卸搬运已经成为生产过程的重要组成部分和保障系统。例如，采掘业的生产过程，实质上就是装卸搬运；在加工业和流通业中，装卸搬运是生产工艺过程中不可缺少的组成部分。调查资料显示,我国机械工厂生产用于装卸搬运的成本为加工成本的15.5%。

(四)装卸搬运的分类

1. 按装卸搬运作业的内容分类

(1)堆放、拆垛作业。

堆放(装上、装入)作业是指把物品移动或举升到装运设备或固定设备的指定位置,再按所要求的状态放置的作业,而拆垛(卸下、卸出)作业则是其逆向作业。例如,用叉车进行叉上叉下作业,将物品托起并放置到指定位置或场所,如卡车车厢、集装箱内、货架或地面上等。又如利用各种吊车进行吊上吊下作业,将物品从轮船货仓、火车车厢、卡车车厢吊出或吊进。

(2)分拣、配货作业。

分拣是在堆垛作业前后或配送作业之前,把物品按品种、出入先后、货流进行分类,再放到指定地点的作业。而配货则是把物品从所在的位置按品种、下一步作业种类、发货对象进行分类的作业。一般情况下,配货作业多以人工进行,但是由于多品种、小批量的物流形态日益发展,对配货速度的要求越来越高,以高速分拣机为代表的机械化作业逐渐增多。

(3)挪动移位作业。

挪动移位作业,即狭义的装卸搬运作业,包括水平、垂直、斜行搬送,以及几种组合的搬送。在水平搬运方式中,广泛应用辊道输送机、链条输送机、悬挂式输送机、皮带输送机及手推车、无人搬运车等设备。

2. 按装卸搬运的机械及其作业方式分类

(1)吊上吊下方式。

吊上吊下方式是采用各种起重机械从物品上部起吊,依靠起吊装置的垂直移动实现装卸,并在吊车运行的范围内、回转的范围内实现搬运或依靠搬运车辆实现搬运。吊起及放下属于垂直运动,这种装卸方式属于垂直装卸。

(2)叉上叉下方式。

叉上叉下方式是采用叉车从底部托起物品,并依靠叉车的运动进行物品位移,搬运完全靠叉车本身,物品可不经中途落地直接放置到目的地。这种方式的垂直运动不多,主要是水平运动,属水平装卸方式。

(3)滚上滚下方式。

滚上滚下方式主要是指在港口对船舶物品进行水平装卸搬运的一种作业方式。在装货港,用拖车将半挂车或平车拖上船舶,完成装货作业。待载货车辆(包括汽车)连同物品一起由船舶运到目的港后,再用拖车将半挂车或平车拖下船舶,完成卸货作业。

(4)移上移下方式。

移上移下方式是指在两车之间(如火车及汽车)进行靠接,然后利用各种方式,不使物品垂直运动,而靠水平移动从一辆车推移到另一辆车上的装卸搬运方式。这种方式需要使两辆车水平靠接。因此，对站台或车辆货台需进行改变，并配合移动工具实现这种装卸。

(5) 散装散卸方式。

散装散卸方式是指对散装物品不加包装直接进行装卸搬运的作业方式。在采用散装散卸方式时，物品在从起始点到终止点的整个过程中不再落地，它是将物品的装卸与搬运作业连为一体的作业方式。

3. 按装卸搬运的作业特点分类

(1) 连续装卸搬运。

连续装卸搬运是指采用皮带机等连续作业机械，对大批量的同种散状物品或小型件杂货进行不间断输送的作业方式。在采用连续装卸搬运时，作业过程中间不停顿，散货之间无间隔，小型件杂货之间的间隔也基本一致。在装卸量较大、装卸对象固定、物品对象不易形成大包装的情况下适合采取这一方式。

(2) 间歇装卸搬运。

间歇装卸搬运是指作业过程包括重程和空程两个部分的作业方式。间歇装卸搬运有较强的机动性，装卸地点可在较大范围内变动，广泛适用于批量不大的各类物品，对于大件或包装物品尤其适合。如果配以抓斗或集装袋等辅助工具，也可以对散状物品进行装卸搬运。

二、常用装卸搬运设备

(一) 搬运车辆

1. 叉车

叉车是用来装卸、搬运和堆码单元货物的车辆，具有适用性强、机动灵活、效率高的优点。叉车按动力可以分为内燃式、蓄电池式两种。内燃式包括汽油内燃(载重量 1～3t)和柴油内燃(载重量 3t 以上)。蓄电池式载重量一般在 2t 以下。叉车按结构特点可以分为平衡重式叉车、前移式叉车、插腿式叉车、侧面叉车等。

(1) 平衡重式叉车。

平衡重式叉车是使用最广的叉车种类之一，适用于露天或室内作业。平衡重式叉车的特点在于：货叉在前轮中心线以外，尾部装有平衡重防止翻车；充气轮胎运行速度快，且有较好的爬坡能力；多级门架提升高度，可前后倾，便于取货和稳定，如图 3-23 所示。

(2) 前移式叉车。

前移式叉车是指门架(或剪式货叉)可以前后移动的叉车。其特点在于：取货时，货叉随门架前移到前轮以外(或伸出剪式货叉)；行走时门架后移(或收回剪式货叉)，使货物重心后移于前、后轮之间，运行稳定，不需要平衡重，自重轻，尺寸小，降低直角通道宽和直角堆垛宽，适用于车间、仓库内工作。前移式叉车按操作可分为站立式和座椅式，采用蓄电池为动力，不会污染周围的空气，且起一定的平衡作用；库内作业地面条件好，用实心轮胎，车轮直径小，如图 3-24 所示。

第三章 电子商务包装与装卸搬运管理

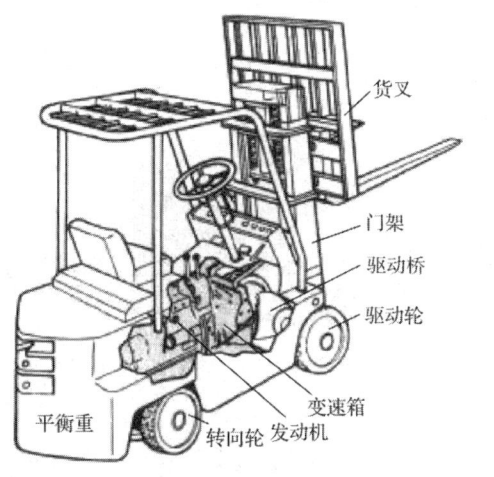

图 3-23 平衡重式叉车　　　　　　图 3-24 前移式叉车

(3) 插腿式叉车。

插腿式叉车是堆垛用叉车，结构紧凑，货叉在两个支腿之间，取卸货和行走时都很稳定。插腿式叉车尺寸小，转弯半径小，在库内作业比较方便，但是货架或货箱的底部必须留有一定高度的空间，以使叉车的两个支腿插入。插腿式叉车适用于工厂车间、仓库内效率要求不高，但需要有一定堆垛、装卸高度的场合，如图 3-25 所示。

(4) 侧面叉车。

侧面叉车主要用于长条形货物的搬运，其特点有：有放置货物的平台，门架与货叉在车体的中央；横向伸出取货，缩回车体内将货物放在平台上即可行走；司机的视野好，所需通道宽也小，如图 3-26 所示。

图 3-25 插腿式叉车　　　　　　图 3-26 侧面叉车

2. 托盘搬运车

托盘搬运车是一种轻小型搬运设备，如图 3-27 所示。它有两个货叉似的插腿，可插入托盘自由叉孔之内，广泛应用于收发站台的装卸或车间内各工序间不需堆垛的搬运作业。托盘搬运车可以分为手动式和电动式两种。电动式又分为步行式、踏板驾驶式和侧座式。

图 3-27 托盘搬运车

3. 自动导引车

自动导引车（Automated Guided Vehicle，AGV），是指具有电磁或光学导引装置，能够按照预定的导引线路行走，具有小车运行和停车装置、安全保护装置及具有各种移载功能的运输小车，如图 3-28 所示。

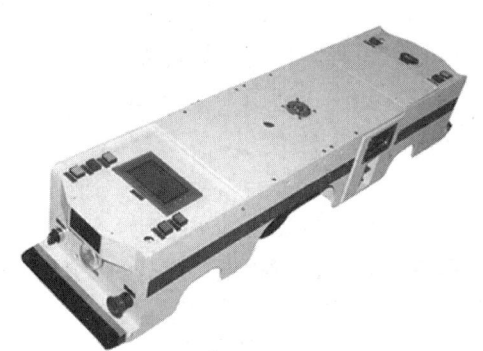 

图 3-28 自动导引车

（1）自动导引车的分类。

按照导引方式不同可分为固定路径导引、自由路径导引等；按照移载方式不同可分为侧叉式移载、叉车式移载、推挽式移载、辊道输送机式移载、升降台式移载和机械手式移载等；按照充电的方式不同可分为交换电池式和自动充电式；按照转向的方式不同可分为前轮转向、差速转向和独立多轮转向。

（2）自动导引车的应用。

自动导引车应用最广泛的领域是装配作业，特别是汽车的装配作业。在重型机械行业中，自动导引车的主要用途是运送模具和原材料。由于运送物的重量较大，自动导引车需要配备功率较大的移载装置。自动导引车在其他行业中，如快递业、仓储业、纺织业、电子行业等也都有着广泛的应用。

（二）起重机械

起重机械是以间歇作业方式对物料进行起升、下降和水平移动的搬运设备，其作业循环包括取物、起重、平移、下降、卸载等环节，广泛应用于工业、交通运输业、建筑业、商业和农业。起重机械至少具有完成物品上、下功能的起升机构，可分为简单起重机械、通用起重机械和特种起重机械。简单起重机械只能完成单起升动作，如滑车、葫芦、升降机和电梯。通用起重机械可以完成多种动作，除升降外，还可完成水平或旋转运动，通常用吊钩工作。

1. 简单起重机械

简单起重机械一般只做升降运动或向一个直线方向移动，只具备一个运动结构，如图 3-29 所示。简单起重机械起升货物重量不大，作业速度及效率较低。常见的简单起重机械有手拉葫芦，用于手动梁式起重机或架空运输；手扳葫芦，手柄扳动钢丝绳或链条；环链电动葫芦；钢丝绳电动葫芦；升降机。

图 3-29　简单起重机械

2. 通用起重机械

通用起重机械是具有使物品做水平方向的直线运动或回转运动的机械。常见的通用起重机械有回转式起重机和桥架式起重机两种。

回转式起重机如图 3-30 所示，分为固定回转和移动回转两类。前者装在固定地点工作（转柱式、定柱式、转盘式），后者安装在有轨或无轨的运行车体上（汽车式、轮胎式、履带式属无轨运行回转式；塔式、港口门座式和铁路起重机属于有轨运行回转式）。桥架式起重机如图 3-31 所示，有梁式、通用桥式、龙门式、装卸桥等。

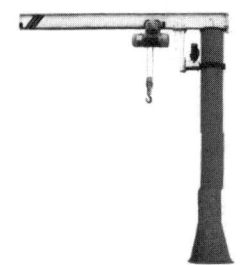

图 3-30 回转式起重机

图 3-31 桥架式起重机

(三)连续输送机械

连续输送机械是在一定的线路上连续不断地沿同一方向输送物料的搬运机械,装卸过程中无须停车。连续输送机械主要完成水平物品的搬运,兼有一定垂直或倾斜搬运能力,搬运对象主要为小型件及散状物品,其特点在于输送能力大、运距长、结构简单、生产率很高,还可在输送过程中同时完成若干工艺操作,应用十分广泛。连续输送机械可进行水平、倾斜和垂直输送,也可组成空间输送线路,输送线路一般是固定的。常见的连续输送机械有倍速链输送机、斜槽输送机、皮带输送机、网链输送机和辊筒输送机等,如图 3-32 所示。

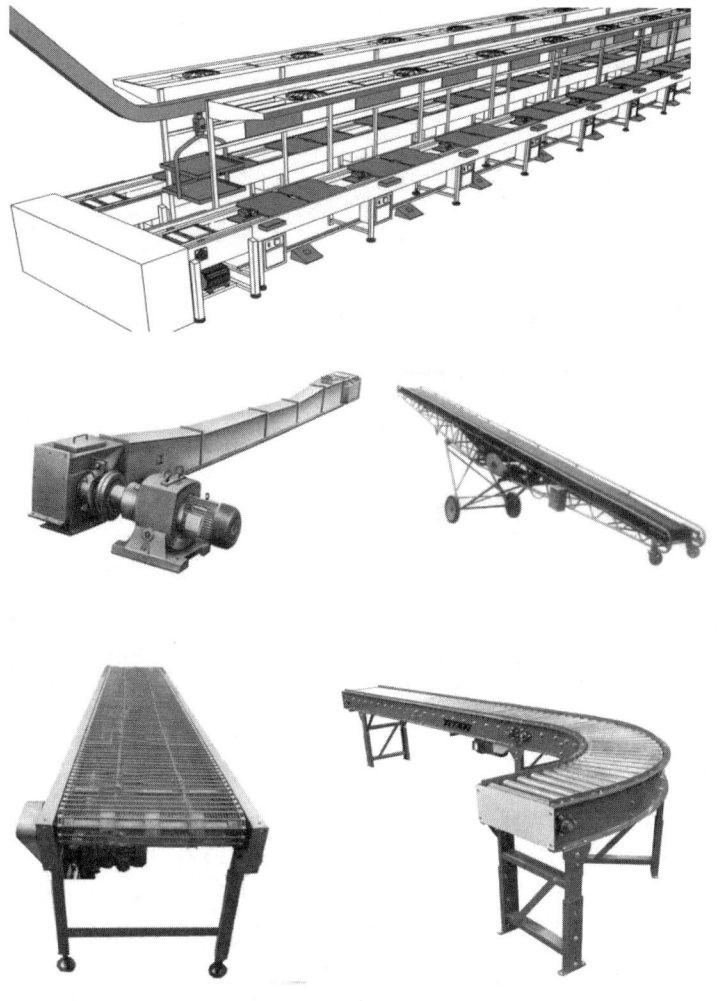

图 3-32 连续输送机械

三、装卸搬运的合理化

(一)装卸搬运合理化的内涵

对装卸搬运的管理,主要是对装卸搬运方式、装卸搬运机械设备的选择和合理配置与使用,以及装卸搬运合理化。要尽可能减少装卸搬运次数,以节约物流费用,获得较好的经济效益。下面列举几个数据。

(1)据统计,火车货运以 500km 为分界点。运距超过 500km,运输在途时间多于起止的装卸时间;运距低于 500km,装卸时间则超过实际运输时间。

(2)中美之间的远洋船运,一个往返需 25 天,其中运输时间 13 天,装卸时间 12 天。

(3)据我国对生产物流的统计,机械工厂每生产 1t 成品,需进行 252 吨次的装卸搬运,其成本为加工成本的 15.5%。

(4)我国铁路运输的始发和到达的装卸作业费大致占运费的 20%,船运占 40%左右。

装卸搬运合理化是指以尽可能少的人力和物力消耗,高质量、高效率地完成仓库的装卸搬运任务,保证供应任务的完成。

(二)装卸搬运合理化的标志

(1)装卸搬运次数最少。
(2)装卸搬运距离最短。
(3)各作业环节衔接良好。
(4)库存物品的装卸搬运活性指数较高,可移动性强。

(三)装卸搬运合理化的基本途径

1. 消除无效作业

所谓无效作业,是指在装卸作业活动中超出必要的装卸、搬运量的作业。显然,防止和消除无效作业对装卸作业的经济效益有重要意义。为了有效地防止和消除无效作业,可从以下几个方面入手。

(1)尽量减少装卸次数。

装卸作业本身并不产生价值,而且,如果进行了不适当的装卸作业,就可能造成商品的破损,或使商品受到污染。因此,装卸作业的经济原则就是"不进行装卸"。所以,应当仔细考虑如何才能减少装卸次数、缩短移动商品距离。

(2)提高被装卸物料的纯度。

物料的纯度,是指物料中含有的水分、杂质及与物料本身使用无关的物质的多少。物料的纯度越高,则装卸作业的有效程度越高;物料的纯度越低,则无效作业就越多。

(3)包装要适宜。

包装是物流中不可缺少的辅助作业手段。包装的轻型化、简单化、实用化会不同程度地减少作用于包装上的无效劳动。

(4)缩短搬运作业的距离。

物料在装卸、搬运过程中,要实现水平和垂直两个方向的位移。选择最短的路线完成这一活动,就可避免无效劳动。

2. 充分利用重力

在装卸过程中,应充分考虑重力因素,制造一定的高度落差,从而利用货物自身的重量完成装卸过程,减少动力消耗,降低装卸成本。例如,在从卡车、铁路货车上卸货时,通过使用溜板、溜槽等简单工具,利用卡车、铁路货车与地面或搬运车辆之间的高度差,从高处自动滑至低处。

3. 提高搬运活性指数

为了对活性有所区别,并能有计划地提出活性要求,使每一步装卸搬运都能按一定活性要求进行操作,对于不同放置状态的物品做出不同的活性规定,这就是"活性指数"。日本物流专家滕建民教授根据物料所处的状态,即物料装卸、搬运的难易程度,把物料搬运活性指数分为0~4共5个等级,参见图3-33。活性指数越高,物品越容易进入装卸搬运状态。

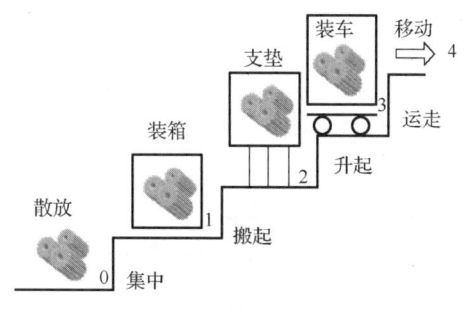

图 3-33　搬运活性指数

四、工业 4.0 下的智能搬运

近年来，越来越多的工业自动化企业联合开发，陆续推出了工业搬运、机械臂、机械零部件等多种工业智能产品。

（一）机器人与工业制造的融合

以机器人、无人叉车及复合型机器人组成的智能柔性搬运系统，充分展示了机器人与工厂制造业的融合，体现了柔性自动化在智能工厂场景中的应用，如图 3-34 所示。例如，Geek+搬运系列机器人以 M 型号机器人为主打，通过机器人搭配不同载具完成不同的工作流程，包括笼车牵引、柔性辊道对接及顶升功能等，如图 3-35 所示。Geek+搬运系列机器人在制造业工厂场景中能够完成入库、存储、拣选、搬运、上料、下料等环节的自动化运作，柔性连接智能制造业工厂中的每个制造环节。

图 3-34　机器人在工厂中的应用

Geek+复合型机器人如图 3-36 所示，通过机器人底盘和机械臂的配合可实现工厂中的拆垛码垛的作业场景。机械臂先对批量零部件进行拆垛，再将其抓取放置到机器人所承载的辊道上，然后由机器人柔性搬运并对接生产线。整个过程循环往复，多台机器人同时作业，非常符合工业 4.0 环境下的生产节拍。

（二）叉车的无人化革命

不仅仅局限于机器人，工业 4.0 的触角伸向了在工业场景中用途异常广泛的叉车。将传统的有人叉车改造成更机械化、智能化的无人叉车，通过激光导航及多重传感器的部署,使得叉车可以自动感应识别货架上相应推盘的位置并精准对接,完成无人自动存取的功能。例如,Geek+叉车最高可提升 3.2m,载重 1.6t,自身采用 SLAM 激光导航附带自动避障等稳定可靠的安全屏障,如图 3-37 所示。

图 3-35 Geek+搬运系列机器人

图 3-36 Geek+复合型机器人(右分图为机器人辊道)

(三)无人化后台管理系统——"聪明大脑"

无人化后台管理系统能够整体调度和监控整体智能作业流程,包括无人叉车、机器人、机械手及辊道等。通过系统对作业流程节拍的控制、多台机器人路径的规划、实时状态的监控、柔性增减机器人数量及地图布局的修改和交通的管制等,使得整个系统最大限度地为制造业工厂的作业提高效率和柔性可拓展程度。

同时,无人化后台管理系统可支持多台机器人同时联动作业,保证相互避让及最优路径的规划,防止拥堵,大幅度地提高了作业效率。

图 3-37 Geek+叉车

在工业 4.0 的趋势下,工业自动化企业为制造业提供了一种更为智能和柔性的搬运作业解决方案,能够推动工业领域仓储及制造工厂的变革。无人化后台管理系统将领先的机器人技术赋能工业领域,持续为客户输出专家级的智能解决方案。

【本章小结】

大部分商品在流通过程中都需要保护。包装不仅具有保护商品的功能，同时还具有便利和促销功能。电子商务包装的主要材料有瓦楞纸、塑料、木材及复合材料等。面对个性化商品需求，如何采用更新、更环保的包装材料，运用高效率的包装工具提高企业效益，是现代电子商务物流企业关注的重点。

装卸搬运虽然是辅助性的物流活动，是为运输、储存和生产三项主物流活动服务的，但却是必不可少的。三项主物流活动的前后及相互间的过渡，都必须经过装卸活动才能够完成。因此，合理的装卸是整个物流顺畅化、效率化、合理化的必要条件。提高装卸搬运的效率，采用合理有效的搬运方式和搬运机械，不仅能够保证物流过程的通畅，也能降低企业内外部物流成本。在工业4.0趋势下，智能搬运将变革电子商务物流各应用场景，提升企业运作效率。

案例阅读

前沿科技如何助力电子商务物流发展

电子商务物流科技是基于大数据、云计算、物联网、人工智能、机器人等底盘技术，用于电子商务物流活动中的智能硬件装备和软件系统。

1. 电子商务物流科技发展现状

目前，电子商务物流活动主要分为以C端用户为起点的第三方快递和以B端电子商务为起点的仓配快递两种运行链条。电子商务物流科技多点渗透，广泛应用于前端揽件、仓储/转运、运输、末端配送及信息管理等五大应用场景。

近年来，在以UPS、DHL、顺丰等企业为代表的领先快递企业，以亚马逊、京东、阿里为首的电子商务互联网企业，以及第三方科技公司的共同推动下，机器人与自动化技术、无人机技术、绿色包装技术、大数据、物联网、云计算等技术快速发展，同时也出现了人工智能、无人驾驶、可穿戴设备、3D打印、AR/VR等新兴技术。其中，机器人与自动化、绿色包装在欧美已经得到大量应用，中国电子商务物流业近年来也在加速应用；大数据、物联网技术相对成熟，二者互为依托，应用于需求预测、路由规划、产品追溯等场景；无人机有望在未来3到5年得到大规模应用；人工智能、无人驾驶、可穿戴设备、3D打印、AR/VR技术等目前仍处于研发测试阶段。

电子商务物流科技在不同地区的发展具有不平衡性，例如，在机器人与自动化领域，美、日、欧处于世界前列；而在无人机领域，中国发展迅速，已经从"追赶者"转为"领跑者"。

电子商务物流科技广泛应用于各个环节，出现了覆盖全球的枢纽及转运中心、世界级标准无人仓、路由规划、新型无人配送模式等众多前沿科技应用成果。

2. 电子商务物流科技前沿技术

(1) 无人机技术。

无人机技术发展较为成熟，其具有灵活便捷、运营成本低、布局简便、外部环境适应性强及不受地形限制的优势。无人机本质上是一种空中飞行载体，无视二维路面状况，直接在三维空间进行移动是其天然优势。因此，无人机一定要与其他智能设备协同工作，将受制于地面束缚的事务移至空中，实现空地一体的无缝衔接。常见的有"无人机+车"模式、"无人机+RFID"模式以及"无人机+智能柜"模式。

无人机技术目前存在的问题：一是电池技术是制约场景扩展的瓶颈，需要解决无条件巡航时长和有效飞行距离的问题；二是国内大型民用无人机刚起步，虽然产业需求旺盛，市场潜力巨大，但全产业链尚未形成，短期内研发及试运行成本消耗巨大，普通民营企业承受了较大压力；三是法规政策有待健全；四是无人机可能带来安全问题。

(2) 自动化分拣系统。

随着电子商务、快递业的高速发展，自动化分拣系统也得到了长足发展。自动化分拣系统主要由供件装置、输送装置、控制系统、分类装置和分拣道口等组成，是对物品进行自动分类、整理的关键设备之一。按照分类装置的结构进行划分，常见的自动化分拣系统主要包括滑块分拣、交叉带分拣等六类。其中，新一代交叉带分拣系统在众多分拣设备中脱颖而出，成为目前电子商务物流业自动化处理流程中的主要设备之一。交叉带分拣系统是利用直线动力驱动的小车队沿着环形轨道高速运动，将贴有标签的货物经过扫描器读码进行分拣，适用于电子商务、快递等行业的大中型场地。除此之外，蜂窝式智能多向分拣传输系统是一种基于蜂窝传输技术的、以灵活性为核心的模块化输送系统，目前已经在 DHL 应用。

(3) 自动装卸系统。

货车自动装卸系统是一种集成在卡车和装卸平台之间的自动化输送设备，通过相互协同运作，代替人工装卸，完成货物的全自动化装卸。

在货车自动装卸技术领域，国外车辆装卸货物专业化程度较高：对于不同运输产品，国外拥有相对应车型进行专门运输；同时，国外货物标准化程度较高，货物多放置于托盘上进行装卸，装卸效率较高。通常，国外在车厢内装入滚筒、链条、链板等传输装置，并安装相应传感控制系统，从而实现了托盘货物在车厢内的自动传输。目前，国内货物装卸货方式仍以人工为主，而现在人工成本占物流整体运输成本的 30%，未来仍会不断提高，这将成为制约物流行业发展的瓶颈之一。而自动装卸系统可以在出入两端大幅提升自动化水平，缩短货物装卸时间，加速货物的流通效率。

(4) 自动引导车 AGV。

拣选 AGV 是一种"货到人"的拣选系统，大幅提高了拣选效率。"货到人"拣选系统主要由可移动货架、拣选 AGV、管理系统、充电站、拣选工作站组成，通过拣选 AGV 搬运货架实现"货到人"，拣选人员只需根据显示屏和播种墙电子标签的提示，从指定货位拣取相应数量的商品放入订单箱即可，打破了对照订单去货位找货的"人到货"模式，有效提升了作业效率，降低了人工成本。

拣选 AGV 是一种并行分拣系统。在整个仓储物流中，包裹分拣一直是非常重要的一个环节。从原来的人工行走包裹分拣，到传统自动化交叉带分拣机分拣，再到拣选 AGV 的灵活分拣，效率不断提高的同时，成本也在不断降低。拣选 AGV 解决方案是目前全球主流分拣方式之一，主要适用于中小型分拣中心。

(5) 绿色包装。

在绿色快递方面，全球各快递、环保科技企业都在推进绿色包装应用，实现可持续发展。美国、日本、欧洲等国家和地区快递企业起步较早，绿色快递意识较强，绿色快递研发、实践经验丰富。

近年来，我国各快递、电子商务企业也在加速发展绿色科技，出现了大量绿色科技成果，在电子面单、循环快递箱、循环袋等方面都取得了一定成效。如在循环快递箱上，出现了顺丰"丰 box"循环箱、京东"青流箱"、菜鸟"循环箱"、邮政绿色环保快递箱及苏宁共享快递盒等；在循环袋方面，出现了邮政新型方底邮袋、颂军环保 FRID 环保袋等。

(6) 可穿戴设备。

可穿戴设备目前仍然属于较为前沿的技术，在电子商务物流领域，主要包括免持设备、AR 智能眼镜、外骨骼、喷气式背包。可穿戴设备整体上距离大规模商用仍需要较长时间，除了 AR 智能眼镜和外骨骼已经开始小范围应用外，其他大部分尚处于研发阶段。

外骨骼分为腰部、腿部、手部三类助力产品，主要用于重物搬运，可以有效降低一线员工的工作强度，保障搬运安全。京东、苏宁、德邦快递近几年开始逐步使用腰部助力外骨骼设备，可以提供不同程度的外部助力，有效提高穿戴者腰背部和核心肌群的高强度负重能力，有效减缓工作肌群的疲劳速度，降低人体运动过程中的能量消耗，提高工作效率。

AR 智能眼镜具有实时的物品识别、条码阅读和库内导航等功能，可以有效提升仓库工作效率。目前，UPS、DHL 已经小范围应用免持设备与 AR 智能眼镜。

3. 电子商务物流科技未来趋势

从人工机械化时代到自动化时代，再到现在迈向智慧化时代的进程中，科技始终是推动物流不断演进的重要力量。未来的电子商务物流科技将以数字化为核心，在物联网、大数据、云计算、人工智能四大动力引擎的推动下，向智能化目标加速前进。未来电子商务物流科技将呈现出多元化、协同化、智慧化三大趋势。

(1) 多元化。

电子商务物流科技在每一个作业环节的赋能都将推进电子商务物流降本增效的进程。随着技术迭代及场景的精细化区分，电子商务物流科技多元化发展趋势日益明显。从仓储环节的立体仓库、穿梭车、拣选系统，到运输环节的智能路线规划、智能调度，再到配送环节的无人机、无人车及智能快递柜，电子商务物流科技一直在探索新技术、新方式。未来，在 5G 技术的驱动下，将出现更多的技术革新，必将深度赋能电子商务物流。

(2) 协同化。

随着电子商务物流的快速发展，仅在某单一环节使用智能设备完成自动化作业的方式越来越不能适应与日俱增的电子商务物流业务量。以转运中心为例，仅在分拣环节使用自动化分拣设备，而在出入库两端采用传统人工装卸货的方式。随着业务量的增加，人工装卸将暴露出"入库和出库两端快递运输车滞留时间过长"等问题，严重制约转运中心快递流通效率。而自动装卸系统的引入，将两端装卸能力适配自动化分拣系统，二者协同作业，打通卸货、分拣、装车三个环节，大幅提高快递流通效率。

拣选 AGV 系统与仓库管理系统结合、"无人机+快递柜"等都是电子商务物流科技协同化趋势的表现；同时，电子商务物流科技多元化也为其协同化带来了更多可能。京东"亚洲一号"无人仓即多种电子商务物流科技高度协同化作业的典型。未来，只有以效率适配为原则，多种科技高度协同化作业，才能加速电子商务物流降本增效的进程。

(3) 智慧化。

目前，智能网络与线路规划、业务预测、选址规划、智能排班等领域均出现了不同程度的智能应用。随着物联网、大数据、人工智能的发展，电子商务物流科技的智慧程度将进一步提升，成为具备自我学习、智能决策等智慧能力的综合体，引领电子商务物流走向智慧化时代。

(资料来源：亿欧网，https://www.iyiou.com/analysis/20191127119018)

案例思考：

1. 电子商务物流前沿科技应用的核心是什么？
2. 结合前沿科技，谈谈对电子商务包装或装卸未来发展的理解。

【思考题】

1. 包装在电子商务物流系统中起着怎样的作用？
2. 结合电子商务包装发展趋势，探讨对包装合理化的理解。
3. 装卸搬运在物流系统中的作用是什么？
4. 工业4.0时代，如何实现搬运合理化？

【实训题】

实训内容：电子商务包装认知与展示。

实训手段：视频片段、实物图片展示、校外实习、实训基地参观。

实训目的：了解电子商务包装基本环节的操作流程，收集不同类型电子商务包装物，辨析常见包装类型、功能、作用、操作技法等。

实训要求：撰写实训报告，实物展示。

第四章 电子商务运输与仓储管理

【学习目标】
- 掌握运输的概念、地位、功能及分类;
- 掌握仓储的概念、分类及作用等;
- 理解运输合理化、仓储合理化。

【引导案例】

顺丰为乳山牡蛎提速增鲜

乳山为中国牡蛎之乡,当地名产"乳山牡蛎"深受消费者的喜爱。为了让乳山牡蛎更快更鲜地走上消费者的餐桌,顺丰加速在乳山牡蛎产地布局,通过升级包装方案、提供专属服务、精简发运环节、开展大宗业务等方式,让全国超过 320 个城市的消费者最快 48 小时可以吃到乳山的新鲜牡蛎。

1. 乳山牡蛎寄递难,高效物流是关键

乳山位于山东半岛东南端,得益于独特的海域条件和气候环境,其生产的牡蛎个头大、肉质肥、爽滑鲜嫩,素有"海洋牛奶"的美誉,年产量更是可达38万吨。进入牡蛎旺季以来,乳山每天向全国各地发出近10万斤牡蛎,当地生鲜物流服务供应商面临很大挑战。然而,受保鲜期短、冷链运输要求高的限制,乳山牡蛎的物流运输成为当地养殖户、商户的一大难题。一方面,牡蛎以活鲜寄递为主,离开海水时间一长,口感就会大打折扣;另一方面,牡蛎进入旺季时,乳山养殖户、商户常常面临高峰期甩货、运力不足、物流服务不佳等问题,这也导致大量牡蛎滞留或损坏。如何让乳山牡蛎安全、新鲜地走上全国人民的餐桌?快速、稳定的生鲜物流是关键!

2. 持续创新物流模式,顺丰为乳山牡蛎提速增鲜

过去,受限于当地牡蛎寄递模式,乳山牡蛎只能通过大包货外发至周边省市。顺丰进入牡蛎市场后,通过定制化包装设计和规格的制定,帮助乳山牡蛎养殖户、商户打通网商销售渠道,让乳山牡蛎能够在网上进行小规模销售,助力乳山牡蛎真真正正地运到了全国千家万户。

(1) 升级保鲜包装,提升牡蛎存活率。

如何保障牡蛎的鲜活?锁鲜包装是关键。为此,顺丰与客户共同研发出保鲜包装方案:

把牡蛎放入防水袋，再装进泡沫箱，并在泡沫箱内放置冰袋，最后用纸箱封装，最大限度降低环境与气温变动的影响，做到全程温控运输。顺丰使牡蛎在高温天气下可存活3~4天，在低温天气下可存活5~7天，大大提升了牡蛎的新鲜期品质。

(2) 上门专业服务，提速"最前一公里"。

为了进一步提升揽收效率，顺丰提供专业打包服务。在寄递高峰期，顺丰安排专门人员上门协助客户进行包装、装卸，免费提供胶带、拉伸膜等部分包材，为牡蛎寄递"最前一公里"不断提速。

(3) 灵活调度中转场，提升时效与稳定。

顺丰还通过对中转场的灵活运用，提升牡蛎运输时效和保障物流稳定性。针对乳山牡蛎大客户，顺丰直接将货物就近发往周边中转场，减少中转环节。不仅如此，为了加大当地牡蛎旺季的高峰稳定寄递力度，顺丰在乳山增设了5 000平方米的临时中转场，保证了近百万票的牡蛎周转，满足了当地牡蛎电子商务客户的发货需求。

(4) 首开大宗件整车供货业务，满足更多物流需求。

2020年，顺丰首开大宗件整车供货业务，完成牡蛎寄递9.6米高栏货车的首单直发，满足了牡蛎大客户低成本寄递的需求，进一步缓解了当地电子商务企业寄递难的问题。

通过对乳山牡蛎寄递的一系列布局，顺丰发往各大省份城市的乳山牡蛎均已实现2D时效；其高效、稳定的物流运输服务也获得当地养殖户、商户的好评。"以往牡蛎在运输高峰期经常大量损坏或运送超时，导致我们的(电子商务)平台被投诉、得差评。顺丰在提升平台物流、减少差评方面的确有很大帮助。"烟台渔滋渔味电子商务有限公司总经理表示，"顺丰包邮可以提高消费者的感知度，促进回购、复购；而且顺丰的末端派送能力强，到件能够及时派送，消费者满意度普遍偏高。"

3. 布局海鲜水产寄递领域多年，顺丰兼具经验与实力

年底将至，全国各海域海鲜水产快件进入了发运高峰期，以顺丰为代表的物流供应商也进入了海鲜水产业务忙碌期。对于海鲜水产行业，顺丰已在辽宁、山东、江苏、安徽、浙江、福建、两广、海南四大海域探索多年，积累了丰富的寄递经验和实力。

值得一提的是，顺丰2020年成功将无人机投入海鲜水产运输环节，成为国内首个大规模采用无人机运输海鲜的物流运营商。未来，顺丰将把无人机运输技术覆盖到更多产区，为海鲜水产寄递创造更多可能。

作为海鲜水产寄递行业的"老行家"，顺丰将持续探索海鲜水产寄递多元化的物流、配送模式和场景业务，不断为海鲜水产寄递提速保鲜；在让更多优质的海鲜水产走上千家万户餐桌的同时，也将用科技物流持续助力我国海鲜水产行业的繁荣发展。

(资料来源：中华网，https://tech.china.com/article/20201230/122020_687492.html)

思考题：

1. 海鲜水产运输所面临的挑战有哪些？
2. 如何理解未来无人机运输的应用场景？

第一节 电子商务运输管理

运输是物流系统中不可缺少的要素,是物流的核心环节。没有运输的参与,要做好物流就是一句空话。选择何种运输方式对于物流效率具有十分重要的意义,运输的合理化管理对其他物流系统要素也会产生重大影响。

一、运输概述

(一)运输的概念

根据中国国家标准《物流术语》(GB/T 18354—2006),运输(Transportation)是指用专用的运输设备将物品从一地点向另一地点运送,其中包括集货、分配、搬运、中转、装入、卸下、分散等一系列操作。运输和搬运的区别在于,运输是在较大范围内进行的活动,而搬运是在同一场所内进行的活动。

(二)运输的地位

1. 运输是物流的主要功能要素之一

按物流的概念,物流是"物"的物理性运动,这种运动不但改变了物的时间状态,也改变了物的空间状态。运输是改变空间状态的主要手段。运输再配以搬运、配送等活动,就能圆满完成改变空间状态的全部任务。

2. 运输是社会物质生产的必要条件之一

马克思将运输称为"第四个物质生产部门",将运输看成是生产过程的继续。运输作为社会物质生产的必要条件,表现出以下两个方面的作用:第一,在生产过程中,运输是生产的直接组成部分,没有运输,生产内部的各环节就无法连接;第二,在社会上,运输连接着生产与再生产、生产与消费环节,连接着国民经济各部门、各企业,连接着不同国家和地区。

3. 运输可以创造"场所效用"

场所效用的含义是同种"物",由于空间场所不同,其使用价值的实现程度不同,其效益的实现也不同。由于改变场所而提升使用价值,最大限度地提高了投入产出比,这就称为"场所效用"。通过运输,将"物"运到场所效用最高的地方,就能发挥"物"的潜力,实现资源的优化配置。从这个意义来讲,也相当于通过运输提高了物的使用价值。

4. 运输是"第三利润源"

运输是运动中的活动,要靠大量的动力消耗才能实现;同时,运输承担大跨度空间转移的任务,所以活动的时间长、距离长、消耗大。由于运输总里程长、运输总量巨大,通过体制改革和运输合理化可大大缩短运输里程,从而获得比较大的动力消耗节约。从运费来看,运费在全部物流费用中占最高的比例。综合分析社会物流费用发现,运输费在其中约占50%,有些产品的运费甚至高于产品的生产费,所以节约的潜力很大,能成为新的利润点。

(三)运输的分类

1. 按运输的范畴分类

(1)干线运输。

这是利用公路、铁路的干线或大型船舶的固定航线进行的长距离、大数量的运输,是进行远距离空间位置转移的重要运输形式。干线运输的速度一般较同种工具的其他运输要快,成本也较低。干线运输是运输的主体。

(2)支线运输。

这是与干线相接的分支线路上的运输。支线运输是干线运输与收、发货地点之间的补充性运输形式,路程较短,运输量相对较小。支线的建设水平往往低于干线,运输工具水平也往往低于干线,因而速度较慢。

(3)二次运输。

这是一种补充性的运输形式,路程较短,是干线、支线运输到站后,站与用户仓库或指定接货地点之间的运输。由于是单个单位的需要,所以运量也较小。

2. 按运输的作用分类

(1)集货运输。

集货运输是指将分散的货物汇集集中的运输形式,一般是短距离、小批量的运输,货物集中后才能利用干线运输形式进行远距离及大批量运输。因此,集货运输是干线运输的一种补充形式。

(2)配送运输。

配送运输是将据点中把按用户要求配好的货物分送各个用户的运输,一般是短距离、小批量的运输,从运输的角度讲是对干线运输的一种补充和完善。

3. 按运输的协作程度分类

(1)一般运输。

一般运输是指孤立地采用不同运输工具或同类运输工具而没有形成有机协作关系的运输。

(2)多式联运。

根据中国国家标准《物流术语》(GB/T 18354—2006),多式联运(Multimodal Transport)是指联运经营者受托运人、收货人或旅客的委托,为委托人实现两种以上运输方式(含两种)或两程以上(含两程)运输的衔接,以及提供相关运输物流辅助服务的活动。

二、主要运输方式及特点

运输方式是指为完成客货运输任务而采取的一定性质、一定类别的技术装备(运输线路和运输工具)和一定的管理手段。现代运输方式有铁路运输、公路运输、水路运输、航空运输、管道运输五种及国际多式联运。掌握不同运输方式的相关特征及适用范围,对企业合理选择运输方式和安排运输具有重要的作用。

(一)铁路运输

铁路是一种适宜担负运距长、运量大、成本比较低的大宗客、货物运输的现代化运输方式。铁路运输是国家的经济大动脉,一直是我国运输业的骨干运输方式。铁路运输具有运输量大、运输成本低、受季节气候影响较小、运输安全可靠等优点,但是也具有始建投资大、建设周期长、运输时间长、灵活性差等缺点,如图4-1所示。

图4-1 铁路运输

铁路运输形式主要有以下几种。

1. 整车运输

这是铁路以整车皮装运同种货物的运输方式。整车运输可发挥整装整卸的优势,可充分使用一辆车的运力,因而整车运输成本较低。

2. 合装整车运输

这是同一发到站的不同货主或同一货主的不同货物凑整一车的运输方式。合装整车运输主要是充分利用车辆运力,有利于加速车辆周转。

3. 零担运输

货主需要运送的货物不足一车时,则将货物作为零星货物交运。承运部门将不同货主的货物按同到站凑整一车后再发运的服务形式即零担运输。

4. 二三站分卸

这是整车起运,在最多三个车站分别卸货的一种运输服务方式。这种运输形式既利用了整车起运的优点,又可分别在有限的几个站卸货,方便了用户,同时不影响车辆周转和运力的使用。

5. 集装箱专列运输

在站与站间、站与港间进行集装箱专列的快速运输,是铁路运输的新形式。这种运输形式对于加快集装箱货运速度及集装箱周转速度,加快港口的集疏运输有很大作用。

6. 铁路集装箱运输

铁路集装箱运输在铁路运输系统内的整车、零担运输方面发挥了很大作用。由于铁路集装箱吨位不大,可利用货站原有装卸设备,因而可在很大范围内办理这种运输业务。

7. "大陆桥"运输

根据中国国家标准《物流术语》(GB/T 18354—2006),"大陆桥"运输(Land Bridge Transport)是指用横贯大陆的铁路或公路作为中间桥梁,将大陆两端的海洋运输连接起来的连贯运输方式。铁路是"大陆桥"运输的"陆桥"部分,是"大陆桥"运输的核心。

【知识链接】

高铁+电子商务组合，推出物流运输新模式

自 2020 年 11 月 1 日起，铁路"双十一"电子商务黄金周运输服务启动，持续至 11 月 20 日。铁路部门充分发挥高铁成网运行和安全快捷等优势，优化运力供给，首次试点复兴号动车组整列装运快件，努力满足人民群众日益增长的物流服务需求。

随着"双十一"购物节的临近，各大电子商务平台成交量都出现了大幅增长，铁路部门也宣布从 11 月 1 日起开启铁路"双十一"电子商务黄金周运输服务，优化运力供给，缓解快递运输压力，以安全、便捷的宗旨为快递运输"保驾护航"。

"双十一"作为新时代的新名词，其背后体现的是国人日益增长的购买力和物质需求，其发展至今，从始至终体现出了"互联网经济"及"宅经济"思维，成为社会经济发展的必然产物。而铁路部门紧扣"双十一"主题，积极推动与各大电子商务平台合作，开展高铁快递运输模式，不仅让快递运输更加快速便捷，为消费者提供更多的便利，又能合理使用高铁运输资源，使闲置运能得到充分利用。

在 2020 年，铁路部门通过吸取自 2016 年开始的高铁+电子商务合作经验，及时调整黄金周运输期限，将其从 10 天延长至 20 天。同时创新快递运输服务，集"冷鲜达"和医疗药品"定温达"等铁路特色冷链快运箱，配合开行电子商务货物特快班列，配套 600 多条线路、1 000 列高铁载客动车，以增强高铁快运服务能力。高铁的快速便捷及运输服务的升级，让快递运输与铁路快运相结合的服务优势得以凸显。

（资料来源：中国新闻网，http://www.hlj.chinanews.com/hljnews/2020/1109/76153.html）

（二）公路运输

公路运输的主要运输工具是汽车，如图 4-2 所示，主要承担短距离、小批量的货物运输。尽管其他运输方式各有特点和优势，但或多或少都要依赖公路运输来完成最终两端的运输任务，如铁路车站、水运港口码头和航空机场的货物集疏运输都离不开公路运输。公路运输具有运输速度快、机动灵活、原始投资少、经济效益高等优点，但是也具有运量小、运输成本高、安全性较低、污染环境等缺点。

图 4-2 公路运输的主要运输工具

公路运输主要有以下几种形式。

1. 长距离干线运输

以往的技术经济常常将汽车的经济里程限定在 200 千米范围，主要是地区和城市内部运输。汽车大型化以后，装载吨位成倍提高，司乘人数却未增加，单位运量的汽车自重相对降低，故而经济里程大大扩展。长距离干线运输日益成为普遍采用的公路运输形式。

2. "门到门"运输

汽车的近、中距离运输，较多采用"门到门"的形式。车辆大小可在较大范围选择，因而批量的制约不大，使用的局限性便很小。此外，即使对小用户，也可以用"共同化"方式实行"门到门"运输。

3. 配送运输

配送运输以短距离汽车运输为主，是汽车运输的重要形式，往往以"中心到门""店到门"方式完成。

4. 集配运输

集配运输是与干线运输衔接的短程运输形式，尤其是铁、水、空干线运输。用汽车进行集配衔接是必然的，可以说是干线运输的必要补充和辅助形式。集配运输主要以"门到站""站到门"的形式实现。

5. 汽车联运

汽车运输是联运的一个环节。参加联运的汽车主要是集装箱车、半挂车等。

【知识链接】

网络货运与无车承运人究竟有什么区别

"无车承运人"是由美国的货车经纪人（truck broker）这一词汇演变而来，是无船承运人在陆地的延伸，也是网络平台道路货物运输经营的前身。无车承运人指的是不拥有车辆而从事货物运输的个人或单位。无车承运人具有双重身份，对于真正的托运人来说，其是承运人；但是对于实际承运人而言，其又是托运人。无车承运人一般不从事具体的运输业务，只从事运输组织、货物分拨、运输方式和运输线路的选择等工作，其收入来源主要是规模化的"批发"运输而产生的运费差价。

简单来说，网络货运是在道路货运无车承运人的基础上发展来的。原来的无车承运人是一批全国试点企业，2020 年 1 月 1 日起无车承运人正式更改为网络货运。网络货运经营是指经营者依托互联网平台整合配置运输资源，以承运人身份与托运人签订运输合同，委托实际承运人完成道路货物运输，承担承运人责任的道路货物运输经营活动。

交通运输部无车承运人试点工作于 2019 年 12 月 31 日结束，从 2020 年 1 月 1 日起，试点企业可按照《网络平台道路货物运输经营管理暂行办法》（以下简称《办法》）规定要求，申请经营范围为"网络货运"的道路经营许可证；县级负有道路运输监督管理职责的机构按照《办法》，对符合相关条件要求的试点企业，换发道路运输经营许可证。未纳入交通运输部无车承运人试点范围的经营者，可按照《办法》申请经营许可，依法依规从事网络货运经营。

（资料来源：搜狐网，https://www.sohu.com/a/399219539_120728945）

(三)水路运输

水路运输是一种非常适合大宗货物运输的运输方式,也是开展国际贸易的主要方式。远洋运输在对外经济贸易中占有着重要地位,我国90%以上的外贸货物采用远洋运输。水路运输平时是发展国际贸易的强大支柱,战时又可增强国防能力,是其他任何运输方式所无法代替的。其主要特点是运量大、运输成本低、劳动生产率高。同时,水路运输也是最环保的一种运输方式。但水路运输的速度慢,受自然条件影响大,如图4-3所示。

图4-3 水路运输

水路运输主要有以下几种。

(1)货物定期船运,又称定期班轮,是远洋运输按确定路线及运行时刻表运行的货船,主要装运杂货等包装货。

(2)不定期船运,是发到时间、航期、航线都不确定的货运方式,是按运货要求配船运输,一般装运数量大、运价低的货物。

(3)水陆联运,是国际集装箱多式联运及一般水陆联运的水运部分,航线是固定的。

【知识链接】

航运会被电子商务接管吗

业界有观点认为,去中间化是互联网时代的一大特点,通过电子商务平台的聚集效应,可进一步整合货代、仓储、报关、车队、船公司,乃至保险、银行等服务商,发展成为供应链生态系统,实现航运企业组织、流程、经营理念的全面重构,实现业务模式的转型升级。货主可以根据需求直接在网上向航运公司下订单,航运公司接单后组织运输即可。这样不仅操作简单,还可降低成本。那么,电子商务真的将"接管"航运业吗?

根据目前的航运流程,航运公司并不直接接触货主,揽货的工作全部通过货代来完成。货代就好比中介,他从千万家货主手中收集货物,揽完货物之后再集中交给航运公司,然后赚取差价。然而,一旦航运成为物流链中的一环,首先,货代会考虑在既定时间内利润有所保障的前提下,选择其他运输方式。其次,是管理问题。就好比滴滴打车平台一样,如何有效管理千万家来自不同地方的货代是一个需要继续深入研究的问题,滴滴打车至今也未给出完美解决方案。最后，出口商也不会愿意。因为国际物流涉及千山万水，不仅仅是揽货、海上运输这么简单。中间还涉及各种复杂环节，例如进口、出口报关、报验、转运等环节，十分复杂烦琐，而且投入相当大，其运营成本很可能将超过航运公司的运营成本。同时，多年来的习惯操作，使得几乎没有任何公司具备货代的那种揽货能力。在中国，货代企业有好几万家，而国际运输公司总共也就十几家。对于航运公司来说更愿意维持现状，只需给货代一定额度的优惠，便不用再投入任何精力或金钱，坐等装货即可。

中国对外贸易经济合作企业协会副会长蔡家祥表示："货代是一个庞大且复杂的系统，想要完全去中间化，必须先理顺货代的问题，更重要的是自身能否替代传统货代所做的门到门多式联运服务。业界目前无须太过担心电子商务会'接管'航运业，因为这件事并不是那么容易。同时，我认为按照目前社会分工的要求，各司其职，才能实现资源的最大化利用。想要突出重围，航运业急需重点思考的问题是如何压缩运力，协调好航线运力比例，避免恶性竞争，按照传统的 CY-CY 运价规则，杜绝低价抢货和乱转嫁附加费。航运业还需考虑如何尽早使市场供需走向平衡。"的确，只有航运生态恢复"健康"了，才可以继续考虑持续发展问题。

（资料来源：航运界，http://www.ship.sh/news_detail.php?nid=37010）

（四）航空运输

航空运输是使用飞机、直升机及其他航空器运送人员、货物、邮件的一种运输方式，如图 4-4 所示，有包机运输和一般行李托运、货物托运等运输形式。航空运输具有运输速度快、机动灵活、安全性能高等特点，但是航空运输的运输能力小、能耗大、成本高。

图 4-4　航空运输

【知识链接】

中美货机运力情况比较

截至 2020 年 9 月，中国（含港澳台）货机共有 234 架，中远程货机 103 架，其中，中国内地货机 175 架，中远程货机 52 架。美国货机 1 130 多架，其中，中远程货机 547 架。

美国主要以货运业务为主的 5 家公司能体现出定位和运营的竞争性及差异化。FedEx 和 UPS 各自在服务自身快递业务的基础上已经转变成了综合物流服务提供商。阿特拉斯和 ATSG 虽然都以货机租赁业务为主，但机队的构成差异明显。阿特拉斯机队长中短程货机都有，但主要以 B747 和 B777 远程货机为主，有 62 架，占总量的 62%。

ATSG 有 75 架货机，其中 74 架都是 B767F。另外，美国货机的特殊之处还在于 1 130 多架货机中，281 架是 FedEx 用于快递分拨的"小蜜蜂"（塞斯纳 208B 和 ATR42）。这在中国不是特别适用，既是由于低空尚未完全开放，也是由于其无法与中国高效和价廉的陆路运输竞争。

中国内地运营货机的航空公司有 12 家，基本分为两大类，一类是顺丰、邮政、圆通，主要以满足自身快递发展需要为主，近几年开始拓展国际业务。这类航空公司中的顺丰航空，目前自有货机 60 架，居中国航空公司之首，但是机型主要以 B757F 和 B737F 为主。其余航空公司是第二类，都以提供运力、包机或者零售为主，不同于国货航、南航、中货航、金鹏航空（B747F）、川航运营的是中远程货机，主要以国际业务，特别是以中远程国际货运航线为主，且中货航已经通过混改逐步向产业上下游拓展，南航、国货航的混改也在进行中。这几家航空公司从目前市场发展的情况看定位差异不是很明显；中原龙浩、天货航、中州航空、金鹏（B737F）、长龙航空等主要提供运力给顺丰、京东等客户，以国内和周边国际包机业务为主。

（资料来源：航空货运之家，http://news.carnoc.com/list/544/544981.html）

（五）管道运输

管道运输是将管道中的液态或气态货物加压液化使之产生位移的运输方式，如图 4-5 所示，主要用于输送石油和天然气，也有煤浆。输送固体货物仅仅是实验，没有达到应用阶段。这是一种运输通道和运输工具合二为一的运输方式。这种方式安全、快速、不污染环境，但随着地形的变化，管道或是要埋入地下或是要架空，铺设技术复杂、成本高，要求有长期稳定的单向资源，因此没有得到广泛采用。

图 4-5　管道运输

（六）国际多式联运

国际多式联运（International Multimodal Transport）是在集装箱运输的基础上产生和发展起来的新型运输方式，如图 4-6 所示，是指按照多式联运合同，以至少两种不同的运输方式，由多式联运经营人将货物从一国境内的接管地点运至另一国境内指定交付地点的货物运输。国际多式联运适用于水路、公路、铁路和航空等多种运输方式。在国际贸易中，由于 85%～90% 的货物是通过海运完成的，故海运在国际多式联运中占据主导地位。

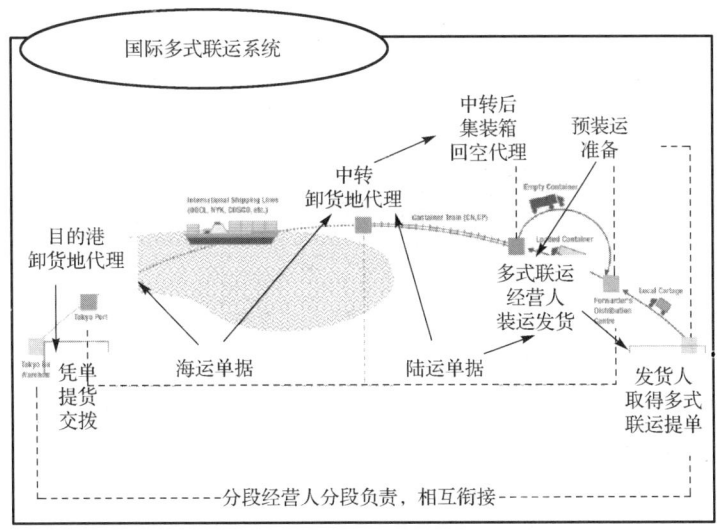

图 4-6 国际多式联运

在国际多式联运方式下,无论货物运输距离有多远,由几种运输方式共同完成,且不论运输途中货物经过多少次转换,所有一切运输事项都由多式联运经营人负责办理。而托运人只需办理一次托运,订立一份运输合同,支付一次费用,办理一次保险,从而省去托运人办理托运手续的许多不便。多式联运方式能够缩短货物运输时间,减少库存,降低货损货差事故,提高货运质量。

三、运输的合理化

(一)合理布局生产力,不断改善交通网络

合理布局生产力是运输合理化的最基本措施,其核心要求就是使生产和消费在地域上尽量结合起来,以达到由原料采掘、半成品加工、成品制成到产品消费所消耗的运输劳动最小。交通网络是货流移动的渠道。根据国民经济和生产布局的要求,加强新交通网建设,并使旧的交通网完善化,可从方向和运力上大大保证合理运输的实现。

(二)恰当布置配送中心,合理规划运输路线

恰当布置仓储中心或配送中心对于运输的合理化具有非常大的影响。树立全局观念、加强产运销协作、推行物资调运合理化,是合理组织货流的关键。它牵涉产、运、销各个部门及不同的运输方式和环节。合理规划运输路线,包括在国民经济计划和区域规划基础上,规定主要物资的合理流向,制定基本流向图或标准货流图。

(三)提高运输工具实载率,"四就"直拨运输

充分利用运输工具的额定能力,减少车船空驶和不满载行驶的时间,减少浪费,从而求得运输的合理化。"四就"直拨是减少中转运输环节,力求以最少的中转次数完成运输任务的一种形式。一般批量到站或到港的货物,由管理机构预先筹划,然后就厂或就站(码头)、就库、就车(船)将货物分送给用户,而无须再入库。

(四)通过流通加工，使运输合理化

有不少产品，由于产品本身形态及特性问题，很难实现运输的合理化，如果进行适当的加工，就能够有效解决合理运输问题。例如，将造纸材料在产地预先加工成干纸浆，然后压缩体积运输，就能解决造纸材料运输不满载的问题；轻泡产品预先捆紧包装成规定尺寸再装车，就容易提高装载量；水产品及肉类预先冷冻，就可提高车辆装载率并降低运输损耗。

(五)应用现代信息技术，提升运输效率

信息技术的发展及其在道路货运企业中的应用给物流运输合理化的实现提供了有力保障。普遍采用的计算机管理信息系统，还有条形码技术、全球卫星导航系统(GNSS)、地理信息系统(GIS)、移动通信等信息技术，改变了传统运输业的生产、管理和服务，使传统运输业逐步向以信息资源为基础的智能化新型交通运输业发展。例如，我国逐步实施的高速公路自动收费系统，提升了高速公路通行能力和服务管理水平，节约了运营成本和维护费用。

(六)整合物流资源，发展社会化的运输体系

我国物流业振兴规划里面的一项重大任务就是要加快物流企业的兼并重组，做强、做大物流企业，提高其抗风险能力，打破一家一户自成运输体系的状况。运输社会化是运输业发展的趋势。

【知识链接】

无人驾驶和电子商务的融合

在海外市场，电子商务发展的"瓶颈"之一就是物流配送。由于众所周知的原因，对于人口并不是很密集的地区，配送是一道难题。尤其要核算成本的状况下，人力成本高的市场，配送费用将更高。这也是无人机要被物流公司引入的原因所在。电子商务企业对此也是蠢蠢欲动。除了无人机之外，无人驾驶也被认为是和物流公司非常匹配的一种模式。无人仓储和无人驾驶的衔接对于电子商务的智能化匹配契合度非常高。

相对于共享经济服务，电子商务企业杀入无人驾驶领域，更多的是对最后一公里及无人仓储之间的匹配，这是大仓储大物流的基本配置，包括无人机领域的研制应用，都是在智能化发展中必然经历的一环。亚马逊、沃尔玛、京东、阿里巴巴都是这样的构思和设想，而百度、华为、谷歌等互联网巨头对于无人驾驶市场的涉足是对未来智能出行的布局。在技术的演变中，科创企业在技术上的积累，随着5G网络的建设，也必然会进入一个新时代。

(资料来源：多智时代，http://www.duozhishidai.com/article-106112-1.html)

第二节 电子商务仓储管理

电子商务物流系统的整体目标是以最低成本提供令客户满意的服务，仓储系统在其中发挥着重要作用。仓储在时间上协调原材料、产成品的供需，起着缓冲和平衡调节的作用，

使企业可以为客户在需要的时间和地点提供适当的产品，从而提高产品的时间效用。仓储可以降低运输成本，提高运输效率，对产品进行整合，调节供应和需求等。

一、仓储的概念

根据中国国家标准《物流术语》（GB/T 18354—2006），仓储（Warehousing）是利用仓库及相关设施设备进行物品的入库存储、出库的活动。"仓"也称为仓库，为存放物品的建筑物和场地，具有存放和保护物品的功能。"储"表示收存以备使用，具有收存、保管、交付使用的意思，当适用有形物品时也称为储存。仓储，则表示利用仓库存放、储存尚未即时使用的物品的行为。仓储服务场地如图 4-7 所示。

图 4-7　仓储服务场地

二、仓储在电子商务物流中的作用

（一）仓储是保证社会再生产过程顺利进行的必要条件

货物的仓储过程不仅是商品流通的必要保证，也是社会再生产过程得以进行的必要条件。缺少了仓储，流通过程便会终止，再生产过程也将停止。

（二）仓储是物流系统中不可缺少的重要环节

从供应链角度看，物流过程由一系列的"供给"和"需求"组成，在供需之间存在物的"流动"，也存在物的"静止"。这种静止是为了更好地使前后两个流动过程衔接。缺少必要的静止，会影响物的有效流动。仓储环节正是起到了物流中的有效静止作用。

（三）仓储能对商品进入下一环节前的质量起保证作用

货物在物流过程中，通过仓储环节，在进入下一环节前进行检验，可以防止伪劣商品混入市场。因此，为保证商品的质量，把好仓储管理这一关，以保证商品不变质、不受损、不短缺和有效的使用价值是非常重要的。

（四）仓储是加快商品流通、节约流通费用的重要手段

一方面，仓储的发展，在调配余缺、减少生产和销售部门的库存积压，在总量上、在

减少地区内商品存储量等方面起到了非常积极的作用。另一方面，加快仓储环节的收发和出库前为流通所做的充分准备，将直接影响商品流通的时间。

（五）仓储为商品流入市场做好准备

仓储可以使商品在流入市场前完成整理工作，以缩短后续环节的工作时间，加快商品的流通。

【知识链接】

叮咚买菜进军南京，首批将开5个前置仓

由上海起家的前置仓模式生鲜电子商务企业叮咚买菜正式宣布进军南京。此次进驻南京，叮咚买菜首批将开出5个前置仓，并于2020年12月底前在南京玄武区、鼓楼区等区域开设40个前置仓。据叮咚买菜提供的数据，截至2020年年底，其已在上海、杭州、苏州、无锡、嘉兴等城市实现了核心城区的基本覆盖。南京是叮咚买菜在全国范围内入驻的第11个城市，此前其已在北京、上海、深圳等10个城市开设了600余个前置仓。

（资料来源：亿欧网，https://www.iyiou.com/briefing/202008201019131）

三、电子商务仓库的特殊性

（1）对比传统企业仓储通过静态存储以保证经营的持续性需求，电子商务仓库对于供应链快速流动性的需求更加迫切。

（2）相较传统零售，电子商务销售平台无传统门店空间的限制。为了吸引和满足更多客户，电子商务销售的SKU更多更全面，比如亚马逊和当当网等有几十万、几百万的SKU。因此电子商务仓库具有SKU量大、批次多、商品规格差异大等特点。

（3）B2C模式下，需要仓库能够非常精准地按照客户订单进行拣选打包，对仓储物流的订单作业效率及准确性方面要求都非常高。因此电子商务仓库存在要求库存周转快、进出库效率高、准确率高等特点。

（4）和相对成熟的传统销售渠道相比，电子商务的销售额不可预控，特别是各种大促期间，如"双十一""双十二"等引来的大量订单，数量不可控。因此电子商务仓库需要满足短时间内大批量、快速准确地发货的要求。

四、电子商务仓储基本流程

（1）货品入库。电子商务卖家需要把货品运输到电子商务仓库的卸货平台，由专门的卸载人员进行数据转移并签字，然后将货品放置在仓库的暂存区。

（2）货品上架。仓储人员确认收货后，系统会生成对应的上架清单，通过半自动分拣设备，根据货品的不同属性，分别放置在对应的区域。

（3）电子商务仓库收到电子商务卖家发过来的订单信息后，根据订单进行拣货处理。系统会根据具体的拣货情况，进行具体的路线跟进，提高拣货效率。

(4) 拣货完成后，仓库人员需要根据电子商务卖家的需求，对货品进行二次包装，然后粘贴快递单。

(5) 接下来是发货前的质量检测，对货品进行称重检测，判断是否存在意外情况。

(6) 发货处理。

五、电子商务仓储的建设方式

(一) 原有仓库分割

传统企业转型电子商务企业时，由于销量的不确定性，基于控制成本和降低运营风险的原则，在原有仓库的基础上改造出一个电子商务仓库，成为大部分传统企业的首选。

1. 电子商务仓库分区

(1) 根据电子商务计划销售的商品种类和预计销量，计算电子商务仓库需要的面积。

(2) 对原有仓库进行物理分割，严格区分电子商务仓库和线下仓。

(3) 对电子商务仓库进行库区规划，使其更加满足电子商务作业需求。

2. 电子商务仓库建设

(1) 硬件方面。

传统仓库作业一般为批量进出货，常用硬件设施为叉车、托盘、货架等。

电子商务仓库作业为多批次小批量出货，作业效率和精准度要求高，因此，常用硬件设备有 PDA、扫码枪、拣货小车、周转箱等。电子商务仓库运营初期，货架、叉车、托盘、打印机等均可与线下仓调拨共用，根据作业模式做到硬件配置恰到好处即可。

(2) 软件部分。

由于电子商务仓库对于仓储作业的准确性和实效性要求高，而其本身销量无计划，不可控，因此，需要安装 WMS 仓库管理系统来有效控制电子商务仓库的工作效率及准确率。

若传统电子商务仓库原来就有 WMS，可以找软件供应商协商增加电子商务模块。如果没有，建议日单量超过 1 000 的企业装一套 WMS，工欲善其事必先利其器。在选择 WMS 的时候，由于企业在转型初期，资金受限，且没有实际电子商务操作经验，如果购买定制软件，费用昂贵且无法准确提出对软件产品的需求，所以建议选择行业标准化产品。

3. 商品准备

传统企业与电子商务企业运营模式不同，导致商品种类不同。电子商务运营讲究小批量多批次，快进快出，无大批量压货，和传统企业相比，不具有批量采购优势。在分区的情况下，相同的商品可以申请从线下仓调拨到电子商务仓库，不同的商品可考虑从分销商或批发商处拿货。

4. 人员配置

首先，要建立电子商务仓库的组织架构，配备管理人员。其次，安排作业人员。由于作业流程不同，电子商务仓库与线下仓人员配置也有些区别。在分区的情况下，收货、上架、退货的作业人员可与线下仓库共用，拣货、发货作业流程发生了变化的部分应当招聘新作业人员。

(二) 自建电子商务仓库

自建电子商务仓库完全服务于企业自身的战略发展，有利于电子商务仓库的管理与运营。但企业自建仓储需要巨额投资，建设周期较长，长期占用一部分资金，可能会让自己"喘不过气来"。如果电子商务业务量不足的话，会直接导致自建仓不能正常运转，容易导致资源浪费。因此自建仓更适合规模大、资金充足、商品数量多、SKU多且订单量高的企业。在预期时间内，投入自建仓的成本小于等于租赁仓库的成本时，建议自建电子商务仓库。

企业下定决心自建时，要确定最合适的选址方案。电子商务仓库选址的好坏直接影响商品流转速度和流通费用，并关系到企业对顾客的服务水平和服务质量，最终影响企业的销售量和利润。在企业仓储选址的过程中，应根据企业自身的特点与所在地的政府政策与人文条件对目标位置进行综合分析。首先要考虑成本问题，主要包括建于此处的运输费用，设施的固定费用、管理费用、经营费用，以及经营产生的相关费用等。其次要考虑交通及周边环境，应尽可能靠近交通干道并且周边环境不复杂，道路畅通，方便机动车辆进出。

企业选到了合适的地址，接下来要着手进行电子商务仓库规划(包括储位设计、动线规划、库区规划、作业流程设计等)。企业还要实行电子商务仓库 6S 管理，对产品进行 ABC 分类法则管理等。软硬件配备上，重新采购硬件，软件可与原仓库共用，增加模块即可。人员配置上，自营需要自行管理，人员肯定要重新招聘了。

(三)外包给第三方电子商务仓库

一般刚刚转型为电子商务卖家的企业，初期的业务量不大，不足以走自建仓储的道路。同时，因为经验不足、人员缺乏，不能很好地进行电子商务仓库的运营。此时多数企业会选择将仓储外包给第三方，从而避免自己不擅长的业务，将重心放在核心业务上。这样做既降低了成本和管理难度，又能使服务质量提升。选择适合的第三方电子商务仓库，要注意以下几点。

1. 地理位置

实地考察，判断电子商务仓库的地理位置是否优越、交通是否便捷。

2. 电子商务仓库建设完备程度

(1)硬件。

电子商务仓库面积：是否可以满足企业日常运营以及大促期间爆发业务量的需要；

电子商务仓库结构：是否可以对商品存储进行合理布局，减少无效路径；

电子商务仓库设备：是否配备了充足的货架、叉车、托盘、拣货车、周转箱、PDA、扫码器、打印机、传送装置等常用设备。

(2)软件。

要满足电子商务仓库高效准确的作业要求，需要仓储部门安装一套高水平的 WMS 系统，使得仓储进货、出货和库存管理实现高效率和高精确度。

3. 服务能力

(1)作业人员数量，是否满足业务需要；

(2)业务熟练程度/订单处理时间是否满足业务需要；

(3)应急处理能力，考虑外包合作劳务公司、常用外包人员数量及作业能力等。

4. 租赁成本

目前第三方电子商务仓库的收费模式有两种，一是按操作量收费，二是按耗用资源收费。企业需要将费用核算清楚，注意避免隐性收费。外包与自己管理电子商务仓库不同，很多沟通上的问题如果没有做到位，即使对方再专业，也会出现很多管理问题。因此在与之签订合同时，要把KPI考核写入合同以规避风险。

【知识链接】

中小微仓

(1)中小微仓需求崛起的三个主要原因为：商流的变化、渠道的变化及分仓的变化。

(2)按所服务的客户类型来分类，中小微仓可分为B端、C端两类；按运营模式，可分为保管租赁、代运营两类。

(3)德邦、日日顺等物流企业，万科、新海汇等地产企业，都纷纷进入小微仓领域，迷你考拉仓等无行业背景白手起家的企业，也已获资本青睐。

(4)一二线城市的仓储供应跟不上需求，未来土地的增值使得中小微仓企业有望获利。

(5)从运营方面来看，仓配一体化是中小微仓未来发展的方向。

(资料来源：亿欧网，https://www.iyiou.com/analysis/2019022893588)

【本章小结】

运输方式是指为完成客货运输任务而采取的一定性质、类别的技术装备(运输线路和运输工具)和一定的管理手段。现代运输方式有铁路运输、公路运输、水路运输、航空运输和管道运输五种及国际多式联运。不同的运输方式的性质、技术经济特点和运用范围不相同。掌握不同运输方式的相关特征及适用范围，对合理选择运输方式和安排运输具有重要的作用。

物流系统的整体目标是以最低成本提供令客户满意的服务，仓储系统在其中发挥着重要作用。仓储在电子商务物流中的作用包括：仓储是保证社会再生产过程顺利进行的必要条件；仓储是物流系统中不可缺少的重要环节；仓储能对商品进入下一环节前的质量起保证作用；仓储是加快商品流通、节约流通费用的重要手段；仓储为商品流入市场做好准备。一般来说，传统企业电子商务仓库的建设主要有三种方式：原有仓库分割、自建电子商务仓库、外包给第三方电子商务仓库。

案例阅读

仓储的未来是什么？自动化并不是终局

你是否想象过这样一幅场景：未来，在任意一个物流中心或工厂内，工作人员在电脑或移动端上一键操作，便可实现全工作场景的无人化……这一切正在加速成为现实。

1. 启发之转型十字路口

2020年11月3日，智能制造行业"风向标"——CeMAT ASIA展会在上海正式开幕。德马科技在本次展会展示了多层穿梭车系统、单件分离系统、天玑设备健康管理软件等多个带有IoT和AI技术的新品，如德马多层穿梭车系统便利用了领先的AI调度算法，并基于其数字化物联网服务平台，基于多年大型项目经验和场景实施经验，打通了设备之间的数据隔阂，实时监控整个系统的自动化运营，实现了全天候的系统稳定高效运行。德马科技推出的新品，无一不透露着对科技的信仰，其正在向科技型公司迈进。

2. 从传统自动化转型为智能化、数字化

回顾整个仓储设备历程，过去"叉车+托盘+传送带"的老模式已成"明日黄花"，新型技术的迅速渗透及快速迭代，让仓储设备越来越"聪明"及"智慧"。1997 年，德马科技以生产输送辊筒等核心部件起家，这是德马科技具备制造核心组件基因能力的起源。2003 年后，德马科技开始生产滑块式、交叉带式高速分拣机等自动化物流设备，还解决了当时行业内焦虑的设备规模化问题，提出通过标准化模块搭建个性化系统的理念。2012 年，德马科技确定聚焦输送分拣为公司核心的业务，这一举动恰好顺应了当时电子商务快速发展的趋势。这几个阶段的德马科技，经历了从标准模块的机械化到自动化的转变，也正是这段历程，让德马科技拥有了规模化的制造能力，使其新技术成果能快速实现产业化。2016 年，德马科技向智能物流与智能制造解决方案服务商转型，这与工业 4.0 理念和智能制造战略不谋而合。2020 年，在"物联网+互联网的全球化企业"的战略下，德马科技推出了两款物联网交叉带分拣机产品，聚集 IoT、机器视觉、5G 及 BI 分析等前沿技术，支持抓取多种形状物品，能将人工参与环节减少到极致，将物流设备加速带入物联网时代。

3. 从智能物流到智能制造，覆盖全行业全产业链

步步稳扎稳打与时代机遇的结合，让德马科技能为物流装备制造商、系统集成商和终端客户提供从核心部件、关键设备到系统集成的完整解决方案，业务覆盖了物流装备全产业链。

全产业链的科技解决方案，让德马科技成功收获了一批诸如京东、苏宁、菜鸟、唯品会、eBay、顺丰、盒马、华为等知名客户，覆盖电子商务、快递、服装、医药、新零售、智能制造等各行业。从这些客户便可知，德马科技不乏众多仓配日订单量、SKU 规模在百万级别的客户，这对系统设备效率、稳定性及准确性要求极高，因此国内能承接电子商务快递大型物流中心项目的企业并不多。源源不断的大型客户订单、3 000 余个项目经验、积累的智能物流技术，为其正在开拓的智能制造领域奠定了基石。

4. 登陆科创板，全球化布局

2020 年 6 月，德马科技成功登陆科创板。在 IPO 后，德马科技的研发人员由原来的 169 人增加至 220 人，占员工总数的 20%；在其产业链上，德马科技已申请获得了 143 项专利，且制定了多项国家及行业标准；从其核心技术收入占营业收入的比例来看，2017—2019 年分别为 83.97%、82.82%、90.56%……这些数据也都进一步证明了德马科技重视核心技术，坚信科技是第一生产力。在新冠疫情的影响下，自动化技术将进一步加速发展，其中美国、欧洲、中国及东南亚等将成为关键市场。对于越来越多中国企业来说，"走出去"已被提高到战略地位。早在 2010 年，德马科技便制定了完整的国际化战略，相比国内同行已具备明显的全球化运营领先优势，积累了超过 150 个海外客户，2019 年度海外业务收入同比增长 42%，占主营业务收入的比例达到 21.24%。从自动化向数字化、智能化迈进，从部件、关键设备到系统方案服务，德马科技在中国物流装备领域一步步实践，实现向科技化企业的转型。

5. 把握数字化与智能化爆发机遇

据 Logistics IQ 报告显示,预计到 2026 年,全球仓储自动化市场将达到 300 亿美元,2020—2026 年之间的复合年增长率约为 14%。对于未来装备技术发展的路线,德马科技董事长卓序认为,一条是结合最新技术,由输送线、分拣机构成的传统自动化输送分拣系统;另一条是以移动机器人(如 AGV)为代表的新型输送分拣装备。这也是目前自动化输送分拣系统主要的两种技术流向。这两种技术路线的产品和系统解决方案各有所长,互为补充,因此在未来很长一段时间内,二者将呈现并存发展的局面,在智能物流及智能制造市场中各占一席之地。同时,据德马科技规划,未来三年在保持智能物流业务持续增长的同时,还要从智能物流领域延伸到智能制造行业,寻找规模化增长的机会,并积极开拓国际市场,加速完成国际化布局。

(资料来源:中国电子商务物流网,http://www.sd56.net.cn/news/d17290.html)

案例思考:

1. 谈谈仓储设备的发展历程。
2. 数字化与智能化的仓储未来是什么样的?

【思考题】

1. 电子商务运输的方式有哪些?试比较它们之间的不同之处。
2. 电子商务仓储的建设方式有哪些?
3. 电子商务环境下仓储的发展趋势是什么?

【实训题】

分成若干小组,完成以下任务:上网查找省内知名公路货运公司的资料,并结合实地调研,收集公司公路运输业务开展的背景、优劣势、网点规划、业务类型等相关资料,并调研该公司与电子商务企业的关联度,了解该公司是否开展了电子商务相关业务,并撰写调研报告,在课堂上进行汇报。

第五章 电子商务配送与流通加工管理

【学习目标】
- 了解电子商务物流配送的相关概念；
- 理解电子商务物流配送的特点及流程；
- 掌握电子商务配送模式及代表企业；
- 了解电子商务环境下流通加工的作用及其合理化措施。

【引导案例】

电子商务无接触配送服务新模式

抗击疫情，无接触配送迎来"风口"。美团外卖曾在疫情最严重的 2 月发布《无接触配送报告》，平台无接触配送订单占到整体单量的 80%以上。天猫、京东、饿了么、苏宁易购等诸多电子商务平台，状况也都类似。如今，随着各小区、园区、楼宇等陆续重新开放，无接触配送又迸发出意想不到的强大势能，智能取餐柜越来越普及，个性化无接触应用问世，无人配送机器人的量产和推进大大提速……这些应用场景，将带来全新的市场机会。

1. 无接触配送，市场需求从无到有

和许多消费者一样，"90 后"市民方赟，在春节期间第一次尝试无接触外卖。他在电子商务平台点了几份净菜，支付后手机里跳出了"外卖小哥已量体温，并佩戴口罩上岗"的短信。外卖送到后，骑手还致电，告知他商品已放置在小区入口指定处……这让方赟觉得安心。

疫情爆发时，美团外卖率先于除夕夜在武汉上线无接触配送，此后迅速复制到上海等184 个城市，用户可通过"备注""App 消息""电话"这三种方式与骑手进行联系。此后，天猫、京东、苏宁易购等各家电子商务平台都开始运行无接触配送。

美团在上海商务楼、医院等人员密集场所投放智能取餐柜，一个柜体有数十个独立取餐格，具备紫外线消毒和保温功能。外卖员将餐品放入指定格子后上锁，用户凭短信开锁。菜鸟智能柜则与电子商务平台进行"快递柜共享"，开放已有的菜鸟驿站智能柜柜口，提供新的配送方式。"一柜多用"模式，让菜鸟试水与各家平台合作共赢。

有的园区还与电子商务平台合作开发无接触产品，这些个性化产品也带来了新的商机。2020 年 2 月 5 日，临港漕河泾企业服务公司与饿了么对接，双方仅用 5 天时间，就联手打造了园区专享的全程无接触送餐服务，2月9日正式上线。与一般的无接触配送不同，双方打造的是具有更高安全等级的"三无配送"。企业员工通过"漕河泾 life" App 下单，商家配餐后将外卖放置在指定区域，区域配送员取餐后再将餐品放在固定位置，让用户自行收取。饿了么快递小哥每天服务于相对固定人员，效率更高，进一步降低了人员接触风险。

2. 无人配送将产生"滚雪球效应"

更受市场期待的，是科技含量更高的无人配送。疫情期间，京东、美团、饿了么、苏宁等企业相继试水无人配送。一方面，这可以消除道路限行和小区封闭的影响，缩短配送时间；另一方面，可以有效避免人员接触，避免交叉感染。一些没有温度的机器人，在疫情期间来回奔波的场面，格外温情动人。它们大多载物容量大、续航时间长，还能自主规划路线、避开障碍物、返回充电。

京东无人配送车率先登场。2020年2月5日，武汉疫情告急，快递站点货物积压。京东物流自主研发的无人配送车，载着物资从配送站一路行驶到武汉第九医院门口，与一名穿防护服、戴口罩的医护人员交接，输入密码，打开舱门，取出包裹，整个过程不到5分钟。美团用了72小时紧急技术攻坚，让无人车和室内机器人迅速出动，它们最先在北京顺义区、海淀区落地，"奔波"于道路、园区和楼宇间。饿了么的机器人"赤兔"，也从上海出发，赶赴温州集中隔离点紧急支援。因为无法在它"大脑"里输入一套现场地图，物流研发团队立即开发"无人扫图"新功能——这是之前想做但没有实现的功能。研发人员聚在一起讨论方案，在虚拟仿真环境中反复试验，终于在一天时间里完成了难以想象的工作量。"无人扫图"功能调试成功后，"赤兔"迅速进入隔离区为人们送餐……

无人配送最早可以追溯到2003年非典时期，当时就已有部分机器人"服务"。经过十多年发展，无人车、机器人变得越来越智能，功能也从简单的医护、配送增加至消毒、疫情监测等，但以目前应用场景的复杂情况，在人流拥挤、人车混行、开放的公共环境中，设备的感知能力和适应性还有待提高。

"这次疫情，让京东物流无人配送车的量产和推进工作，至少提前了半年。"京东物流X事业部自动驾驶研发部负责人孔旗说。在技术试验成功、成本不断压缩后，无人配送将广泛进入各个场景。而无人化配送方案需要根据不同场景进行适配与磨合，如何保证在马路、写字楼或是住宅区都能稳定、安全运行，仍然是一大难题。京东物流集团日前宣布，将量产三款防疫机器人，帮助完成机场、商超、火车站、办公楼及室外公共环境等人员聚集场所的消杀、巡检、发热预警等工作。

业内人士表示，无人配送投入实际应用意义重大，将会产生"滚雪球效应"。基于末端物流和即时配送需求的无人配送，最终将形成"无人配送网格化服务"。这种区域性基础运载网络，将成为未来的趋势，不仅适应人口结构、城市发展和管理需求，而且在商业化运作方面有巨大空间，从而改变我们的日常生活。

（资料来源：新华网，http://www.xinhuanet.com/info/2020-04/16/c_138980443.htm）

思考题：

1. 什么是无接触配送模式？它的特点是什么？
2. 无接触服务是如何改变我们生活的？

第一节　电子商务与物流配送

一、物流配送概述

物流配送又叫配送,是物流运作的一项功能,是物流与顾客或客户接触最为紧密的环节,也是影响物流服务质量的主要内容之一。随着"门到门""桌到桌"的物流服务理念的提出,配送所发挥的作用也越来越重要。

(一)配送的含义

配送的英文单词为 delivery,是交货、送货的意思,但不能将它简单地理解为交货、送货。目前,对配送的定义有不少,比较有代表性的有如下几个。

日本颁布的《日本工业标准(HS)物流用语》中将配送定义为"将货物从物流据点送交给收货人"。

早稻田大学教授西泽修在《物流 ABC 指南》中对配送进行了较为详细的描述:从发货地到消费地之间,所有进货品、半成品、发货品及库存品都是有计划地、统一地进行管理和实施。配送是费用最低、服务最好的送货方式,为了最有效地将原材料、产品送达,把采购、运输、仓库的功能有机地组合在一起。

我国物流领域的前辈王之泰教授从两个方面对配送进行定义:一是从经济学资源配置的角度,对配送在社会再生产过程中的位置和配送的本质行为予以表述,"配送是以现代送货形式实现资源的最终配置的经济活动";二是从配送的实施形态角度表述,"配送是按用户订货要求,在配送中心或其他物流节点进行货物配备,并以最合理的方式送交用户"。

国家标准《物流术语》中配送的定义:"在经济合理区域范围内,根据用户要求,对物品进行拣选、加工、包装、分割、组配等作业,并按时送达指定地点的物流活动。"

(二)配送的特点

1. 配送不同于物流

虽然配送又叫物流配送,但配送和物流不是同一个概念。物流是商物分离的产物,而配送则是商物合一的产物。配送本身就是一种商业形式(所以有人把它称为商业配送)。虽然配送具体实施时,也有以商物分离形式实现的,但从配送的发展趋势看,与商流越来越紧密的结合是配送成功的重要保障。

2. 配送的实质是送货

配送是一种送货形式,但和一般送货有区别。一般送货可以是一种偶然的行为,而配送是一种有确定组织、确定渠道,有一套装备和管理力量、技术力量,有一套制度的体制形式。所以,配送是一种高水平的送货形式。

3. 配送是一种"中转形式"

配送是从物流节点至用户的一种特殊送货形式。从送货功能看,其特殊性表现为:从事送货的是专职流通企业,而不是生产企业;配送是"中转"送货,一般送货,尤其从工厂至用户的送货往往是直达型；一般送货是生产什么送什么、有什么送什么，配送则是用户需要什么送什么。所以，要做到需要什么送什么，就必须在一定的中转环节筹集需要的东西，从而使配送以中转形式出现。

4. 配送是"配"与"送"有机结合的形式

配送利用了有效的分拣、配货等理货工作，使送货达到一定的规模，利用规模优势取得较低的送货成本。如果是传统的送货，不进行分拣、配货，缺一件运一件，需要一点儿送一点儿，就会大大增加动力的消耗，使送货并不优于取货。所以，为追求整个配送的高效率，分拣、配货等工作是必不可少的。

5. 配送是以用户要求为出发点进行的送货

配送是从用户利益出发，按用户要求进行的一种活动，因此，在观念上必须明确"用户第一、质量第一"。配送企业的地位是服务地位而不是主导地位，因此不能从本企业的利益出发而应从用户的利益出发，在满足用户利益的基础上获取本企业的利益。当然，过分强调"按用户要求"是不妥的，因为用户要求受用户本身的局限，有时实际上会损害其自身或双方的利益。对于配送者来说，必须以"用户的要求"为根据，但是不能盲目，应该追求合理性，进而指导用户，实现共同利益。

6. 配送是物流中一种特殊的、综合的活动形式

配送是商流与物流的紧密结合，包含了商流活动和物流活动，也包含了物流中若干功能要素。配送几乎包括了所有的物流功能要素，是物流的一个缩影或在某个小范围内物流全部活动的体现。因此经常有人把配送称为物流配送。处于末端物流的配送，具有提高物流经济效益、优化和完善物流系统、改善物流服务、降低成本等功能，在物流系统中占有重要的地位。因此，配送逐渐成为挖掘利润源泉的突破口。随着人们对配送研究的深入，它的重要性也逐渐显示出来了。

二、电子商务对物流配送的影响

（一）个性化要求

目前以网络购物为特征的电子商务物流配送，对配送服务的"个性化"提出了更高的要求，尤其是在同城"落地配"的最后一千米末端配送服务，所面对的市场需求是"多品种、少批量、多批次、短周期"的，客户的地点是散状分布的，客户对配送接货时间也往往有明确的要求，而电子商务季节性高峰更给配送带来了很多难题。

（二）小批量多频次

电子商务物流配送的另一个特征是订单多但规模小。面对众多散户，网购物品的每一单货的规模与数量往往很小，给企业组织配送带来了很大问题，尤其是小规模配送的成本将会大幅上升。如何组织小规模配送与个性化配送是电子商务配送的一个难题。

（三）时效性

电子商务客户对物流配送的体验十分重要，客户在网上订了货，希望货物在自己合适的时间内送达，对送达时效性要求高。例如，有的客户希望货物直接送到家里，但平时上

班家里没人，希望物流配送在周日或下班期间送达；有的客户希望将货物送到单位，这些带来了配送成本的大幅上升。

(四) 代收货款

很多电子商务客户希望得到货到付款、无条件退货等增值服务，这也给电子商务物流提出了更高的要求，要求物流公司配送的同时还具备代收货款的功能。但是由于终端配送面对众多的个体，验货及付款往往会出现很多意想不到的问题，而配送环节的服务质量又和电子商务企业最关注的客户满意度息息相关。

(五) 拣选难

在电子商务模式下，由于压缩了供应链，库存不再是分布在供应链的众多节点上，在降低库存成本的同时，所有订单的拣货压力全部集中在了物流配送中心上。在电子商务模式下，每个订单的批量更小，拣货集货的难度成倍地增长。如何在最短时间内以近乎100%的准确率完成订单的分拣和包装，成为物流部门的巨大挑战。

【知识链接】

快递业的价格战

2021年1月4日国家邮政局公布了我国2020年快递行业运行情况，在新冠肺炎疫情给国内物流行业带来不利影响、消费增长乏力的情况下，行业快递单量达到833.58亿件，同比逆势增长31.22%；行业实现快递收入8 795.4亿元，同比增长17.31%，国内快递业已经摆脱了疫情给行业带来的影响。但与此同时也要看到，我国的快递业实际上长期在以极低的价格进行运转，2020年行业内票单价从1月的13.24元/单一路下滑至10.01元/单，全行业平均单价从2008年的26.99元/单下降到2020年的10.55元/单。快递业的竞争不仅限于老玩家间的斗争，还有新玩家的搅局。主打低价模式、背靠拼多多的极兔快递、众邮快递杀入国内快递市场，快速布局加盟，随后被通达系企业集体"封杀"。目前我国的快递业的低价竞争并没有改观。一些加盟式快递企业步入成本临界点，增量不增收不可持续，而涨价是不得已而为之的被动选项。但为了留住客户，快递企业普遍又不敢轻易涨价。

(资料来源：快科技，http://news.mydrivers.com/1/565/565070.htm)

三、电子商务配送的特征

(一) 信息化

信息化表现为物流配送信息的商品化、信息搜集的数据库化和代码化、信息处理的电子化和计算机化、信息传递的标准化和实时化、信息存储的数字化等。条形码技术、数据库技术、电子订货系统、电子数据交换、GNSS、GIS等信息技术在物流管理中得到广泛应用。没有物流的信息化，任何先进的技术设备都不可能应用于物流领域。信息技术在电子商务物流中的应用将会彻底改变全球电子商务配送的面貌。

(二)自动化

自动化的基础是信息化,自动化的核心是机电一体化,自动化的外在表现是无人化,自动化的效果是省力化。另外,自动化还可以提升物流作业能力、提高劳动生产率、减少物流作业的差错等。物流自动化系统包括条形码/语音/射频自动识别系统、自动分拣系统、自动存取系统、自动导向车、货物自动跟踪系统等。

(三)网络化

网络化的基础是信息化,这里指的网络化有两层含义:一是物流配送系统的通信系统网络化,包括物流配送中心与供应商或制造商的联系要通过计算机网络,与下游顾客的联系也要通过计算机网络通信;二是物流配送组织网络化。以全球供应链网络组织生产,然后通过全球的物流配送网络将商品快速发往遍布全球的客户。

(四)智能化

智能化是物流配送自动化、信息化的一种高层次应用。物流配送作业过程中大量的运筹和决策,如库存水平的确定、运输搬运路径的选择、自动导向车的运行轨迹和作业控制、自动分拣机的运行、物流配送中心经营管理的决策支持等都需要借助于大量的知识来解决。目前专家系统、机器人等相关技术已经有比较成熟的研究成果,物流智能化已经成为电子商务下物流发展的一个新趋势。

(五)柔性化

柔性化原是生产领域为实现"以顾客为中心"而提出的,但要真正做到柔性化,即真正根据消费者需求的变化来灵活调节生产工艺,没有柔性化的物流配送系统是不可能实现的。20世纪90年代以来,生产领域提出的FMS、CIMS、MRP、ERP等概念和技术,其实质就是将生产、流通进行集成,根据需求组织生产,安排物流活动。柔性化物流正是适应生产、流通与消费的需求而发展起来的新型物流模式。在互联网时代,它要求物流配送中心根据消费需求"多品种、小批量、多批次、短周期"的特点,灵活组织和实施物流作业。

第二节 电子商务物流配送流程与模式

一、电子商务物流配送流程

(一)物流配送流程的定义

商品要通过物流配送过程最后到达消费者手中,其中,最为关键的一个环节就是物流配送。因此,配送环节设计的好坏直接关系着整个电子商务物流运作的质量和顾客对物流工作的满意程度。电子商务物流配送流程,如图5-1所示,与传统物流作业大致相同,但其物流配送流程包括了分拣、配装的作业。

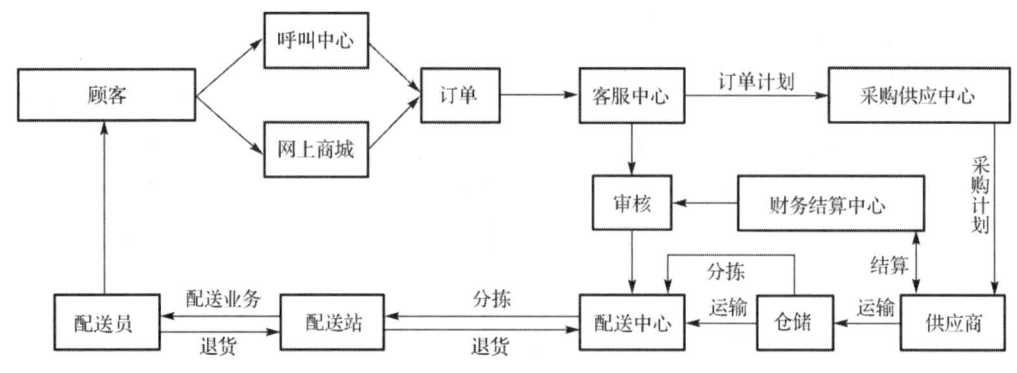

图 5-1 电子商务物流配送流程

(二)电子商务物流配送流程的作业环节

1. 准备商品

准备商品是物流配送的基础工作,包括筹集货源、订货或购货、进货和相关的质量检查、款项结算、单据交接等。电子商务下物流配送的优势之一就是集中用户的需求进行一定规模的货物准备。准备货物是物流配送是否成功的初期工作,如果准备商品的成本太高,会大大降低电子商务和物流配送的经济效益。

2. 储存商品

一般来说,处于电子商务下物流配送的储存有储备和暂存两种形态。

一种储存形态是储备。物流配送储备是按一定时期的物流配送要求,形成的对物流配送的一种资源保证。这种类型的商品储备数量大、结构完善。根据货源和到货时间,可以有计划地确定周转储备及安全储备的结构和数量。物流配送的储备保证了电子商务的网上订购及时得到处理。

另一种储存形态是暂存,是在接到电子商务的配送单,按配送单要求执行配送时,在暂存区放置的少量储存准备。暂存是对周转速度较快的商品进行的一种储存形态,是适应电子商务及时快速物流配送的方法。暂存减少了作业次数和劳动力,节约了成本。

3. 分拣与配货

分拣与配货是物流配送中很有特点的流程要素,也是物流配送成败的一项重要支持性工作。分拣与配货是完善物流配送的准备性工作,是物流配送必不可少的作业之一,也是不同物流配送企业在配送时进行市场竞争和提高自身经济效益的延伸。分拣与配货会大大提高物流配送服务水平,是决定整个物流配送水平的关键要素。

4. 加工与配装

物流配送中,加工要素不具有普遍性,但它往往是有重要作用的要素。配送加工可以大大提高用户的满意度。如果单个用户在电子商务中所购买的商品数量不能达到配送车辆的有效载运负荷,就存在如何集中不同用户的订购商品,进行搭配装载以充分利用运能、运力的问题,这就需要配装。配装送货可以大大提高物流配送水平及降低物流成本。配装既是物流配送流程中有现代特点的要素,又是现代物流与传统物流的重要区别。

5. 配送

配送处于物流流程的末端,是把商品送到目的地的最后一个环节。配送是较短距离、较小规模、频率较高的物流形式，一般使用汽车做运输工具。配送的城市运输由于配送用户较多，交通路线又较复杂，因而如何设计最佳路线、如何使配装和路线有效搭配等，是配送中难度较大的工作。电子商务物流配送中的送达商品和用户交接非常重要，如何有效地处理相关手续，是大有讲究的末端管理。

【知识链接】

电子商务物流末端配送难点

(1) 网点安家难。很多快递网点往外搬迁，快递员送件从原先的两三公里范围内，变成十几公里甚至几十公里范围内派送。

(2) 车辆派送难。由于快递电动三轮车的问题长期无法解决，很多城市的快递三轮车游走在灰色地带。快递没有三轮车就无法派件，而电动三轮车上路则随时可能被罚。

(3) 员工雇佣难。送件的距离延长，无效劳动多，8小时外的工作时间越来越长，快递员的事越来越难干，长期的合同关系不容易建立。

(4) 快件到手难。自己就在家，快件收件地址也写的是家庭住址，可总被快递员不声不响地送到了菜鸟驿站或者快递箱。

(5) 大件派送难。在寄大件物品的时候，有的快递公司会拒收，有的不送大件上楼，有的则要求加价送货——快递行业"大件歧视"的现象遭到很多消费者和商家的吐槽。

(6) 大院进门难。一些高档写字楼、居民小区、企事业单位大院、学校出于安全、环境等多种因素的考虑，不让快递人员进入，从而大大降低了快递配送效率。

(资料来源：物联云仓，https://www.50yc.com/information/hangye-wuliu/16789)

二、电子商务物流配送模式

从局部功能角度看，物流创新模式非常多，如前置仓物流模式、共享物流模式、统仓统配模式、云仓共享等，所以从物流局部功能创新角度进行分类，不能涵盖电子商务物流业态；从流程角度看，按干、支、仓、配、快递的流程角度分类，不能体现电子商务物流特点。从大的角度来看，按照电子商务物流服务的系统资源这条主线综合分类，可以突出电子商务物流的特点。根据这个思路，电子商务物流配送模式主要有以下四类。

(一) 平台自建物流体系模式

该模式在全国各地以投资自建为主，搭建智慧物流服务体系，如京东物流。

这是典型的重资产物流服务模式，虽然也有一些地区的物流仓储设施采用了租赁模式，但物流服务网络基本上是以投资自建为主。京东在全国建设了大量仓储设施作为智慧物流服务网络的节点，末端配送也以自营为主体，干线运输以社会资源为主体，也有部分自有车辆。

这一模式中，京东物流重点把控的是设施、技术、配送，以自建的物流基础设施为平台，结合自有的物流技术和装备，对接电子商务平台，提供高效快捷的物流配送服务。目前这一系统也向社会开放共享，但运营主体不变，是典型的平台自建和运营的服务模式。

【知识链接】

京 东 物 流

自建物流将京东和其他电子商务平台区分开来。当年跟京东一起搞电子商务的，比如新蛋中国、当当，正是由于过早相信物流外包、绝不自建物流，导致了今日的没落。如果不是京东物流的快和靠谱，不会让京东在前有淘宝、后有拼多多的情况下，保持高速增长。

2021年上半年，京东物流将登陆港交所，筹资不超过30亿美金，估值约2 600亿元人民币。京东物流一开始是为服务京东而诞生的，2016年开始对外服务。对外业务的增速非常迅猛，到2019年，已经占到整个京东物流收入的40%。2019年8月京东物流已实现盈亏平衡。截至2020年前三季度，京东物流在全国运营超过800个仓库，物流网络已经基本实现大陆行政区县100%覆盖，自营配送服务更是覆盖了全国99%的人口，超90%的自营订单可以在24小时内送达。

京东物流是京东的核心基本盘，对比其他的同行而言，具有三大难以追赶的优势：首先，背靠京东，积累了深厚的供应链经验，对供应链的深刻理解完全可以对外复制推广；其次，物流基本盘牢固，多年重资产的投入，如今终于盈亏平衡；最后，重视科技投入，非常前瞻性地布局无人科技、人工智能等前沿领域，持续赋能提升效率。

(资料来源：腾讯新闻，https://new.qq.com/rain/a/20210328A04ZRE00)

(二)平台整合物流资源模式

该模式是利用智慧物流平台，搭建智慧物流骨干网，全面整合社会资源，建设的服务于电子商务网购平台的智慧物流体系。最典型的案例是菜鸟物流。

这一模式是以轻资产模式为宗旨，以整合资源为手段，以数据驱动赋能为纽带，以智能仓储为网络节点，打造的社会化电子商务物流服务大系统。

菜鸟物流基于阿里巴巴、淘宝、天猫等电子商务平台和新零售的物流需求，联合多家快递企业、物流企业、物流技术服务企业，通过大数据驱动，以建设中国和世界智慧物流骨干网为目标，建立了基于数据驱动的社会化协同平台，力争实现全国任何地区电子商务物流配送24小时达的目标。

这一模式中，菜鸟重点把控的是：数据、技术和关键网络节点。在物流骨干网关键节点或物流枢纽，菜鸟也投资自建仓储物流中心，或租赁社会的仓储设施，在物流末端建设菜鸟驿站和社区自提柜，并投资了一些物流技术设备公司，推动物流自动化技术发展。

【知识链接】

菜 鸟 网 络

2013年，菜鸟网络一句"要让全国任何一个地方实现24小时送达"，在电子商务、物流行业引起广泛关注。同年5月28日，由阿里巴巴集团、银泰集团联合复星集团、富春集团、顺丰集团、三通一达等企业共同组建的"菜鸟网络科技有限公司"正式成立。在菜鸟网络成立之初，公司愿景中有这样一句话："利用先进的互联网技术……为电子商务企业、物流公司、仓储企业、第三方物流服务商、供应链服务商等各类企业提供优质服务，支持物流行业向高附加值领域发展和升级"。

近年来,阿里不断投资通达系快递企业,截至 2021 年 3 月,阿里在四通一达中占股分别为:圆通(22.5%)、申通(25%)、中通(8.7%)、百世(33.0%)、韵达(2%)。从菜鸟网络近年来的布局来看,菜鸟网络的目的在于通过信息系统和数据产业链体系在快递和物流市场替代掉原有的公司制产业链体系,打断原来的上下游连接,客观上提升各个链条的效率。同时通过数据分析来精准提前配货,减少干线运输,把交易快递发生距离尽量控制在"最后一公里",达到降低社会总成本、提升效率的目标。此外,菜鸟网络在即时配送方面进行了布局,形成了"丹鸟"+"蜂鸟"+"点我达"的末端配送网络。

(资料来源:观察者,https://user.guancha.cn/main/content?id=470201)

(三)电子商务物流服务外包模式

该模式是电子商务商家把物流配送服务外包给物流配送企业(主要是快递物流企业)的服务模式。中小商家一般均采用这种服务外包的模式。淘宝最早采用的也是物流配送服务外包模式。淘宝与众多快递企业合作,将快递企业接入淘宝平台,通过平台向商家推荐快递企业,再由商家选择快递企业将物流配送外包。

目前,很多专业的电子商务网购平台、中小规模的各类电子商务网购平台一般都采用这一服务外包模式;品牌商或生产制造企业的电子商务,在干线运输和仓库网点货物分拨的前端一般外包给第三方物流公司或自营,末端配送基本上都外包给快递企业。最近新崛起的拼多多电子商务平台也主要采用快递外包的模式,与极兔快递合作。

【知识链接】

极 兔 快 递

2019 年,极兔快递宣布进入中国,扬言要在三年内做到中国快递前三。此时的快递江湖中,有背靠淘宝天猫的"通达系"、京东嫡系京东物流、当仁不让的快递老大哥顺丰、低调内敛的邮政、投身新主苏宁的天天快递,还有拥兵一方的百世、全峰,可以说,没人相信极兔能在这么短的时间内进入前三。但很快,极兔就如"狂风扫落叶"一般攻下国内快递大佬们的领地。2020 年年中,极兔实现日单量 800 万。截至 2021 年 3 月,极兔的日单量已经达到了 2 000 万单。

极兔这个表面上来自东南亚的快递公司,其实最早是 OPPO 在东南亚的高管创办的,随后引入红杉等多个资本入局,但拥有这些还不足以使其成为快递前三。极兔成长的关键则是黄峥的拼多多,而黄峥正是 OPPO 老板陈明永的小师弟,师从段永平。拼多多几乎将所有的订单都交给了极兔,并且烧钱给商家让其选择极兔,例如选择极兔则包邮。

(资料来源:观察者,https://user.guancha.cn/main/content?id=479223)

(四)即时配送物流服务模式

即时配送模式是近几年外卖配送、新零售、电子商务物流等在配送末端推出的一种新的物流资源组织服务的模式。即时配送模式主要指不经过仓储网点周转,直接点对点配送的物流服务模式,其智能化的配送调度与管理平台是关键。目前,同城邻近区域的本地生活服务类电子商务企业一般都在用这一服务模式，如饿了么、美团。

即时配送最早因本地餐饮电子商务服务而兴起，随着新零售的快速发展，门店面向区域配送需求高速增长而快速发展，推动了物流配送末端服务的大变革。如即时配送与平台物流服务网络对接，推动了传统物流配送模式变革；即时配送和门店与门店之间的货物调拨对接，推动了末端供应链整合等。

目前本地生活电子商务服务如餐饮配送、个人和单位的区域小件配送、新零售的从门店向社区配送、区域内门店货物调拨均采用即时配送服务。部分快递企业和电子商务平台，也将即时配送与自身平台的智慧物流大系统对接，提高配送时效。

【知识链接】

蜂鸟、达达、美团"三国杀"

即时配送这个庞大的千亿市场，吸引了不少竞争者争相涌入，有美团配送、蜂鸟、闪送、UU 跑腿、顺丰这样主配送配合零售业务的玩家，也有盒马半小时达、苏宁 1 小时生活圈、沃尔玛极速达、每日优鲜 1 小时内生鲜送货到家这样主零售搭配配送服务的玩家。

蜂鸟通过全面接入阿里新零售体系，获得来自饿了么、天猫小店、支付宝口碑、阿里健康等多个场景的巨额订单流量。此外，因星巴克咖啡与阿里巴巴达成合作，蜂鸟也顺势成为星巴克的专属配送团队。

达达通过与京东建立合作，从零售和配送双线出发，形成一个完整的生态闭环：以京东到家这个本地即时零售平台为依托，串联大卖场、便利店、全生态商超等多个场景，搭配本地即时配送平台达达快递，为之提供落地配、即时配等多种形式的配送服务。

美团有自己的综合性生活服务平台，流量来源更为持续可靠。而美团专送作为自有团队与众包的结合体，其专送和快送模式能根据不同的用户需求，提供更具针对性的服务。再加上在微信流量入口的加持下，腾讯生态圈也成为美团外卖流量与用户黏性的重要保障。

（资料来源：观察者，https://user.guancha.cn/main/content?id=308612）

目前，电子商务物流配送模式主要包括以上四种模式。B2B 电子商务物流一般都是第三方物流外包模式，虽然也有部分自营，但基本上可以归类于第三种模式。B2C 电子商务物流方面，京东采用的是平台自建运营模式；天猫采用的是平台整合资源的物流服务模式；生产企业 B2C 电子商务一般是自建自营+服务外包模式的组合。中小平台和中小电子商务企业一般都是物流服务外包模式。总之，各类电子商务的物流配送服务模式基本可以归入上述四种模式或模式组合。

第三节　电子商务流通加工管理

一、流通加工的概念及特点

（一）流通加工的概念

根据国家标准《物流术语》（GB/T 18354—2006），流通加工是指物品在从生产地到使用地的过程中,根据顾客的需要施加包装、分割、计量、分拣、刷标志、拴标签、组装等作业的总称。流通加工是在物品从生产领域向消费领域流动的过程中,为了促进销售、维护产品质量和提高物流效率,对物品进行加工,使物品发生物理或化学变化。

(二)流通加工的特点

流通加工和一般的生产型加工在加工方法、加工组织、生产管理方面并无显著区别,但在加工对象、加工程度及组织者方面有如下区别。

(1)流通加工的对象是进入流通过程的商品,具有商品的属性。生产加工对象不是最终产品,而是零配件、半成品等。

(2)流通加工大多是简单加工,而不是复杂加工。一般来讲,如果必须进行复杂加工才能形成人们所需的商品,那么这种复杂加工应专设生产加工过程,生产过程理应完成大部分加工活动,流通加工对生产加工则是一种辅助及补充。特别需要指出的是,流通加工绝不是对生产加工的取消或代替。

(3)从商品价值观点看,生产加工的目的在于创造价值及使用价值,而流通加工则在于完善其使用价值并在一定程度上实现增值。

(4)流通加工的组织者是从事流通工作的人,能密切结合流通的需要进行加工活动。流通加工由商业或物资流通企业完成,而生产加工则由生产企业完成。

(5)商品生产是为交换和消费而进行的,流通加工的一个重要目的,是为了消费所进行的加工,这一点与商品生产有共同之处。但流通加工有时也以自身流通为目的,纯粹是为流通创造条件,这种为流通所进行的加工与直接为消费进行的加工从目的来讲是有区别的,这是流通加工不同于一般生产加工的特殊之处。

二、流通加工的地位及作用

(一)流通加工在物流中的地位

1. 有效地完善了流通

流通加工在实现时间、场所两个重要效用方面,确实不能与运输和储存相比,因而不能认为流通加工是物流的主要功能要素。流通加工的普遍性也不能与运输、储存相比,流通加工不是所有物流中必须出现的。但这不是说流通加工不重要,实际上它是补充、完善、提升物流过程的功能要素,能起到运输、储存等其他功能要素无法起到的作用。所以,流通加工的地位可以描述为是提高物流水平、促进流通向现代化发展的不可缺少的形态。

2. 流通加工是物流中的重要利润源

流通加工是一种低投入高产出的加工方式,往往以简单加工解决大问题。实践证明,有的流通加工通过改变包装使商品档次跃升而充分实现其价值,有的流通加工将产品利用率一下子提高了 20%~50%,这是采取一般方法提高生产率所难以企及的。根据我国近些年的实践,流通加工单凭向流通企业提供利润这一点,其成效并不亚于从运输和储存中挖掘的利润,是物流的重要利润源。

3. 流通加工在国民经济中也是重要的加工形式

在整个国民经济的组织和运行方面，流通加工是其中一种重要的加工形态，对推动国民经济的发展和完善国民经济的产业结构与生产分工有一定的意义。

(二)流通加工的作用

利用流通加工环节进行集中下料，是将生产厂直接运来的简单规格产品，按使用部门的要求进行下料。例如将钢板进行剪板、裁剪，将钢筋或圆钢制成毛坯，将木材加工成各种长度及大小的板、方等。集中下料可以优材优用、小材大用、合理套裁，有很好的技术经济效果。用量小或临时需要的使用单位，缺乏进行高效率初级加工的能力，依靠流通加工可以省去进行初级加工的投资、设备及人力，从而搞活供应，方便用户。目前发展较快的初级加工有将水泥加工成混凝土，将原木或板、方材加工成门窗，冷拉钢筋及冲制异型零件，钢板预处理、整形、打孔等。

1. 提高加工效率及设备利用率

由于建立了集中加工点，可以采用效率高、技术先进、加工量大的专门机具和设备。主要好处：一是提高了加工质量；二是提高了设备利用率；三是提高了加工效率。其结果是降低了加工费用及原材料成本。例如，一般的使用部门在对钢板下料时，采用气割的方法留出较大的加工余量，不但出材率低，而且由于热加工容易改变钢的组织，加工质量也不好。集中加工后可采用高效率的剪切设备，在一定程度上避免了上述缺点的出现。

2. 充分发挥各种输送手段的作用

流通加工环节将实物的流通分成了两个阶段：第一阶段是在数量有限的生产厂与流通加工点之间进行定点、直达、大批量的远距离输送，因此，可以采用船舶、火车等大量输送的方式；第二阶段则是利用汽车和其他小型车辆来输送经过流通加工后的多规格、多数量、多用户的产品。这样可以充分发挥各种输送手段的作用，加快输送速度，节省运力运费。

3. 通过流通加工改变产品功能，提高销售收益

在流通过程中进行改变产品某些功能的简单加工，其目的除上述几点外，还在于提高产品销售的经济效益。例如，内地的许多制成品(如洋娃娃、时装、轻工纺织产品、工艺美术品等)在深圳进行简单的装潢加工，改变了产品外观功能后，仅此一项就可使产品售价提高 20%以上。

【知识链接】

商业包装下的即食迷你胡萝卜

国内一度流行的水果即食迷你胡萝卜，一些明星和网红把它当作健康食品，在某电子商务平台上可以卖到普通胡萝卜价格的几倍到十几倍。其实它就是用普通胡萝卜，切成小小的样子，然后包装好再贩卖出去。那么，问题来了，这种加工过程，是否技术难度很高，然后有很高的溢价呢？其实即食迷你胡萝卜，源自美国的一种胡萝卜加工体系。1986年美国加州的农场主发明了这种加工方法，他把胡萝卜切成2英寸长短，然后放进工业土豆削皮器中，去皮并磨去棱角，就变成了今天广为人知的迷你胡萝卜。其实迷你胡萝卜能卖这

么高的价格,主要是利用信息不对称,再加上主打"水果胡萝卜"概念,在蔬菜上加上水果标签之后,售价普遍要提高几成。

(资料来源:观察者,https://user.guancha.cn/main/content?id=297062)

三、流通加工的合理化

流通加工合理化的含义是实现流通加工的最优配置,也就是对是否设置流通加工环节、在什么地方设置、选择什么类型的加工形式、采用什么样的技术装备等问题做出正确选择。这样做不仅要避免各种不合理的流通加工形式,而且要做到最优。

(一)不合理的流通加工形式

1. 流通加工地点设置不合理

流通加工地点设置即布局状况是决定整个流通加工环节是否有效的重要因素。一般情况下,为衔接单品种大批量生产与多样化需求的流通加工,加工地点设置在需求地区,才能实现大批量的干线运输与多品种末端配送的物流优势。如果将流通加工地点设置在生产地区,一方面,为了满足用户多样化的需求,会出现多品种、小批量的产品由产地向需求地的长距离的运输;另一方面,在生产地增加了一个加工环节,会增加近距离运输、保管、装卸等一系列物流活动。所以,在这种情况下,最好由原生产单位完成加工而不需要设置专门的流通加工环节。

2. 流通加工方式选择不当

流通加工方式包括流通加工对象、流通加工工艺、流通加工技术、流通加工程度等。流通加工方式的确定实际上是与生产加工的合理分工。分工不合理,把本来应由生产加工完成的作业错误地交给流通加工来完成,或者把本来应由流通加工完成的作业错误地交给生产过程去完成,都会造成不合理。

3. 流通加工作用不大,形成多余环节

有的流通加工过于简单,或者对生产和消费的作用都不大,甚至有时由于流通加工的盲目性,未能解决品种、规格、包装等问题,却增加了作业环节,这也是流通加工不合理的重要表现形式。

4. 流通加工成本过高,效益不好

流通加工的一个重要优势就是它有较大的投入产出比,因而能有效地起到补充、完善的作用。如果流通加工成本过高,则不能实现以较低投入获得更高使用价值的目的,势必会影响它的经济效益。

(二)实现流通加工合理化的途径

要实现流通加工的合理化,主要应从以下几个方面加以考虑。

1. 加工和配送结合

就是将流通加工设置在配送点中。一方面,按配送需要进行加工;另一方面,加工又是配送作业流程中分货、拣货、配货的重要一环,加工后的产品直接投入配货作业,就无须单独设置一个加工的中间环节,而使流通加工与中转流通巧妙地结合在一起。由于配送之前进行了必要的加工,可以使配送服务水平大大提高。当前合理选择流通加工的形式,对煤炭、水泥等产品的流通有较大的影响。

2. 加工和配套结合

"配套"是指将使用上有联系的用品集合成套地供应给用户使用,如方便食品加配套。当然,配套的主体来自各个生产企业,如方便食品中的方便面,就是由其生产企业配套生产的。但是,有的配套不能由某个生产企业全部完成,如方便食品中的蔬菜、汤料等。这样一来,在物流企业进行适当的流通加工,可以有效地促成配套,大大提高流通作为供需桥梁与纽带的能力。

3. 加工和合理运输结合

流通加工能有效衔接干线运输和支线运输,促进这两种运输形式的合理化。利用流通加工,在支线运输转干线运输或干线运输转支线运输等这些必须停顿的环节,不进行一般的支线转干线或干线转支线,而是按干线或支线运输的合理要求进行适当加工,从而大大提高运输效率及运输转载水平。

4. 加工和合理商流结合

流通加工也能起到促进销售的作用,从而使商流合理化,这也是流通加工合理化的方向之一。加工和配送相结合,通过流通加工,提高了配送水平,促进了销售,使加工与商流合理结合。此外,通过简单地改变包装加工使购买更便利,通过组装加工解决用户使用前进行组装、调试的困难,都是有效促进商流的很好例证。

5. 加工和节约结合

节约能源、节约设备、节约人力、减少耗费是流通加工合理化的重要考虑因素,也是目前我国设置流通加工并考虑其合理化的较普遍的形式。

【知识链接】

中 央 厨 房

中央厨房也可以叫中心厨房,其实就是配餐配送中心,主要任务是将原料制作加工成半成品或成品,配送到各连锁店进行二次加热或者组合后销售给顾客。中央厨房有两种加工方式。第一种是半成品的加工,就是把批量购买回来的菜品和蔬菜,放在单独一个地方加工成半成品,包括对蔬菜的清洗、切配、包装,再用冷藏车运输到各个店里使用,中央厨房就是一个单独加工菜品的地方。第二种是成品的加工,就是通过强大的生产线,把米饭做熟配上做好的菜,直接送到需求量大的办公楼或是快餐店售卖。

用中央厨房加工的好处就是:省时、省工、省钱,能提高产品附加值,实现企业利润最大化,保证商品的品质、卫生标准的一致性。

(资料来源:知乎,https://zhuanlan.zhihu.com/p/126684633)

【本章小结】

电子商务配送是在经济合理的区域范围内,根据用户要求,对物品进行拣选、加工、包装、分割、组配等作业,并按时送达指定地点的物流活动。电子商务物流配送是信息化、现代化、社会化的物流配送。它是指物流配送企业采用网络化的计算机技术和现代化的硬件设备、软件系统及先进的管理手段，针对社会需求，严格地、守信用地按用户的订货要求，进行一系列分类、编配、整理、分工及配货等理货工作，定时、定点、定量地交给没有范围限制的各类用户，满足其对商品的需求。主要配送模式有：平台自建物流体系模式、平台整合物流资源模式、电子商务物流服务外包模式、即时配送物流服务模式。

流通加工是为了提高物流速度和物品的利用率，在物品进入流通领域后，按客户的要求进行的加工活动，即在物品从生产者向消费者流动的过程中，为了促进销售、维护商品质量和提高物流效率，对物品进行一定程度的加工。在物流领域中，流通加工可以成为具有高附加值的活动。实现流通加工合理化的途径主要有：加工和配送结合、加工和配套结合、加工和合理运输结合、加工和合理商流结合、加工和节约结合。

案例阅读

净菜行业的未来

净菜，即鲜切蔬菜，指将新采摘的蔬菜经过整理，去掉不可食部分和烂坏部分，经过洗涤、消毒等加工操作后，可直接用于食用或烹饪的蔬菜。在消费升级的背景下，一些净菜、半成品食材，成为消费者和餐饮企业提升效率的首选，而食材供应链的产业格局也发生了变化。不只是线下超市，在线上，净菜和半成品菜的销量也在攀升。

2020年中国餐饮市场规模在4万亿元左右，按照餐饮平均30%～40%的原材料成本测算的话，餐饮食材供应链市场规模在1.5万亿元左右，吸引了各路资本和企业纷纷入局。

1. 折戟沉沙的探路者们

如果说在B端食材供应领域，Sysco是国内企业争相效仿的榜样，那在半成品领域，"蓝围裙"（Blue Apron）则是太平洋另一端不得不提的灯塔。

这家马特·萨尔茨伯格（Matt Salzberg）于2012年创办的企业，主要商业模式是由网站将事前准备好的食材和食谱配送给按月订购的会员，把消费者培养为家庭厨师。这家企业2017年以20亿美金的估值登陆资本市场。

受其影响，国内半成品平台也曾风靡过一段时间。2013年杨威从腾讯离开创办了小农女。次年，陈文也在回龙观开了青年菜君的第一家连锁门店。

小农女团队经过6个月的运营后，发现2C的半成品电子商务客单价低而配送成本高，同时，顾客的消费频次也很低，因此商业模式不成立，最后团队转型做了中小餐馆食材配送加线下零售。

与小农女的浅尝辄止不同，青年菜君则是半成品领域的明星企业，2014年其获得了梅花天使和九合创投联合提供的千万元级A轮投资，一度被央视报道为商业创新的典范。不过这家企业的故事也在2016年因现金流断裂画上了句号。

青年菜君原供应链总裁曾行表示，青年菜君的失败有两大原因：一方面，消费者对净菜的接受度有限，有的消费者买了净菜回去甚至会再洗一遍；另一方面，青年菜君每周提供五六十个菜品，但丰富的SKU限制了其产能，毕竟时至今日，净菜加工的步骤中依然有大量人力劳动的部分。

2. 净菜2C可能并非"好生意"

业内资深专家认为:"半成品本身是个好生意,但具体怎么做有三个关键要素。一是采购成本,如果没有集采能力或者产地控制能力,采购成本会很高,也不能保证量的供应。二是分拣分级初加工,加上配送,是人工密集型的劳动,成本高,效率低,需要有效控制。三是用户客群,不同用户的履约要求会有差异。"因此,净菜2C在当下并非好生意。

如今,用户的消费习惯尚未养成,大多数家庭蔬菜购买仍然是以毛菜为主,短期内也不会考虑购买半成品菜。蔬东坡创始人罗明也对亿欧表示:"个人业务的复杂程度还是挺高的,导致成本、便利性等都不占优势,同时也没有规模效应。"

任何商业逻辑最终都要回归本质,净菜能否抓住消费者的关键就在于其成本与便利性。佳源央厨创始人陈亚春认为:"买菜是个高频活动,最终需要消费者买单,决定其购买行为的,还是成本和便利中间的平衡点。如果这种商业模式没有带来效率的真正提升和成本的降低,就是伪需求。"

将视线投向海外,半成品企业的表现也难以令人满意,蓝围裙的营收不断下滑且长期亏损。最新发布的季度报显示,蓝围裙营业收入为3.61亿美元,同比下跌31.57%。似乎其一直都没有找到一个很好的获取用户、留存用户、提升用户价值的方式。

3. 2B才是净菜行业的未来

与C端市场的冷淡相比,B端用户对净菜有着更为迫切的需求。

中国烹饪协会的数据显示,餐饮企业2020一季度成本中人工占比达到59%,构成主要成本负担。一家200~300平方米的火锅店需要8位后厨人员,其中2~3人负责切配、处理菜品。使用净菜可以有效地降低这部分的人力成本。同时,对于供应链企业而言,通过承接大量的B端订单,进行规模化采购,也能大幅降低其食材成本,进而提高餐饮企业的议价空间。

除此之外,净菜对于B端企业还有更大的价值。小女当家创始人罗红勇表示:"我认为用净菜节省的成本,对我们来说甚至是无价的。一是有效避免了食品安全问题;二是降低了餐饮业的管理成本;三是提升了客户体验。这些隐形成本都是餐饮企业的核心问题。"

正基于此,近年来这个领域也出现了颇多优秀企业。

最初蜀海仅为海底捞提供食材采购、净菜加工等供应链服务,后来逐渐向其他餐饮企业开放,如今已成为年销售额几十亿元的大型企业。2014年成立的美菜短短几年内估值已超过70亿美金。

目前,我国餐饮连锁化率不足1%,抗风险能力差的中小企业占主体,此次疫情必将淘汰一大批中小餐饮门店,从而提升餐饮连锁化程度,而下游的集中也将进一步推动上游供应链企业的发展。

综上所述,虽然疫情期间,众多餐企纷纷踏入2C的半成品市场,但这也注定只是特殊时期的过渡措施,毕竟现在看来,2B或许才是净菜行业的未来。

(资料来源:亿欧网,https://www.iyiou.com/news/202003061000155)

案例思考:

1. 净菜行业有何特殊性?

2．为什么说 2B 才是净菜行业的未来？

【思考题】

1．电子商务物流配送的特点有哪些？
2．电子商务配送模式有哪些？
3．流通加工对于电子商务企业而言有何意义？

【实训题】

将全班学生分为 4 组，每组 5～8 人。

各小组查阅一家电子商务企业或销售企业的配送中心总部和厂商签署的协议，仔细研读配送协议的相关内容，如是否由厂商直接供货，是否由总部统一和厂商结算等。

结合协议中的相关规定，画出该企业配送业务流程图，分析它与课堂上所学的电子商务配送流程有何区别、具有什么特点。

要求制作成 PPT，并在课堂上展示。

第六章 电子商务物流信息管理

【学习目标】
- 掌握物流信息的概念及特点；
- 理解主要物流信息技术的应用；
- 了解物流信息系统的构成；
- 理解物流信息系统的功能。

【引导案例】

物流信息平台，服务新时代物流企业

作为一家"互联网+物流"的现代化货运物流服务平台，沙师弟货运云商平台的崛起背后是中国消费市场升级和互联网经济发展的协同用力，其更深层次的原因是互联网思维打破了传统的商业规则，释放了企业活力。如今，沙师弟货运云商已经成长为中国物流信息的主流平台，服务社会，造福民生。从一名商人蜕变为一位杰出的企业家，董事长王植感慨良多："商人只需要考虑纯粹的商业价值，而企业家则要兼顾社会效益。"永远把目光放在时代的最前沿，顺势而为，这是一位企业家的基本素养和社会责任，也是一位创业者的成功"秘籍"。

王植于 1999 年创立了重庆德瑞广告装饰有限公司，成为万千下海创业大潮中的一朵浪花。创业并不是一帆风顺的。在成立之初，王植就遇到了资金短缺的问题，后来全靠一位老乡做担保，向银行贷款 2 万元渡过难关，才让他收获了"第一桶金"。逐渐地，他的生意"越做越大"，业务从家乡重庆铜梁发展到了壁山及重庆，并收购了一家广告策划公司。这次创业的经历让他认识到了在企业初创时期资金的重要性，也在一定程度上促使他在后来产生了与金融机构合作，开发"运输贷"的想法。

2004 年，完成了资本原始积累的王植又将目光投向了在当时看来还未完全形成成熟市场的 GPS 全球卫星定位系统的研发与运营上。身边的很多朋友都劝他不要涉足这一领域，但他却坚信未来 GPS 的市场前景广阔。要想在这个行业成为"第一个吃螃蟹的人"，就必须提前布局，做好研发。这次成功转型的王植已经完全拥有了一名成功商人的"嗅觉"和"魄力"。在 2004—2009 年，他着力构建技术团队，开发先进设备，在 GPS 领域创造了多项"中国奇迹"，获得了一系列的专利发明。虽然在此期间，他成立的以 GPS 为主营业务的"重庆德瑞科技有限公司"并没有盈利甚至有一些亏损,但王植依旧坚持等待着一个中国 GPS 发展时机的到来。功夫不负有心人。终于在 2009 年,因车主认知并接受让 GPS 销售市场逐步成熟。重庆德瑞科技有限公司不仅收益翻倍,同时还在重庆各区县发展了 17 个子公司,成功实现了重庆地区 GPS 产品技术服务配套的全方位 24 小时覆盖,并于 2014 年 6 月正式成立"重庆德瑞科技(集团)有限公司"。

两次跨行成功转型,让王植从一名商人逐渐蜕变成了一位企业家。在不断摸爬滚打中,他不仅拥有了企业家的精神,更拥有了企业家的情怀。2016 年,"无车承运人"在中国成为热点。改革带来的市场升级,让物流业迅速成长,也让"无车承运人"成为当时的焦点。但与之配套的管理政策和税收政策却没有随之跟上,很多货车司机和物流企业损失惨重,更有一部分税收人为流失。看到这一现状,王植正式走入了物流市场,开发了沙师弟货运云商平台,开启了他的第三次创业历程。

中国的物流运输行业发展至今,创造了堪称世界奇迹的行业发展速度,但也遇到了很多亟待解决的难题。货车司机与货源之间的信息不对称就是其中之一。在互联网还没有进入中国之前,物流企业与货主之间存在着大量的"中间环节",往往会形成货主找不到合适的物流企业和货运司机,而很多的货车司机也找不到合适的货源,"空驶率"极高让物流成本显著增加。很多物流企业都没有什么好的办法,只能依靠"中间人"搭桥牵线。随着互联网经济的崛起,这一现状有了一些好转,但依旧没有一个可靠的平台让货车司机与货主之间能够直接沟通,省去"中间环节"。王植找到了之前一直做科研服务工作的老朋友邵志成和著名品牌策划人刘涛。三位能人齐聚改革开放的最前沿——深圳,成立了致力解决传统物流行业难题的"互联网+物流"新平台——沙师弟货运云商平台,并成立了建立在"互联网+物流"大趋势基础上的创新型高科技企业沙师弟网络科技有限公司。

沙师弟货运云商平台,是服务中国 3 000 多万货车司机的平台,同时搭载了沙师弟货车专用导航。据了解,这款 App 不仅能让货车司机顺利地找到合适的货源,避免空驶,省去了中间环节,还能为货车司机进行实时导航,一举解决司机们最为头痛的"迷路"问题,让"一不小心就被罚"成为历史。同时,它还能解决货车司机货运途中的吃、住、行、修等难题。此举不仅为货车司机带来了"福利",也为节能降耗做出了贡献。

截至 2020 年,这款 App 的用户下载量超 300 万,月交易额超 3 亿元,成为同类型移动端 App 的行业佼佼者。但对于广大的物流从业人员而言,"沙师弟"早已远远不只是一个解决传统物流行业难题的平台了。在他们看来,"沙师弟"更是自己在物流行业谋求未来美好生活的一个机会。因为王植正在用互联网思维创造着物流行业领域内一个新的商业规则,在这个新规则中,所有的物流从业者都是"主角"。

(资料来源:中国电子商务物流网,http://www.sd56.net.cn/news/d15240.html)

思考题:

1. 货运平台是如何运作的?
2. 沙师弟货运云商平台的便利有哪些?

第一节 物流信息概述

一、物流信息的概念和特点

(一)物流信息的概念

物流信息的概念可以从狭义和广义两方面来理解。

从狭义上说,物流信息是指与物流活动有关的信息,例如运输信息、仓储信息、保管信息、装卸信息、流通加工信息、配送信息等。企业对于这些信息的决策和管理对企业产品的流通具有重要的意义,例如运输工具的选择、运输线路的确定、货物的跟踪、仓库的利用、订单的管理、顾客服务水平的提高等,即物流信息对运输、库存、订单、仓库及货物配送等流通环节的管理具有重要的作用。

从广义上说,物流信息不仅指与物流活动有关的信息,而且包含与物流相关的其他企业活动信息,例如商品交易信息、市场竞争信息、流通政策信息、企业生产信息、财务核算信息等。从广义上看,物流信息的涵盖范围和涉及的环节更多、更复杂,它贯穿了从市场信息收集、企业生产决策、资金流动调配、货物运输配送到产品最终消费的整个过程,可以说物流信息是推动整个产品供应链运作的一个依据。

(二)物流信息的特点

1. 信息量大、分布广

企业的物流信息随着企业的物流活动而大量产生,多品种少量生产和多频度小量配送等现代化生产和经营特点使得企业库存、运输等物流活动产生的信息更加复杂。一般来说,企业产品的代理商或销售商会广泛应用 POS 系统读取销售点的商品品种、价格、数量等即时销售信息,并对这些销售信息加工整理,通过 EDI 系统向相关企业传送。这种现代化的信息收集、分析和分享手段可以有效解决企业信息管理中的弊端,将信息的战略资源功能发挥出来。

2. 信息动态性强

企业物流信息的动态性特别强,并且更新的速度也很快,这就意味着如果企业不能及时对这些信息进行加工、分析和整理,那么其利用价值的衰减会很快。由于企业物流信息具有这一特性,如果企业要对这些信息有效地利用,那么企业必须建立完善的物流信息管理系统和交流平台。有了这些措施的保障,物流信息收集、加工、处理的及时性才会得到最大限度的保障。

3. 信息种类多

企业的物流活动产生的物流信息不仅包括企业生产信息、库存信息等企业内部的物流信息,而且包括企业与企业之间的交流合作、竞争对手市场信息等企业外部信息。这就使物流信息的分类、研究及筛选等工作的难度增加了。另外,物流活动还经常涉及对道路、港湾、机场等基础设施的利用和管理,因此为了高效率地完成物流活动,企业也必须在这些与基础设施有关的信息收集与整理上做好必要的工作,如国际物流中的空港作业等。

4. 信息具有不一致性

由于信息是在物流活动过程中形成的，使得信息的产生、加工在时间、地点上不一致，采集周期和衡量尺度不一致，在应用方式上也不一致。为了有效控制物流系统中的各类信息，需要建立统一完善的数据采集系统。另外，繁忙时节同平常时节相比，信息量的差异会很大，因而必须加强系统对信息的处理能力。

二、物流信息的分类

（一）按来源分

1. 外部信息

它指本系统以外的信息，通常有一定的相对性。从物流系统来看，外部信息包括来源于物质生产部门、物质消费部门、各机关及国内外市场等的信息。例如对物流一个子系统而言，来自另一个子系统的信息也可以称为外部信息。又如，物资储存系统从运输系统中获得的运输信息，也可以相对称为外部信息。

2. 内部信息

它是来自物流系统内部的各种信息的总称。这些信息通常是协调系统内部人、财、物等活动的重要依据。它也具有一定的相对性。

（二）按变动程度分

1. 固定信息

所谓固定信息也是相对而言的，这种信息通常具备相对稳定的特点。下述三种形式的信息都是物流固定信息。

（1）物流生产标准信息。这种信息是以指标定额为主体的信息，如各种物流活动的劳动定额、物资消耗定额、固定资产的折旧等。

（2）物流计划信息。这类信息是指流活动中在计划期内已定任务所反映的各项指标，如物资年计划吞吐量、计划运输量等。

（3）物流查询信息。这种信息是指在一个较长的时期内很少发生变更的信息，如国家和各主要部门颁布的技术标准，物流企业内的职工人事制度、工资制度、财务制度等。

2. 流动信息

与固定信息相反，流动信息是指物流系统中经常发生变动的信息。这种信息以物流各作业统计信息为基础，如某一时刻物流任务的实际进度、计划完成情况、各项指标的对比关系等。

第二节 物流信息技术

电子商务物流离不开信息技术的支持，信息技术是电子商务物流的基础。近年来信息技术的成熟及应用成本的下降，促进了物流业信息技术应用水平的发展，提高了物流业的效率和竞争力，改变了传统物流业的发展方向。

一、条形码技术

(一)条形码概述

1. 条形码的基本概念

条形码(Barcode)是将宽度不等的多个黑条和空白,按照一定的编码规则排列,用以表达一组信息的图形标识符。常见的条形码是由反射率相差很大的黑条(简称条)和白条(简称空)排成的平行线图案。这种编码可以供机器识读。

条形码是最常用的自动识别技术,它将数据编码成可以用光学方式阅读的符号,辅以相应的印刷技术生成特定的可机读的符号,扫描器和解码器可以采集符号的图像,再将其转换成可计算机处理的数据并进行校验。条形码隐含着数字信息、标识信息、符号信息等,主要用于表示商品的编号、名称、产地、价格、种类等,是全球通用的商品代码的表述方式。

近年来,随着智能手机等移动终端的迅速普及和移动互联网技术的迅猛发展,消费者的信息获取方式和消费习惯发生了较大变化。在传统实体经济企业和腾讯、阿里巴巴、百度等互联网巨头公司的积极使用和推动下,条形码技术已经全面渗透到了消费者的日常生活中,条形码技术在商品零售结算、物流、产品追溯与防伪、医疗溯源、电子商务、物联网、O2O等领域都得到极大的应用和发展。

2. 条形码符号的构成

一个完整的条形码的组成次序依次为:静区(前)、起始符、数据符、(中间分割符,主要用于 EAN 码)、前缀码、校验符、终止符、静区(后)。EAN-13 商品条形码结构组成如图6-1所示。

图 6-1 EAN-13 商品条形码结构组成

(1)静区:指条形码左右两端外侧与空的反射率相同的限定区域,它能使阅读器进入准备阅读的状态。当两个条形码相距距离较近时,静区则有助于对它们加以区分。静区的宽度通常应不小于6mm(或10倍模块宽度)。

(2)起始/终止符:指位于条形码起始和结束的若干条与空,标志着条形码的开始和结束,同时提供了码制识别信息和阅读方向的信息。

(3)数据符:位于条形码中间的条、空结构,包含条形码所表达的特定信息。

在我国,常用的 EAN-13 商品条形码的代码分三种结构,每种代码结构由三部分组成,具体如表6-1所示。通用商品条形码一般由厂商识别代码、商品代码和校验码组成。目前国际物品编码协会分配给中国的前缀码为 690~699,厂商识别代码由中国物品编码中心统一分配、注册,商品代码由企业自行负责编制,最后一位为校验码。

表 6-1 我国 EAN-13 商品条形码代码的三种结构

结构种类	厂商识别代码	商品项目代码	校验码
结构一	×××××××	×××××	×
结构二	××××××××	××××	×
结构三	×××××××××	×××	×

3. 条形码的识别原理

要将按照一定规则编译出来的条形码转换成有意义的信息,需要经历扫描和译码两个过程。物体的颜色是由其反射光的类型决定的,白色物体能反射各种波长的可见光,黑色物体则吸收波长的可见光。所以当条形码扫描器光源发出的光在条形码上反射后,反射光照射到条形码扫描器内部的光电转换器上,光电转换器将强弱不同的反射光信号,转换成相应的电信号。根据原理的差异,扫描器可以分为光笔、红光 CCD、激光、影像四种。条形码识别原理如图 6-2 所示。

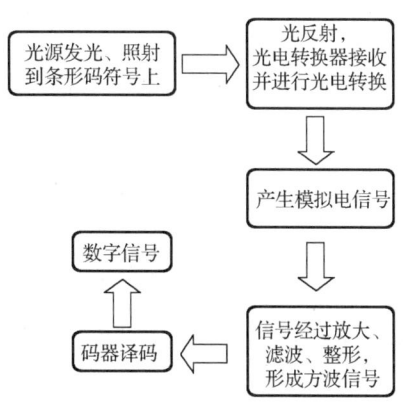

图 6-2 条形码识别原理

【知识链接】

条形码都是黑白的吗

由于条形码的识别是通过条形码的条和空的颜色对比度来实现的,一般情况下,只要能够满足对比度(PCS 值)要求的颜色即可使用。通常采用浅色作为空白处的颜色,如白色、橙色、黄色等,采用深色作为条状的颜色,如黑色、暗绿色、深棕色等。根据条形码检测的实践经验,红色、金色、浅黄色不宜作为条状的颜色,透明、金色不能作为空白处的颜色。因此,条形码以黑白配搭效果最好,但并不意味着只能用黑白色。

(资料来源:中国物品编码中心,http://www.ancc.org.cn/Knowledge/BarcodeArticle.aspx?id=271)

(二)条形码的新发展——二维码

1. 二维码简介

二维码(two-dimensional code),又称二维条形码,是用特定的几何图形按一定规律在平面(二维码方向)上分布的图形。常见的二维码如图 6-3 所示。二维码可以分为矩阵式二维码和堆叠式二维码。矩阵式二维码以矩阵的形式组成,在矩阵相应元素位置上用"点"表示"1",用"空"表示"0","点"和"空"的排列组成代码,代表性的有 Data Matrix、Maxi Code、Aztec Code、QR Code、Vericode、Grid Matrix 等。堆叠式二维码是由多行短截的一维条形码堆叠而成的,代表性的有 PDF417、Ultracode、Code 49、Code 16K 等。

Data Matrix
Maxi Code
Aztec Code
QR Code
Vericode
PDF417
Ultracode
Code 49
Code 16K
图 6-3　常见的二维码

2. 二维码的特点

(1)高密度编码,信息容量大:可容纳多达 1 850 个大写字母,或 2 710 个数字,或 1 108 个字节,或 500 多个汉字,比普通条形码信息容量约高几十倍。

(2)编码范围广:该条形码可以把图片、声音、文字、签字、指纹等以数字化的信息进行编码,用条形码表示出来;可以表示多种语言文字;可以表示图像数据。

(3)容错能力强,具有纠错功能:这使得二维条形码在因穿孔、污损等引起局部损坏时,照样可以正确得到识读,损毁面积达 50%仍可恢复信息。

(4)译码可靠性高:它比普通条形码译码错误率要低得多,误码率不超过千万分之一。

(5)可引入加密措施:保密性、防伪性好。

(6)应用性强:成本低,易制作,持久耐用;符号形状、尺寸大小比例可变;可以使用激光或 CCD 阅读器识读。

3. 二维码的应用

二维码具有储存量大、保密性高、追踪性高、抗损性强、备援性大、成本便宜等特性,这些特性使二维码特别适用于产品防伪/溯源、广告推送、网站链接、数据下载、商品交易、定位/导航、电子凭证、车辆管理、信息传递、名片交流、WIFI 共享等。智能手机"扫一扫"功能的应用使得二维码的使用更加普遍。

(1)食品追溯方案。

原材料供应商在向食品厂家提供原材料时进行批次管理,将原材料的原始生产数据,如制造日期、食用期限、原产地、生产者、遗传基因组合、有无使用药剂等信息录入二维码中并打印带有二维码的标签,粘贴在包装箱上后交给食品厂家。食品厂家在原材料入库时,使用数据采集器读取二维码,得到货物原材料的原始生产数据,由该数据就可以马上确认交货的产品是否符合厂家的采购标准,然后将原材料入库。

食品质量安全溯源二维码
用于食品质量安全全过程云追溯管理
武汉蔬安蔬菜有限公司
涨渡湖
无农药
无化肥
二维商品码
图 6-4　食品安全溯源二维码(样例)

根据生产计划单,员工从仓库中提取必要的原材料,按各个批次使用要求将各种原材料的重量进行称重、分包,在分包的原材料上粘贴带有二维码的标签,其中含有原材料名称、重量、投入顺序、原材料号码等信息。食品安全溯源二维码(样例)如图 6-4 所示。

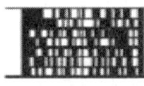

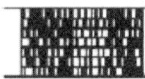

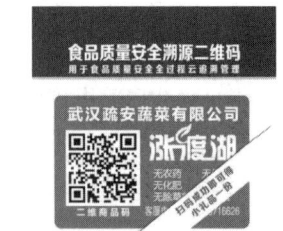

(2)餐厅应用。

商家可建立一个电子菜单,将餐饮文化、菜品介绍等信息按照相关的指引录入。用户通过扫码获得该手机网站的跳转链接获取商家相关信息。餐厅应用二维码(样例)如图 6-5 所示。应用场景主要包括:宣传海报、手册、餐桌牌、预订、营销、点菜、评价等。

图 6-5　餐厅应用二维码(样例)

(3)二维码超市。

用户直接扫描二维码进入商家的手机网站,单击选择的产品,即可完成下单及支付,实现轻松购物。扫二维码进入网站(样例)如图 6-6 所示。从企业视角看,二维码超市让企业营销更便捷精准,企业投入非常低的成本,就能获得很好的营销宣传效果。从消费者角度来看,二维码超市是一种消费革命,将改变消费者的消费习惯,让移动购物变得真实可靠,让用户作为产业链的一环参与到营销过程中,可实现双向交流,主动地实现消费人群的精准定位。

图 6-6　扫二维码进入网站(样例)

(4)二维码优惠。

二维码还可制成电子优惠券,在宣传物上放一个醒目的二维码,配以一句简洁的如"扫码领红包"之类的广告语,便能吸引消费者掏出手机扫码一探究竟。扫码领优惠(样例)如图 6-7 所示。人都是充满好奇心、追求实惠的,这种扫码获取优惠券享实惠的方式,不仅能够增强消费者与商家之间的互动,同时也能提高消费者对商家的兴趣,加深印象。

尽管二维码应用渐趋广泛,但我国的二维码发展还有很大的空间。制约因素除了运营商的支持度,还有技术、终端适配、盈利模式等方面。炒得很火热的是二维码与

图 6-7　扫码扫优惠(样例)

O2O(Online to Offline)模式的结合,即利用二维码的读取将线上的用户引流到线下的商家。腾讯 CEO 马化腾称"二维码是线上线下的一个关键入口"。尽管有些人不看好二维码的应用,但不可否认,只要培养了足够多的用户群,再结合良好的商业模式,二维码将成为连接现实与虚拟最得力的工具之一。

4. 二维码的风险

二维码用肉眼无法区分,加之公众对于二维码普遍缺乏安全防范意识,近几年涉及二维码的安全事件有逐步增多的趋势,二维码已成为个人信息泄露和通信诈骗的新高发区。部分城市居民区里出现了不法分子张贴的伪造交水电费的二维码通知单,大街上出现了车辆被粘贴假冒的二维码交通罚单、伪造的共享单车二维码等现象。此外,多地还发生了消费者扫商家二维码泄露个人隐私信息或遭到微信盗号等事件。更有甚者,有网友在退货时,被人诱导扫二维码,被骗走近二十万元。

二、EDI 技术

(一)EDI 技术的概念

电子数据交换(Electronic Data Interchange,EDI)技术是 20 世纪 70 年代发展起来的、融合现代计算机和远程通信技术为一体的信息交流技术。经过三十多年的发展,电子数据交换技术已经作为一种电子化的贸易工具和方式,被广泛应用于商业贸易伙伴之间,特别是从事国际贸易的贸易伙伴之间。它将标准的、协议规范化和格式化的贸易信息通过电子数据网络,在计算机系统之间进行自动交换和处理,成为具有全球战略意义的贸易手段和信息交换的有效方式。

1. EDI 内容

EDI 是标准商业文件在企业计算机系统间的直接传输。这里要强调,传输的文件必须是标准格式的商业文件,如采购文件、订货文件、运输文件、发票、电子转移支付等,而非标准化的、个人的 E-mail 等文件不在该定义中;同时,EDI 强调文件的直接传输,不包括电话、传真的传输内容。

使用 EDI 进行数据传输的最大优点是减少了企业在文档方面的工作,提高了数据传输的速度与准确性,从而降低了运营成本。EDI 可以帮助管理者缩短订货采购提前期,使库存量大幅度减少,从而降低了库存费用。不仅如此,企业在使用 EDI 时还可以关注供应链各参与方之间传送信息的及时性和有效性,并利用这些信息来实现企业各自的经营目标和整个供应链活动的高效率。

2. EDI 标准

EDI 标准指的是各企业共同的交流标准。它使得遵循这一标准的企业与组织能进行电子数据交换作业流程。EDI 作业流程图如图 6-8 所示。由图 6-8 可以看出,发送方在自己的计算机系统中输入商业文件,然后通过对照转换成平台文件,再通过翻译形成标准文件,对标准文件加封后传输;接收方收到文件后解封,变成标准文件,再翻译成平台文件,最后通过对照形成用户文件。

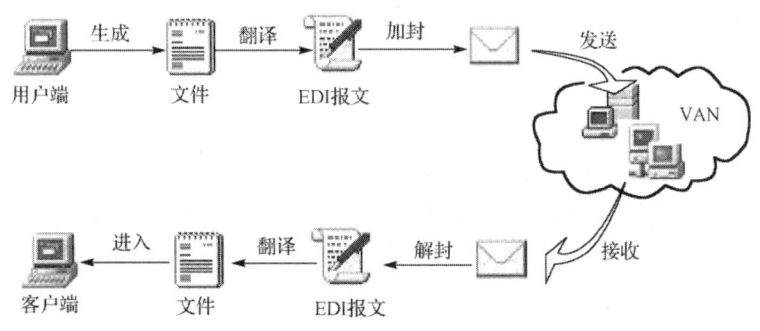

图 6-8 EDI 作业流程图

【知识链接】

EDI 常见标准

目前，在 EDI 领域比较常见的标准分为以下几类，其中前两种应用最普遍。

(1) 联合国推荐的 UN/EDIFACT 国际标准，主要应用于非北美市场。

(2) 美国的 ANSI ASC X12 标准，主要应用于北美市场。

(3) 英国物品编码协会开发的 TRADACOMS 标准，应用于英国零售行业。

(4) ODETTE 标准，应用于欧洲汽车行业。

(5) 国际物品编码协会(GS1)推荐的 EANCOM 标准。

(6) GENCOD 标准，应用于法国零售行业。

(7) 日本的 CII 标准，来自健康保险行业的 HIPAA 标准等。

(资料来源：中国开发者网络，https://blog.csdn.net/leehsiao/article/details/50774408)

(二) EDI 的特点

1. EDI 使用电子方法传递信息和处理数据

EDI 一方面用电子传输的方式取代了以往纸质单证的邮寄和递送，从而提高了传输效率；另一方面通过计算机处理数据取代人工处理数据，从而减少了差错和延误。

2. EDI 采用统一标准编制数据信息

这是 EDI 与电传、传真等其他传递方式的重要区别：电传、传真等并没有统一格式标准，而 EDI 必须有统一的标准方能运作。

3. EDI 是计算机应用程序之间的连接

在电子单证符合标准且内容完整的情况下，EDI 系统不但能识别、接收、存储信息，还能对单证数据信息进行处理，自动制作新的电子单据并传输给有关部门。在有关部门就自己发出的电子单证进行查询时，计算机还可以反馈有关信息的处理结果和进展状况。在收到一些重要电子邮件时，计算机还可以按程序自动产生电子收据并传回对方。

4. EDI 系统采用加密防伪手段

EDI 系统有相应的保密措施。EDI 传输信息的保密通常是采用密码系统，各用户掌握自己的密码。一些重要信息在传递时还要加密，即把信息转换成他人无法识别的代码，接收方计算机按特定程序译码后还原成可识别信息。

(三)EDI 的应用

1. 商业贸易领域

在商业贸易领域，通过采用 EDI 技术，可以将不同制造商、供应商、批发商和零售商等各自的生产管理、物料需求、销售管理、仓库管理、商业 POS 系统有机结合起来，从而使这些企业大幅提高经营效率，并创造出更高的利润。商贸 EDI 业务特别适用于那些具有一定规模的、具有良好计算机管理基础的制造商，采用商业 POS 系统的批发商和零售商，为国际著名厂商提供产品的供应商。

2. 运输领域

在运输行业，通过采用集装箱运输电子数据交换业务，可以将船运、空运、陆路运输、外轮代理公司、港口码头、仓库、保险公司等各自的应用系统联系在一起，从而解决传统单证传输过程中处理时间长、效率低下等问题，可以有效提高货物运输能力，实现物流控制电子化，从而实现国际集装箱多式联运，进一步促进集装箱运输事业的发展。

3. 通关自动化

在外贸领域，通过采用 EDI 技术，可以将海关、商检、卫检等口岸监管部门与外贸公司、来料加工企业、报关公司等相关部门和企业紧密地联系起来，从而可以避免企业多次往返多个外贸管理部门进行申报、审批等，大大简化进出口贸易程序，提高货物通关的速度，最终起到改善经营投资环境、加强企业在国际贸易中的竞争力的作用。

三、RFID 技术

(一)RFID 概述

1. 什么是 RFID 技术

RFID(Radio Frequency Identification)技术，即射频识别技术，又称无线射频识别，是一种通信技术，可通过无线电信号识别特定目标并读写相关数据，而无须在识别系统与特定目标之间建立机械或光学接触。射频，一般是微波，1GHz～100GHz，适用于短距离识别通信。射频标签物理上由三部分组成：天线、标签、阅读器。标签内的天线及芯片如图 6-9 所示。封装好的电子标签如图 6-10 所示。天线、读写器和手持终端如图 6-11 所示。

天线(Antenna)：在标签和阅读器间传递射频信号。

标签(Tag)：由耦合元件及芯片组成。每个标签都有唯一的电子编码。高容量电子标签有用户写入区，附着在物体上标识目标对象。

阅读器(Reader)：读取(有时还可以写入)标签信息的设备，可设计为手持式或固定式。

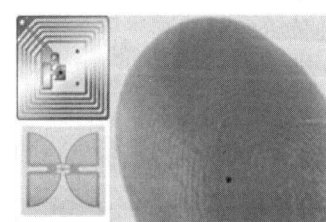
图 6-9 标签内的天线及芯片

图 6-10 封装好的电子标签

图 6-11 天线、读写器和手持终端

2. RFID 工作原理

RFID 技术的基本工作原理并不复杂：由阅读器(读写器)通过发射天线发送特定频率的射频信号，当电子标签进入有效工作区域时，阅读器(读写器)产生感应电流，从而获得能量，电子标签被激活，使得电子标签将自身编码信息通过内置射频天线发送出去；阅读器的接收天线接收到从标签发送来的调制信号，经天线调节器传送到阅读器信号处理模块，经解调和解码后将有效信息送至后台主机系统进行相关的处理；主机系统根据逻辑运算识别该标签的身份，针对不同的设定做出相应的处理和控制，最终发出指令信号控制阅读器完成相应的读写操作。RFID 工作原理如图 6-12 所示。

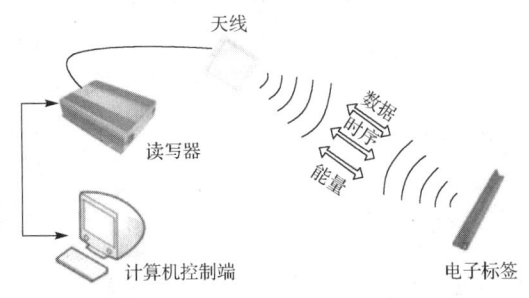

图 6-12　RFID 工作原理

(二)RFID 的特点

1. RFID 标签与传统条形码标签的比较

RFID 与条形码的比较如表 6-2 所示。

表 6-2　RFID 与条形码的比较

传统条形码标签	RFID 标签
读写距离近，一般在 0.5 米以内	读写距离远，UHF 标签读写可达 30 米以上
一次只能读取一张标签	可同时读取上百个标签
不能穿透介质	无障碍阅读，可穿透纸、木材等
数据存储容量小	数据存储容量大
容易损坏、容易被污染	使用寿命长、适应恶劣环境
不可重复使用	可重复使用
一般为纸质标签	体积小、形状多样，可用塑料、陶瓷等封装

2. RFID 的优势

(1) 读取方便快捷：数据的读取不需要光源，甚至可以透过外包装来进行。有效识别距离更远，采用自带电池的主动标签时，有效识别距离可达到 30 米以上。

(2) 识别速度快：标签一进入磁场，解读器就可以即时读取其中的信息，而且能够同时处理多个标签，实现批量识别。

(3) 数据容量大：数据容量最大的二维条形码，最多也只能存储 2 725 个数字。若包含字母，存储量则会更少。RFID 标签则可以根据用户的需要数据存储量扩充。

(4) 使用寿命长，应用范围广：其无线电通信方式，使其可以应用于粉尘、油污等高污染环境和放射性环境，而且其封闭式包装使得其寿命大大超过印刷的条形码。

(5) 标签数据可以动态更改: 利用编程器可以写入数据, 从而赋予 RFID 标签交互式便携数据文件的功能, 而且写入用时相比打印条形码的用时更少。

(6) 更好的安全性: 标签不仅可以嵌入或附着在不同形状、类型的产品上, 而且可以为标签数据的读写设置密码保护, 从而具有更高的安全性。

(7) 动态实时通信: 标签以每秒 50～100 次的频率与解读器进行通信, 所以只要 RFID 标签所附着物体出现在解读器的有效范围内, 就可以对其位置进行动态的追踪和监控。

(三) RFID 的应用

电子标签作为数据载体, 能起到标识识别、物品跟踪、信息采集的作用。在国外, RFID 技术已被广泛应用于诸如工业自动化、商业自动化等众多领域。RFID 在仓库管理、酒类防伪防窜、停车场、宠物管理、动物溯源、生产自动化中的应用如图 6-13 至图 6-18 所示。

图 6-13 RFID 在仓库管理中的应用

图 6-14 RFID 在酒类防伪防窜中的应用

图 6-15 RFID 在停车场中的应用

图 6-16 RFID 在宠物管理中的应用

图 6-17 RFID 在动物溯源中的应用

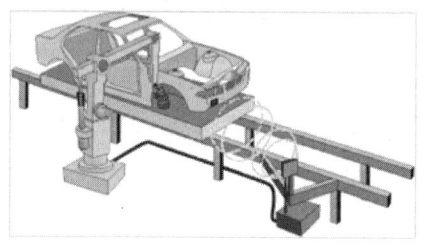
图 6-18 RFID 在生产自动化中的应用

四、自动跟踪技术

(一) 地理信息系统

1. 地理信息系统概述

地理信息系统(Geographic Information System, GIS)是一门综合性学科, 它结合了地理学与地图学以及遥感和计算机科学, 已经被广泛地应用在不同的领域, 是用于输入、存储、查询、分析和显示地理数据的计算机系统。

GIS 是一种基于计算机的工具，它可以对空间信息进行分析和处理(简而言之，是将地球上存在的现象和发生的事件绘制成图并进行分析)。GIS 技术把地图这种独特的视觉化效果和地理分析功能与一般的数据库操作(如查询和统计分析等)集成在一起。

20 世纪 80 年代之后，计算机产业的快速发展刺激了应用 GIS 的 UNIX 工作站和个人计算机飞速增长。此后，GIS 在各种系统中迅速增长，使得其在相关的少量平台已经得到了巩固和规范，并且用户开始在互联网上查看 GIS 数据，这就要求数据的格式和传输标准化。随着计算机技术的日益发展和普及，GIS 及在此基础上发展起来的"数字地球""数字城市"在人们的生产和生活中起着越来越重要的作用。

2. GIS 的构成

GIS 的组成如图 6-19 所示。

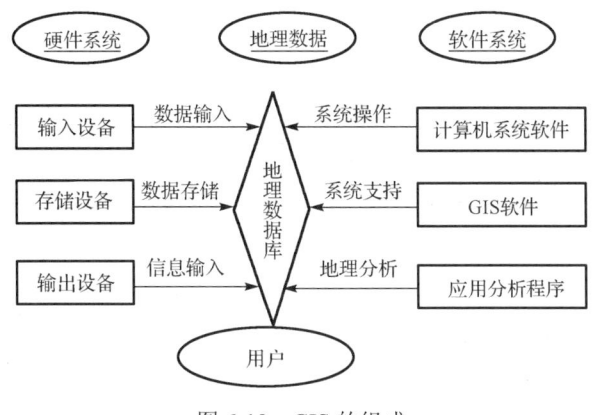

图 6-19　GIS 的组成

GIS 可以分为以下五部分。

(1)人员，是 GIS 中最重要的组成部分。开发人员必须定义 GIS 中被执行的各种任务，开发处理程序。熟练的操作人员通常可以克服 GIS 软件功能的不足。该系统涉及的人员还包括使用该系统的用户。

(2)地理数据，精确的可用的数据会影响查询和分析的结果。

(3)硬件系统，硬件的性能会影响软件对数据的处理速度，会决定软件使用是否方便及会影响数据可能的输出方式。

(4)软件，不仅包含 GIS 软件，还包括各种数据库、绘图、统计、影像处理软件及其他应用程序。

(5)过程，GIS 要求使用明确、定义一致的方法来生成正确的可验证的结果。

3. GIS 的功能

(1)数据获取。

地理空间数据是 GIS 的血液，整个 GIS 的建立都是围绕着空间数据来进行的，所以数据获取是 GIS 建设首先要进行的任务。数据获取可以有多种实现方式，包括数据转换、遥感数据处理及数字测量等。其中已有地图的矢量化，是目前被广泛采用的手段，但也是最耗费人力资源的工作。

(2) 数据检验。

数据检验是工程精度和可靠性的保障，主要是指通过直观观测和理论分析等对采集并输入的数据进行质量检查和纠正、空间拓扑关系的建立及图形整饰等，为接下来要做的服务模块做基础。

(3) 数据管理。

数据管理是在数据输入无误的情况下，按照用户要求对数据进行整理。它涉及地理元素的空间位置，通过给其制定域，便于计算机处理和系统用户理解等。

(4) 空间数据查询与分析

空间数据查询与分析是 GIS 系统最重要的功能之一，大大增强了地图图形信息及各种专业信息的利用深度和广度。用户可以通过查询，得出很多想要的东西和知识：对想要的事物进行综合评价，对要做的事情综合规划，对很多重大问题做出决策，对一些事物的发展方向及结果进行预测。空间数据查询包括图形查询、属性查询、图形和属性交叉查询，比较直接和简单。

4. GIS 的应用

GIS 在最近的三十多年内取得了惊人的发展，广泛应用于资源调查、环境评估、灾害预测、国土管理、城市规划、邮电通信、交通运输、军事公安、水利电力、公共设施管理、农林牧业、统计、商业金融等领域。在电子商务中，GIS 可应用在运营(车辆装载、线路优化等)、监控(车辆、配送员、网点)、展示(各种轨迹)等方面，具体为：

(1) 填写配送地址时，根据定位获得对应 POI 信息，用户再补充门牌号，方便配送员进行配送。很多快递及现在流行起来的众包物流对地址是有格式要求的。

(2) 定位及地图搜索的时候实际是一个地理编码的应用。

(3) 配送员出发后，通过定位显示，能在地图上看到其具体位置，给用户心理预期。

(4) 商城根据客户提供的地址进行正向地理编码，分析客户来源等。

(二) 全球卫星定位系统

1. 全球卫星定位系统概述

全球卫星定位系统(Global Navigation Satellite System，GNSS)，也称为全球卫星导航系统，是能在地球表面或近地空间的任何地点为用户提供全天候的三维坐标和速度及时间信息的空基无线电导航定位系统。该系统利用导航卫星进行测时和测距，对于地球上任何地方的用户，都能计算出他们所处的方位。

最早出现的是美国的 GPS(Global Positioning System)，现阶段技术最完善的也是 GPS。近年来中国的北斗系统(BDS)和俄罗斯格洛纳斯系统(GLONASS)在亚太地区的全面服务开启，尤其是 BDS 系统在民用领域发展得越来越快。全球卫星导航系统已经在航空、航海、通信、人员跟踪、消费娱乐、测绘、授时、车辆监控管理和汽车导航与信息服务等方面广泛使用，而且总的发展趋势是为实时应用提供高精度服务。

2. 主要卫星定位系统介绍

(1) 美国 GPS。

GPS 是美国从 20 世纪 70 年代开始研制的，主要目的是为陆海空三大领域提供实时、全天候和全球性的导航服务，并用于情报收集、核爆监测和应急通信等一些军事目的。经过 20 余年的研究实验，耗资 300 亿美元，到 1994 年，全球覆盖率高达 98%的 24 颗 GPS 卫星星座已经布设完成。如今，GPS 已经成为当今世界上应用最广泛的全球精密导航、指挥和调度系统。

GPS 由空间系统、地面控制系统和用户系统三大部分组成。其空间系统由 21 颗工作卫星和 3 颗备份卫星组成，分布在 20 200 千米高的 6 个轨道平面上，运行周期 12 小时。地球上任何地方、任一时刻都能同时观测到 4 颗以上的卫星。地面控制系统负责卫星的测轨和运行控制。用户系统为各种用途的 GPS 接收机，通过接收卫星广播信号来获取位置信息。该系统的用户数量可以是无限的。

(2) 俄罗斯格洛纳斯系统。

格洛纳斯系统(GLONASS)是苏联从 20 世纪 80 年代初开始建设的与美国 GPS 系统相类似的卫星定位系统，覆盖范围包括全部地球表面和近地空间，由卫星星座、地面监测控制站和用户设备三部分组成。虽然格洛纳斯系统的第一颗卫星早在 1982 年就已发射成功，但受苏联解体影响，整个系统发展缓慢。直到 1995 年，俄罗斯耗资 30 多亿美元，才完成了 GLONASS 导航卫星星座的组网工作。此卫星网络由俄罗斯国防部控制。

GLONASS 系统由 24 颗卫星组成，原理和方案都与 GPS 类似，不过，其 24 颗卫星分布在 3 个轨道平面上，这 3 个轨道平面两两相隔 120°，同平面内的卫星之间相隔 45°。每颗卫星都在 19 100 千米高、64.8°倾角的轨道上运行，轨道周期为 11 小时 15 分钟。地面控制部分全部都在俄罗斯领土境内。俄罗斯自称多功能的 GLONASS 系统定位精度可达 1 米，速度误差仅为 15 厘米/秒。如果需要，该系统还可用来为精确打击武器制导。

(3) 中国北斗系统。

北斗卫星导航系统是中国自行研制的全球卫星定位与通信系统，是继美国 GPS 和俄罗斯 GLONASS 系统之后第三个成熟的卫星导航系统。系统由空间端、地面端和用户端组成，可在全球范围内全天候、全天时提供高精度、高可靠的定位、导航、授时服务，并具有短报文通信能力，已经初步具备区域导航、定位和授时能力，定位精度优于 20 米。

2020 年 6 月 23 日，我国北斗系统全球组网成功。北斗三号卫星导航系统由 24 颗 MEO 卫星(地球中圆轨道卫星)、3 颗 IGSO 卫星(倾斜地球同步轨道卫星)和 3 颗 GEO 卫星(地球静止轨道卫星)3 种不同轨道的 30 颗卫星组成。24 颗中圆轨道卫星是北斗三号系统的核心星座，它们确保了北斗三号系统能均匀覆盖全球，"在全球任何一个地方，用户都可以得到北斗卫星导航系统的高精度的服务"。3 颗静止轨道卫星，能为亚太地区提供大容量的短报文通信、星基增强、精密单点定位等特色服务。

(4) 欧盟伽利略系统。

总投资达 35 亿欧元的伽利略系统是欧洲自主的、独立的民用全球卫星导航系统，提供高精度、高可靠性的定位服务，实现完全非军方控制、管理，可以发挥覆盖全球的导航和定位功能。伽利略系统是第一个民用的全球卫星导航定位系统，其配置高、频率分布广、信号设计高、安全保障强及其多层次、多方位的导航定位服务特点，使得它的性能比 GPS 更为先进、高效和可靠。

除了上述四大全球系统，还包括区域系统和增强系统，其中区域系统有日本的 QZSS

和印度的 IRNSS，增强系统有美国的 WASS、日本的 MSAS、欧盟的 EGNOS、印度的 GAGAN 及尼日利亚的 NIG-COMSAT-1 等。

【知识链接】

中国为什么一定要建设北斗系统

分析中国应该投入巨资独立研制开发还是借助美国免费的 GPS 这个老问题。如果我们只图省事和便宜，在中国的军事系统上安装美国 GPS，后果将是灾难性的。这是因为美国 GPS 开放的只是民码，定位精度比美国军方使用的军码差了十倍。更重要的是，一旦中美有战争之虞，人家顺手把 GPS 民码停掉，你这边连指南针可能都用不了了，何谈作战？而且也不排除美国通过技术手段干扰 GPS 的正常使用而带来的灾难性后果。因此，中国除了发展本国的定位导航系统，别无选择。正因为透彻地认识到了拥有独立自主的卫星定位导航系统的极端重要性，所以中国决策层下定决心独立研制，确保成功。

（资料来源：网易，https://www.163.com/dy/article/EILSUPMK05454HK6.html）

3. GNSS 在电子商务物流中的应用

在电子商务物流中，应用 GNSS 的定位技术及计算机技术、网络技术等手段，充分利用因特网资源，结合运用电子地图地理信息系统，能实时显示出运载工具的实际位置，实现对运载工具的状态监视、调度管理、报警求助和信息咨询等功能，可对重要车辆和货物进行跟踪服务。

首先，只有完成对城市高精度地图的数据采集，才能准确定位送货地点；其次，只有完成无人系统的搭建，才能实现运载工具自动驾驶（如图 6-20 所示，我国的北斗高精度定位测向系统解决方案，即采用了 GNSS 定位技术）；最后，只有完成高精度定位测向数据的采集，运载工具才能按照事先规划的线路正确行驶。

图 6-20 北斗高精度定位测向系统解决方案

第三节 电子商务物流信息系统

随着技术手段的不断提升，电子商务物流信息系统也有了新的发展。在越来越大的信息量和越来越快的信息更新速度背景下，如果企业仍然采用传统的手工处理方式对信息进行处理和加工,就必然会引发一系列的问题,如信息滞后、信息失真、信息闭塞等。这些情况的出现会极大地降低企业物流管理的效率和盈利能力。为了提高物流系统的整体效率,企业应该建立起基于现代计算机和通信技术的电子商务物流信息系统。

一、电子商务物流信息系统的功能

物流系统的不同阶段和不同层次之间通过信息流紧密地联系在一起,因而收集、存储、传输、处理、输出物流信息成为电子商务物流信息系统的基本功能。

(一)信息收集

任何信息管理系统都是以信息的收集为管理起点的,如果没有有价值的信息,无论这个信息管理系统具备多么强大的功能,也没有任何实用价值。因此,电子商务物流信息系统发挥的第一个功能就是将企业物流信息收集、记录下来,并根据企业的应用需求转化成相应的管理和决策信息,因此我们可以把信息的收集和录入作为整个电子商务物流信息系统的基础。

(二)信息存储

电子商务信息系统在完成最初阶段的信息收集之后,要将这些数据储存起来。简单地说,就是发挥"信息仓库"的功能,保证已得到的物流信息不丢失、不走样、不外泄,在企业需要的时候可以随时调用。信息存储功能的实现要考虑信息存储量、信息存储空间、信息格式、存储方式、存储时间、安全保密等问题,并结合组织信息存储和分析设备的状况,选择最适合企业的存储方案。

(三)信息传输

在进行完信息存储之后,电子商务物流信息系统需要把物流信息从一个子系统传送到另一个子系统,或者从一个部门传送到另一个部门,或者从一个企业传送到另一个企业。在信息的传递过程中,电子商务物流信息系统的管理者与计划者必须充分考虑所需要传递的信息的种类、数量、频率、可靠性、真实性的要求等因素。

(四)信息处理

为了使信息的最终应用能够达到预期的目的,电子商务物流信息系统必须对获得的数据和信息进行相应的处理。随着科学技术的发展,电子商务信息系统能够完成的任务也越来越多样化,信息处理的范围、方法和要求也比之前宽泛了很多。

(五)信息输出

电子商务物流信息系统的服务对象是企业的物流管理者,因此,它必须具备向物流管理者提供信息的手段或机制。经过解释的物流信息,根据不同的需要,以不同形式的格式进行输出,有的直接提供给有需要的人使用,有的提供给计算机进一步处理。电子商务物流信息系统的输出结果是否易读易懂,是评价电子商务物流信息系统的主要标准之一。

二、电子商务物流信息系统的构成

典型的电子商务物流信息系统包括订单处理系统(OMS)、采购管理系统、仓储管理系统(WMS)、运输管理系统(TMS)、财务管理系统及决策管理系统等模块,如图 6-21 所示。以下重点介绍订单处理系统、仓储管理系统和运输管理系统。

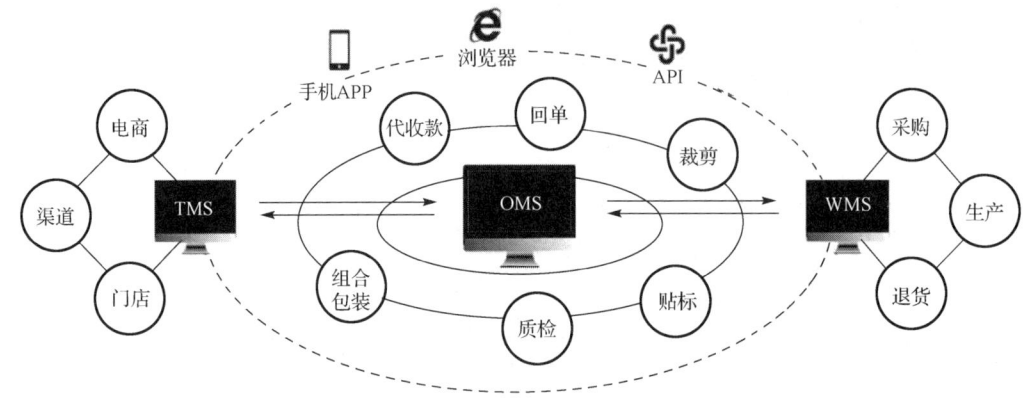

图 6-21 电子商务物流信息系统

(一)订单处理系统

订单处理系统(OMS)管理所有与订单有关的信息和资料。订单管理对商户下达的各种指令进行管理、查询、修改、打印等,同时将业务部门的处理信息反馈给商户。订单处理流程如图 6-22 所示。订单处理系统要考虑手机 App、Web、API 多种终端下单方式,以适应电子商务、零售、制造、3PL 等各种行业的不同经营模式。基于策略的采购订单、销售订单及服务订单自动路由至相应节点,实现库存、运力动态均衡。

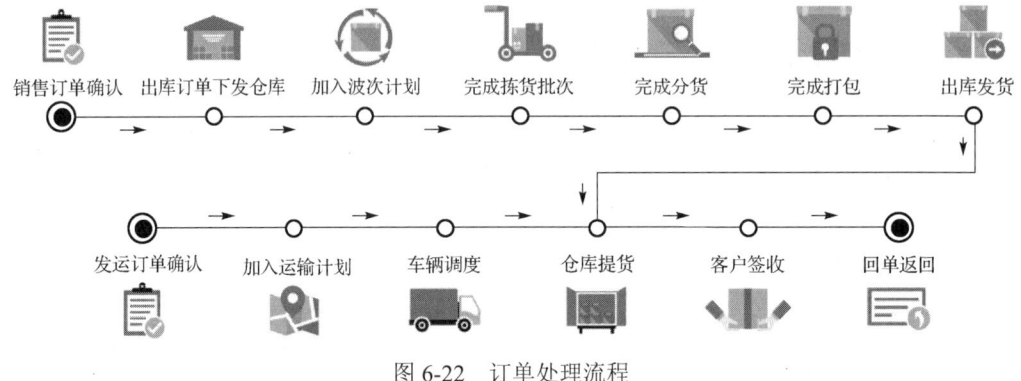

图 6-22 订单处理流程

(二)仓储管理系统

仓储管理系统(WMS)管理所有与仓库资源有关的信息及资料,可以对不同地域、不同属性的仓库资源实现集中统一管理。它利用条形码、RFID 等技术对出入库货物实现联机登陆、库存检索、库存量报警、储位分配、盘点报告等仓储信息管理。仓储管理系统功能如图 6-23 所示。

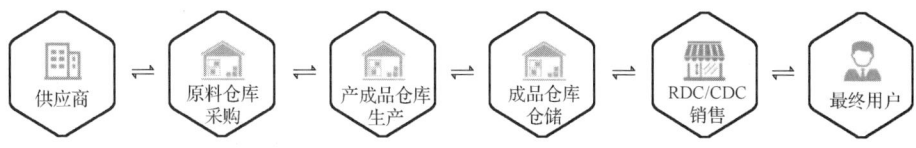

系统功能

档案管理
商品分类/商品档案/商品客户/
商品供应商/仓储供应商/仓储客户/
商品报价/运输报价/服务报价

仓储业务
入库/出库/盘点/入库调整/
出库调整/库存调整/移库/移动/
冻结/释放/过户/越库/退货/发运

仓储服务
质检/码盘/打包/折包/裁剪/包装/
贴标/缝纫/称重/组合/加工

业务规则
质检规则/任务分配/库位分配规则/
上架规则/盘点规则/拣货规则/
波次计划规则/补货规则/超卖规则/
发货规则

KPI与报表
作业KPI/库位使用率/库存报表/
库龄报表/进出存报表/缺货报表

系统配置
业务节点/业务分组/角色/权限/
账号/编码规则/管理方式/流程配置

图 6-23　仓储管理系统功能

现代仓储管理系统的一般要求有以下几点。

1. 流程灵活配置，满足各行各业需求

基于配置式的流程控制，客户可以自由组合码盘、质检、打包、拆包、收货、上架、拣货、盘点、退货等作业以及调整作业流程，满足各个行业个性化的需求，大幅缩减二次开发工作量和系统上线时间，也可根据实际作业来反向生成记录单，让系统部署快捷简单，不要成为作业人员的累赘。

2. 智能仓储引擎，大大提升作业效率

库位分配引擎、库位装载引擎、拣货引擎、波次计划引擎等大量智能化策略引擎的应用，极大地降低了作业的复杂度，工人只需要按照系统的指引即可完成复杂的仓储作业。系统支持智能化的仓储硬件接入使得作业人员效率大幅提升。

3. 条形码驱动作业，操作准确又规范

全程通过条形码指引仓储作业及跟踪商品，避免人工识别导致的失误。仓库作业人员使用手持终端扫描条形码，按照 WMS 预定的规范进行操作，轻松应对海量商品和繁重任务。

（三）运输管理系统

运输管理系统（TMS）为企业提供众多的功能：运输资源管理，包括车辆、驾驶员及允许的运输范围和线路资源等；运输成本管理，包括单车营运成本的管理；运输计划管理，包括生成运输计划、运输执行命令系统等；装载优化管理，包括提供优化的配载计划，使车辆车型的使用和搭配达到最优；路径和站点顺序优化，提供站点顺序合理性建议和优化的路径指引等。运输管理系统功能如图 6-24 所示。

现代运输管理系统的一般要求有以下几点。

1. 智能调度策略，节省人力和时间

现代运输管理系统按照线路、配载、车型、时间窗口等多目标智能推荐合适的调度方案。其支持多点提货、多点送货、循环取货、区域循环配送、甩挂及载驳运输等多种业务场景，简化了调度工作，节省了人力和时间成本。

系统功能

 档案管理
地址档案/线路档案/车辆档案/
司机档案/运输线路/服务区域/
服务项目/结算方/承运商/合同

 任务调度
运输任务/车辆任务/排车计划/
运输规划/车辆调度

 车务管理
行车记录/保险/违章/事故/滞留/
加油/维修/保养/配件

 规则预警
路由规则/调度规则/交接规则/
定检规则/监控规则/交接预警/
事务到期预警/异常预警

 查询报表
提货准时率/到货准时率/货损货差率/
回单返回率/车辆装载率/客户满意度/
自定义报表

 财务计费
费率设置/计费/核销/对账/结算/
发票管理/凭证制作/审核/结账

 回单管理
创建/引用/签收/收存/移交/关闭

图 6-24　运输管理系统功能

2. 基于路由的运输计划，轻松管理中转

调度任务被执行前都可按需重新调整运输线路及运输方式，系统根据运输目标的地址动态收敛并绘制出实际的运输路径，支持公路、水运、铁路、空运等多种方式联合运输。

3. 计费引擎，灵活、精确、可自定义

通过自定义的计费规则，对客户、承运商及员工作业等的费用进行计费，并生成对应的计费单、对账单和结算单，为财务核算提供数据。根据需求，还可以配置相应的费用审核流程。

4. 丰富的报表展现，为企业运营提供数据支撑

基于业务、运作、车辆、财务的报表，包括提货到货准时率、货损货差、回单返回率、油耗、温度、装载率、客户满意度等各种维度，全方位展现运营状态。基于现有数据的趋势预估报告为运营决策提供支持。

【本章小结】

物流信息的内容可以从狭义和广义两方面来考察。狭义上说，物流信息是指与物流活动有关的信息；广义上说，物流信息不仅指与物流活动有关的信息，而且包含与物流相关的其他企业活动信息、市场信息、物流信息，具有信息量大、分布广、动态性强、种类多、不一致性等特点。条形码、RFID、EDI、GIS 和 GPS 等技术的发展与成熟，提高了物流业的效率和竞争力，改变了传统物流业的发展方向。为了提高物流系统的整体效率，企业应该建立起基于现代计算机和通信技术的电子商务物流信息系统。电子商务物流信息系统的功能随着具体系统的服务对象不同而存在一定的差异。但是，不同类型的物流信息系统的子系统构成也是有着很强的相似性的，典型的构成包括订单处理系统、采购管理系统、仓储管理系统、运输管理系统、财务管理系统及决策管理系统等功能模块。

 案例阅读

大数据赋能电子商务物流

随着信息技术的飞速发展，特别是云计算、物联网技术的成熟，推动了以大数据应用为标志的智慧物流产业的兴起。智慧物流极大地促进了电子商务物流的产业优化，提升了管理的透明度，实现了物流产业各个环节之间的信息共享和协同运作，实现了社会资源的高效配置。而如何抓住大数据时代带给我们的机遇，成为电子商务物流企业在竞争中赢得主动的关键所在。

1．推动智慧物流发展

"数据是一种新的资源，数据的拥有者将来会获得越来越大的话语权，整个社会的治理结构与规则将会发生非常深刻的变化，这是每个人都会面临的社会变迁。"中国物流学会常务副会长、中国物流与采购联合会专家委员会副主任戴定一认为，智慧物流是物流的发展目标，而大数据能够支撑智慧物流的发展；物流行业和企业只有利用好大数据，才能够真正从变革中受益。

戴定一表示，首先，要做好整合，这是大数据的关键。"整合一定要建立在有价值的服务之上。很多数据整合或者第三方云平台能否建成主要在于利益关系能否协调好，否则来自各个利益主体的信息很难被整合在一起。"他告诉记者，目前比较成功的案例都有一个规律，那就是采用了利益交换的模式——用服务去换取管理。这也就是说，各个利益主体通过交换的方式，你将信息的管理权交给我，我将信息整合起来后形成服务给你，你再将更多信息给我，我给你更多的服务……这样循环起来，就产生了更多的价值。

除了利益难以整合，还有来自各个利益主体的信息，由于数据结构、标准等都不一样，也很难整合在一起。戴定一指出，这就需要对信息进行科学拆分，拆分是整合的基础。"现在很多时候过多强调了整合，却不知整合的成功与否，很大程度上取决于基础模块分得是否科学、是否标准。只要拆得好、拆得标准，将来整合起来会非常方便。"他说。

其次，如何让获得的数据得到充分的利用，是大数据的另一大关键问题。对此，戴定一提出要关注两个方面。一个是数据的数量优于质量。"在大数据时代，数据的质量不再是第一位的，因为现在数据量非常大，能够解决所有质量上的缺陷。所以在大数据时代，数据量越大，价值越大。"

另一个是数据相关性优于数据逻辑性或因果性。他表示，在大数据的时代，数据的很多因果性事先无法获知，但是通过数据处理获得的相关性结果，能够告诉你里面可能有什么样的因果关系。因此，在大数据时代，因果关系不是主要的。因为数据处理的及时性，只需要知道这件事与那件事之间有什么关系，可以把结果做成一个黑匣子，知道输入什么会输出什么就够用了。

与此同时，在大数据时代，服务的方向也开始朝着动态化、个性化发展。如上所述，大数据时代，物流数据的特征将是一个动态的电子地图，每个人的电子地图都不一样，我的地图上标注的东西是我关心的，他标注的是他关心的，并且这些信息可能每分每秒都在发生变化。因此，动态化和个性化服务将具有非常大的价值。

最后，要抓住物流的基本问题。"尽管大数据时代的智慧物流有许多新的发展，但是始终还是会围绕网络和流程这两个物流的基本问题发展的。"戴定一强调。智慧网络将提升资源管控和利用率水平，而智慧流程将提升管理精细化与协同水平。一个是对资源的管控，一个是对作业流程(服务流程)的优化，这两件事是物流的基本问题与核心。

此外，公共平台将在解决网络(资源)与流程(服务)结合的基础上，创造新的公共服务。"公共平台正在成为数据集聚的漏斗，这个漏斗产生的数据可能是产生一种新的公共服务创新，这是我们非常期待的大数据价值。"他表示。

2. 驱动电子商务物流变革

作为当今物流业的发展热点，电子商务物流得到了很多关注。中国综合开发研究院副院长曲建认为，与大数据的结合是电子商务物流发展的必然趋势。

曲建表示，大数据时代的来临，不是技术的变革，首当其冲的是思维的变革，随之而来的将是商业模式的改变。在众多技术领域中，大数据是最容易收割成果的技术，它处在技术萌芽期和期望膨胀期这样一个转型过程中，经济价值的增长量非常大；并且，它通过数据化、价值化和角色的再定位，重新给每个企业寻找到一套挖掘价值的潜力。"在大数据时代，因为物流业的应用特点与大数据技术有较高的契合度，在主客观条件上也有较高的应用可能性，是未来大数据时代赢家的选择。因此，物流企业特别是电子商务物流企业要高度关注大数据时代的机遇。"

互联网技术的发展和商业模式的改变，可以实现从生产者直接到顾客的供应渠道的改变。这样的改变，从时间和空间两个维度都为物流业创造新价值奠定了很好的基础。"可以看到，通过互联网技术的应用，可以让全国物流业的布局相应地发生一系列调整。从过去生产者全国配送中心，逐步演化成为个性化订单，从顾客的需求向上推移，促使整个配送模式发生改变。过去是供给决定需求，今后越来越多地从需求开始倒推，按照需求的模式重新设计相应的供给点的安排。"曲建指出，这些都是因为大数据时代到来所产生的变革。

而未来，电子商务物流企业在大数据时代如何更好地发展？曲建强调，要特别关注两个方面的建设，一个是物流仓储平台建设，它对物流成本的影响至关重要。在今后全国产业布局调整完以后，物流仓储平台在全国如何布局是很关键的问题。

另一个是物流信息平台建设。今后的物流信息平台，将是基于大数据的中转中心或调度中心、结算中心。物流信息平台会根据以往的快递公司的表现、各个分段的报价、即时运力资源情况、即时件量等信息，进行相关的大数据分析，得到优化线路选项，并对第三方物流公司进行优化组合配置。系统会将订单数据发送到各个环节，由相应的物流公司完成。

通过运用大数据，电子商务物流中心将得到大幅优化。仓储运输的空间将被系统化布置，将对物流节点公司进行整合，在过去单一的物流企业之间搭建起桥梁。物流车辆行车路径也将被最短化、最畅化定制。此外，企业信息系统将全面整合与优化。

曲建最后建议，要发展大数据时代的电子商务物流，首先，可以借鉴新加坡贸易网经验，进行高效率的信息管理，搭建网络平台，简化所有单证手续，节省时间和成本，提高效率。其次，引进电子数据交换系统，实现无纸化。建立交易商、货运代理商、政府机构之间贸易文件、航空运单、托运单等的电子化链接。再次，发布物流系统电子数据交换标准，规范辅助各方面的电子联系，如有必要，给予企业资助以实现电子交换系统可获得性。最后，为仓库和配送中心配套自动存储和回复系统、仓储管理系统，来提升运营水平。

（资料来源：中物联，http://www.chinawuliu.com.cn/xsyj/201909/04/343724.shtml）

案例思考：

1. 结合案例，说说大数据在电子商务物流中的应用。

2．大数据如何驱动电子商务物流变革？

【思考题】

1．物流信息系统有哪些特点？

2．RFID 技术与条形码技术有何不同？

3．自动跟踪技术主要应用在哪些领域？

4．构建电子商务物流信息系统要注意什么？

【实训题】

北斗系统产业体系调研：

通过实地走访和线上资料搜集，梳理出围绕北斗系统构建的产业链的上中下游相关行业体系，找出各环节的代表企业，介绍其产品及应用场景，并在课堂上进行汇报。

第七章 电子商务物流服务与成本管理

【学习目标】

- 了解电子商务物流服务的概念;
- 领会电子商务物流服务管理的内容;
- 理解电子商务物流增值服务内容;
- 了解电子商务物流成本管理方法;
- 熟悉电子商务物流成本的控制策略。

【引导案例】

电子商务物流"春节不打烊"

2020年冬季,全国疫情呈点状散发态势,多地政府机构和专家学者呼吁,春节期间要减少不必要出行和聚集,若非必要建议留在当地过年。随着疫情形势变化,全国各地有越来越多的人选择"就地过年"。

为了让市民安心在家,让民众在异地过年也能安心,2021年1月14日,达达集团旗下达达快送和京东到家双平台共同启动"春节不打烊",通过零售+物流双平台全力保障用户、商家春节期间正常消费和配送,让年货订单也能1小时达。

达达快送通过覆盖全国2 600多个县区市的即时配、落地配、个人配三大物流网络,在春节期间持续为全国O2O平台、零售商家、电子商务企业和个人用户等提供快速稳定的即时配送服务。京东到家平台的全品类商家也全面参与春节不打烊,为全国1 200多个县区市用户提供海量商品1小时达服务。

1. 达达快送宣布"春节不打烊" 2 600县区市正常配送

随着2020年同城零售大发展,有大量实体商家门店参与"春节不打烊",以至新增大量即时配送需求。达达快送作为同城零售场景下的物流企业,以众包运力为核心组建了即时配、落地配、个人配三大物流配送网络,春节期间继续为全国2 600多个县区市的商家、用户提供同城场景下全品类、全渠道订单的一体化履约服务。

达达快送相关负责人介绍:"春节有很多骑士选择回家或停工。平台通过推出春节配送补贴、老骑士激活、面向社会开放新骑士招募等多种措施扩充春节运力。春节期间,不管是零售商家商品、电子商务企业订单还是个人用户帮买帮取送等需求,达达快送骑士都能及时响应并可靠送达。"

在做好防疫保障工作的基础上，达达快送根据历史数据和今年预估订单数据，精准分析春节前后配送订单的峰值变化情况，以门店维度，为商家匹配众包和驻店运力，提前进行运力储备。同时，达达快递通过优化智慧物流系统，面向商家推出"达达智配"，帮助商家春节期间也能实时进行运力调配、优化配送路径，提升骑士服务水平，帮助商家高效实现配送运力的动态平衡，同时节省成本。

达达快送还从各个部门抽调骨干人员，在上海总部成立了"春保作战室"，统一负责"春节不打烊"的运力调配、防疫保障、商家对接、技术支持等相关工作。上海卜蜂莲花电子商务副总经理巩凡表示："今年春节，我们和达达快送提前沟通配送运力需求，同步招募和储备充足运力，针对不同门店情况匹配合适运力，让春节期间用户订单也能1小时达。"

针对2021年冬季严峻的疫情形势，达达快送也进行了充分准备，通过提前采购口罩、消毒液等防疫物资，建立疫情应急响应机制，制定防疫应急预案等举措，全力保障春节期间广大市民订单正常配送。达达快送还联合众多"春节不打烊"品牌商家，举办骑士团圆饭、骑士年会等关怀活动，为坚守配送的骑士送去关怀和温暖。

2．上京东到家买年货 年三十也能1小时达

2021年春节，京东到家宣布携手平台全品类商家启动"春节不打烊"计划。作为入驻超10万家门店的全品类即时零售平台，京东到家基于遍布全国线下门店春节期间的稳定营业，保障各地市民线上采买年货能够实现"随时随地，随要随买"。即使是大年三十，用户登录京东到家平台，也能从附近门店下单，快速采购到各式新鲜年货，足不出户享受1小时送达服务。

这个春节，众多省市都发出了"就地过年"的倡议。为了让市民们安心居家过个好年，京东到家携手沃尔玛、永辉超市、华润万家、步步高、永旺、卜蜂莲花、北京华联、中百仓储、世纪联华、北国超市等众多知名连锁零售商，为全国1 200多个县区市提供超市便利、生鲜果蔬、医药健康、3C家电、蛋糕美食、个护美妆等全品类商品1小时送达服务，保障春节期间各类民生物资供给充足、高效配送。

步步高广西南宁南棉店店长王志斌表示："今年春节，步步高门店不打烊。我们将联合京东到家，精选优质商品、加强商品备货，为广大市民提供丰富的过年物资和生活用品。"针对不同地区的用户喜好，京东到家和商家、品牌通过大数据，预估热销民生商品类型，做好"门店级"精细化备货，丰富年货等物资供给。在精细化备货外，京东到家也提前与商家门店做好人员储备，包括门店拣货环节提前招募和激活拣货人员，以保证春节期间线上订单的拣货配送效率。

（资料来源：小时新闻，https://www.thehour.cn/news/423222.html）

思考题：

1．电子商务物流企业在春节期间"不打烊"会增加哪些成本？
2．电子商务"不打烊"对消费者有什么样的价值？
3．你如何看待"不打烊"服务？

第一节　电子商务物流服务

一、电子商务物流服务概述

（一）电子商务物流服务的含义

电子商务物流服务是物流企业根据电子商务企业或个人的需要，为顾客提供的完成网上交易的一系列物流活动。对于电子商务企业而言，优质卓越的物流服务是提高客户满意度和增强企业竞争力的重要手段。电子商务物流服务最大的吸引力在于如何帮助电子商务企业充分利用物流能力获得竞争优势。

（二）电子商务物流服务的特征

电子商务物流服务融合了电子商务和物流各自的特点，呈现出以下几大新特征。

1. 实体性与虚拟性并存

在传统的商务环境中，物流活动大都具有一定的实体形态，如物流作业的工具、对象等。随着信息技术及电子商务的发展和应用，物流具有了虚拟化的特征，如虚拟管理、虚拟仓库、虚拟作业等，从而使电子商务物流具有虚拟性的特点。但是，这并不能完全取代物流的实体性质。因为物品及进行物品运作的工具是不会被"数字化"的，它仍然具有实体的性质。所以，在现代信息技术与电子商务下，物流具有实体与虚拟并存的特点，既有实体特征的物品，也有由此形成的虚拟产品——信息和对物流进行虚拟化的管理等。

2. 远程化与现场化并存

在现代信息技术与电子商务下，电子商务物流服务可以以远程化的方式提供。不同地域的用户可以通过网络查询所需要的物流信息，寻找适合自身的合作伙伴，进行洽谈与物流委托，并对自身的物流活动进行监控。同时，电子商务物流服务中货物的转移最终还是要通过与物流公司或其服务人员接洽、现场接收来完成。所以，电子商务物流服务具有远程化与现场化并存的特征。

3. 个性化与大众化并存

信息技术及电子商务的发展为物流企业提供个性化服务奠定了良好的基础。在电子商务物流运作过程中，企业可以根据某些用户的特殊需要，为用户提供个性化的物流服务，从而扩大市场份额、吸引用户。但对于物流企业来说，还应根据用户对物流服务的共同需求，开展大众化的物流服务。这样，企业的物流规模才能得到有效扩大，效益才能得到有效提高。

4. 开放性与安全性并存

对于物流企业来说，其网络系统具备开放性的特点，用户可通过网络查询相关的物流信息，掌握企业所提供的物流服务项目及自身委托物流服务项目的实施等情况。物流企业也可通过网络掌握和了解用户所需要的物流服务，传输物流信息，与用户进行沟通，对物流活动进行协调。网络的开放性同时也带来了安全性问题。对于企业和用户来说，网络信息的安全传输和存放是电子商务物流服务中一个值得重视的问题。

5. 订单量大而批量小

相对于其他制造业来说，电子商务企业物流服务对象有其特殊性，电子商务企业订单的数量相对较大，每单金额相对较小。由于电子商务企业经营的商品品类趋于多元化，一个订单中往往包含多个商品品类，导致分拣难度大；又因为品类多元化，导致包装不易标准化、机械化。

6. 时效性要求高

与传统卖场不同的是，消费者不能立马获得心仪的商品，需要等待一定的时间，而大多消费者都希望等待时间越短越好。在如今经营的商品、价格水平都趋同的情况下，电子商务企业的竞争逐渐变成其物流服务水平的竞争，而时效性又是消费者衡量物流服务水平的关键指标之一。越来越多的电子商务企业对时效进行了不同程度的承诺，如京东商城的"211限时达"和1号店的"半日达"。

7. 服务范围分布广泛

电子商务企业的服务对象是全国甚至全球任何一个能在线下下订单的地方，这就意味着物流服务商的服务范围是全国范围甚至是全球范围。物流服务范围十分广，这就对物流/配送中心网点的健全性、配送承载能力等提出了要求。

8. 从业人员素质要求高

电子商务企业的物流配送人员直接接触消费者，代表企业形象，是消费者对企业服务直观感受的评价依据之一。然而，我国从事物流配送的从业人员素质普遍不高，这与电子商务企业提出的服务要求相冲突，也是企业未来需要着重提升之处。

二、电子商务物流服务价值链

(一)电子商务物流服务价值链的含义

电子商务物流服务价值链是指在物流服务过程中，通过对信息、服务、资金的集成，形成的从功能型物流服务到最终客户的网络状结构图。其功能型物流服务主要是指运输、仓储、配送等。整体来说，电子商务物流服务价值链的形成不仅是社会分工的结果，也是各种因素相互驱动的结果，包括企业的内部因素、外在环境和科学技术等。随着信息技术和全球经济的发展，有必要对电子商务物流服务价值链进行理论研究和实践应用，以对传统服务价值链进行改进、重构并优化。

(二)电子商务物流服务价值链的特征

1. 过程的一体化

电子商务物流服务价值链是基于信息技术和信息平台，通过标准的规范把物流服务企业有机联系起来，实现一体化管理，确保提供服务的连续性和稳定性。

2. 网络组织的优化

电子商务物流服务价值链是由若干物流组织组成的一个综合性组织，是由于各个物流组织间的分工合作形成的一个网络组织。只有对这个网络组织进行优化，才能使各个物流组织发挥其核心特长，使其功能放大，从而加快对顾客需求的反应速度，实现服务成本的最低。这种网络组织的优化应该是自上而下的全局优化，包括运输、仓储、流通环节的优化，也包括诸如增值服务区域组织网络的优化，只有这样才能形成合理的物流网络。

3．服务的灵活性

电子商务物流服务价值链要根据顾客的需求、环境的变化和技术的发展等内部和外部因素的变化，不断调整服务内容、服务观念，所以物流服务的灵活性是电子商务物流服务价值链的一个重要特征，只有这样才能保持电子商务物流服务价值链的市场竞争力。

4．服务集成化

与传统的纵向一体化物流服务相比，电子商务物流服务价值链中的信息流量大大增加，这种信息传递不再是逐级传递，而是网络的传递，只有将服务需求信息、服务供应信息和共享信息集成在一起，才能避免信息流的失真，提高电子商务物流服务价值链的敏捷性，为价值链的精细化运作提供便利。

（三）电子商务物流服务价值链体系

物流产品价值链是以产品制造为中心，以硬件设施作为支撑，目的是提高产量，降低成本，使顾客价值在产品中实现。而电子商务物流服务价值链则可以保证各个企业之间的同步化、并行化运作，培养其快速响应市场的能力，着重解决运输的准确性、信息的共享性、系统的灵活性和敏捷性问题，实现无缝的供应连接，以保证顾客价值在信息中实现。

根据电子商务物流服务价值链的特点，电子商务物流服务价值链体系可以包括三个体系：初级服务体系、技术服务体系和增值服务体系（如图 7-1 所示）。在经济生活中，这三大体系既可以独立运行，也可以相互联系在一起，实现服务价值链的增值最大化。

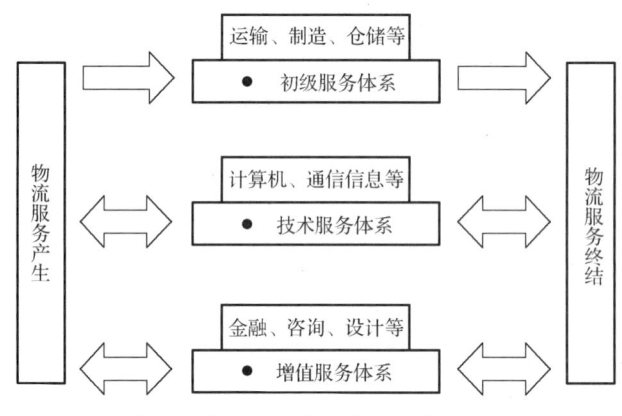

图 7-1　电子商务物流服务价值链体系

(1) 初级服务体系是由物流服务的初级活动构成，主要包括运输、制造、仓储等，是支撑整个电子商务物流服务价值链体系运行的基础，是实现物流服务的关键。初级服务体系衍生了技术服务体系和增值服务体系，只有通过整合初级服务体系中的资源，实现合理配置，才能使电子商务物流服务价值链的整体增值，不断降低初级服务体系所产生的成本，提高电子商务物流服务价值链体系的整体运行效率。

(2) 技术服务体系在价值链体系中处于核心的地位，是整个服务价值链运行的心脏。在进行各种物流服务活动的过程中，技术服务体系通过信息技术的协调，实现各个环节的信息共享，消除信息的冗余，提供及时有效的服务信息，获得竞争优势，培植企业的核心竞争力。

(3)增值服务体系是电子商务价值链发展的一个重要标志,其内容不同于其他服务体系,主要包括金融、咨询、设计和委托等,具有很强的创新性。不同的环节提供的增值服务各不相同,不但能够整合整条服务价值链的资源和资金,而且能更好地满足顾客的需求。其增值能力的强弱代表了整条服务价值链的水平。

电子商务物流服务价值链是物流服务业发展的一个重要趋势,也是社会经济增长的客观要求。其发展速度不但取决于技术的更新、理念的变革,而且与各种增值服务理念有着密切的关系。

三、电子商务物流常规服务

(一)订单管理与数据分析

此项服务包括接收订单、整理数据、确认订单、支付处理(包括信用卡结算及赊欠业务处理)等。在电子商务物流的订单管理服务中,需要通过软件系统来处理繁杂的业务环节,从而实现为客户提供高质、高效的订单服务的目标。

对于顾客提交的订单,物流系统会对相关数据进行分析,产生一些深度分析报告。这些经过分析的信息可以帮助制造商及经销商及时了解市场信息,以便随时调整目前的市场推广策略。这项服务是电子商务物流服务提供商向客户提供的一项延伸服务。

(二)仓储与分拣

仓储中心接到订单后,就会根据订单内容承担起分拣、包装及运输的任务。在这个阶段,有的物流服务提供商还会提供一些增值服务,如根据顾客的特殊需要对物品进行包装等。同时,仓储与分拣中心还负责存货清点管理及存货的补给工作,并由电子商务物流服务系统进行监测。这种服务将会为制造商提供有效的库存管理信息,使制造商或经销商保持合理的库存。

电子商务环境下的仓储最大的特点就是利用电子商务的信息网络将供应链上各环节的信息系统进行有效集成,尽可能地通过完善的信息沟通,将实物库存暂时用信息代替,即将信息作为虚拟库存(Virtual Inventory)。

(三)运输配送与交付

这一环节包括了对长途运输与末端配送的全程管理,具体如处理运输、配送需求,设计运输、配送路线,运输配送的实施,货物的最终交付及货款回收与结算等,同时还包括向客户提供通过互联网对货物运输配送状态进行的实时跟踪服务。电子商务企业在提供该项服务时也会选择将其外包给运输服务力量较强、能满足客户运输需要的第三方物流公司(如 UPS、FedEx、EMS 等),然后具体组织网络内部的运输作业,在规定的时间内将客户的商品运抵目的地,这里包括最后的市内配送,以尽可能方便客户。

(四)逆向物流服务

电子商务的逆向物流服务主要是网络交易的退换货管理业务,承担货物的退回、修复、重新包装与发货等任务。这个过程需要进行退货授权认证、分拣可修复货物、处理受损货物等工作。有效的退换货管理能够提高电子商务企业，尤其是 B2C 和 C2C 的顾客满意度。出于环境保护，对废弃物处置问题的重视程度不断提升，同时人们意识到某些产品、零配件或循环物资可以回收再利用，所以逆向物流还包括回收物流服务。这项服务有利于提高物流企业在电子商务市场上的绿色竞争力。

（五）客户服务

电子商务物流的客户服务环节与其他服务环节密切联系、相互支持，主要包括客户开发、客户调查、客户业务服务、客户信息反馈、客户沟通等内容，如对顾客的电话、传真、MSN、QQ、电子邮件等迅速响应，处理的内容包括存货信息、货物到达时间、退货信息及顾客意见等，以克服传统物流信息的不及时性与误差性。

四、电子商务物流增值服务

电子商务不仅需要传统的物流服务，更需要增值性的物流服务，即为客户提供超出常规服务范围的服务，或者采用超出常规的方法提供的服务。创新、超出常规和满足客户需求是增值服务的本质特征。一切能够增强电子商务便利性、加快反应速度、降低成本的服务及将供应链集成在一起的延伸服务都是电子商务物流的增值服务。

（一）增加便利性的服务

一切能够简化手续、简化操作的服务都是增值服务。简化是相对于消费者而言的，并不是说服务的内容简化了，而是指为了获得某种服务，以前需要消费者自己做的一些事情简化操作了，而且更加方便，这当然增加了商品或服务的价值。在提供物流服务时，推行一条龙门到门服务、提供完备的操作或作业提示、免费培训、维护、省力化设计或安装、代办业务、24 小时营业、自动订货、传递信息和转账、物流全过程追踪等都是对客户有用的增值服务。

（二）加快反应速度的服务

快速反应是指电子商务物流企业面对多品种、小批量的买方市场，不是储备了"产品"，而是准备了各种要素，在客户提出要求时，能以最快速度抽取要素，及时"组装"，提供所需服务或产品。快速反应已经成为物流发展的动力之一。传统观点是将加快反应速度变成单纯对快速运输的需求，而现代物流的观点更偏向于优化配送中心、物流中心网络，重新设计适合客户的流通渠道，以此来减少物流环节、简化物流过程，提高物流系统的快速反应能力。

（三）降低成本的服务

通过提供增值物流服务，寻找能够降低物流成本的物流解决方案。可以考虑的方案包括：采用 3PL 服务商；采取物流共同化计划；同时，可以通过采用比较适用但投资较少的物流技术和设施设备，或推行物流管理技术，如运筹学中的管理技术、单品管理技术、条形码技术和信息技术等，来提高物流的效率和效益，降低物流成本。

（四）延伸服务

延伸服务向上可以延伸到市场调查与预测、采购及订单处理；向下可以延伸到物流咨询、物流系统设计、物流方案的规划与选择、库存控制决策建议、货款回收与结算、教育与培训等。以结算服务为例,物流的结算不仅仅只是物流费用的结算,在从事代理、配送的情况下,物流服务商还要替货主向收货方结算货款。关于需求预测功能,物流服务商应该负责根据物流中心的商品进货、出货信息来预测未来一段时间内的商品进出库量,进而预测市场对商品的需求,从而指导订货。关于物流系统设计咨询功能,3PL 服务商要充当客户的物流专家,为客户设计物流系统,帮助客户选择和评价运输网、仓储网及其他物流服务供应商。关于物流教育与培训功能,物流系统的运作需要客户的支持与理解,通过向客户提供物流培训服务,可以提高客户的物流管理水平。

【知识链接】

京东物流的增值服务

京东物流通过布局全国的自建仓配物流网络,为商家提供一体化的物流解决方案,实现库存共享及订单集成处理,可提供仓配一体、快递、冷链、大件、物流云等多种服务。其主要增值服务如下:

仓间调拨:根据客户的调配需求,可实现跨区域仓到仓的货物流转。

代贴条码:客户可选择由京东物流代贴商品条码。

个性包装:京东物流可根据产品规格,提供不同尺寸的物流包装。

B2B 服务:客户提供由仓库到门店、其他仓库等的货物流转供应链服务。

组套加工:客户可将零散的商品入库,由京东物流在库内实现组套打包的生产服务。

动产金融:与京东金融合作,在京东金融根据商家商品评估金额为商家提供动产质押贷款时,京东物流作为第三方对商家质物进行系统监管的服务。

(资料来源:九州物流网,http://www.wl890.com/zgwuliu/wuliujs/1541572939778.html)

五、物流服务质量管理

(一)物流服务质量的概念及内容

物流服务质量就是物流企业通过提供物流服务,达到服务产品质量标准,满足用户需求的保证程度,也是客户感知到的物流服务的集合,是由物流企业和客户在合作过程中相互作用的真实瞬间实现的。

物流服务质量管理简单来说可以包括以下内容。

(1)物品的质量管理:在转移或者流通过程中,物品是否完好,是否正确无误地交到顾客的手中。

(2)物流工作质量管理:指服务过程中的各个环节、各个工种至各个岗位的工作质量的综合,以及过程中资源是否合理配置,是否有效率地完成任务。

(3)物流工程质量管理:工作流程、工艺的设计、设备的组合、物流设施是否符合条件,以及组织机构、工作制度是否合理等,这些都属于物流服务质量管理的内容。

(二)物流服务评价

对物流服务质量进行评价,主要从以下 4 个角度进行。

1. 顾客

顾客是物流服务的对象，也是物流服务的核心内容之一，只有正确了解和评估顾客的需求，才能满足顾客的需求。所谓的顾客需求主要有四类：时间、质量、服务和价格。只有为顾客节约成本才能为顾客提供更多的价值增值。这些评价指标体现了顾客的意志，反映了顾客的需求，是作为硬性指标而存在的。

2. 管理

优秀的顾客服务来源于组织的流程决策和运作。物流服务管理就是要了解如何经营才能满足或超越顾客的需求。管理层面对的是对客户利益影响最大的业务流程，应确定自己的核心竞争力，在关键技术的引进方面起到决定性作用。

3. 发展潜力

物流服务的未来直接关系企业的未来。激烈的市场竞争要求服务不断创新，发掘、整合企业内、外资源，提高现有流程服务和创新的能力，缩短新产品的开发周期，提高效率。

4. 成本

物流服务的价值增长关键点也在成本的降低，包括运输成本、仓储成本、风险成本、时间成本的降低等。

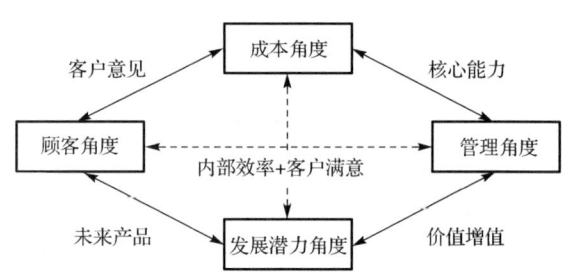

物流服务 4 个角度的关系可以在图 7-2 中表现出来。基于此，物流服务评价体系建立的总体框架模型，如图 7-3 所示。

图 7-2 物流服务 4 个角度的关系

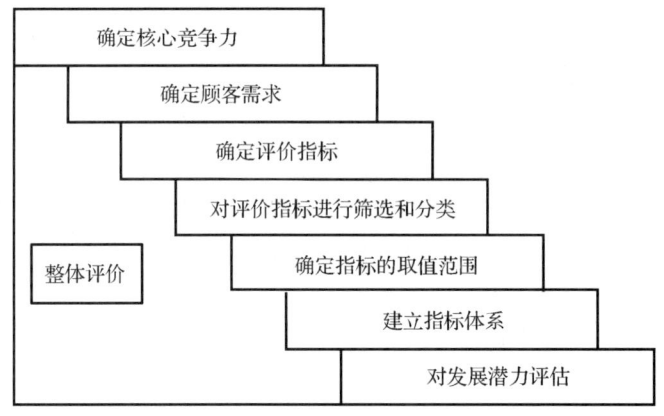

图 7-3 物流服务评价体系建立的总体框架模型

六、物流服务与成本的关系

高水平的物流服务是由高物流成本来保证的。除非有较大的技术进步，否则企业很难在提高物流服务水平的同时降低物流成本。一般来说，提高物流服务，物流成本随即上升，它们之间呈背反关系，并且物流服务与物流成本之间并非线性关系。如图 7-4 所示，在服务水平较低阶段，如果追加 X 单位的服务成本，服务质量将提高 Y；而在服务水平较高阶段，同样追加 X 单位的成本，提高的服务质量则为 $Y'(Y'<Y)$。

图 7-4 给我们的启示是，投入相同的成本并非可以得到相同的物流服务的增长。与处于竞争状态的其他企业相比，在服务水平相当的情况下，要想超过竞争对手，提出并维持更高的服务标准，就需要有更多的投入，因此一个企业在做出这种决定时必须经过仔细研究和对比。

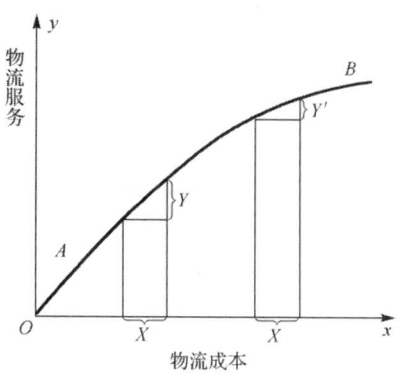

图 7-4　物流服务与成本

企业在提出降低物流成本的要求时，必须认真考虑物流成本下降与物流服务之间的关系。在做决策时，通常考虑以下 4 种方法。

(1) 在物流服务水平不变的前提下考虑降低成本。不降低物流服务水平，通过优化物流系统来降低物流成本，这是一种追求效益的做法。

(2) 为提高物流服务不惜增加物流成本。这是许多企业在面对特定顾客或其特定商品面临激烈竞争时所采取的积极做法。

(3) 在成本不变的前提下提高物流服务水平。这是一种追求效益的办法，也是一种有效地利用成本性能的做法。

(4) 用较低的成本来实现较高的物流服务水平。这是增加销售、增加效益、具有战略意义的做法。

第二节　电子商务物流成本管理与控制

一、物流成本管理理论

(一) 物流成本管理的含义

物流成本管理(Logistics Cost Control)是对物流相关费用进行的计划、协调与控制。物流成本管理是通过成本去管理物流，即管理的对象是物流而不是成本。物流成本管理可以说是以成本为手段的物流管理方法。

(二) 物流成本的特征

(1) 物流部门对于物流成本具有不完全控制的特点。如保管费中就包括由于过多进货或过多生产而造成积压的库存费用，以及紧急运输等例外发货的费用，这些都是物流部门无法控制的。

(2) 物流成本之间存在二律背反规律。在物流功能之间，一种功能成本的削减会使另一种功能成本增加。因为各种费用互相关联，所以必须考虑整体的最佳成本。由于物流成本没有列入企业的财务会计制度，如不进行特别计算，不容易把握。

(三) 物流成本管理的相关理论

1. 物流成本冰山理论

这一理论是由早稻田大学的西泽修教授提出的。西泽修教授指出，盈亏计算中的"销售费和一般管理费"栏中记载的外付运费和"外付保管费"的现金金额，不过是冰山之角。因为在公司内部占压倒多数的物流成本被混入其他费用中，如不把这些费用核算清楚，很难看出物流费用的全貌。

2. 物流成本削减的乘法效应

假定销售 100 亿元，物流成本为 10 亿元，如物流成本下降 1 亿元，就可得到 1 亿元的收益。这个道理是不言自明的。现在假定物流成本占销售金额的 1%，则物流成本下降 1 亿元，销售金额将增加 100 亿元。因此，物流成本的下降会产生极大的效益。

二、物流成本分类

(一) 客户服务成本

客户服务成本包括订单履行成本以及零部件和服务支持的成本，还包括与退货处理相关的成本。客户服务成本主要影响着客户对企业服务的感受及最终的客户满意水平。与客户服务水平相关的关键的成本权衡因素就是丧失销售机会的成本。丧失销售机会的成本不仅包括失去现有销售所带来的贡献，还包括未来的潜在销售，企业可能由于以前客户负面的口头宣传而丧失未来的销售机会。一项评估表明，每个不满意的客户会将自己对产品或服务的不满向平均 9 个人诉说。毫无疑问，要衡量客户服务的真实成本是困难的，因此，最好的办法是根据客户需要决定达到的客户服务水平，并考虑那些需求将会如何受营销组合其他方面开支的影响。正如我们前面所说的，其思想是在给定客户服务目标的前提下，使总成本最小。

(二) 运输成本

运输成本是承运人为完成特定货物位移而消耗的物化劳动与活劳动的总和，其货币表现就是各种费用的支出，包括车队、燃料、设备维护、劳动力、保险、装卸等。根据分析个体的不同，可以用多种不同的方法来考察运输的支出。运输成本可以按客户、生产线、渠道类型、运输商、方向(进货与发货)等分类。根据发运量、运输的重量、距离及出发地和目的地不同，成本的变化很大。

 【知识链接】

各种运输方式的成本构成

公路：车辆折旧、车辆养路费、保险费、油耗、过路过桥费、停车费、装卸费、修理保养费、工资等。

铁路：车辆折旧、车辆保养费、保险费、油耗、装卸费、管理费、工资等。

航空：飞机折旧、飞机维护费、保险费、油耗、机场费、管理费、装卸费、工资等。

水路：船舶折旧、船舶维修费、保险费、油耗、装卸费、管理费、工资等。

管道：管道维修保养费、装卸费、管理费、工资等。

（资料来源：业百科，https://www.yebaike.com/22/1383480.html）

（三）仓储成本

仓储成本是指由仓储作业（如流通加工、分拣、装卸搬运、出入库操作等）带来的成本，以及建造、购置仓库等设施设备所带来的成本。仓储成本与库存水平无关，只与仓储作业和仓库规划有关。

【知识链接】

仓 储 租 金

通用仓储指除冷藏冷冻物品、危险物品、谷物、棉花、中药材等具有特殊要求以外的物品的仓储活动。调查显示，2020年11月，全国32个城市仓储平均租金为27.69元/m^2·月。其中，东北地区仓库平均租金22.71元/m^2·月，中部地区仓库平均租金22.88元/m^2·月，西部地区仓库平均租金23.82元/m^2·月，东部地区仓库平均租金32.07元/m^2·月（北、上、广仓库平均租金46.8元/m^2·月、45.84元/m^2·月和32.24元/m^2·月）。

（资料来源：产业信息网，https://www.chyxx.com/industry/202101/924938.html）

（四）订单处理/信息系统成本

订单处理和信息系统的成本与诸如处理客户订单、配送信息和需求预测等活动相关。订单处理成本包括订单发送、订单录入、订单核实、订单处理以及相关的内部和外部成本，比如通知运输商和客户有关发运信息和产品的可供情况的成本。发运人和承运人已经进行了大量投资来改善他们的信息系统，包括电子数据交换（EDI）、卫星数据传输、条形码编码及扫描技术、决策支持系统、人工智能（AI）、互联网接入和专家系统等。

（五）批量成本

物流的主要批量成本是由生产和采购活动所引起的。批量成本是与生产和采购相关的成本，随着生产批量或生产启动频次、采购规模的大小或采购频率的改变而变化。它主要表现为以下两个方面。

(1) 与生产批量和生产启动频次有关的成本，主要包括不同生产批量制造出的产品在成本上的差别、生产启动成本。

(2) 与采购批量和采购频次有关的成本，主要包括采购的数量不同所导致的采购价格的差异、订货成本的差异。

批量成本不应被孤立地看待，因为它与其他成本存在二律背反关系。例如，一个消费品制造商大批量生产，也许可以从供应商那里得到好价钱，获得长时间有效率的生产运作，但是也可能需要更多的储存空间。

（六）存货持有成本

存货持有成本包括那些随库存数量变动而变动的成本。可能影响存货持有成本的物流活动包括库存控制、包装、废品回收和废物处理。

存货持有成本由许多因素组成，除销售损失之外，存货库存成本是最难确定的。存货持有成本有以下4个组成部分。

(1) 资金成本，或者机会成本，即企业原本在库存占用资金上可能得到的回报。

(2) 库存服务成本，包括库存的保险和税金。

(3) 储存空间成本，包括那些和仓储空间相关的随着库存水平变动的成本。

(4) 库存风险成本，包括过期、偷盗、库存系统内的移动和损坏。适当的包装可以减少损坏和偷盗的成本，便于移动，并有助于防止产品过期。

三、物流成本核算

物流成本核算是根据企业确定的成本计算对象，采用相应的成本计算方法，按照规定的成本项目，通过一系列物流费用的汇集与分配，从而计算出各物流环节成本计算对象的实际总成本和单位成本。

(一) 物流成本核算的目的

(1) 正确地观察成本的变化情况或与其他公司、其他行业进行比较。

(2) 制订物流活动计划，进行调控或评估。

(3) 向高层管理者提供物流情况，在公司内部提高员工对物流重要性的认识。

(4) 指出应由销售部门或生产部门负责的不合理的物流活动。

(5) 了解并评估物流部门对企业效益的贡献。

(二) 物流成本的核算范围

(1) 起止范围。贯穿企业活动全过程，包括原材料供应物流、生产物流、销售物流。

(2) 物流活动环节。包括输送、保管、装卸、包装等，以不同活动为计算对象，其结果是不同的。

(3) 费用性质。所支付的运费和保管费等向企业外部支出的物流费用，以及人工费、折旧费、修理费、动力费等企业内部的费用支出，明确哪些是列入物流成本核算范围的。

(三) 物流成本的核算方式

(1) 按支付形态计算物流成本。把物流成本分别按运费、保管费、包装材料费、自家配送费（企业内部配送费）、人事费、物流管理费、物流利息等支付形态记账，从中可以了解物流成本总额，也可以了解什么经费项目花费最多。这对认识物流成本合理化的重要性，以及考虑在物流成本管理上应以什么为重点，十分有效。

(2) 按功能计算物流成本。分别按包装、配送、保管、搬运、信息、物流管理等功能计算物流费用。从这种方法可以看出哪种功能更耗费成本，比按支付形态计算物流成本更进一步找出实现物流合理化的关键，而且可以计算出标准物流成本（单位个数、重量、容器的成本），进行作业管理，设定合理化目标。

(3) 按适用对象计算物流成本。按适用对象计算物流成本，可以分析出物流成本都用在哪种对象上。如可以把商品、地区、顾客或营业单位作为适用对象分别进行计算。

(4) 按营业单位计算物流成本。就是要对比各营业单位物流成本与销售金额或毛收入，用来了解各营业单位物流成本中存在的问题,以加强管理。

(5)按顾客计算物流成本。又可分为按标准单价计算和按实际单价计算两种。按顾客计算物流成本,可以作为制定顾客战略,如选定顾客、确定物流服务水平等的参考。

(6)按商品计算物流成本。它是指把按功能计算出来的物流费,采用各自不同的基准,分配给各类商品,目的是计算出各类商品的物流成本。此方法可用来分析各类商品的盈亏。

【知识链接】

电子商务件成本究竟可以做到多低,如表7-1所示。

表7-1 电子商务件成本究竟可以做到多低

	业务量(亿件)	业务收入/成本(亿元)	单件收入/成本(元)
中通	170	252.14	1.5
圆通	126.48	330.83	2.6
申通	88.18	207.35	2.4
韵达	141.82	335.22	2.4
顺丰速运	81.37	1517.43	18.6
极兔快递	—	—	2.0*
京东物流	—	404	5.7*
行业整体(2020年全年)	833.57	8 795.4	10.6

*极兔快递单件收入为预估值,京东物流单件收入为2017年计算值,其余数据源于国家邮政局及主流媒体报道。

四、物流成本控制策略

(一)实施物流标准化

物流标准化是将物流作为一个大系统,制定系统内部设施、机械设备、专用工具等各个子系统的技术标准及系统内各个子领域如包装、装卸、运输等方面的工作标准,以系统为出发点,研究各子系统与子领域中技术标准与工作标准的配合性,统一整个物流系统的标准。物流标准化使货物在运输过程中的基本设备统一规范,如现有托盘标准与各种运输装备、装卸设备标准之间能有效衔接,大大提高托盘在整个物流过程中的通用性,也在一定程度上促进货物运输、储存、搬运等过程中的机械化和自动化水平的提高,有利于提升物流配送系统的运作效率,从而降低物流成本。

(二)实行供应链管理

实行供应链管理不仅要求本企业的物流体制效率化,也需要企业协调与其他企业以及客户、运输业者之间的关系,以实现整个供应链活动的效率化。要追求成本的效率化,不仅企业物流部门或生产部门要加强控制,而且采购部门等各职能部门也要加强成本控制。提高对顾客的物流服务可以确保企业利益,同时也是企业降低物流成本的有效方法之一。

(三)建立现代信息系统

通过现代物流信息技术可以将企业订购的意向、数量、价格等信息在网络上进行传输,从而使生产、流通全过程中的企业或部门分享由此带来的利益,充分对应可能发生的各种需求，进而调整不同企业间的经营行为和计划，使企业间的协调和合作能在短时间内迅速发生，从整体上控制物流成本发生的可能性。同时，物流管理信息系统的迅速发展，使混杂在其他业务中的物流活动成本能精确地计算出来，而不会把物流成本转嫁给其他企业或部门。

（四）贯彻全流通理念

对于一个企业来讲，控制物流成本不单单是本企业的事情，即追求本企业的物流效率，而应该考虑从产品制成到最终用户整个流通过程的物流成本效率，即物流设施的投资或扩建与否要视整个流通渠道的发展和要求而定。例如，有些厂商是直接面对批发商经营的，因此，很多物流中心类似于批发商物流中心，从事大批量的商品输送。然而，随着零售业界的便利店、折扣店的迅速发展，客观上要求厂商必须适应零售业这种新型的业态形式，开展直接面向零售店铺的物流活动。

（五）提升配送效率

随着多频度、小单位配送的发展，要求企业采取有效率的配送，必须重视配车计划管理，提高装载率及车辆运行管理。一般来讲，企业要实现有效率的配送，就必须重视配车计划管理，提高装载率，加强车辆运行管理。通过构建有效的配送计划信息系统，可以使生产商配车计划的制订与生产计划联系起来进行，同时通过信息系统使批发商将配车计划与进货计划相匹配，从而提高配送效率，降低运输成本和进货成本。

（六）减少退货

退货成本也是企业物流成本中一项重要的组成部分。退货会产生一系列的物流费、因退货商品损坏或滞销而产生的经济费用，以及处理退货商品所需的人员费和各种事务费用。在退货时，一般是由商品提供者承担退货所发生的各种费用，而退货方因为不承担商品退货产生的损失，往往会很随便地退回商品，并且由于这类商品大多数量较少，配送费用有增加的趋势。不仅如此，由于这类商品规模较小，也很分散，商品入库、账单处理等业务也很复杂。因此，降低退货成本是物流成本控制活动中需要特别关注的问题。

【本章小结】

电子商务物流服务是物流企业根据电子商务企业或个人的需要，为顾客提供的完成网上交易的一系列物流活动。对于电子商务而言，优质卓越的物流服务在于如何帮助电子商务企业充分利用物流能力获得竞争优势。电子商务物流服务的内容一般包括订单管理与数据分析、仓储与分拣、运输配送与交付、逆向物流服务等；增值服务包括增加便利性、加快反应速度、降低成本、延伸服务等服务。反映物流服务质量的评价指标有运输、仓储、信息化水平和发展潜力。

物流成本管理是对物流相关费用进行的计划、协调与控制。企业物流成本管理的目标就是实现物流成本的合理化管理。根据物流作业，物流成本可被划分为 6 种类型：客户服务成本、运输成本、仓储成本、订单处理/信息系统成本、批量成本、存货持有成本等。物流成本核算是根据企业确定的成本核算对象，采用相应的成本计算方法，按照规定的成本项目，通过一系列物流费用的汇集与分配，从而计算出各物流环节成本核算对象的实际总成本和单位成本。

 案例阅读

宜家拥抱电子商务：物流成本将承受巨大压力

2020年3月10日，瑞典家居品牌宜家家居正式上线天猫旗舰店，这也是宜家在全球开出的首个第三方平台官方旗舰店，宜家官方购物App也在同日推出。正式入驻后，宜家天猫旗舰店上架了3 800余款产品，不过初期仅服务上海、江苏、浙江、安徽的消费者，之后将逐步拓展至全国其他省市。目前，宜家旗舰店与线下实体店已打通会员体系，消费者可使用同一账号且价格一致。

1. 被冲击的宜家

1998年，宜家在中国上海开了第一家卖场，至今已过22年。2010年至2015年，宜家中国的零售额增速一直保持在20%以上，之后便一路下滑，2018年开始跌破双位数。在瑞典之外全球唯一一个布局全产业链的中国市场，宜家只有这样的增速显然不理想，所以，2019年财报发布后，宜家宣布全面线上化，加速对电子商务流量的挖掘。

宜家的瓶颈，源于自身的扩张速度，也源于中国家居市场大环境的变化。2010年以前，宜家在中国只有8家卖场。2010年以后，宜家加快了扩张步伐，但随着国内地价的飙升，宜家商城在一二线城市的复制压力增大，至今仅25家卖场。不仅规模效应不够强大，宜家也未赚到下沉市场的红利。国内三四线城市普遍缺乏家具和家装产品销售渠道。宜家虽在部分地区能送达三四线城市，但品牌渗透度却远不敌红星美凯龙、居然之家等。

近几年，中国本土家居品牌的崛起，也在削弱宜家的竞争力。除居然之家、红星美凯龙外，欧派、索菲亚、尚品宅配等订制家居，以及造作、梵几、吱音等新锐独立家居逐渐获得更高关注度。2018年，索菲亚和尚品宅配的营收增速均在20%。大多本土品牌本就在性价比上具有竞争优势，加之消费者的国货情节作用，自然更易打开市场。

2. 新零售背景下的数字化转型

曾几何时，居然之家和红星美凯龙带头抵制电子商务的入侵，但到了2018年，阿里55亿元入股居然之家，红星美凯龙则与腾讯达成了战略合作，后又接受了阿里入股。红星美凯龙触网后也曾选择单打独斗，但最终还是选择了与电子商务基础设施更为完善的头部玩家合作。想要打破僵局，宜家现阶段最好的选择，自然是和居然之家、红星美凯龙一样，拥抱电子商务，完成自己的数字化转型。

合作阿里，对宜家有着多重意义。首先，是消费群体的拓展。宜家的目标客户群体年龄主要集中在20~45岁，他们更青睐于宜家的这种美观个性又实用便宜的家居产品，但这些目标客户中，有一部分人居住在宜家25家卖场之外的城市，也有一部分人难以接受宜家卖场的"迷宫布局"，他们此前购买宜家产品的渠道多为代购。天猫旗舰店上线后，宜家自然能转化这批客户。

其次，是消费场景和玩法的多元化。宜家引以为傲的线下沉浸式体验，精髓便在于消费者能摸得着、看得见，但如今各大家居品牌都在尝试多元的体验渠道，如居然之家与阿里合作后引入盒马生鲜，与耀莱影院、儿童游戏等项目集合实现了吃喝玩乐一体化的综合化体验。宜家自然不能落后，入驻天猫的"云发布会"上，宜家也开启了淘宝直播首秀，

让淘宝直播间变身宜家样板间，消费者躺在家里也能逛宜家。此外，宜家的线上商城更像是一个基础的交易平台，上线天猫后，便能引入拼团、社交互动等多元玩法。

最后，便是拥抱涵盖实体店、电子商务企业、移动端和社交媒体的新零售体系。在零售去边界化时代，新一代消费者中，有人在线上了解产品后去实体店体验，有人在实体店看中产品后选择网络购买，线上线下融合趋势加剧。这种新零售概念下的O2O模式也是未来家居电子商务发展的必然趋势。宜家拥抱天猫，便有利于打通全渠道购物闭环，双线获客，并相互导流，从而避免线上线下的博弈处境。

宜家的优势在于原始用户的积累和品牌度的构建，这也是其上线两日关注便超47万的原因。但宜家的电子商务步伐已经迟了10年之久。10年，足够它的竞争对手在电子商务领域站稳脚跟，如全友家居天猫旗舰店粉丝便已超过300万。虽说线上家居市场行业集中度较低，目前仍没有一个品牌建立绝对领先优势，但在电子商务流量红利逐渐消失、获客成本提高下，宜家要在线上建立壁垒，依然面临较大的挑战。

3. 全面触网后的新挑战

对宜家这家注重品牌质量的企业而言，缓慢前行或许是最稳妥的选择，如今被市场大环境倒逼转型，对宜家而言是突破也是挑战。

在物流层面，对普通电子商务企业而言，其物流成本可以维持在10%左右，但因为家居"大、重、高价、易损"的特殊属性，需要高水准的物流团队和技术人员支持，大多数家居制造企业的物流成本高达30%。此外，商家还得考虑消费者退货造成的反向物流成本。红星美凯龙转战线上后，第一年便亏损了40亿元，这与高额的物流成本不无关系。

宜家中国公关负责人表示，宜家电子商务步伐的保守，也是出于物流的压力。对宜家而言，入驻天猫后，如何搭建物流体系至关重要，毕竟物流服务是影响消费者体验的关键要素。

上线天猫旗舰店后，宜家初步服务的仅上海、江苏、浙江、安徽4个省市。目前，宜家尚未公布旗舰店的配送要交给自建物流还是寻求第三方合作。自建物流要耗费巨大人力、物力，这对处于转型期的宜家而言，或许不是最好的选择。但第三方物流服务难以避开不可控因素，或许会对品牌口碑造成损耗，这是宜家需要衡量的问题。

在配送效率上，宜家曾提出2020年以前在中国东南西北中5个区域建成3个分拨中心、5个顾客配送中心、5个小包裹分拨中心来提高物流效率，如今尚未公布进展。不过，仓储之后的干线运输、末端配送、末端安装组装等配套环节也是宜家需要考量的。以末端配送和安装为例，TATA木门的安装是由线下实体店负责的，相比于加盟制下全国超2 000家门店的TATA，宜家实体店或许难以消化线上的巨大流量。

在电子商务运营层面，"电子商务小学生"宜家还需"招兵买马"，毕竟互联网不能照搬线下逻辑。当年红星美凯龙开始触网时，董事长兼CEO车建新为了推进互联网业务进程，吸收了一大批外部专家加盟。如今，红星美凯龙还在发布60万年薪招聘电子商务人才的广告。既然已经入局家居品牌的线上大战，那专业人才储备必然也是宜家不能漏掉的环节。

家居零售本身便是相对低频的商业，最大限度地挖掘单客价值尤为重要。专业电子商务人才可以更高效地助力宜家了解电子商务环境下消费者的习惯、迅速解决消费者的问题、在高频互动下与消费者建立信任关系，从而完成用户流量向口碑的转换，形成正向循环。

在这一维度，天猫的消费者大数据和宜家自己成立的 IBS 部门(涉及数据分析、CRM 系统维护、线上线下互动)也将成为重要助力。

同时，宜家 2020 年开始布局小型卖场，利用大量使用数字化虚拟展间的方式缩减空间，探索中心商铺的可能性。进入中国以来，宜家卖场的选址多数在地域宽敞且交通便利的郊区，与年轻一代高频活动的中心商圈距离较远，这并不利于新零售生态下线上线下的融合发展。作为参考，小米体验店、苏宁极物、网易严选等一般都驻扎在核心商圈。

进入中国 22 年，意识到中国零售行业的发展和变革速度前所未有后，宜家终于开始提速、开始改变，或者说，开始真正入乡随俗。不破不立，宜家中国开始走向下一阶段，但除了电子商务，在高度数字化的中国，宜家要拥抱的还有新零售、物联网、家居智能化等种种。若能守住这些阵地，宜家便能在未来的家居市场建立核心优势。

(资料来源：腾讯网，https://new.qq.com/omn/20200311/20200311A0WB5Z00.html)

案例思考：

1. 结合宜家的案例，分析物流成本由哪些因素组成。
2. 电子商务企业如何降低物流成本、提升服务品质？

【思考题】

1. 电子商务物流服务与成本之间是什么样的关系？
2. 为什么说电子商务竞争的关键在于提升用户体验？
3. 如何控制电子商务的物流成本？

【实训题】

访问淘宝、京东、苏宁易购、唯品会、顺丰优选等电子商务平台，搜集各平台关于物流服务的相关内容，分析各平台物流服务的主要类型及其特点，尝试构建指标体系对这些平台的物流服务水平进行评价，并针对电子商务企业如何提升物流服务水平提出个人建议。

第八章　电子商务供应链管理

【学习目标】
- 了解供应链的含义；
- 熟悉供应链的主要分类；
- 了解电子商务供应链管理的概念和内涵；
- 理解电子商务供应链管理的内容。

【引导案例】

快手电商发力供应链　爆品上架率 80%

快手电商公布了一组数据：2020 年 8 月，快手电商订单量超 5 亿单，日活超过 1 个亿。这意味着，在过去 12 个月，快手电商累计订单总量已经仅次于淘宝天猫、拼多多和京东，逼近拼多多，成为电子商务行业第四极。

2020 年 9 月 22 日，快手在北京举办"电子商务开放日"活动，针对电子商务领域推出了一系列新举措，包括快手好物联盟、小店通、服务商合伙人计划等方面，并首次公布快手电商 116 购物狂欢节的相关玩法。这几年来，直播电子商务的风刮得很强劲，各大平台也都动作频频。

1. 持续加码，快手电商有哪些新举措

快手相关负责人公布和解读了电子商务板块在生态侧、产品侧、营销侧的三大赋能升级。

生态侧：新商家可获得 200 元免费粉条流量。快手电商营销中心负责人张一鹏宣布推出商家"双百"扶持计划，未来一年，将投入百亿资源包，孵化 10 万多个年销售额过百万元的新商家。而在此基础上，快手又推出针对新商家的凡星计划。凡是在 2020 年 9 月 1 日至 10 月 31 日入驻快手自建小店的新商家，均可享受价值 200 元的免费粉条流量、从入驻至累计销售额 10 万以内技术服务费低至 1%、官方运营对接等扶持政策。此外，会上还对 2020 年 8 月推出的服务商合伙人计划进行升级。在原有政策基础上，未来快手电商服务商将主要分为培训、MCN、产业带、供应链四大角色：培训服务商主要负责培训拉新、课程开发；产业带服务商和 MCN 服务商主要负责直播基地、主播孵化；供应链服务商主要负责分销拉新和货品供应。快手电商也针对服务商设立了准入准出、评分、挂牌、升降级等等级和管理体系。

产品侧：推出好物联盟，降低达人电子商务化门槛。快手电商正式推出了"快手好物联盟"，由快手电商推出的品牌商品供应链联盟，目的在于降低达人的电子商务化门槛，为主播达人提供更多的商品供给。整个好物联盟的生态将由推广者、商家供应链、招商团长共同组成：推广者负责找货、找团长、找供应链基地；商家供应链负责提供优质商品入驻；招商团长是指具有品牌招商能力并能撮合推广者以提升商品推广效果的单位或个人。针对招商团长，快手电商将提供线上结算能力、数据沉淀与积累、达人与商家推荐、零费率、达人爽约保护、营销合作等多项赋能。针对商家供应链，快手电商将推出10家金牌供应链和50家银牌供应链，并有官方背书与挂牌。此外，从2020年10月开始，快手电商好物联盟还将出台针对各参与方的具体补贴政策。在好物联盟外，快手电商还公布了商家涨粉转化的商业化工具"小店通"。

营销侧：快手116购物狂欢节升级。具体内容如下。
(1)通过引导C端用户做任务发放亿元福利，为商家导流。
(2)通过线上线下整合营销，包括站外事件营销，站内官方资源等，实现千万级传播。
(3)将联合江苏卫视推出"快手之夜"台网联动晚会，大小屏互动亿级曝光。
(4)为中小商家量身打造，推出产地好物挑战赛、参赛赢粉条大礼包等多项玩法。
(5)从源头好货升级至品牌好货。

2．推出好物联盟，共建供应链生态

这一联盟的推出预示着快手电商在供应链建设上的发力，也被快手视为电子商务增长的第四个引擎。众所周知，对于快手来说，流量是其优势，但与此同时，供应链也一直是短板。快手在其自身电子商务板块迅速发展的过程中，也愈加意识到供应链的重要性，并在这一领域持续投入。此次通过好物联盟"由工具向服务转型"的属性，给主播提供更丰富的商品库、选品池，提升流量和货品的匹配效率，从而吸引更多商家和品牌的入驻。

据快手官方统计，目前好物联盟的月活跃度达50万，可触达一亿消费者，核心频道爆款商品的上架率可以达到80%。可以看出，这次升级的服务商政策，是为了进一步规范和提升服务商的运营，从而助力电子商务生态建设，如果得到有效推进，自然也会惠及供应链端，通过服务商的评分管理体系，筛选出快手更需要的供应链服务商。而日益临近的116购物狂欢节则是快手电商的又一次"练兵"，通过更大的宣发声量，来吸引更多商家、品牌、服务商的目光，也为接下来各种新举措的推进吹响号角。

3．动作频频，但仍要走自己独特的电子商务之路

从2020年4月以来，快手电商动作频频。比如，先后推出了超级品牌日、格力董明珠专场，与京东达成了战略合作，并在6月首次举办了616品质购物节。8月，常态化的百亿补贴品牌专场开始落地。9月，快手电商学院正式上线，发力商家培训。后续快手电商公布的5亿订单成绩、用户量级及行业规模，也是对其自身在电子商务行业取得成绩的再次"秀肌肉"。但快手要走的电子商务之路注定不是向前三位巨头看齐，而是走出自身的差异化之路。传统电子商务平台在供应链、电子商务基础设施及整体生态等方面占据稳固优势，这些基础设施的建设对于快手来说，非短期可及。而快手也有自己的独特优势。从抖音、快手等短视频、直播平台到电子商务，和从淘宝、京东等传统电子商务平台到直播，不同平台做电子商务直播所衍生的周边生态会在基因上存在基础性的差异。

以供应链为例，整体来看，快手相较于传统电子商务巨头确实还存在差距。但这类平台专门基于直播衍生的产业供应链又有自己的独特性。

如快手的一位相关负责人所说："比如，服装行业做传统电子商务的，就是先上架确定的风格产品，然后再去做流量做推广，卖空之后再补货。但在直播环境下，比如一个很基础的主播，基本上一场直播下来30个SKU是很正常的，并且一个礼拜要做几场，这对主播的供应链深度也就是商品库存数量及商品供应链品类，要求都很高，跟传统的供应链的要求是不一样的。而快手在这方面已经积累了非常多的经验。"除此之外，老铁社区文化、私域流量及对多线城市的覆盖，也是快手在发展电子商务中特有的属性。如何利用特有优势，并在此基础上不断衍生出更有竞争力的电子商务业态，从而在整个电子商务市场中守住并巩固自己的地位，需要快手电商持续思考。

（资料来源：亿邦动力网，https://www.ebrun.com/20200925/403780.shtml）

思考题：
1. 快手在其自身电子商务板块迅速发展的过程中，为何要重视供应链管理？
2. 电子商务企业应如何做好供应链管理？

第一节　供应链管理概述

一、供应链管理的含义

供应链（Supply Chain）是生产及流通过程中，将产品或服务提供给最终用户活动的上游企业与下游企业所形成的网链结构。华中科技大学马士华教授认为："供应链是围绕核心企业，通过对信息流、物流、资金流的控制，从采购原材料开始，制成中间产品及最终产品，最后由销售网络把产品送到消费者手中的供应商、制造商、分销商、零售商，直到最终用户连成一个整体的功能网链结构模式。"供应链的典型结构如图8-1所示。

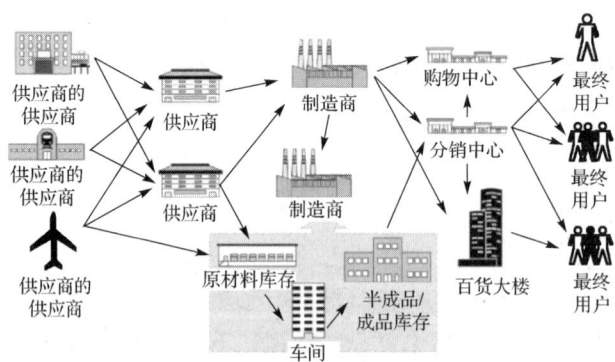

图8-1　供应链的典型结构

从结构看，供应链是指企业为采购、生产和交货而同业务伙伴建立的复杂的关系网络。这个网络由原料、中间产品和成品的采购、加工、存储和销售环节组成，通过运输联系起来。在理想情况下,供应链中的各个公司像一家公司那样有效运作,相互提供所有信息。随着市场竞争加剧,把顾客需要的产品快速交付给顾客已成为企业生存和获得竞争优势的主要手段。

二、供应链管理的目标、内容、要求

(一)供应链管理的目标

供应链管理面临的挑战中最主要的有四个 R,即 Right Product——正确的产品、Right Place——正确的地点、Right Time——正确的时间、Right Price——正确的价格,它们就是供应链管理所要达到的目标。美国曾经做过一个统计,有 1/3 的人到商场却买不到想要的东西,因为很多厂商所生产的产品实际上并不是客户需要的。

(二)供应链管理的内容

1. 基本内容

供应链管理包括计划、采购、制造、配送、退货五大基本内容。

(1)计划:这是供应链管理的策略性部分。你需要有一个策略来管理所有的资源,以满足客户对你的产品的需求。好的计划是建立一系列的方法监控供应链,使它能够有效、低成本地为顾客递送高质量和高价值的产品或服务。

(2)采购:选择能为你的产品和服务提供货品和服务的供应商,和供应商建立一套定价、配送和付款流程并创造方法监控和改善管理,同时把对供应商提供的货品和服务的管理流程结合起来,包括到制造部门提货、核实货单并批准对供应商的付款等。

(3)制造:安排生产、测试、打包和准备送货所需的活动,这是供应链中测量内容最多的部分,包括对产品产量和工人的生产效率等的测量。

(4)配送:很多"圈内人"称之为"物流",它包括调整用户的订单收据、建立仓库网络、委派快递人员提货并送货到顾客手中、建立货品计价系统、接收付款。

(5)退货:这是供应链中的问题处理部分。建立网络,接收客户退回的次品和多余产品,并在客户应用产品出问题时提供支持。

2. 主要内容

供应链管理关心的并不仅仅是物料实体在供应链中的流动。除企业内部与企业之间的运输问题和实物分销外,供应链管理还包括以下几项工作。

(1)战略性供应商和用户合作伙伴关系管理。

(2)供应链产品需求预测和计划。

(3)供应链的设计(全球节点企业、资源、设备等的评价、选择和定位)。

(4)企业内部与企业之间的物料供应与需求管理。

(5)基于供应链管理的产品设计与制造管理,生产集成化计划、跟踪和控制。

(6)基于供应链的用户服务和物流(运输、库存、包装等)管理。

(7)企业间资金流管理(汇率、成本等问题)。

(8)基于 Internet/Intranet 的供应链交互信息管理等。

(三)供应链管理的要求

(1)信息资源共享。信息是现代竞争的主要后盾。供应链管理采用现代科技方法,以最优流通渠道使信息迅速、准确地传递,使供应链上的各企业实现信息共享。

(2)提高服务质量,扩大客户需求。在供应链管理中,企业一起围绕"以客户为中心"的理念运作。现在消费者大多要求提供产品和服务的前置时间越短越好,为此供应链管理通过生产企业内部、外部及流通企业的整体协作,大大缩短了产品的流通周期,加快了物流配送的速度,从而使客户个性化的需求在最短的时间内得到满足。

(3)实现双赢。供应链管理把供应链上的供应商、分销商、零售商等联系在一起,并对之优化,使各个相关企业形成了一个融会贯通的网络整体。在这个网络中,各企业仍保持着个体特性,但它们为整体利益的最大化共同合作,以实现多赢的结果。在供应链管理的发展中,有人预测,未来的生产和流通将看不到企业,而只看得到供应链。生产和流通的供应链化将成为现代生产和流通的主要方式。

三、供应链的主要分类

(一)按照供应链管理对象划分

这里所说的供应链管理对象是指供应链所涉及的企业及其产品、企业的活动、参与的人员和部门。根据供应链管理的研究对象及其范围,供应链可以分为三种类型。

1. 企业供应链

它以某个企业为核心,以该企业的产品为主导,形成包括该企业的供应商、供应商的供应商及一切向前的关系,和用户、用户的用户及一切向后的关系。这个核心企业在整个供应链中具有明显的主导地位和作用,对整个供应链的建立和组织起关键作用。

2. 产品供应链

它以某一特定产品或项目为中心,由特定产品或项目需求所拉动,包括与此相关的所有经济活动的供应链。产品供应链上的企业关系紧密,它们相互依存。供应链效率取决于相关企业的密切合作,因此,基于信息技术的系统化管理是提高供应链运作效率的关键。

3. 基于供应链合作伙伴关系的供应链

供应链合作伙伴关系主要是针对这些职能成员间的合作进行管理。基于供应链合作伙伴关系的供应链一般通过契约协调双方或多方间的利益,以实现物流、信息流、资金流的流动与交换。

上述三种供应链管理对象的区分意义是彼此相关的,有一些方面是相互重叠的,这对于考察供应链和研究不同的供应链管理方法是有帮助的。

(二)按照供应链网络结构划分

1. V形供应链网络结构

V形供应链是供应链网状结构中最基础的结构。这种供应链以大批量物料存在方式为基础,经过企业加工转换为中间产品,提供给其他企业作为它们的原材料。生产中间产品的企业往往客户要多于供应商,呈发散状。例如,原料经过中间产品的生产和转换,成为工业原材料，如石油、化工、造纸和纺织等企业，这些企业生产种类繁多的产品，以满足众多下游客户的需求，从而形成了 V 形供应链网络结构(如图 8-2 所示)。

2. A 形供应链网络结构

当核心企业为供应网络上的最终用户服务时，它的业务本质上是由订单和客户驱动的。在制造、组装和总装时，会遇到一个与 V 形供应链相反的问题，即为了满足相对少数的客户需求和客户订单，需要从大量的供应商手中采购大量的物料。这是一种典型的汇聚型供应链网，即 A 形供应链网络结构(如图 8-3 所示)。这种供应链可以加强供应商和制造商之间的密切合作，共同控制库存量。

3. T 形供应链网络结构

介于上述两种模式之间，许多企业通常结成的是 T 形供应链网络结构(如图 8-4 所示)。它们通常根据订单确定通用件，从与自己相似的供应商公司处采购大量的物料，通过制造标准化来降低订单的复杂程度，为大量终端客户和合作伙伴提供构件和套件，如医药保健品、电子产品和食品、饮料等行业，以及为总装配提供零部件的公司也同样存在，如为汽车、电子器械和飞机主机厂商提供零配件的企业等。

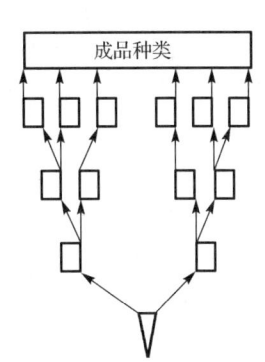
图 8-2 V 形供应链网络结构

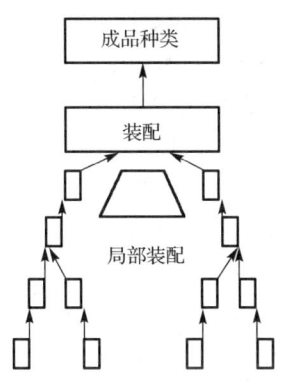
图 8-3 A 形供应链网络结构

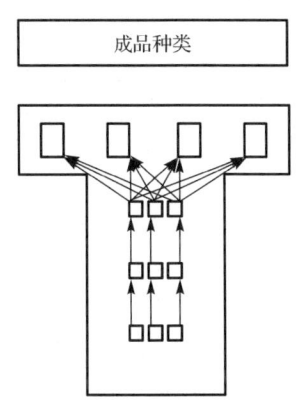
图 8-4 T 形供应链网络结构

(三)按照供应链驱动力的来源划分

1. 推动式供应链

推动式供应链的运作以产品为中心，以生产制造商为驱动原点。这种传统的推动式供应链是以生产为中心，力图尽量提高生产率，降低单件产品成本来获得利润。通常，生产企业根据自己的 MRP-II/ERP 计划来安排从供应商处购买原材料，生产出产品，并将产品经过各种渠道，如分销商、批发商、零售商一直推至客户端。在这种供应链上，生产商对整个供应链起主导作用，是供应链上的核心或关键成员，而其他节点如流通领域的企业则处于被动地位。这种供应链方式的运作和实施相对较为容易。然而，由于生产商在供应链上远离客户，对客户的需求远不如流通领域的零售商和分销商了解得清楚，因此，这种供应链的企业之间集成度较低，反应速度较慢，在缺乏对客户需求了解的情况下生产出的产品和驱动供应链运作的方向往往是无法匹配和满足客户需求的。同时，由于无法掌握供应链下游，特别是最末端的客户需求，一旦下游有微小的需求变化，反映到上游时这种变化将被逐级放大，这种效应被称为"牛鞭效应"。为了应对这种牛鞭效应，相应的下游，特别是最终端客户的变化，在供应链的每个节点上，都必须采取提高安全库存量的办法，需要储备较多的库存来应对需求变动。因此，整个供应链上的库存较高，响应客户需求变化较慢。

传统的供应链几乎都属于推动式供应链，如图8-5所示。

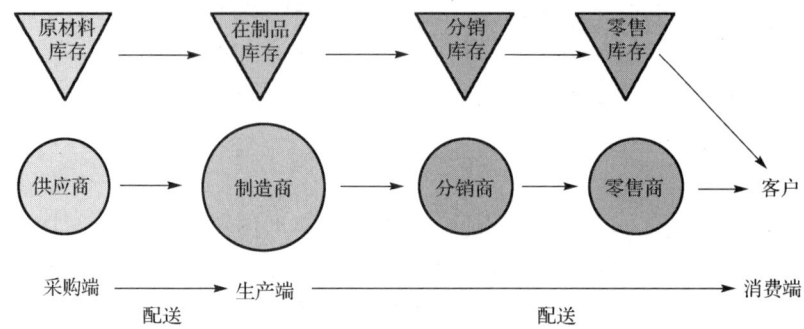

图8-5　推动式供应链

2. 拉动式供应链

拉动式供应链的理念是以顾客为中心，通过对市场和客户的实际需求及对其需求的预测来拉动产品的生产和服务。因此，这种供应链的运作方式和管理被称为拉动式供应链管理。这种运作和管理需要整个供应链能够更快地跟踪，甚至超前于客户和市场的需求，来提高整个供应链上的产品和资金流通的效率，以减少流通过程中的浪费，降低成本，提高市场适应能力，特别是对下游的流通和零售行业，更是要求供应链上的成员间有更强的信息共享、协同、响应和适应能力。例如，目前发达国家采用协同计划、预测和补货(CPFR)策略和系统，来实现对供应链下游成员需求拉动的快速响应，使信息获取更及时，信息集成和共享度更高，数据交换更迅速，缓冲库存量及整个供应链上的库存总量更低，获利能力更强等。

拉动式供应链虽然整体绩效表现出色，但对供应链上企业的管理和信息化程度要求较高，对整个供应链的集成和协同运作的技术和基础设施要求也较高。以计算机公司为例，其对计算机市场的预测和计算机的订单是企业一切业务活动的拉动点，生产装配、采购等的计划安排和运作都是以它们为依据和基础进行的，这种典型的面向订单的生产运作可以明显地减少库存积压和个性化及特殊配置需求，并加快资金周转。然而，这种供应链的运作和实施相对较难。拉动式供应链如图8-6所示。

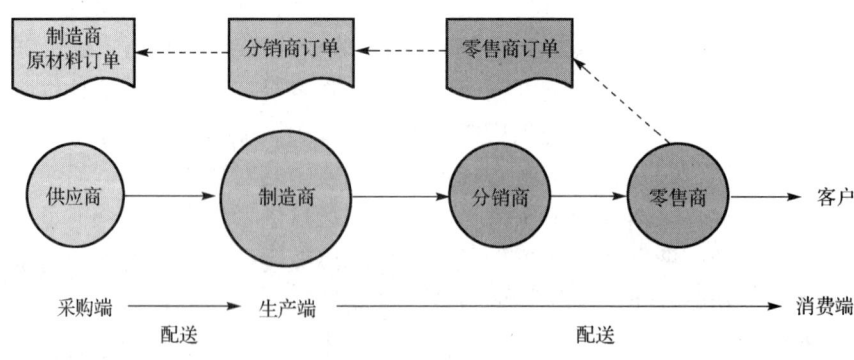

图8-6　拉动式供应链

3. 推动式供应链与拉动式供应链的比较

推动式供应链与拉动式供应链的比较如表 8-1 所示。

表 8-1 推动式供应链与拉动式供应链的比较

	推动式供应链	拉动式供应链
驱动力量	制造商	顾客需求
需求变化	稳定且不会有剧烈波动	大且几乎难以预测
提前预测期	长(以年、季度为单位)	短(以月、周为单位)
集成度	高(生产计划刚性)	较低(生产计划柔性)
缓冲库存	大(牛鞭效应明显)	低(按订单生产和交付)
响应速度	慢(很难根据需求进行调整)	快(可以根据需求进行调整)
关注对象	资源配置(规模效应明显)	快速响应(规模效应低)
数据共享	差	好且快速
服务水平	不高(不允许个性化需求)	高(允许个性化定制)
供应链风险	较低	较高(容易发生供应链断裂)

但在一个企业内部,对于有些业务流程来说,推动式供应链和拉动式供应链两种方式可以共存。推拉结合的供应链如图 8-7 所示。

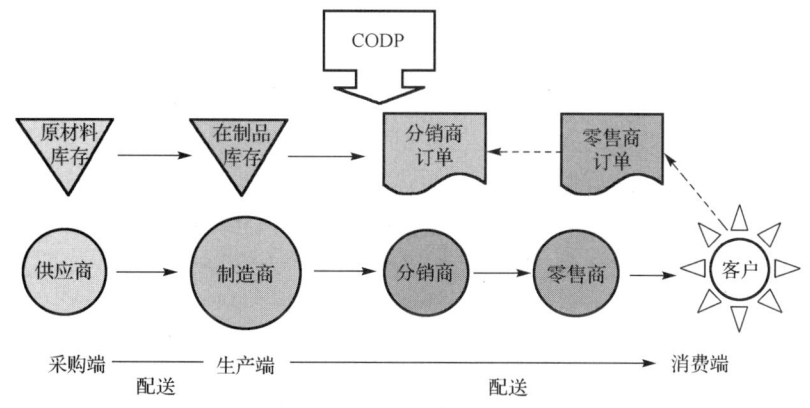

图 8-7 推拉结合的供应链

如戴尔计算机公司的 PC 生产线,既有推动式运作又有拉动式运作。其 PC 装配的起点就是推和拉的分界线(推拉结合点,CODP),在装配之前的所有流程都是推动式流程,而装配和其后的所有流程都是拉动式流程,完全取决于客户订单。这种推拉共存的运作对制定有关供应链设计的战略决策非常有用。例如,供应链管理中的延迟生产策略就很好地体现了这一点,通过对产品设计流程的改进,使推和拉的边界尽可能后延,便可有效地解决大规模生产与大规模个性定制之间的矛盾,在充分利用规模经济的同时实现大批量客户化生产。

(四)按产品类别来划分

根据产品的生命周期、需求稳定程度及可预测程度等可将产品分为两大类:一为功能型产品,其生命周期较长,需求较稳定、可预测;二为创新型产品,其生命周期较短,需求不稳定、不可预测。供应不同的产品,形成的供应链也就不同。

1. 功能型供应链

由于功能型产品市场需求稳定,所以其供求平衡比较容易达到,则功能型供应链的重点在于降低生产、运输、库存等方面的费用,以最低的成本将原材料转化为成品。

2. 创新型供应链

由于创新型供应链的产品很大程度上取决于对市场信息的把握,因此,这类供应链应该首先考虑供应链的响应速度和柔性,以适应多变的市场需求;其次,考虑实现快速响应和良好柔性的费用问题。

第二节 电子商务与供应链管理的关系

一、电子商务环境下的供应链管理特点

电子商务时代的供应链是一个基于电子商务的集成供应链,是一个新型的联盟或合作性的供应链体系。基于电子商务的供应链的所有合作者都实现了电子化运作,利用互联网进行商品交易、信息变换、企业协作等活动。电子商务环境下的供应链管理特点可以概括为以下几个方面。

(一) 供应链的电子化、网络化

供应链各个组织之间建立网络化的联系,已经成为现代供应链发展的趋势。电子商务为这种网络化的实现提供了强有力的支持。电子化、网络化的供应链可使所有的合作者通过互联网协同处理供应链各流程及流程间的诸多事务,能够为供应链成员快速、及时地提供信息,满足市场对企业快速反应的需求,从整体上提高供应链运作的效率和效能;不仅能使供应链成员之间在网上从事的电子活动保持一致性和系统性,还能促使互连网之外的非电子活动尤其是供应链各个节点之间的物流活动保持一致性和系统性,为整个供应链组织保持最优库存水平和及时配送提供保证。电子化、网络化的供应链模型如图8-8所示。

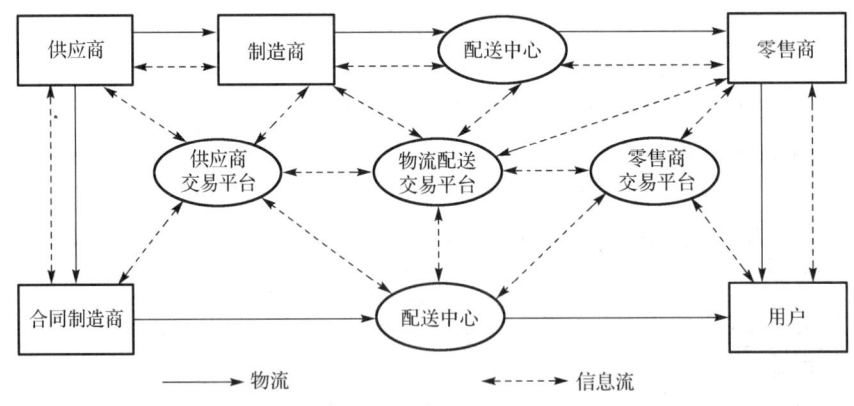

图8-8 电子化、网络化的供应链模型

(二) 供应链管理机构虚拟化

供应链的电子化、网络化,使供应链管理中的各种决策活动可以通过网络来实现,从

而使供应链的管理机构虚拟化。数字信息流和计算机网络改变了企业与企业及企业内部(机构)的运作模式,不仅跨越和打破了企业内部各机构的传统分工和界限,也使电子网络化供应链所处的环境素质要求、知识含量要求更高。这就需要有一个与电子网络化供应链管理要求相适应的"虚拟管理机构",依托数字信息处理系统,来高效率地处理企业内部和整个供应链的业务流程及交叉业务的信息流事件。

(三)数据信息型的集中一贯管理

企业运作的集中一贯管理模式本质上是对企业的营销、生产、质量、出厂、财务、物资、设备等各方面的事务运作的集中一贯管理。电子商务不仅为单个企业的集中一贯管理提供了支持,基于电子商务的供应链电子网络化也为整个供应链实现数据信息型的集中一贯管理提供了支持。供应链数据信息型的集中一贯管理模式的本质体现在通过互联网对整个供应链实现集成、集约、规范和协同的数据信息化处理。这种集中一贯管理模式将大大推动供应链管理模式的革命,使供应链管理水平极大地提高,在一个更高的层次上获取供应链经营的"多赢"效应。

(四)优化精练的协同化管理

基于数据信息型的集中一贯管理模式的供应链系统的运作,一方面,要求各合作企业具有生产、加工和利用信息的"硬、软"技术能力;另一方面,由于很多的流程业务通过互联网在很短的时间内即可完成,从而使互联网之外的其他业务流程更显得紧迫,这在客观上要求参与供应链的各合作企业能够快速响应供应链需求,以快速响应市场。由此,各合作企业必须立足于整个供应链管理的高度及企业信息数据的运作逻辑层面,来重新审视企业内部各种业务覆盖范围及其交叉重叠的程度,进行内部各业务的重新划分与组合,彻底消除企业内部的重复运作。然后,再通过重新审视与企业外部组织的业务分工来决定本企业的业务覆盖范围,与外部组织的业务接口、功能划分、信息数据的共享等。

二、电子商务与物流企业的供应链转型

我国供应链发展模式经历了链主式、平台式、生态圈、数字化四个阶段。

(1)链主式供应链,即"1+N"式供应链。"1"是链主,"N"是指供应链合作伙伴。在链主式供应链中,链主企业往往利用控制地位,压榨外部合作伙伴,追求自身利益最大化。

(2)平台式供应链,即"平台+用户"。借助"互联网+"热潮的推动,平台企业通过积累庞大的用户,并以此作为壁垒,辅之以IT整合能力进行资源整合,如车源、货源、仓储设施设备等客体资源。

(3)供应链生态圈,立足产业集群,向上下游进行延伸,吸引产业集群中各类业态落户,致力形成优势明显、产业竞争力突出的产业集群。例如,沿海城市借助贸易便利的港口来降低贸易流通成本,提高流通效率,进而获得产业发展的先机。国内规模最大、最完善的IT产业集群是以上海(国家级IC设计)为中心,辐射苏州(IT设备制造)、杭州(IC合同制造)的生态圈。

(4)数字化供应链,即基于数字化、智能化,来扩张供应链服务能力,形成智慧供应链。表8-2展现了国内典型企业供应链转型升级实例。

表 8-2　典型企业供应链转型升级实例

序　号	企　业	特　征
1	京东	形成覆盖五大领域的智慧供应链解决方案
2	阿里巴巴	建立开放、高效、协同的社会化供应链体系
3	传化物流	向智慧供应链服务商转型
4	海尔	打造"五位一体"的智慧供应链基地

第三节　电子商务供应链管理相关理论

一、电子商务供应链的概念

（一）电子商务供应链的内涵

电子商务供应链是企业与合作伙伴之间利用互联网实现信息共享与交流而完成相关业务的供应链。电子商务供应链借助互联网服务平台，实现供应链交易过程的全程电子化，彻底变革传统的上下游商业协同模式。实现供应链业务协同：可以完善企业的信息管理，通过平台帮助企业快速实现信息流、资金流和物流的全方位管理和监控。同时，电子商务供应链可以把供应链上下游的供应商、企业、经销商、客户等进行全面的业务协同管理，从而实现高效的资金周转。

（二）电子商务供应链的优势

1. 节约交易成本

用互联网整合供应链将大大降低供应链内各环节的交易成本，缩短交易时间。

2. 降低存货水平

通过扩展组织的边界，供应商能够随时掌握存货信息，组织生产，及时补充，使得企业可以不再维持较高的存货水平。

3. 降低采购成本，促进供应商管理

由于供应商能够方便地取得存货和采购信息，因此采购管理人员可以从这种低价值的劳动中解脱出来，从事具有更高价值的工作。

4. 减少循环周期

供应链的自动化使得预测的精确度大幅度提高，这使企业不仅能生产出需要的产品，而且能减少生产时间，提高顾客满意度。

5. 增加收入和利润

通过组织边界的延伸，企业能履行它们的合同，增加收入并维持和扩大市场份额。

（三）电子商务供应链的构成

实际生活中的网络交易体验，呈现出一种最常见的供应链结构，简化了其复杂的网状结构。为了更加清楚地认识该供应链的组成，假设各个节点数量只有一个，则电子商务供应链构成如图 8-9 所示。

第八章 电子商务供应链管理

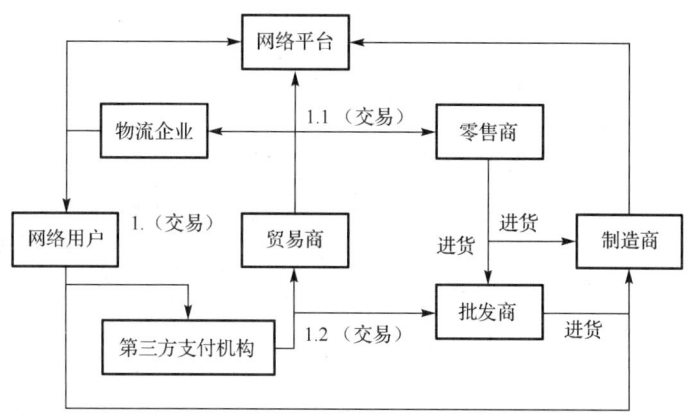

图 8-9 电子商务供应链构成(假设各个节点数量只有一个)

从图中可以得知,电子商务供应链由网络用户、贸易商、制造商、物流企业、第三方支付机构及网络平台构成。其中贸易商包括批发商和零售商。这里假定网络用户的交易方式属于 B2C 模式,即网络用户可以通过贸易商或者制造商购买自己需要的产品。在电子商务的环境下,用户所购买产品的供应商有以下几种可能的情况。

(1)如果产品的制造商和批发商都没有开展网络业务,或者它们不针对独立的个人,则网络用户只能向贸易商中的零售商购买产品。

(2)如果批发商和零售商均在电子商务平台上向用户出售产品,但制造商无网络业务,此时网络用户肯定是向批发商购买产品,这是因为产品流通的环节越多,其价格就会越高。当零售商或批发商的库存水平不足时,它们就要向上游供应商订购产品。

(3)如果产品的制造商、批发商和零售商均在电子商务中出售产品,则对相同的产品,网络用户肯定是从制造商处购买。针对这种类型的产品,供应链中就不存在贸易商了,因为制造商有生产能力进行库存的补充。

不同类型的产品,其在电子商务下的供应链构成也不相同,区别是有无贸易商。如果该类型的产品在电子商务中有制造商,网络用户就会直接向制造商购买产品,否则就会向贸易商购买产品。

【知识链接】

唯品会致力打造正品供应链

从整体布局来看,唯品会为了保证正品,成立了居于行业首位的近 1 000 人专业品控团队,并且通过了 ISO 9001 和 ISO 22000 认证,建立了以法务、供应链、物流中心为主的质检团队,将品控和质检渗透进整个采销流程。

从微观布局层面来看,唯品会首先溯源了货品的源头,将供应商也列为审核对象。它坚持自营直采的理念,通过全球范围内的近 2 000 名专业买手,对每一个正式合作的供应商都先进行实地考察,进行原产地认证,生产工厂、生产实景的查检,全面评估供应商实力,保证商品质量。

除实地考察以外,唯品会还会对供应资质进行严格审查,包括是否能提供营业执照、产品检验报告及品牌授权许可文件等。对于进口产品，还要求供货商必须提供入关单据等文件；对于有溯源需求的消费者，客服还会联系关务，出具可以在中国国际贸易单一窗口网站查到的报关记录。

在对供应商进行各个维度的审查以后，唯品会开始对合格供应商的商品进行查验。唯品会所有合作品牌，都必须经过其独有的售前5道加售中3道的产品审核与验证。

具体来看，在商品入库前，唯品会会委托第三方进入供应商仓库进行抽检或者全检，随后让供应商把商品送检测机构做测试，全部合格后，再把商品送到唯品会仓库安排供应链抽检，抽检合格后由IQC做全检。通过全链路检验的商品才可进入货位架允许销售。

在整个过程中，唯品会保证每个物流环节都要实名登记、实时记录，随时掌控商品信息。售出之前，平台还会指派物流拣货的人进行二次检查，由OQC做出货全检。在售中过程中，唯品会会委托第三方的检测机构在网页上随机购买测试，检测产品质量。

此外，唯品会还联合重要品牌推出了"货品保证单"，凭借该单据可到线下品牌专柜进行验货且享受专柜全国联保。同时，唯品会也为每一件商品都提供了中国人民财产保险股份有限公司的正品保险。

除了以上检验步骤，唯品会每年还会委托国家级专业第三方检测机构对每个品牌进行数次抽检。可以说，唯品会拥有行业内最长的检验链，已经把品控做到了极致。

(资料来源：友数连锁，https://www.yoshu.com.cn/zixun/show-2916.html)

二、电子商务供应链管理概述

(一)电子商务供应链管理的概念

电子商务供应链管理是指对电子商务供应链所进行的计划、组织、指挥、协调与控制，通过电子商务和供应链的整合和优化，采用高效、快速的物流技术，减少供应链中不必要的环节，解决信息传递失真和供应链各环节联系灵活性差的问题。这可以使供应链的系统性能大大改善，不仅能加快供应链各环节的响应速度，而且使供应链的整体效益得到明显提升。

(二)电子商务供应链管理的内涵

电子商务供应链管理的真正核心是供应链管理。比如在新产品开发过程中，营销、研发、生产、物流及财务等不同的供应流程都需要统一起来。此外，为了提高市场的应对能力，还需要与外部企业进行合作。对电子商务供应链管理的理解，可以从以下几方面来把握。

(1)电子商务供应链管理把对成本有影响和在产品满足顾客需求的过程中起作用的每一方都考虑在内，从供应商(如制造工厂)到仓库和配送中心，再到批发商和零售商(如商店)为止。

(2)电子商务供应链管理的目的在于追求效率和整个系统的费用有效性，以使系统总成本达到最小。总成本包括从运输、配送到库存的一系列成本。因此，电子商务供应链管理的重点不在于简单地使运输成本达到最小或减少库存，而在于用系统的方法来进行供应链管理。

(3)电子商务供应链管理是包括供应商、制造商和分销商(包括批发商和零售商)等多个主体，围绕多项业务与层次来进行管理的。

(三)电子商务供应链管理的优势

1. 有利于保持现有的客户关系

电子商务使竞争从企业间的竞争逐渐演化为供应链之间的竞争。为吸引、留住现有客户,必须为其提供更快捷、成本更低的商务运作模式,保持和发展与客户达成的密切关系,使供应链提供新的业务增值,提升客户的满意度与忠诚度。而基于电子商务的供应链管理直接方便了供应链中企业与客户间的联系,并且在开放的公共网络上可以与最终消费者进行直接对话,有利于满足客户的各种需求,留住现有客户。

2. 有利于促进现有业务增长

通过实施基于电子商务的供应链管理,可使供应链系统内的各相关企业实现对产品和业务的电子化、网络化管理。同时,供应链中各企业通过电子商务手段实现有组织的统一管理,能减少流通环节、降低成本、提高效率,使供应链管理达到更高的水平,向国外供应链绩效高的先进企业看齐,促进各相关企业的业务发展。

3. 有利于开辟新的客户和新的业务

实施基于电子商务的供应链管理,不仅可以实现企业的业务重组,提高整个供应链效率,留住现有客户,而且由于能够提供更多的功能、业务,会吸引新的客户加入供应链,进而带来新的业务。本质上讲,通过实施基于电子商务的供应链管理,无论是企业还是客户都会从中获得利益,使新的业务增值,降低成本,实现"双赢"目标。

4. 有利于提高营运绩效

实施基于电子商务的供应链管理,不仅能使供应链中的各个企业降低生产成本、缩短需求响应时间和市场变化时间,还能为客户提供全面服务,使客户获得品质最好的产品和服务,同时实现最大增值,为供应链中各个企业提供完整的电子商务交易服务,实现企业之间的资源共享,及时供应和递送货物给客户,不断降低运营和采购成本,提高运营绩效。

5. 有利于分享需要的信息

基于电子商务的供应链交易涉及信息流、产品流和资金流。供应链中的企业借助电子商务手段可以在互联网上实现部分或全部供应链交易,从而有利于各企业掌握跨越整个供应链的各种有用信息,及时了解生产需求及供应商的供货情况,同时也便于客户网上订货并跟踪订货情况。

三、电子商务供应链管理的内容

电子商务供应链管理主要包含以下七个方面的内容。基于电子商务的供应链管理模式构成如图 8-10 所示。

(一)订单管理

通过电子商务系统进行订单分析和订单状况管理。当收到客户订单时,核心企业要及时分析所需产品的性能要求,判断是否能达到订单中的技术指标,在能够达到要求的条件下进一步分析订单中产品的成本、数量和利润。如果能够从该订单中获利,便在与客户签订订货合同之后查询现有库存,若库存大于客户需求,便立即发货,否则及时组织生产。借助电子商务系统进行订单处理,供应链可以大幅度降低订单成本和订单处理的出错率,缩短订单的循环周期,大大提高运营效率。

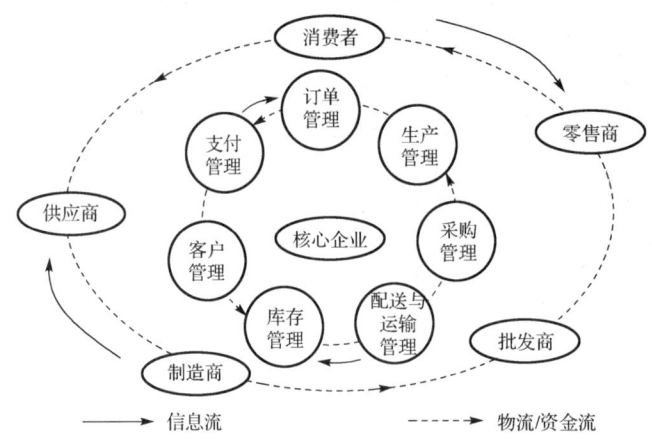

图 8-10　基于电子商务的供应链管理模式构成

（二）生产管理

一般来说，生产管理是供应链中最难管理的环节，但利用电子商务系统可以通过改善供应商、核心企业和客户之间的通信来有效地降低生产组织的困难程度。核心企业使用电子商务系统协调与供应商的准时供应程序，与多个供应商之间协调、制订生产计划。此外，由于在订单处理中可以提供核心企业有关产品销售和服务的实时信息，一定程度上会使销售预测变得精确，反过来又大大改善了生产组织管理。

（三）采购管理

通过电子商务系统，有效地实现了采购商与供应商之间的信息共享和信息的快速传递。一方面，通过互联网提供给供应商有关需求信息和商品退回情况，同时获得供应商的报价、商品目录、查询回执，从而形成稳定、高效的采购、供应体系；另一方面，通过网上采购招标等手段，集成采购招标和互联网优势，扩大采购资源选择范围，使采购工作合理化，大大减少了采购人员，有效降低了采购成本。此外，这也使核心企业与供应商之间的协商变得合理化。

（四）配送与运输管理

通过电子商务系统，可对配送中心的发货进行监视，对货物运至仓库的过程进行跟踪，同时实现对配货、补货、拣货和流通加工等作业的管理，使配送的整个作业过程实现一体化的物流管理。此外，通过对运输资源、运输方式、运输线路的管理和优化，对运输任务进行有效的组织调度，降低了运输成本，并实现了对运输事项和货物的有效跟踪管理，确保了指定的货物能够在指定的时间运送到指定的地点。

（五）库存管理

通过电子商务系统，核心企业可以通知供应商有关订单的交送延迟或库存告急，使其做好准备；实现了对存储物资的有效管理，及时反映了进销存动态，实现了跨区域、多库区的管理，提高了仓储资源的利用，进而促使库存水平降低，降低了总的库存维持成本。

（六）客户管理

应用电子商务系统，可非常方便地联系核心企业的客户，通知并要求其解决所发生的任何服务问题，而核心企业则通过互联网接受客户投诉，向客户提供技术服务，互发紧急通知等。这样一来，可以大大缩短对客户服务的响应时间，改善与客户间的双向通信流，在留住已有客户的同时，吸引更多的客户加入供应链。

（七）支付管理

通过电子商务系统，可与网上银行紧密相连，用电子支付方式替代原来的支票支付方式，用信用卡支付方式替代原来的现金支付方式，这样既可以大大降低结算费用，又可以加速货款回笼，提高资金使用效率。同时，利用安全电子交易协议，能保证交易过程的安全，消除对网上交易的顾虑。

【知识链接】

朴朴超市如何管理供应商

作为前置仓模式的代表，朴朴超市的版图正在从东南部地区向内陆延伸。据了解，朴朴超市已经在武汉开出3家前置仓。朴朴超市下一个目标城市是成都，预计2021年5~6月正式入驻，目前正在人员招聘阶段。此外，佛山、攀枝花、东莞、宁德等城市也在朴朴超市的扩张计划之中。与一些实体零售企业相比，以朴朴超市为代表的新零售企业因为没有传统盈利模式的历史包袱，使得它们与供应商的合作更加接近"零售本质"。它们对供应商不收取通道费用，也没有退换货的要求，降低了流通成本，让供应商能够专注于商品生产，能为消费者提供性价比更高的商品。

伴随着实体零售企业加大商品直采力度、积极开发自有品牌等举措，越来越多的零售商希望摆脱对于通道费用的依赖，但由于积重难返，通道费用依然是多数传统零售企业主要的利润来源。而朴朴超市给了我们一个很好的观察样本：在不收取通道费用的情况下，零售商如何与供应商开展合作？与传统零售企业相比，二者的本质区别在哪里？在渠道扁平化的未来，这是一种大势所趋吗？

（资料来源：亿邦动力网，https://u.ebrun.com/ebonno/user_45312.html）

【本章小结】

供应链管理是指在满足一定的客户服务水平条件下，为了使整个供应链系统成本达到最小，而把供应商、制造商、仓库、配送中心和渠道商等有效地组织在一起来进行产品制造、转运、分销及销售的管理方法。电子商务对供应链管理的影响主要体现在客户服务和供应链自身各个环节上。电子商务时代的供应链是一个基于电子商务的集成供应链，是一种新型的联盟或合作型的供应链体系。基于电子商务的供应链是所有合作者都实现了电子化运作，利用互联网进行商品交易、信息交换、企业协作等活动的供应链模式。电子商务供应链是企业与合作伙伴之间利用互联网实现信息共享与交流而完成相关业务的供应链。电子商务供应链管理的主要内容包含订单管理、生产管理、采购管理、配送与运输管理、库存管理、客户管理和支付管理。

案例阅读

浅析新零售供应链模式具体怎么做

新零售供应链模式目前的现状可以简单地理解为 M2C 模式,即让消费者直达工厂,制造业与消费者相衔接。在此模式下,消费者直接通过平台下单,工厂接收消费者的个性化需求订单,然后根据需求设计、采购、生产、发货。该模式主要包括纯柔性生产、小批量多批次的快速供应链反应。传统零售与新零售的区别如图 8-11 所示。

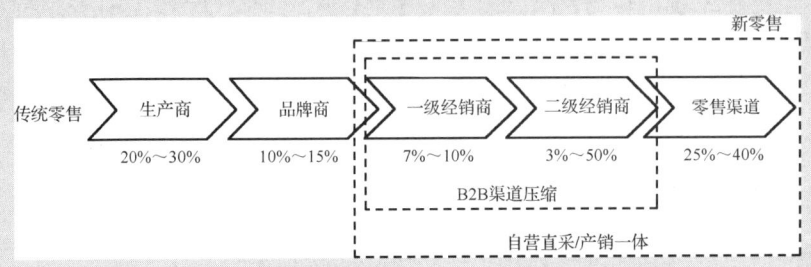

图 8-11 传统零售与新零售的区别

电子商务平台的发展有如下三个阶段。

第一个阶段是 B2C,线上运营,流量为王。各大平台跑马圈地,目的只有一个,即获取最多的流量。因为 GMV=流量×转化率×客单价。流量是所有运营的前提。而对于供应链,则放到了相对次要的位置。在这一阶段,供应链的重心也仅在于物流。B2C 时代,物流网络并没有那么复杂,它主要解决的是从 B 端到 C 端的触达。因此,有的平台采取了自建,有的采取了外包,但都能满足 C 端客户的基本需求。围绕电子商务所成长起来的物流企业成为这个时代最大的受益者之一。但这也让许多人产生了一个误解,就是电子商务供应链=物流。

第二个阶段,B2B2C 阶段(简称 BBC)。这个阶段,线上 B2C 流量见顶,电子商务平台积极拓展线下渠道,采用新零售、无界零售、智慧零售等方式打通线上和线下,大举进入 2B 市场。虽然终极目标依旧是 2C,但上游 2B 市场却是一片尚未开发的处女地。当然,这片土地上依旧住着许多强悍的原住民:传统零售。

此刻,供应链的全面竞争才刚刚开始。这种竞争,不是单纯的企业和企业之间的供应链竞争,而是新零售供应链和传统零售供应链的效率之争。线上线下两种供应链运作思想发生了激烈的碰撞。一种是线上互联网企业与生俱来的数字化运营思想,一种是线下传统企业数十年磨炼出来的精细化运营思想。这两种思想一经碰撞,便发生了化学反应,由此产生了新零售供应链的运营模式。线上与线下的区别如图 8-12 所示。

新零售供应链的运营包含商家运营、商品运营、货品运营、网络运营及门店运营等。在平台上的海量商家、商品、货品及线下的网络及门店,"平台链主"以横向一体化的方式进行集约化和规模化运营,从而降低了单一"商业链主"的运营成本,提高了其运营效率,让其能够更高效地来管理其独特的商业供应链。这种能力的建设,表面上看是对物流管理提出了要求,实际上是对商家管理、商品管理、需求管理、物流管理的高度集成一体化管理能力提出了要求,而这些能力的背后,有两个关键能力是必须具备的,就是全链路的仿真决策能力和全链路的计划统筹能力。

第八章 电子商务供应链管理

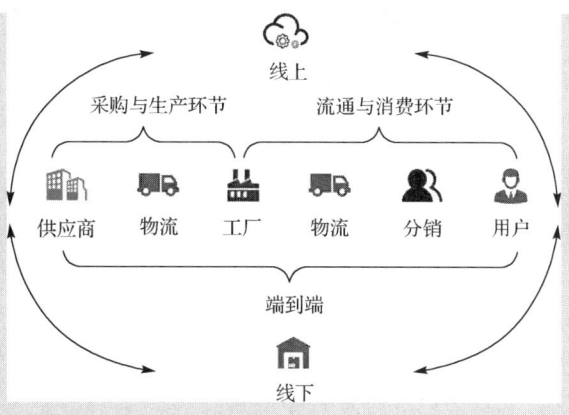

图 8-12　线上与线下的区别

当 BBC 阶段的建设完成后,电子商务平台就进入了第三个阶段,即 S2B2C 的阶段(简称 SBC,这里的 S 指的是供应链平台化服务)。

从 B2C,到 B2B2C,再到 S2B2C,这是一个兼容并蓄、逐步开放的过程,也是从消费互联网向产业互联网的升级再造的过程,它必然会推动中国电子商务供应链最终成为世界上最成熟的供应链体系!具体来说,实现新零售 M2C 模式需要一定的供应链能力来支持,通过供应链的优化来提升快速反应能力和数字化能力。

通过对新零售大数据的分析,能帮助商家更好地优化采购计划,并对高库存商品制订合适的营销计划,化解压货风险。对于一些热卖商品,系统支持前置仓设置,可以灵活地进行调拨,不因缺货导致客户流失。如图 8-13 所示,为新零售供应链系统。

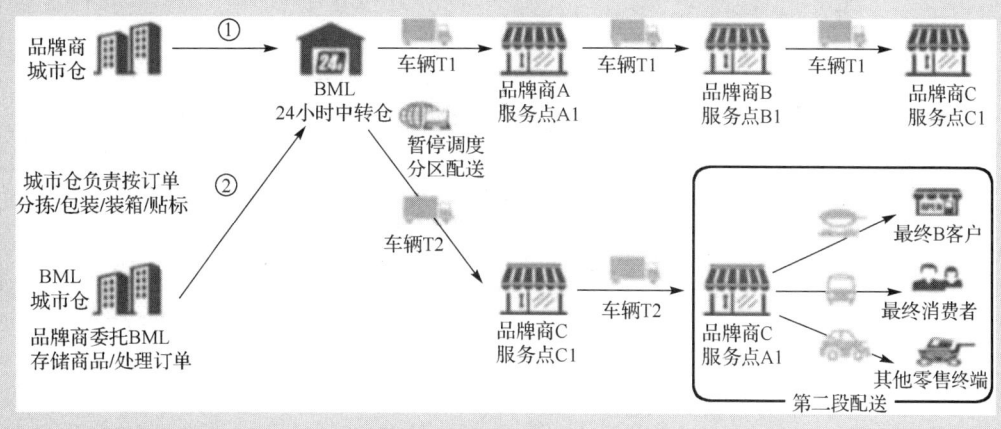

图 8-13　新零售供应链系统

综上,新零售供应链模式就是简单的需求驱动,通过消费者需求来订货,通过商品数字化,来打造货物的高效流转能力,提升店铺运营的成本和效率。

(资料来源:搜狐网,https://www.sohu.com/a/421615346_120856680?)

案例思考:

1. 相比传统零售供应链,新零售供应链具有哪些优势?
2. 你认为电子商务供应链的未来应朝何方向发展?

【思考题】

1．怎么理解电子商务供应链的内涵？
2．电子商务供应链与传统供应链有何不同？
3．电子商务供应链管理的核心内容是什么？

【实训题】

供应链分析能力训练。

1．到某电子商务企业参观调查，了解其供应链整体构成。
2．调查分析企业的主要供应商及采购策略。
3．调查分析企业的主要客户群体及营销策略。
4．分析企业供应商管理及客户关系管理现状。
5．尝试为企业供应链优化提出一些针对性建议。
6．要求结合供应链调查分析的具体过程，撰写总结报告，进行课堂汇报。

第三篇

电子商务物流前沿管理

第九章　跨境电子商务物流管理
第十章　智慧电子商务物流管理
第十一章　电子商务供应链金融
第十二章　区块链与电子商务物流

【本篇导读】

未来，电子商务平台的影响将继续扩大，跨境电子商务将变得更具吸引力，不断变化的消费者期望正在推动零售商和品牌重新定义电子商务物流。同时，新一代互联网技术，如物联网、大数据、人工智能、云计算、区块链等正在重塑电子商务经济。随着新技术的不断采用、旧技术的不断淘汰、商业模式的不断颠覆，电子商务物流管理也面临着巨大的挑战。

因此，本篇将重点探讨跨境电子商务物流管理、智慧电子商务物流管理、电子商务供应链金融、区块链与电子商务物流等。

第九章 跨境电子商务物流管理

【学习目标】

- 了解我国跨境电子商务物流的发展现状;
- 熟悉跨境电子商务物流的运作模式;
- 掌握进口跨境电子商务的物流选择;
- 掌握出口跨境电子商务的物流选择。

【引导案例】

跨境物流为电子商务企业注入新动能

2020年9月23~25日,第15届中国(深圳)国际物流与供应链博览会暨第6届深圳国际互联网与电子商务博览会(简称"物博会")在深圳会展中心举行。受全球疫情蔓延的影响,各国经济与供应链都遭受了巨大的冲击与压力。根据中国集装箱行业协会的统计数据,前3个月全国大型港口企业收入下降5%~20%,航运企业下降15%~30%。但据调查,全球43%的消费者表示,如疫情持续,会增加线上购物;过去5年,中国出口跨境电子商务贸易规模增长了78%。

在"2020全球电商物流新基建峰会"分论坛上,递四方大客户平台总监詹亚珍分享了后疫情时代跨境电子商务物流的新变革,以及如何为跨境电子商务企业注入"新动能"。她表示,传统跨境电子商务的拐点,是真正把买家变成自己的私域流量,与消费者之间加强信任关系,提升品牌认知。当下跨境电子商务行业的机遇与挑战并存,行业即将面临一场历史性调整,这场变革将让整个跨境电子商务相关行业迎来爆发式增长。

进入后疫情时代,物流供应链能否更具柔性,能否配套全球丰富的物流解决方案,能否帮助卖家充分参与到国际竞争,已成为中国出口电子商务企业发展的关键因素。疫情期间,国家加快发展跨境电子商务、网上交易等外贸新业态新模式,鼓励引导多元主体投入建设海外仓,加大对带动中小企业出口的外贸服务平台的支持,培育新的外贸增长点。截至目前,全国综试区已达到105个。

海外仓具有本地化发货优势,卖家提前备货的模式,让大批抢先一步布局海外仓的卖家获得了充分的竞争力。疫情期间,递四方见证了大批卖家借助海外仓实现了规模及效率的飞跃。在物博会上,递四方以差异化的竞争力优势,荣获"跨境电子商务供应链服务明星企业""十大明星海外仓"。2020上半年疫情爆发期间,位于全球各个地方的递四方海外仓为国内免费运输了超 660 万件护目镜、防护服等防疫物资,还全力保障了海外仓的正常运行,帮助大批跨境卖家借助海外仓增强了抗风险能力。

早在 2009 年,递四方便开始在全球布局海外仓。2019 年,递四方提出"双网筑能、多维增量、开放多元、四方共生"的企业战略,加强全球包裹递送网络(GPN)及全球订单履约网络(GFN)这两个网络的基础建设,密集布局全球网络。

目前,递四方提供 FB4 海外仓(全球订单履约服务)、联邮通小包专线、全球速递国际快递专线、FBA-PRO 物流供应链解决方案、GRS 海外退件、全球转运等高效的一站式物流服务。物流网络已覆盖全球 200 多个国家和地区的近 30 个海外仓,存储空间约 350 万立方米。在欧洲,疫情期间,递四方仍能为当地消费者提供欧洲三日达、泛欧七日达等服务,为数万卖家平稳度过疫情,为行业增强抗风险能力注入"新动能"。

(资料来源:中国电子商务研究中心,http://www.100ec.cn/detail--6572177.html)

思考题:

1. 海外仓的优势有哪些?
2. 疫情对跨境电子商务的影响有哪些?

第一节　跨境电子商务物流概述

一、跨境电子商务概述

(一)跨境电子商务的定义

一般而言,跨境电子商务是指分属不同关境的交易主体,通过电子商务平台达成交易、进行支付结算,并通过跨境物流送达商品、完成交易的一种国际商业活动。

对企业来说,跨境电子商务构建的开放、多维、立体的多边经贸合作模式,极大地拓宽了进入国际市场的路径,大大促进了多边资源的优化配置与企业间的互利共赢;对于消费者来说,跨境电子商务使他们非常容易地获取其他国家的信息并买到物美价廉的商品。

经过近几年的快速发展和相应的市场竞争调整,我国的跨境电子商务行业格局初定。在出口领域,无论是 B2B 还是 B2C 行业,市场格局已基本形成。从 B2B 来看,阿里巴巴国际站、中国化工网英文版、环球资源、敦煌网等已经占有了重要的位置,短期内很难再生成更有竞争力的业务平台。同样,B2C 模式下,全球速卖通、eBay、亚马逊、Wish 等形成的格局也已趋稳。在进口领域,业内一般把 2014 年视为元年。过去几年经历了"躁动爆发"和"税收新政"的洗礼,一些跨境电子商务平台及企业倒闭或退出,行业进入相对稳定的高速发展期。

(二)跨境电子商务的特点

1. 多边化、呈网状结构

传统的国际贸易主要表现为两国之间的双边贸易,即使有多边贸易,也是通过多个双边贸易实现的,呈线状结构。跨境电子商务可以通过一国的交易平台,实现与其他国家的直接贸易，与贸易过程相关的信息流、商流、物流、资金流由传统的双边逐步向多边演进，呈现出网状结构，正在重构世界经济新秩序。

2. 直接化、效率高

传统的国际贸易主要由一国的进/出口商通过另一国的出/进口商集中进/出口大批量货物，然后通过境内流通企业经过多级分销，最后到达有进/出口需求的企业或者消费者那里，这个过程通常进出口环节多、时间长、成本高。而跨境电子商务可以通过电子商务交易与服务平台，实现多国企业之间、企业与最终消费者之间的直接交易，进出口环节少、时间短、成本低、效率高。

3. 小批量、高频度

跨境电子商务通过电子商务交易与服务平台，实现多国企业之间、企业与最终消费者之间的直接交易。由于是单个企业之间或单个企业与单个消费者之间的交易，相对于传统贸易而言，大多是小批量，甚至是单件，而且一般是即时按需采购、销售和消费，相对于传统贸易而言，交易的次数和频率高。

4. 数字化、监管难

随着信息网络技术的深化应用，数字化产品（如游戏、软件、影视作品等）的品类和贸易量快速增长，且通过跨境电子商务进行销售或消费的趋势日趋明显，而应用于实物产品或服务的传统国际贸易监管模式已经不适用于新型的跨境电子商务交易，尤其是数字化产品的跨境贸易更是没有纳入海关等政府有关部门的有效监管、统计和关税收缴范围。

【知识链接】

海南跨境电子商务监管规定调整

2021年3月18日六部委发布一则《关于扩大跨境电商零售进口试点、严格落实监管要求的通知》（商财发〔2021〕39号），要求各试点城市要切实承担主体责任，严格落实监管要求，及时查处在海关特殊监管区域外开展"网购保税+线下自提"、二次销售等违规行为，确保试点顺利推进，促进行业规范健康持续发展。

马村港海关3月23日发布《马村港海关关于加强跨境电商监管要求的通知》，给海南跨境电子商务行业带来了一个改变，主要是海南不能再做"网购保税自提"了，要求5月1日前把门店多出的展示商品运回保税区，今后只能走"网购保税"方式。这则通知产生的原因，专家认为，一是响应上文提到的六部委的通知，严管区外自提；二是海南自贸港政策2020年6月才发布，距离2025年封关运作还需几年，考虑到相关自提政策未完善，而大量保税展示店的入局可能会产生较大的监管压力，最终才出此下策。

（资料来源：腾讯网，https://new.qq.com/rain/a/20210331A09R2W00）

（三）跨境电子商务的发展趋势

1. 总体态势持续健康

纵观整个行业，跨境电子商务的发展经历了长达数十年的野蛮增长，接下来的增长将由高速增长变为持续稳定增长，全球跨境B2C年均增速约为27%。跨境电子商务的未来发展将从初期的全球网民增长红利向靠产品驱动转型，走上更健康的发展道路。

未来,新兴市场将迅速崛起,地区差异缩小。虽然欧美发达国家仍是跨境电子商务的主战场,但亚洲、拉美甚至非洲都出现了较快的增长,像东南亚、中东、印度、俄罗斯都是近几年增长非常迅猛的区域和国家。

跨境电子商务的政策规范将会加强。经过十多年的发展,中国跨境电子商务的贸易额占进出口贸易总额的 19%。各国都已经开始重视跨境电子商务贸易,关于跨境电子商务的政策规范都在加强。很多国家不断推出电子商务方面的法律法规,涉及消费者保护、隐私保护、增值税征收等方面。

马太效应将会更加明显。经过数十年的野蛮生长,部分完成了原始积累的大跨境电子商务企业将会在未来的竞争中发挥更大的规模优势,强者恒强,中小卖家的生存空间将会被进一步压缩,行业洗牌也将进一步加快。

【知识链接】

迈向新常态,跨境电子商务企业如何转型

据中国海关统计,2020 年通过海关跨境电子商务管理平台验放进出口清单达 24.5 亿票,同比增长 63.3%,4 倍于受到国际宏观环境负面影响较小的 2017 年。以数额计算,2020 年中国跨境电子商务进出口同比增长了 31.1%,其中出口增速为 40.1%,远高于进口。

2020 年,在疫情的催化下,消费人群及购物心理的变化日益加快,全球电子商务市场更是加速发展,并且逐渐演变为一种"新常态",这也就要求跨境电子商务企业们可能需要采用新的方式,以维持自身可持续的发展,获得更加长久的生命力。虽然用户增长似乎变得容易了,但如何留住用户则更加地暴露出了传统铺货与流量变现类商业模式的短板。当行业红利逐渐消失,竞争由增量转向存量时,跨境电子商务企业们若想实现长期的可持续发展,如何从用户出发驱动增长、如何打造品牌来沉淀消费者就成为其需要思考的重中之重。

(资料来源:网易,https://www.163.com/dy/article/G69P7R8P05118DFD.html)

2. 汇率波动显著影响跨境电子商务

一直以来,汇率都是影响国际贸易的重要因素,无论是传统国际贸易还是跨境电子商务。近几年,美元汇率的波动对跨境电子商务的影响日益显著。国际主要结算货币的剧烈或非正常波动,往往会极大地影响跨境电子商务的成本,干扰业务,影响盈利。

在经济危机期间,一些国家往往诉诸贸易保护主义,滥用汇率政策来获取不公正的竞争优势。最近美元汇率的异常波动就是这样一种表现,对中国跨境电子商务的出口十分不利。出口跨境电子商务需要在产品供应链管理和成本控制方面下功夫,以抵消汇率波动的不利影响。

【知识链接】

人民币贬值,跨境电子商务谁喜谁忧

2020 年 5 月 27 日,人民币对美元汇率跌幅再度扩大,离岸人民币对美元汇率也一同下跌,一度跌破 7.19 关口。对于出口跨境电子商务而言,人民币贬值反而是大好事。主要进行欧美出口业务的跨境电子商务,一般业务采用美金核算、人民币结算的方式,人民币汇率走低后钱反而更值钱了,接下来可能将会有更多人来从事出口跨境电子商务生意了。按照当前的7.19,相比年初约7.0的汇率,卖家每提现1万美元就可以多得人民币约2 000元,这可是妥妥的净利润了,吸引力超足。当贸易规模不大的时候,汇率风险对跨境电子商务的影响微乎其微,但是贸易规模提升到一定程度时,跨境电子商务在一个潜移默化的过程中就会发现汇率风险的影响有多大了。作为跨境电子商务企业,需要明确采用的计价的外币种类、不同地区资产负债的配置,从而降低风险,管控汇率风险对企业经营损益的影响。

(资料来源:知乎,https://zhuanlan.zhihu.com/p/145077972)

3. 各国跨境电子商务政策推陈出新

2013年8月,国务院发布《实施支持跨境电子商务零售出口的通知》。这是国家首次正式表明对跨境电子商务给予政策支持。2014年1月,财政部、国税总局发布《关于跨境电子商务零售出口税收政策的通知》,明确了跨境电子商务零售出口的税收优惠政策。2018年8月,全国人大常委会通过《电子商务法》,对电子商务经营者、电子商务合同的订立与履行等6个方面做了明确规定,标志着我国电子商务行业进入有法可依的新时代。2020年4月,国务院决定增设46个跨境电子商务综试区,并对综试区按规定实行支持政策。同年7月,海关总署又出台促进B2B跨境电子商务政策。我国政府通过出台一系列促进措施和监管法规,持续深耕跨境电子商务政策土壤,推动新业态、新模式健康快速发展。

【知识链接】

英国脱欧后跨境电子商务政策变化

(1)仓储配送相关规定的变化。自2021年1月1日起,英国正式退出欧盟单一市场及海关联盟,英欧间设立海关边境。因此,亚马逊正式停止英国与欧盟边境的运输配送。而此项规定意味着英国与欧盟将分别适用仓储限制规则,且卖家需在英国与欧盟分别存储货物。

(2)商品合格认定标志的变化。制造商需对英国销售的商品使用UKCA标志,取代此前的CE标志。不过若货物在此日期之前已投放市场,那么将不受到影响,卖家只需提供订单、物流单等相关证明,便仍可在英国进行销售。

(3)品牌方面出现的变化。英国脱欧后,对于拥有欧洲品牌的卖家,其品牌将会自动分裂出一个英国品牌,供卖家在英国使用。对于想做欧洲站及英国站但还没有拥有品牌的卖家,现在注册品牌时需注册英国与欧洲两个品牌。

(4)增值税法规的变化。英国将实行一套新的增值税法规,卖家在向英国买家发送货物时,应知悉英国增值税的具体情况,做好应对。

(资料来源:搜狐网,https://www.sohu.com/a/442591962_120812005)

4. 跨境电子商务新兴市场潜力巨大

经过不断探索,中国跨境电子商务平稳发展,贸易额不断攀升,除了原有美国、欧洲等活跃市场保持高速增长外,新兴市场网上交易份额上涨明显,俄罗斯、南亚、东南亚、中东地区、非洲、巴西近年来在跨境电子商务方面就表现出较强的增长态势。随着经济的不断增长和IT技术尤其是移动互联网在发展中国家的推广,这些国家的跨境电子商务发展潜力巨大。据估计,东盟国家的在线零售市场每年将会增长25%。中国"eWTP"全球自由贸易首个试点区域已经在马来西亚落地,马来西亚近年来的在线零售市场增长更是超过100%。这些国家人口众多且相对年轻,又是中国"一带一路"的主要合作伙伴,双方正在"一带一路"框架下大力促进电子商务方面的合作,也将是出口电子商务企业在跨境电子商务方面的着力重点。

【知识链接】

中东跨境电子商务市场分析

中东地区是世界上最大的石油产出地,个别国家富得流油,比如阿联酋、沙特阿拉伯等,区域资源优势明显。但地区间宗教色彩浓厚,文化冲突较多,对经济平稳发展影响巨大,且互联网普及程度不高,大多数地区气候较恶劣,交通不便,物流不发达。这些都会对中国跨境电子商务在这一地区的发展形成制约。

值得关注的是,亚马逊公司已与中东地区最大电子商务平台 souq.com 达成收购协议。正式完成这一交易后,亚马逊会借助 souq.com 的平台在本地的资源优势结合自身物流等方面的优势,强势进军中东地区。这对中国的跨境电子商务卖家来说也不失为一个好消息,但具体政策如何还需密切关注。目前浙江执御信息技术公司打造的主要针对中东地区的电子商务平台,交易额逐年攀升。总而言之,中东地区市场消费潜力巨大,在不远的未来,这块市场一定会全面爆发。

(资料来源:雨果网,https://www.cifnews.com/article/89817)

二、我国跨境电子商务物流的发展现状

近年来,跨境电子商务在中国市场的发展势头尤为迅猛。跨境电子商务物流基本流程如图 9-1 所示。在蜜芽、天猫国际、京东全球购等诸多跨境电子商务平台的推动下,大量的国内消费者购买到了来自全球各个地区的优质产品。跨境电子商务同样有 B2B、B2C 及 C2C 等模式之分,目前市场中较为主流的模式是 B2B 及 B2C。

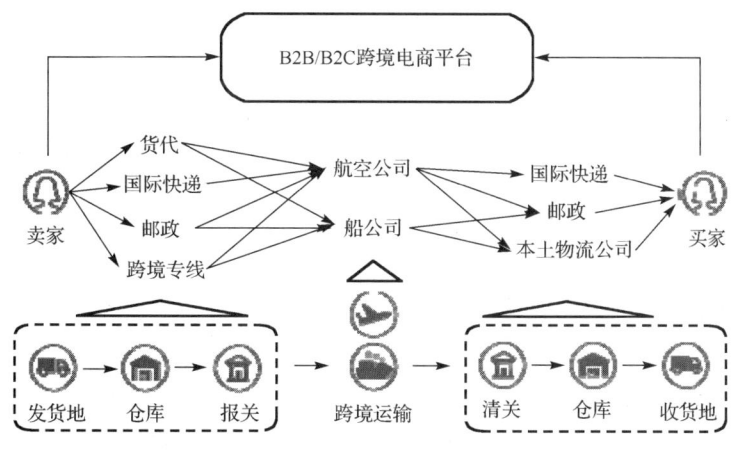

图 9-1 跨境电子商务物流基本流程

整体来看,移动互联网向各个领域的不断渗透及经济全球化的不断深入使得跨境电子商务为诸多国内企业的发展提供了无限可能。我国跨境电子商务的市场规模十分庞大,而

且近年来一直在保持高速增长。与此同时，跨境电子商务物流需求也在短时间内迎来了爆发式增长，从而对现有物流企业的全球配送能力提出了巨大的挑战。

诚然，跨境电子商务的快速崛起为物流产业提供了巨大的想象空间，但在目前国内的物流企业中，鲜有能够为跨境电子商务消费者提供个性化及标准化的物流配送服务的第三方服务商。此外，由于各个国家进出口贸易政策和市场环境存在差异，跨境电子商务从业者尚未找到一种应用范围广、低成本、高效率的跨境电子商务物流运作模式。

三、我国跨境电子商务物流的运作模式

在市场竞争十分激烈的当下，为了能够给广大消费者提供更为优质的跨境物流配送服务，并有效降低跨境物流成本，很多跨境电子商务企业选择自建物流或者与第三方物流公司进行战略合作，通过创新跨境电子商务物流运作模式来构建较强的核心竞争力。具体来看，我国的跨境电子商务物流运作模式主要有三种："单一"跨境电子商务物流模式、"两段中转"跨境电子商务物流模式和"两段收件"跨境电子商务物流模式。

（一）"单一"跨境电子商务物流模式

在这种模式中，海外上游供应商会将跨境电子商务企业需求的产品运送至后者在海外的物流配送中心，配送中心负责商品备货及仓储管理等。当收到电子商务平台发出的订单后，配送中心会进行拣货、包装及出货，将订单所需的商品以单件包裹的形式交付给具备跨境物流服务能力的国际快递公司。该模式如图9-2所示。

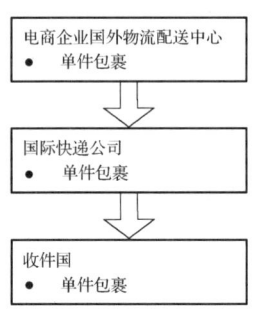

图9-2 "单一"跨境电商物流模式

这种运作模式不需要跨境电子商务企业建立专业的转运物流配送中心，而且不用考虑收件国对于跨境包裹的特殊规定，因为物流配送将由专业的第三方国际快递公司全权负责。由于这些国际快递公司在跨境物流配送领域深耕多年，其在通关及报税等方面往往具备较大优势。此外，由于包裹是进行单件配送，不需要积累足够规模的订单后再交给国际快递公司，从而有效降低了配送时间成本。

但这种模式也存在着一个十分明显的短板，即国际快递公司对于单件快递收取的运费十分高昂。以某国际快递企业为例，普通1kg商品从中国北京快递到美国纽约，费用需要268.4元（标准服务，5~7天）。因此，除了那些利润相对较高的奢侈品、艺术品等，跨境电子商务企业几乎不会采用这种配送方式。

（二）"两段中转"跨境电子商务物流模式

在该模式中，跨境电子商务企业的海外供应商首先将商品配送至电子商务企业在海外的配送中心，收到订单后，配送中心进行拣货、包装及出货，这些与上一种模式完全相同。但这种模式需要配送中心对订单及包裹进行整合，将货物通过快递公司整批运送到海外的转运中心。海外转运中心收到货物后会将整批货物进行拆分，而后以单件包裹的形式交付给国际快递公司运送至目的地。

由于这种模式包含两段运输路程，且转运点位于转运国，所以业内将其称之为"两段

中转"跨境电子商务物流模式,如图 9-3 所示。它不需要跨境电子商务商家考虑收件地的特殊政策,而且由于能够整合大量的单件包裹,也能够明显降低物流成本。

当然,这种模式也存在一定的缺陷,如运输方案相对复杂,同时涉及单件运输与批量运输,对国际快递公司的配送能力也提出了极高的要求;消费者查询物流信息时,需要分成两个阶段查询;由于商品需要通过转运国进行转运,从而造成配送时长进一步增加。

(三)"两段收件"跨境电子商务物流模式

这种模式也是由海外供应商将商品配送至跨境电子商务企业位于该国的配送中心,收到订单后,配送中心对商品进行分拣、包装及出货,而且要根据目的地将其整合为不同的整批货品,然后交给国际快递公司负责运送到目的地的物流配送中心,物流配送中心再对整批货品进行拆分,最后使用当地的运力资源将包裹运送到目的地。

该模式同时包含整批运输及单件运输,且转运点位于收件国,所以业内称之为"两段收件"跨境电子商务物流模式,如图 9-4 所示。

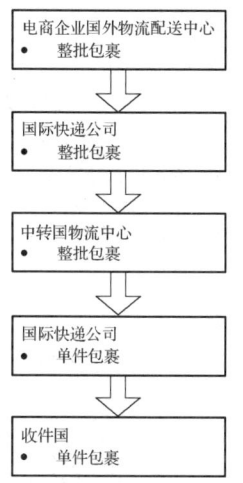

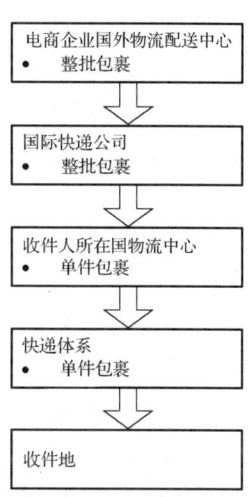

图 9-3 "两段中转"跨境电子商务物流模式　　图 9-4 "两段收件"跨境电子商务物流模式

同样,该模式整合了大量的单件包裹,可以有效降低物流成本,而且由于使用目的地国家的当地快递体系完成配送,在成本方面会更具优势。不过,该模式需要跨境电子商务企业在收件人所在国家建立物流配送中心。

受到世界各国物流产业发展水平的影响,跨境电子商务企业很难给消费者明确的包裹预计到达时间,物流信息查询同样分为两个环节:一个是国际快递公司运输环节;另一个是收件人本地的快递运输环节。

四、我国跨境电子商务物流发展存在的问题

我国跨境电子商务规模日益增长,使跨境电子商务物流有了强大的潜力市场,但由于跨境物流是依据跨境电子商务衍生出来的新型行业,运作还不成熟,仍存在一些问题。

(一)跨境物流成本较高

跨境物流成本主要包含了运输成本、关税、海外物流成本等。虽然跨境电子商务企业都

会对跨境物流成本进行控制,但是由于很多因素(海关关税、国外重派、国外仓储等)都无法完全正常控制,物流成本居高不下。而且选择的物流运输方式不是空运就是海运,运输方式比较单一,即使空运或海运的价格上涨,也只能硬着头皮走,物流成本直接增加了很多。

【知识链接】

跨境物流全链条,成本上升趋势不变

港口堵、仓库爆、1万美金天价运费……

"从我个人角度来看,未来一段时间,无论是海外仓,还是头程、尾程的物流运输,至少价格成本都不会降低,至于时效、仓位的情况,也会根据市场的变化而调整。"泛鼎国际集团总裁陈柏华说道。何以得出这样的结论?

首先,从海外仓的角度来看,未来无论是短期还是长期,服务商在海外获取仓库资源的成本会越来越高,这是不变的趋势,海外仓的使用成本自然也不会降低,所以成本会分摊到卖家身上。再从更具体的成本方面来看,当前阶段,海外仓无论是租金还是人工成本都在急剧增长。一方面,是仓库本身租金的上涨。如果仓库在比较便利的位置,可能三年前一平方英尺只要0.7美元,而现在最高的价格已经到了1.5美元,一般来说也会要1.3美元。另一方面,因为现在整个市场都处于爆仓状态,即便是高价也租不到位置便利的仓库。以洛杉矶为例,基本上可用的便利的仓库都已经被租完了,剩下的就只能往不便利的地方去了。如此一来,物流的运输成本就提高了。如海运的拖配成本,每一个柜子会上升50～100美金,这是相当大的一笔成本支出。

除了仓库的租金外,人员的工资也在节节攀升。比如疫情期间,仓库很多人员无法到岗上班,加上跨境物流的货量暴涨,只能增加加班费,让现有的人员增加工作量,但不仅是仓库的操作人员,还包含快递公司的司机,也要增加费用才愿意来拉柜子。这些都是无形的障碍,但对于物流公司来说都是额外增加了成本。

(资料来源:雨果网,https://www.cifnews.com/article/83663)

(二)跨境物流和跨境电子商务的发展不协同

现在的跨境电子商务客户的需求更加多样化和个性化,安全将货物送达到客户手中已经不能满足现在的物流需求。现在的客户不仅对物流时效有要求,对物流服务更有要求。

海外仓一般都是中大型电子商务企业才会使用,因为它们负担得起昂贵的仓储成本;而自贸区开放得又不多,跨境电子商务的需求得不到满足。

(三)基础设施不完善

与国内物流相比,国际物流更复杂、更烦琐,物流在我国出现的时间要比国外晚,发展得也没有国外完善。跨境物流涉及运输、报关、查验、仓储、配送等一系列环节,与国内物流相比最明显的特征就是需要报关。

我国国内物流的基础设施建设要比国际物流更完善,国际物流要实现与目的国或地区的物流信息对接、整合,而系统性的网络并没有实现,会使跨境物流成本增加。

而且由于是国际贸易往来,如果客户需要退换货的话,退回中国的运费往往要比发出去的运费高出很多，再为客户重发的话，需要再次支付运费。这样一来，这笔订单不仅不赚钱了，还要倒贴钱出去，所以退换货的服务就难以实现。

（四）跨境物流信息不够透明

跨境物流的运输发生在国与国（地区与地区）之间，与国外物流商信息对接不到位的话，容易造成物流信息无法跟踪。货物到哪里了？为什么会卡在某个地方无物流信息更新？货物什么时候能派送？这些问题便会被客户一直询问。国外客户因为看不到物流信息，不能更好地安排自己的时间来准备接收货物，客户满意度也会降低。

（五）缺少专业的跨境物流人才

跨境物流是随着跨境电子商务的发展而产生的，是一个新的产业。在我国，很多高校的电子商务专业和物流专业都是分开设立的，跨境电子商务和跨境物流的专业课程也较少，跨境电子商务和跨境物流知识的学习比较表面，学生没有深入地学习。在跨境电子商务规模迅猛增长而专业人才短缺的形势下，既具备良好的外语语言能力，又懂国际贸易和跨境电子商务知识与技能的新型复合型外贸人才成为市场的稀缺人才。

五、促进我国跨境电子商务物流发展的对策

（一）健全跨境电子商务物流的法律机制

现阶段，我国亟须出台一系列法律法规来对跨境电子商务物流的通关、税收、仓储、配送及企业监管等进行有效规范。无论是对广大消费者，还是对相关企业，跨境电子商务物流法律法规的出台都具有十分重要的意义。因此政府部门需要进一步加快跨境物流监管政策的落地进程，对跨境物流配送过程中的一系列流程进行有效规范，出台相应的资金、税收、土地等方面的政策来推动这一新兴产业能够快速、稳定地走向成熟。

（二）建立电子商务企业物流战略联盟

自建物流的运作模式需要投入海量的资源，对于很多中小跨境电子商务企业而言，这种模式并不现实。但跨境电子商务企业可以通过合作打造物流战略联盟，来提升自身的服务能力。

以跨境出口业务为例，多家跨境电子商务企业共同出资在海内外建立多个物流仓储中心，联盟中的每个成员都可以将自己销往国外的商品存储在国内的物流配送中心。当收到海外买家的订单后，配送中心对这些订单进行整合，将相同目的地的商品运输到目的地国家的物流配送中心，而后通过当地第三方物流公司运送到海外消费者手中。

（三）第三方物流企业提供专业化的物流服务

提供专业级物流服务的第三方物流企业，能够为消费者提供优质完善的第三方物流配送服务。虽然我国存在着大量的第三方物流服务商，但却鲜有企业具备为跨境电子商务提供专业级服务的实力。

跨境电子商务物流与普通的境内物流相比，流程更为复杂，产业链中的参与者更多，而且要受到各个国家不同法律法规的限制，导致跨境电子商务物流的运作变得极为困难。这需要国内的物流企业投入巨大的资源，来增强自身的跨境物流服务能力，引入更多的先进设备及管理经验，提升跨境物流运作效率，并有效降低物流成本。

(四)开展海外仓储方面的相关布局

从跨境电子商务行业发展现状来看,海外仓储主要分为自营及外包两种运作模式。其中外包仓储在跨境电子商务企业中的应用更为广泛,这种模式是由海外仓储服务商为跨境电子商务企业提供海外货品的仓储、配送等方面的服务。由于其成本相对较低,十分适合那些正处于起步阶段的国内跨境电子商务创业企业。

而对于那些具备较强实力的跨境电子商务企业来说,由于其在资金、人才等方面具备较强的领先优势,从而可以将自身的资源及精力放在提升消费者的购物服务体验、市场份额、库存管理水平及加强闭环生态构建等方面,所以海外仓储自营是其更为理想的选择。

(五)加强跨境电子商务人才培育体系建设

一方面,完善企业的人力资源管理体系,从企业内部选拔、培育、留住跨境电子商务人才。另一方面,校企合作,共建实用的电子商务人才培训体系,利用高校优质的教学资源,结合企业的最佳实践经验,共同打造有实效的人才培养体系。

【知识链接】

全国首个 RCEP 跨境电子商务专项政策

2021 年 3 月 30 日,广州正式发布全国首个 RCEP 跨境电子商务专项政策——《广州市把握 RCEP 机遇促进跨境电子商务创新发展的若干措施》,其中提出:

(1)要进一步压缩通关时限,简化跨境电子商务 B2B 出口。RCEP 国家跨境电子商务货物 24 小时内放行,其中易腐货物争取 6 小时内放行。

(2)进一步优化退税服务,退税办理时限压缩至 5 个工作日内,推行出口退税无纸化申报。

(3)对在境内外证券市场新上市的跨境电子商务企业及已在境内外证券市场上市并明确将国内运营总部设在广州的跨境电子商务企业,按照相关政策给予奖励补贴。

(4)支持跨境电子商务企业加大创新要素投入,强化供应链上下游整合,形成原始创新、集成创新,对主导制定跨境电子商务国际标准、国家标准、行业标准的给予资金扶持。

(5)支持企业加快发展面向 RCEP 市场的跨境电子商务出口海外仓业务,支持跨境电子商务企业自建海外独立站。对在广州白云机场新开通国际或地区货运航线的航空公司给予货运航线补助。

(6)支持企业通过在穗高校及经认定的社会培训机构,为员工开展跨境电子商务专业培训。

(资料来源:亿邦动力网,https://www.ebrun.com/20210330/427513.shtml)

第二节 进口跨境电子商务的物流选择

一、进口跨境电子商务业务模式

随着我国跨境电子商务市场的蓬勃发展,不仅天猫国际、亚马逊等综合性电子商务平台积极布局跨境电子商务业务,如蜜芽、洋码头之类的垂直进口电子商务也不断涌现。2020年我国跨境电子商务零售进口规模已突破1 000亿元。进口跨境电子商务业务模式分为"直购进口"模式和自贸区"网购保税"模式。物流配送则包括境外货源的采购和组织、跨境运输与配送两大业务环节。

(一)"直购进口"模式

天猫国际、考拉海购、京东国际、洋码头、小红书等进口跨境电子商务平台直接将海外第三方商家的产品引入平台进行销售,国内消费者在这些平台下订单后,海外商家通过邮件、快件等方式将产品运送到境内。

1. 境外货源的采购与组织

国内进口电子商务平台将海外第三方供应商引入平台后,这些供应商根据客户下达的交易订单直接在海外市场中进行商品采购。

2. 物流配送和通关

商家根据客户的订单需求在海外仓库中进行配货、集货,然后通过国际快递直邮或者通过合作的物流转运公司、国际航空公司等将商品送达到国内消费者手中。消费者,可以在商品通关时获得诸多绿色通道服务,如跨境网购时参考个人邮递物品预缴税费、与传统快件区分核放、商品入境时自动扣缴费等。

随着进口跨境电子商务市场规模不断拓展,越来越多的国内快递公司开始将眼光放在了跨境物流领域,积极布局国际转运业务。例如,申通快递在美国成立了转运公司;顺丰快递美国转运公司旗下的海购丰运平台正式对用户开放注册。此外,中通、圆通、韵达、百世网络、宅急送、苏宁云商等众多快递公司也获得了国际物流业务经营许可证。

【知识链接】

洋码头跨境物流体系持续升级

在速度和时效方面,洋码头在众多的跨境电子商务购物平台当中,均有着十足的底气,因为它有自己的物流体系。洋码头所打造的跨境物流体系——贝海国际,截止到目前为止,已经在海外市场建成了多个国际物流仓储中心。这些坐落在全球各大洲的仓储中心,为保证消费者通过洋码头获得更高效的海淘体验提供了巨大的保障。除此之外,洋码头还与多家国际航空公司携手合作,推出国际航班包机运输服务,每周将会有40多架全球班次航线的飞机入境,源源不断地输送国外的好货,极大地缩短国际物流的收货时间。

洋码头为海淘用户提供的直购直邮服务,极大地提升了用户在海淘购物当中,尤其是在物流运输方面的体验。在全球物流护航的基础之上,全球的好货可以通过安全的渠道送达中国消费者手里,在保证品质的同时,又不会让产品在运输过程当中贬值。优质快速的物流体验是很多消费者选择洋码头购物的一个重要原因。在这个讲求速度的时代,跨境电子商务物流在时效上面也应当有更出色的体验,而洋码头如今已经率先完成了自有跨境物流体系的建立,并成为行业的榜样。

(资料来源:搜狐网,https://www.sohu.com/a/256046209_249327)

(二)自贸区"网购保税"模式

与"直购进口"模式相比,自贸区"网购保税"模式是近几年兴起的一种创新性的进口跨境电子商务运作模式。进口跨境电子商务企业首先批量化地将海外商品提前采购到国内保税区内,在线上平台收到客户订单后,便可直接从保税区预存的商品中拣选、配送、报关,从而将商品快速、安全、准确地送达客户手中。

1. 境外货源的采购与组织

母婴用品、化妆品等是当前进口跨境电子商务交易的主流商品,而大多数海外品牌商为保障经销商利益、避免产品价格出现较大波动,并不愿意对国内规模和实力不足的电子商务平台进行直接授权。因此,自贸区"网购保税"模式下的电子商务平台在货源方面一般采取直接与海外供应商合作的 B2C 模式,或者派人到海外市场进行批量采购。

2. 物流配送和通关

自贸区"网购保税"模式下的前向运输与传统进口贸易类似:进口跨境电子商务企业首先从海外市场中批量采购相关商品,并运送到国内保税区存储,形成进境备案清单;当客户下达商品订单后,进口跨境电商企业根据客户需求对保税区的商品进行拣选、包装、报关、配送,再快速送达客户手中。

对进口跨境电子商务来说,这种模式一方面可以实现商品的整进散出和集中报关,从而大幅缩减跨境电子商务交易的物流与赋税成本;而海关、检验检疫等部门对商品在保税区出入境过程中的严格监管,又有效保障了商品质量。另一方面,由于自贸区"网购保税"模式下的进口跨境电子商务企业提前将海外商品集中采购并存储到了国内保税区中,因此可以在消费者下达订单后及时、高效、准确地将商品送达客户手中;同时,保税区内充足的货源储备也能够为客户提供更优质的退换货等售后服务。

【知识链接】

我国扩大跨境电子商务零售进口试点

2021年3月25日,商务部召开例行新闻发布会。商务部新闻发言人高峰表示,自2018年11月开展跨境电子商务零售进口试点以来,各相关部门和各地方积极探索,不断完善政策体系,在发展中规范,在规范中发展。同时,风险防控和监管体系也在逐步健全,事中、事后监管有力有效,具备了更大范围内复制推广的条件。

商务部等六部门近日发布关于扩大跨境电子商务零售进口试点、严格落实监管要求的通知。该通知称,将跨境电子商务零售进口试点扩大至所有自贸试验区、跨境电子商务综试区、综合保税区、进口贸易促进创新示范区、保税物流中心(B型)所在城市(及区域)。今后相关城市(区域)经所在地海关确认符合监管要求后,即可开展网购保税进口(海关监管方式代码1210)业务。

(资料来源:亿邦动力网,https://www.ebrun.com/20210326/427041.shtml)

二、进口跨境电子商务物流模式对比

(一)业务流程比较

随着电子商务整体生态的优化成熟,越来越多的国内消费者开始借助跨境电子商务模式直接从海外购买喜欢的商品,从而进一步推动了近些年快速崛起的跨境电子商务的发展。简单来看,跨境电子商务是指处于不同关境的交易主体通过电子商务平台直接对接沟通,进行交易和支付结算,并通过跨境物流服务完成交易货品配送的一种国际商业活动形态,包括境内境外物流、仓储、支付、报关报检、税务、收结汇等流程。

跨境电子商务主要分为 B2B、B2C 两种模式。前者即"自购进口"模式,主要通过有效的网络服务实现交易双方的精准高效对接,而跨境交易的具体操作和报关等业务内容仍在线下完成,并归入海关一般贸易统计范畴。"直购进口"模式业务流程如图 9-5 所示。后者即自贸区"网购保税"模式。该模式直接在线上平台进行商品交易和支付结算,并通过航空小包、邮寄、快递等方式进行物流配送,报关环节也由邮政或快递公司负责。自贸区"网购保税"模式业务流程如图 9-6 所示。在上海自由贸易试验区中,B2C 跨境电子商务模式被纳入登记号"9610 跨境电子商务"中进行统计。

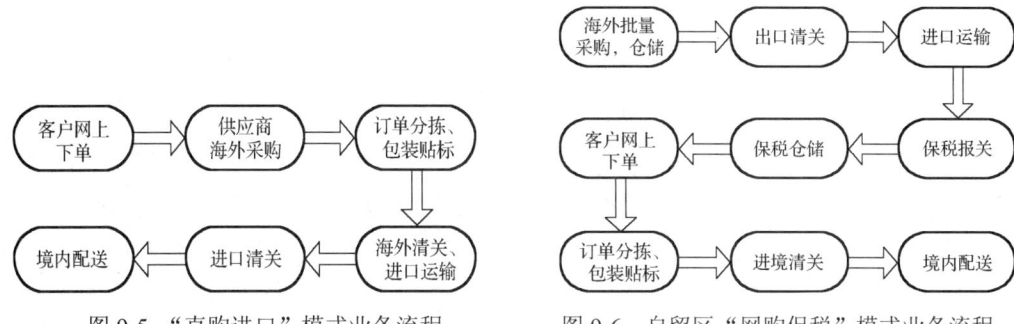

图 9-5 "直购进口"模式业务流程　　图 9-6 自贸区"网购保税"模式业务流程

在传统"海淘"模式中,消费者在海外购物网站购买商品后,货品首先交给境外转运公司仓库,然后转运公司通过航空公司进行跨境运输和通关,并委托国内快递公司将商品送达客户手中。这显然增加了商品物流配送环节的不确定性,容易造成物流延迟、商品破损等现象;同时,监管缺位也造成了售后服务难以得到有效保障。与此不同,进口跨境电子商务平台则在很大程度上解决了传统"海淘"模式中物流不稳定、退换货难的跨境购物痛点。

(二)运营比较

"直购进口"模式下跨境电子商务平台中入住的海外第三方商家较多,因此,与自贸区"网购保税"模式相比,能够为客户提供品类更多、更全的商品。如天猫国际、洋码头等跨境电子商务平台直接引入大量的海外第三方供应商;亚马逊海外购则直接通过美国亚马逊进行货品的采购、配送。

不过,"直购进口"模式是客户下达订单之后再进行采购和运输配送,因此在物流速度、效率和时效性方面无法与自贸区"网购保税"模式相比;同时,自贸区"网购保税"模式的批量化采购、运输和报关大幅降低了电子商务物流与赋税成本,具有价格优势,因此越来越多的电子商务平台的跨境自营业务及平台中引入的第三方商家开始采用此种业务模式,如蜜芽、京东全球购等。

在商品品类方面,"直购进口"模式适用于价值较高或个性化的商品,如箱包手袋、服装、专业书籍等。自贸区"网购保税"模式则更加适用于母婴用品、食品等标准化商品。

"直购进口"模式与自贸区"网购保税"模式并不是完全矛盾的,小红书、考拉海购、京东国际等跨境电子商务平台采取的便是混合式物流模式。跨境电子商务平台物流模式比较如表 9-1 所示。

表 9-1 跨境电子商务平台物流模式比较

平台名称	成立时间	平台类型	物流	仓储	配送方式	经营品类	平台优势
小红书	2013 年	B2C 自营类型为主	保税备货+海外直邮模式	保税仓+海外仓	第三方物流	综合类	优质的社区文化和用户体验，是其他平台难以复制的独特优势
考拉海购	2015 年	B2C 自营类型为主	保税备货+海外直邮模式	保税仓+海外仓，国内首个物流云系统	第三方物流	综合类	正品优势，成立之初就有网易背书，平台口碑及信赖度领先；被收购后背靠阿里资源、"淘"系物流链
京东国际	2015 年	B2C 混合平台	保税备货+海外直邮模式	保税仓+海外仓+国内仓，三仓合一	自建物流：京东物流	综合类	依托于京东商城，原产品直购，极速配送，国内一二线城市 100%实现当日达或次日达

三、进口跨境电子商务物流配送的发展趋势

（一）流程趋于规范化，信息化程度提高

跨境电子商务贸易的快速发展推动了我国海关部门在"海淘"市场监管方面的不断优化完善，这又反过来逼着"直购进口"等跨境物流转运业务从不规范、无序走向规范化、有序化。

具体来看，物流公司要进一步规范业务流程，通过自身业务系统与电子商务网站的对接实现信息资源的共享、互通、整合，从而使物流企业、电子商务网站和商家完成订单交易信息、商品物流信息及支付信息的"三流合一"；同时，将包裹数据信息共享到相关平台，让物流公司、商家、顾客等可以实时精准地掌握商品物流状态，从而提高跨境物流的信息化程度。

此外，物流公司规范转运业务流程，主动报关并对接海关信息流，有利于更准确地掌握商品清关信息，并规避包裹数量剧增时出现的清关延迟或扣留等各类风险，从而提高配送服务水平，优化客户的整体购物体验。

（二）服务范围拓展，用户物流体验提升

随着自贸区"网购保税"业务模式受到越来越多跨境电子商务平台和商家的青睐，保税物流中心也获得了更广阔的发展空间，可以在基本的保税仓储配送业务以外，为仓库内的进口货物提供分拣、贴标、供应链融资、质押监管、退换货、保税商品展示等更多增值服务。

例如，商家可以与物流公司合作在保税物流中心进行保税商品展示，打造线上线下有机结合的营销渠道，拓宽商品销路；当客户在实体展示店中订购保税商品后，物流公司可以在几天内完成商品的清关和配送工作，从而大大提升客户的物流体验。

第三节 出口跨境电子商务的物流选择

一、出口跨境电子商务的物流模式

站在出口跨境电子商务经营者的角度分析，当有消费者下单时，它就要根据订单信息

发货，这时候，就要选择恰当的物流方式把商品发送到消费者手中。国际快递比较如表 9-2 所示。

表 9-2 国际快递比较

国际快递	简介	优势	劣势	货动时间	适用产品	运费计算	燃油附加费
EMS	全球只有 60 个多国家可到达，强势区域在东南亚和欧洲。通关能力较弱。定价灵活性不足，航空件较慢	当你的货物在国外扣关时，EMS 可帮你免费运回来；其他公司限制运行的物品它都能运送，如食口、保健品、化妆品；运费较便宜	运输时间及价格不稳定，速度偏慢，通达国家较少，一经出现问题，只能做书面查询，时间较长	5~8个工作日	对货运时间要求不高、货物体积较大、注重运费成本的产品，走小件且对时间要求不高的货物可首选 EMS	长、宽、高任一个大于等于60cm 按体积重；小于 60cm，按实重	无
UPS	美国公司，最大民办快递公司。强势线路是美洲和日本线路	速度快，特别是美国 48 个小时能到达，全世界 200 多个国家和地区都有网络，查询网站信息更新快，遇到问题解决及时；可以在线发货，全球 109 个城市提供上门取货服务	对所托运的物品限制比较多，拒收许多特殊商品；运费较贵	2~4个工作日	货物价格较高，对时间有要求，追求质量和服务的产品；要求时间快且发往美国、加拿大、南美及英国，货物 6~21kg 优先 UPS	实重和体积重取高者	每月更新
FedEx	美国公司，强势线路是美洲、日本线路，大货有优势，时效快，价格特别优惠，运费可到付	在东南亚极有优势，价格和时效上都是，查询网站信息更新快，服务质量好	在西欧、南美、非洲、中东国家及美国、加拿大没有价格和速度上的优势；对所运物品限制较多	2~4个工作日	21kg 以上的大货，FedEx 的价格是 DHL、UPS 的一半，且运输速度一样		
TNT	荷兰最大的快递公司，在西欧国家的清关能力最强。在西欧和西亚、中东有绝对优势，直飞欧洲	速度较快，到西欧 3 个工作日，可送达国家多，网络比较全，查询快，遇到问题响应及时	在四大国际快递世头中相对实力较弱，对所运货物限制较多	2~4个工作日	需要发一些比较重要的货物，要时间快且通关力强，但是又不怕贵的话，则首选 TNT		
DHL	即中外运敦豪，强势区域在日本、东南亚、澳大利亚，走小件比较好，在时效和价格上有优势	速度快，到欧洲 3 个工作日和东南亚地区 2 个工作日，派送网络遍布世界各地，遇问题解决快，21 公斤以上物品有单独的大货价格，部分地区大货价格比国际 EMS 还低，超省费用	部分重量段的价格偏高，对所托运的物品限制比较多，拒收许多特殊商品	每月更新	对时间有要求，且发往美国、加拿大、南美和英国。5.5kg 以下的货物 DHL 比较便宜，21~100kg 的货物 DHL 比 UPS 便宜		

通常情况下，规模较小的跨境电子商务企业没有独立的物流系统，由平台承担物流环节，根据包裹重量来划分，中邮小包的包裹限定在 2kg 以内，超出这个范围则需用中邮大包。另外，若消费者希望尽快拿到货物，就得通过国际快件发货。从这个几个方面来讲，物流问题似乎并不是太难。

但是分析大规模跨境电子商务企业(尤其是那些独立开展平台运营的电子商务经营者)的物流问题可知，企业本身要节省物流环节的支出，还要满足消费者在时间上的心理需求，要加速物流运转,就还要尝试新的物流方式。对这些企业而言,物流问题并没有那么简单。本节将对主要的出口跨境电子商务的物流方式进行分析与阐述,并对企业的物流选择给出建议。

(一)邮政包裹

如今,邮政物流体系已在世界众多国家与地区建立了分支机构,万国邮政联盟与卡哈拉邮政合作组织为其发展起到了重要的推动作用。万国邮政联盟总部位于瑞士伯尔尼,隶属联合国,负责国际邮政事务的处理,为成员国提供相关的技术援助。

万国邮政联盟涵盖190多个国家与地区,这些国家与地区在邮政体系的建设方面存在很大差别,彼此之间的联系较少。为了改善这种状况,2002年,相关机构在美国卡哈拉东方饭店召开了6个邮政CEO高峰会议,卡哈拉邮政合作组织由此而来。

根据卡哈拉邮政合作组织的标准设定,凡是其成员国,只允许2%的货物超出投递时限。若用户在规定时间内没有收到货物,就可以向快递公司投诉,最终得到与货物价格相等的索赔。这些标准设定对成员国的服务体系提出了较高的要求,有利于不同国家之间的物流合作。

举个例子,通过邮政体系由中国寄送至美国的货物,通常会在半个月内送至用户手中。若通过eBay网站的国际e邮宝,只需7~12天就能完成美国全境妥投。而且,邮政公司通常属于国有企业,政府相关部门会给予财政支持,所以价格也比较低廉。

中国邮政属于万国邮联和卡哈拉邮政合作组织成员,在业务价格上相对国际快递有绝对优势。据不完全统计,中国跨境电子商务出口业务70%的包裹都通过邮政系统投递,其中中国邮政占据50%左右的份额。中国邮政旗下一般适用出口电子商务的国际物流服务包括大包、小包,其中邮政小包因其时效快、价格低的综合特质而使用得最为广泛。除了中国邮政之外,通过货运代理走我国香港特别行政区邮政、新加坡邮政等渠道也是国内商家的重要选择。

(二)国际快递

国际四大快递公司包括UPS、FedEx、TNT、DHL。这些公司有着雄厚的实力基础,其物流体系覆盖世界多个国家与地区,通过先进的信息技术与各个地区完善的服务体系,满足境外消费者对中国跨境电子商务的产品需求。

2019年4月,联邦快递在华南地区推出针对B2C的"出口跨境电子商务解决方案",通过广州和厦门操作口岸的"清单核放、汇总申报"模式,为跨境电子商务企业的B2C货物提供高效的清关服务。2020年6月,联邦快递推出出口"在线申报工具",企业可以电子方式便利地提交出口贸易数据。采用UPS快递发往美国的货物,可在2天内就送至消费者手中。不过,这种物流方式的价格比较高。通常情况下,当顾客对商品提出较高限时需求时,经营者才会选择这种物流方式。

(三)国内快递

顺丰速运、EMS邮政快递及中通、申通、圆通、百世汇通、韵达快递(简称"四通一达")构成国内快递的主体。在跨境电子商务出口领域,2015年3月1日,由中通快递控股投资的"中通国际"正式上线,专门从事国际物流、国际包裹、跨境电子商务出口或进口业务。至此,加上之前已经试水跨境寄递或者"海淘"转运业务的邮政EMS、顺丰、申通、圆通、韵达和百世汇通,占据国内快递80%市场份额的七大快递公司正式宣告"集结"完毕,完成中国快递集体"出海"的初步布局。

顺丰速运在跨境物流方面已有相当丰富的经验,如今,其经营范围已覆盖至日本、韩国、越南、泰国、新加坡、澳大利亚、美国等多个国家。其中,送至亚洲国家的货物,它通常会在3天之内到达用户手中。

EMS快递是国内快递公司中跨境物流经营最成熟的。通过EMS的邮政网络系统,可直接送达的国家超过60个。同时,EMS的快递价格比较低廉,在国内比较容易通关,一般情况下,会在3天之内将快件送到亚洲各地的消费者手中,一周之内抵达欧美用户手中。

【知识链接】

顺丰速运:提供一体化进出口跨境电子商务解决方案

顺丰速运于1993年3月26日在广东顺德成立,是一家主要经营国际、国内快递业务的港资快递企业。顺丰正在借自身全球化布局抄国际电子商务物流后路。在推出"海淘"转运服务SFBuy之后,顺丰针对海外直购、代购商家上线"全球顺",并不断购买全货机助力跨境物流业务。

在国际物流服务领域,顺丰致力为国内外制造企业、贸易企业、跨境电子商务及消费者,提供便捷可靠的国际快递、物流及供应链解决方案。面向中国市场,顺丰既帮助中国优秀企业"走出去",亦将海外优质商品"引进来"。

目前顺丰提供包括国际标快、国际特惠、国际小包、国际重货、保税仓储、海外仓储、转运等不同类型及时效标准的进出口服务,并可根据客户需求量身定制包括市场准入、运输、清关、派送在内的一体化进出口跨境电子商务解决方案。

(资料来源:搜狐网,https://www.sohu.com/a/370567590_120491808)

(四)跨境专线物流

通常情况下,跨境专线物流采用航空包仓来完成商品的跨境运输,然后由第三方合作企业完成所在地区的商品寄送。跨境专线物流可以将需要运往某个境外国家或地区的商品汇集到一起,一次性完成跨境运输,以此减少物流环节的资金消耗。

跨境专线物流的价格往往要低于商业快递。从运输时间来看,跨境专线物流的速度要低于商业快递,但要超出邮政包裹。如今,应用较多的跨境物流专线有俄罗斯专线、欧洲专线、美国专线等。除此之外,还有一些物流公司运营南非专线、南美专线、中东专线等。我国不少物流公司开设了跨境物流专线,其中,具有代表性的有云途物流、燕文物流等。

一般情况下,跨境专线物流会开通针对海外市场的项目,如中环物流与PONY EXPRESS公司联手推出的"俄邮宝",主要针对俄罗斯市场;还有针对澳大利亚市场的"澳邮宝"。部分物流企业尝试新的运营模式,像中外运电子商务公司上线跨境专线物流的团购项目,是我国第一个采用该模式的企业。

【知识链接】

云 途 物 流

云途物流成立于2014年,主营跨境B2C商业专线业务,是中国领先的跨境B2C专线物流服务商，2018年并入纵腾集团。目前，云途物流在全球拥有20多家自营分公司、30多个集货转运中心和1 500余名专业物流服务人员，日均包裹处理量达到100万个以上，累计服务万家企业级客户。

云途物流负责人表示："科学、合理、高效的管理体系，使得云途物流近年来高速发展，接连赢得广大客户的信任及赞誉。目前，云途物流服务网络已基本覆盖欧美、日本、巴西、南非等全球主流市场，业务涵盖跨境B2C商业专线、邮政小包、国际快递、FBA头程四大板块，是亚马逊、Wish、eBay、Shopline、敦煌网等各大知名平台的官方合作或推荐物流服务商，能够满足跨境电子商务企业不同类型的物流需求。"

（资料来源：经济网，http://www.ceweekly.cn/2021/0315/334593.shtml）

上述四种跨境物流方式是目前中小跨境电子商务企业采用的主导模式。除此之外，还有小部分物流方式超出了这四种物流方式所涵盖的范围。出口跨境电子商务物流渠道占比（2020）如图9-7所示。例如，比利时邮政主要面向高层次的消费者，具有超出一般物流方式的服务质量。黑龙江俄速通国际物流公司建设的对俄贸易边境仓，虽然在服务内容方面与海外仓存在共性，但其成本消耗要低于海外仓。

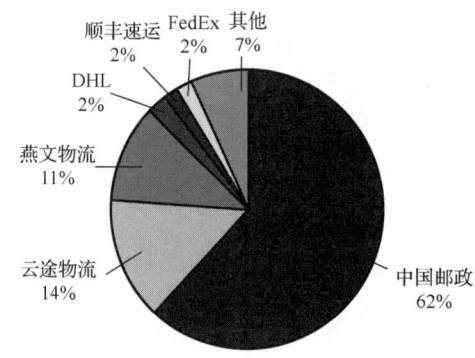

图9-7　出口跨境电子商务物流渠道占比（2020）

从跨境电子商务经营者的角度分析，在选择物流模式时，要考虑自身产品的体积大小、运输途中可能面临的风险，以及通关时需要办理的手续等。举例来说，像家具这样的大型商品难以通过邮政包裹实现跨境物流，相比之下，海外仓储更加方便快捷。

二、海外仓：跨境电子商务的突破口

（一）海外仓基本概念

海外仓储服务简称海外仓，是在海外地区代替经营者负责商品的存储、分类、包装与物流运输的服务体系。具体而言，海外仓由头程运输、货物存储与本地配送三个环节共同构成，如图9-8所示。

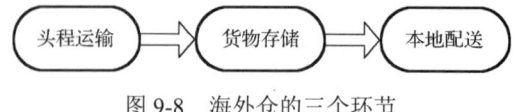

图9-8　海外仓的三个环节

（1）头程运输：国内经营者采用跨境物流方式把货物送达海外物流中心。

(2)货物存储:国内经营者利用现代信息技术,对海外货物的存储进行监管。

(3)本地配送:在接收了消费者订单后,选用合适的物流方式,把商品送达消费者手中。

很多跨境电子商务物流公司推出海外仓服务。商务部将纵腾集团、万邑通、宁波豪雅、浙江执御、艾姆勒(深圳)、北京数码港、黑龙江俄速通作为7家优秀海外仓案例。例如纵腾集团旗下的谷仓海外仓,覆盖全球30余个国家,已在美国、英国、捷克、法国、意大利、西班牙、澳大利亚、德国等发达国家建有海外仓。递四方速递旗下的订单宝在澳大利亚、美国及欧洲部分国家建立了海外仓。一些实力型跨境电子商务平台也开始运营海外仓,旨在增强消费者的物流体验。例如,亚马逊推出FBA服务;eBay与万邑通合作,开展海外仓储运营等。大龙网就海外仓的运营与俄罗斯达成一致,加速了跨境物流的运转。

跨境电子商务拉动跨境物流需求,使中国海外仓数量高速增长。截至2020年年底,中国海外仓数量超过1 800个,总面积超过1 200万平方米(平均7 500平方米)。从地域分布看,中国海外仓主要分布于美国、英国、德国、日本等发达国家,和卖家需求基本匹配,平均处理效率约为2件/平方米·日。租金方面,全球各城市仓库租金约20~60元/平方米·月区间(和国内仓库大致相当)。

【知识链接】

Shopee升级物流服务 出台海外仓优惠政策

东南亚电子商务平台Shopee宣布开启Shopee物流服务"3+1"升级计划,以头程揽收、干线运输、运输保障三大板块,配合海外仓服务,打通疫期期间东南亚跨境物流瓶颈。

在头程揽收方面,Shopee将推出首公里追踪服务,商品到达转运仓之前即可获得发货通知,以便于为买家提供更为精确和及时的订单状态信息,帮助卖家监控货运流程,从而改善物流表现。

在干线运输方面,Shopee以"包机物资直送服务"搭配"大件物流服务"及"重物渠道",为不同类型的商品搭配针对性的物流渠道。Shopee物流从2020年2月起推出"包机物资直送模式",紧急启动10余架包机,如今保证平均每天最少一班包机直送东南亚。

在运输保障方面,Shopee上线"物流货物保险服务",为卖家在东南亚市场提供定制化保障方案,最高可达100%订单金额赔付,减少卖家货品损失。

此外,Shopee海外仓也将推出一系列优惠政策,包括仓储费减免、佣金减免、大促资源礼包、限时秒杀位付费广告返现等,帮助跨境店铺以更低的成本、更多的流量获取仓储、物流、运营的一站式服务。

(资料来源:亿邦动力网,https://www.ebrun.com/20200507/384948.shtml)

(二)海外仓的作用

作为跨境电子商务物流的创新模式,海外仓有利于解决跨境电子商务物流成本过高、配送环节不易把控、周期太长等痛点,实现跨境贸易的本地化运作,从而优化用户的消费体验,弥补出口跨境电子商务企业在物流配送方面的短板,提升企业在目标市场中的竞争力。

进行海外建仓的出口跨境电子商务企业可以提前将货品存放到海外仓库中,在接到买家订单后直接从当地发货,从而大大缩短了订单配送周期,使商品能够快速、准确地送达用户手中。显然，这对优化用户整体购物体验、触发重复消费行为、提升销售业绩具有重要作用。

海外仓的模式虽然解决了小包时代成本高昂、配送周期长的问题，但是，值得注意的是，不是任何产品都适合使用海外仓，只有库存周转快的热销单品适合此类模式，否则极容易压货。同时，这种方式对卖家在供应链管理、库存管控、动销管理等方面提出了更高的要求。

(三)海外仓运作流程

运作流程上，国内卖家首先通过海运、空运或陆运等方式将货品集中运送到海外仓库中进行存储，然后借助物流承运商的库存管理系统进行远程操作管理。这一过程主要包括以下四步。

第一步：出口跨境电子商务卖家通过海运、空运、陆运等方式将货物运送到自建的海外仓储中心进行存储，或者委托承运商将货物运送到自己租用的承运商的海外仓库中。

第二步：卖家通过物流商的库存信息管理系统，对海外仓库中的货物进行在线远程管理，并保持信息的实时更新。

第三步：卖家接到订单后，会向物流商海外仓储中心发出货物操作指令，仓储中心的自动化操作设备和系统将按照卖家要求对货物进行存储、分拣、包装、配送等操作。

第四步：完成货物配送后，仓储中心系统还要及时更新库存信息，以便卖家实时掌控库存情况。

(四)海外仓的成本分析

海外仓的成本支出包括头程费用、仓储及处理费及本地配送费用。

(1)头程费用，即卖家将货物从国内运送到海外仓库时产生的物流费用。

(2)仓储及处理费，即货物存储在海外仓库中产生的存储费用及对货物进行处理配送时产生的费用。

(3)本地配送费用，即通过本地物流配送服务将商品送达买家手中时需要支付的运费。

【本章小结】

跨境电子商务是指分属不同关境的交易主体，通过电子商务平台达成交易、进行支付结算，并通过跨境物流送达商品、完成交易的一种国际商业活动。跨境电子商务的生命力在于物有所值和快捷便利。物有所值指的是跨境电子商务削减了大多数国际贸易的中间环节和不必要的成本，使网上消费者支付的价格更准确地反映了产品的价值。快捷便利指的是跨境电子商务的运输方式有别于传统国际贸易，可以利用邮政、快递和海外仓等方式快速、便利地将产品递交到消费者手中。跨境电子商务企业宜根据自己的实力和发展情况及业务架构，来决定自己在海外仓方面的策略，因为公司经营涉及当地的政策法规甚至劳资关系，不宜盲目行事。我国跨境电子商务的物流模式主要有"单一"跨境电子商务物流模式、"两段中转"跨境电子商务物流模式和"两段收件"跨境电子商务物流模式。进口跨境电子商务业务模式分为"直购进口"模式和自贸区"网购保税"模式；出口跨境电子商务的物流方式包括邮政包裹、国际快递、国内快递和跨境专线物流，而海外仓日渐成为出口跨境电子商务的突破口。

案例阅读

跨境电子商务物流市场期待巨头出现

由于政策差异和服务非标,跨境电子商务物流市场高度分散。全链数字化、服务标准化、规模效应降低成本及跨区域/跨产品并购整合将驱动行业集中度提升。

1. 竞争格局分散,整合趋势初显

以全链数字化为基础,中国国内快递实现了服务标准化,规模效应推动集中度提升:①数字化:得益于邮政局和菜鸟网络大力推广,电子面单快速普及(2019年年底达98%);结合地址库、语义识别、三段码逻辑等,完成了国内快递业的全链数字化。②标准化:以数字化为基础,菜鸟指数(时效、信息、服务等)实现了对品牌快递和加盟商的评价体系,推动服务标准化。③规模化:规模效应持续降低成本,推动行业集中度提升。

物流业可划分为操作层、产品层、产品集成、合同物流和供应链服务5层,标准化程度依次下降,国内快递在产品集成层实现集中度提升。但在跨境电子商务物流业,各国/各地政策差异显著,叠加商流需求变化,全链数字化与服务标准化的难度很大。国内跨境电子商务物流企业大都介于操作层与产品层之间(还难言"产品化"),几乎没有企业能够提供全球性的"产品集成服务",和2035年全球123快货物流圈(国内1天送达、周边国家2天送达、全球主要城市3天送达)目标相去甚远(见《国家综合立体交通网规划纲要》)。

2019年,跨境电子商务物流龙头纵腾、递四方收入规模约为70亿、49亿元,市场份额均不足1%。万亿元级别的跨境电子商务物流市场,仍然有机会诞生千亿元市值巨头:①IT技术的进步与资本投入逐步实现全链数字化;②龙头企业通过并购实现跨区域与跨产品扩张,逐步实现"端到端"标准服务;③规模效应降低成本夯实护城河,推动市场集中度提升。下文将分别讨论跨境电子商务物流中"干""配"和"仓"三大环节的发展机会。

2. 干:国际贸易链主前移,产业链延伸大势所趋

物流供给由承运人、基础设施服务商和货运代理人(货代)共同完成。货代本质上是承运人的分销渠道,实现客户覆盖、风险分散及增值服务功能。传统国际贸易中,一级货代(俗称"庄家")与上游航空公司/船公司建立良好合作关系,拥有舱位优先权及价格优势;而二三级货代则主要通过一级货代订舱,专注于揽货、报关等细分业务。轻资产模式护城河很浅,货代企业主要通过信息不对称及增值服务获利。

传统代工模式下,境外买方往往直接指定国际货代,再将部分业务分包给国内企业;国内货代难以获取最终客户,价值分配很少。跨境电子商务的兴起亦对传统货代模式带来了挑战:①从上游运力驱动到下游客户驱动(平台/卖家);②"端到端"全链路服务需求;③业务碎片化、需求个性化。伴随中国品牌商的崛起(如华为)及跨境电子商务链主前移,中国货代将得以直接获客(强化定价权)并延伸产业链。

货量(规模)决定货代(渠道)价格博弈能力,全链路整合夯实护城河。大型货代需要持续扩张业务规模,为客户提供稳定丰富的运力(譬如包机稳定运力供给),也有机会整合资源或自建成为产品集成商;中小货代则必须专注细分产品、细分环节或特色服务,融入巨头的跨境物流生态圈。Flexport对传统货代业务的全链路整合颇具启发:①全链路数字化,

通过云平台连接贸易各方(进口商、出口商、货主、承运人、海关、机场码头);②标准化服务,在核心区位构建多式联运仓库,并通过标准化运力强力连接;③高效的客服,公司采用 AI+专家团队组合服务,显著提升客户体验。

3.配:中国物流加速国际化,东南亚为理想跳板

尾程派送仍然是跨境电子商务物流的短板:①足够的网络深度才能满足货主发全国或全球的需求;②资源社会化,团队或运营本土化。以中国国内快递为例,庞大的网点(快递员)、服务站及自提柜共同构成末端服务基础设施。国际快递巨头亦高度重视本土化运营,UPS 境外员工达到 8.2 万(占比 17%),境外 UPS Access Point 数量达到 4 万个。

物流业护城河低于科技和消费,但高度竞争性的环境反而有利于后发者追赶,企业跨地域和跨产品扩张也相对容易。中国物流企业具备弯道超车(全球化)的可能:①优秀的服务意识;②人口红利带来的成本优势;③庞大的国内市场提供国际化试错空间。

东南亚(尤其新加坡、印尼、泰国、越南、马来西亚、菲律宾六国)是中国跨境电子商务物流企业本地化的最佳跳板:①六国总人口及互联网用户分别为 5.7 亿人和 3.6 亿人;②电子商务渗透率低(2019 年约为 6%),贝恩预计 2025 年六国电子商务成交金额将达到 1 500 亿美元(2019 年为 382 亿美元);③国内互联网巨头加速渗透东南亚电子商务市场,阿里巴巴和腾讯分别是 Lazada 和 Shopee(SEA)的最大股东;④东南亚国家物流效率普遍很低。

以泰国快递市场为例,嘉里泰国是当地最大的民营快递企业,日均 120 万票的件量支撑起约 200 亿元人民币的市值(估值远超"三通一达"),反映了投资者对东南亚快递市场的乐观预期。对于竞争白热化(甚至堪称"内卷化")的中国快递企业,将中国快递企业的发展经验(尤其是"加盟制")向东南亚复制,或是企业增长的"第二曲线"。

4.仓:资产布局先行,叠加增值服务

得益于成本和时效优势,海外仓、保税仓成为越来越多跨境电子商务卖家的选择,跨境电子商务物流龙头企业持续扩张仓储规模。截至 2021 年 3 月 10 日,纵腾集团旗下谷仓总面积突破 100 万平方米,成为中国首家百万平方米级海外仓企业:①区域仓群一体联动,缓解爆仓压力;②提升仓库运营效率和品质,全面覆盖大中小件电子商务卖家;③持续开发头程运输和尾程配送资源。

海外仓的发展方向:①标准化,服务、收费、售后处理标准化,逐步建立行业标准。②专业化,产品大件化、产业专业化。类似国内电子商务卖家,大件电子商务产品(如家具)给仓储带来不小的挑战,硬件设施、仓库布局及出入库流程均需相应调整;精品型卖家崛起对专业化服务有更高要求,未来或许会出现聚焦细分行业的海外仓。③数智化:先通过机械化提升仓库操作效率,降低人员管理成本;然后探索数据化赋能客户需求(如分仓、备货等)。

(资料来源:网易, https://www.163.com/dy/article/G6BQI3880539QLKD.html)

案例思考:

1. 跨境电子商务物流市场格局是怎样的?
2. 你认为未来跨境电子商务物流巨头将从何处诞生?

【思考题】

1. 跨境电子商务与传统外贸有何区别？
2. 跨境电子商务物流有何特点？
3. 进口与出口跨境电子商务在选择物流时各自要考虑什么？

【实训题】

以小组团队(5～6人)方式完成。

1. 按照操作流程在某跨境电子商务平台上申请账号，直接在100%真实的实战平台上体验跨境电子商务的操作平台，提前熟悉跨境电子商务及物流的操作流程，为今后的工作积累经验。

2. 撰写实训报告，制作课件并进行课堂汇报。

第十章 智慧电子商务物流管理

【学习目标】
- 了解物联网、人工智能对电子商务物流的影响;
- 了解基于物联网的电子商务物流智能系统框架;
- 了解大数据和云计算的相关概念;
- 了解大数据、云计算对电子商务物流的影响;
- 理解智慧电子商务物流的内涵。

【引导案例】

主线科技与福佑卡车合作拓展人工智能物流运输

2020年8月4日,主线科技与福佑卡车宣布成立合资公司,打造覆盖全国的新一代人工智能运输系统。双方合资最聪明的一点便在于打造一条易于把控的"独家"产业链,自主打通从基础研发到落地应用的闭环。物流公司与科技公司联合的好处不仅在于降低集成成本、更能针对性地实现自动驾驶系统与智能调度系统的深度融合,利用彼此的资源推进与其他物流运输企业的商业化进程,在这背后,体现出自动驾驶卡车行业拼的不仅是"落地"愿景,更是一个是否值得做的"生意"。

1. 要做智能物流运输系统

一辆无人驾驶的集装箱卡车,从码头前沿缓缓驶来,一路自动避让道路上的障碍,随后与轮胎吊精准对位、堆场落箱,完成卸船作业流程。这是自动驾驶卡车在港口作业的场景,同时也是业界公认的高级别自动驾驶卡车在港口优先落地的场景。主线科技从2017年3月成立以来,一直致力港口自动驾驶卡车的研发和落地,其L4级港口水平运输自动驾驶解决方案Trunk®Port已经在多个港口运营,包括天津港、宁波舟山港、招商局海星港等大型港口。其实,布局打造自动驾驶卡车港口,是主线科技智慧物流运输的一部分,它还正在把自动驾驶技术推向更广阔的应用领域。

在发布会现场,张天雷携新一代人工智能运输系统NATS亮相时强调,主线科技成立3年以来专注于自动驾驶卡车在物流领域的应用。张天雷指出,最初成立技术团队,做的都与港口相关,随着对汽车产业链的不断深入,公司发现了在物流领域不断深耕的重要性,立志建立自动驾驶物流生态圈。按照他的说法，港口只是探索智慧物流运输的第一步，公司想做的是一个覆盖全国的智能物流运输系统。作为一个靠技术起家的团队，要想实现这个愿景，少不了整车运输科技物流公司的驱动。于是，本着充分调动行业资源推动自动驾驶卡车商业化的初衷，主线科技携手福佑卡车成立合资公司。

2. 合资公司的模式与打法

在发布会上，主线科技 CEO 张天雷和福佑卡车技术合伙人陈冠岭表示，合资公司主要在三个方面实现深度合作，即技术、运营及商业模式。

自 2019 年下半年开始，福佑卡车与主线科技进行自动驾驶车辆上路测试，完成了 10 条线路、300 多单的测试，为自动驾驶在公路运输场景的落地积累了有效的数据。而这次合资公司的成立，不仅仅是技术落地，还将秉持越开放、越融合的新模式。简言之，就是还将面向产业其他合作伙伴。

张天雷指出，主线科技成立 3 年以来，专注做自动驾驶卡车在物流领域的应用，用领先的自动驾驶全栈技术，打造新一代人工智能运输系统 NATS。自动驾驶想要真正赋能物流运输，必须接入全国性的真实的运力系统。将来货主在福佑平台下单后，福佑平台将智能调度搭载主线科技自动驾驶系统的卡车帮货主运货。按照他的说法，这家合资公司的商业模式和未来规划非常清晰。

第一阶段，先实现 NATS 在天津、宁波—舟山、深圳北中南三大物流枢纽+京沪高速沿线的覆盖，打造高速自动驾驶货运"样板间"。

第二阶段，实现在我国东部地区对十大物流枢纽的全部覆盖，以及京雄高速、大兴机场高速、滨莱高速、沪宁高速、杭绍台高速、济潍高速、延崇高速、沙吴高速（南宁）、杭甬高速及上面提到的京沪高速十大高速的全部覆盖。

第三阶段，最终实现 NATS 在所有物流枢纽和高速干线的覆盖。

可以看出，福佑卡车与主线科技的结合，将是智能调度与自动驾驶结合形成的新商业模式。

3. 技术+运营的赛点

对于主线科技来说，港口自动驾驶卡车只是起点，它的目标是做覆盖全国的智能物流运输系统。在自动驾驶时代，随着人逐渐减少对车辆的掌控，外观、动力、操控反倒成为次要的诉求，整合资源成为最为首要的核心诉求，这无疑是自动驾驶创业公司提升行业排位、品牌影响力的最佳机会和重要砝码。

张天雷直言，点线联动、全面布局是覆盖全国智能物流运输系统的核心路线。

点：国家物流枢纽、内陆无水港、仓储等物流集散中心。

线：主要集中在高速公路。

面：最后连通整个物流运输系统。

如今，自动驾驶风向变了，一些自动驾驶汽车初创公司已经破产，一些正在等待出售。随着自动驾驶汽车部署成本的不确定性和部署时间表的推后，走在前列的各公司正在集中资源，抱团取暖。同样，这也是一个拐点时刻。很明显，改变自动驾驶行业格局的，或许是从封闭走向合作的整合资源模式。但是与其他的合作形式不同，这是城际整车运输的科技物流公司与自动驾驶公司成立的第一个合资公司。

对此，张天雷的理解是，现在已经不是一个模型打天下的时代，技术要本着实用去研发，依靠物流生态圈的建立实现大规模商业化。从这个意义上来说，主线科技瞄准的还是落地，与福佑卡车合作物流运输形成技术+运营的实践，或将成为其最大的竞争优势。从另一个角度来看，自动驾驶改变的不仅仅是车辆功能，更是商业生态，比如说从港口到整个智能运输，因此对于自动驾驶技术的需求从汽车企业延展到了更多的不同场景的科技公司。如果能成为供应商，那的确是个好生意。

主线科技作为一家专注做自动驾驶卡车在物流领域应用的企业，与福佑卡车的合资也就顺理成章。不过主线科技和福佑卡车能否借助合资新公司奠定在自动驾驶领域的领先地位，现在下结论还为时过早，但是至少我们看到新的商业模式已显现，它有希望成为自动驾驶落地的新一极。这也为那些因为自动驾驶的巨大投入和落地场景不确定性而观望不前的企业，带来了新的解决方案。

（资料来源：雷锋网，https://www.leiphone.com/news/202008/aOQgCTIlpgIOJneT.html）

思考题：

1. 人工智能物流系统包括哪些环节？
2. 如何从智能物流走向智慧物流？

第一节　物联网与电子商务物流

一、物联网概述

物联网，英文为 Internet of Things，缩写为 IoT，是新一代信息技术的重要组成部分，也是"信息化"时代的重要发展阶段。

国际电信联盟将物联网定义为：将各种信息传感设备，如射频识别装置、红外感应器、传感器、全球定位系统、激光扫描器等，与互联网结合起来而形成的，实现智能化识别和管理的一个巨大网络。目前，已经有许多局部的物联网应用网络，处于物联网发展的初级阶段。物联网与人们的生活密切相关，并将推动人类生活方式的变革。

随着物联网相关技术的逐渐发展，我国已经形成了包括芯片和元器件、设备、软件、系统集成、电信运营、物联网服务等较为完善的物联网产业链。根据智能化新兴产业数据分析平台 Innov100 的介绍，物联网产业链全景图如图 10-1 所示。

物联网也可以理解为"物物相连的互联网"。这里包含了两层含义：其一，物联网的基础与核心仍然是互联网，是在互联网基础上延伸和扩展的网络；其二，物联网中的"物"是指任何实体和虚拟体，可以使人与物、物与物随时随地进行信息交流，也就是"物物相息"。

以中国的"双十一"网络购物节为例，巨大的交易量带来了不小的物流压力。而近年来海量的包裹之所以能够迅速投递而不发生错误，就得益于物联网。在分拣仓库，每一个包裹上贴有物联网的标签，机器人能够通过该标签自动识别包裹实现快速分拣，这远高于人工分拣的速度和效率。

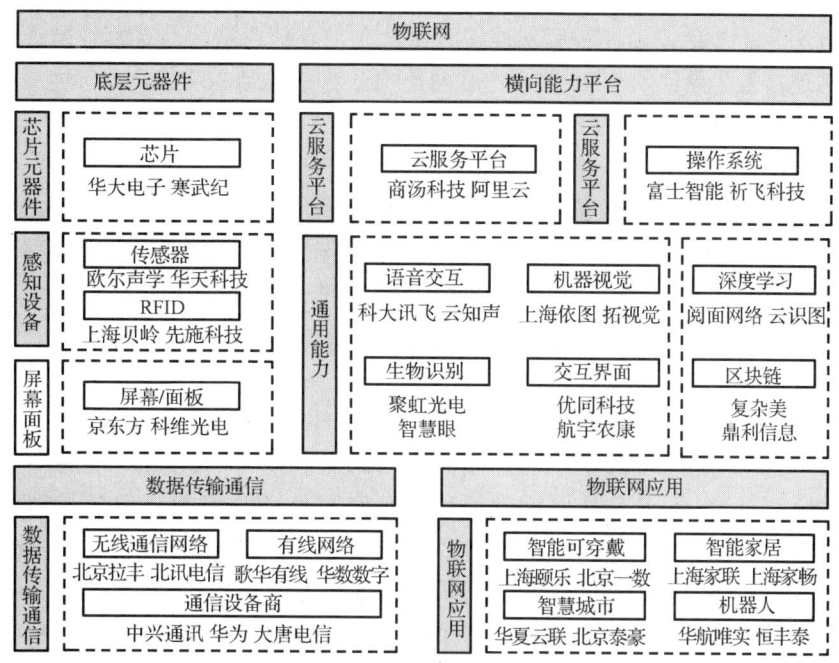

图 10-1　物联网产业链全景图

数据来源：智能化新兴产业数据分析平台 Innov100

再以遍布全国各大城市的共享单车为例，它之所以能够满足每日数千万人次的出行需求，同样得益于物联网的技术支撑，如此才能让每一个用户用手机操作就可以骑走一辆单车。

此外，还有很多领域广泛应用物联网技术，但是作为一个消费者是不容易感受到的，它们大多发生在 B2B 领域，如制造业、工业、智慧城市、交通等行业。和互联网实现人和网络、人和人连接不一样，物联网是通过收集和分析海量数据，进而改进流程，提升效率，推动商业创新。

物联网的技术包括传感器技术、低功耗蓝牙技术、无线传感器网络、移动通信技术、M2M、云计算、中间件、RFID 技术、二维码技术、人工智能、数据挖掘等。从开发应用的角度来看，物联网的关键技术包括以下四个方面：实时信息采集技术、传输技术、数据融合/存储与挖掘技术、信息安全技术。

二、物联网发展现状

（一）"物超人"带来市场机遇，但丰富应用才是关键

非物联网设备包括智能手机、平板电脑、笔记本电脑、台式电脑及固定电话，物联网设备则是这些非物联网设备之外的终端、网关设备，网关设备对传感器数据进行收集，因此并非每一个传感设备都可以计入物联网连接，而且单向通信技术的设备也未纳入物联网连接中，如通过 NFC、RFID 连接的设备。

从监测数据来看，2010 年物联网连接数为 8 亿，而此时非物联网设备连接数为 80 亿。但此后 10 年，物联网连接数高速增长，而非物联网连接数仅有小幅的增长，到 2020 年物

联网连接数达到 117 亿，而非物联网连接数保持在 100 亿左右，这是物联网连接数首次超越非物联网连接数。预计到 2025 年，物联网连接数将增长到 309 亿，而非物联网连接数仅有 103 亿，几乎原地踏步。

非常明显的是，非物联网设备主要是人与人通信的设备，其中智能手机占据最大份额，成为移动互联网的核心承载设备，也催生了庞大的移动互联网市场，超越了桌面互联网带来的市场空间。回顾移动互联网发展历程，智能手机出货量超越 PC 意味着移动互联网用户数超过桌面互联网用户数，是移动互联网爆发的一个典型特征。根据市场研究公司 Canalys 的数据，2011 年年底全球智能手机出货量首次超过了 PC，我们也见证了自 2012 年以来移动互联网迎来的高速发展。

在智能手机出货量超过 PC 的同时，基于智能手机的各类应用也同步大面积发展，当前改变人们衣食住行的大量移动互联网应用都是在那个时间段出现的，比如微信、滴滴、美团、今日头条等，从而推动了移动互联网经济的繁荣。但对于物联网来说，虽然连接数实现超越，但基于物联网的应用开发和各类创新还并未达到非常丰富的程度。当然，这与物联网的特点有关，物联网覆盖各行各业，其应用开发和创新需要与各行业的数字化转型相匹配，因此是一个慢热型、渐进式发展的过程，无法产生移动互联网那样的爆发式增长。

(二) 短距离设备是物联网设备的主力

物联网连接根据通信方式不同，可以有多种不同的分类。从无线通信角度来看，通信距离在数十米内的设备会采用蓝牙、Zigbee、Zwave 等方式，这些连接方式被称为无线个域网（WPAN）；通信距离在百米以内的设备采用 WiFi 方式，称为无线局域网（WLAN）；通信距离较远的，则根据设备功耗、带宽等条件限制，采用 2G、3G、4G、5G、NB-IoT 等蜂窝网络或非授权频谱的 LoRa、Sigfox 等方式。

业界一般将采用这些通信方式的设备按大颗粒度分为局域物联网设备和广域物联网设备，前者主要是采用 WPAN 和 WLAN 的设备。

可以看出，不论是目前还是未来，采用蓝牙、Zigbee、WiFi 等短距离通信的物联网设备都占据物联网设备的绝大多数份额。2020—2025 年其比例基本稳定在 70% 以上，广域物联网设备仅占不足 30%。

近年来，5G 商用成为业界最热门的话题之一，5G 能够带来更多垂直行业物联网的接入，推动各行业数字化转型。另外，随着 NB-IoT 落地规模增长，Cat.1 的成熟，非授权频谱 LPWAN 发展，加上政策明确了 2G、3G 退网的进展，广域物联网备受关注。未来 5 年，广域物联网设备将实现 27% 的复合增长率，其中中国市场增速会超过这一数字。

虽然广域物联网备受关注，但物联网设备主力仍然是短距离物联网设备。随着互联网公司、家电厂商、地产公司等各行业群体的加入及大量创业企业的创新，智能家居、可穿戴设备、智能硬件等短距离物联网设备也展现出快速增长的势头。

小米公开的 2020 年二季度财报显示，其物联网平台接入设备已达到了 2.71 亿台，同比增长了 38.3%；涂鸦智能以一站式平台赋能智慧家庭、智慧社区、家电等领域，目前该平台接入的物联网设备也达到数亿台。

第十章 智慧电子商务物流管理

【知识链接】

小米布局互联网

小米是一家以智能手机、智能硬件和IoT平台为核心的公司,"手机+AIoT"已上升为公司战略。小米于2013年起进军智能硬件领域,初步探索IoT;2015年首次披露以手机为核心连接所有设备的IoT战略,正式开启物联网布局;2019年年初,雷军宣布All in IoT,未来5年持续投入高达100亿元,抓住人工智能、物联网时代的新风口。

在国内手机厂商中,小米算是最先布局物联网的企业。小米已经不算是一个专门做手机的公司了,更像是一个做百货的。小米商城中也在不断众筹推新品,小到牙刷,大到空调、电视,小米应有尽有。从最初发布小米手机,小米在人们心中就树立了一个"性价比最好"的标杆。无论小米推出什么新品,人们都乐于尝试。最终,小米也就是靠性价比,赢得了一批又一批的忠实"粉丝"。当然,这些"米粉"也在影响着身边的亲朋好友,无形中把小米的生态链给扩大了。越来越多的人加入了"米粉"的阵营,成为小米"智能生态链"的用户。

(资料来源:CSDN网,https://blog.csdn.net/weixin_35037351/article/details/112381879)

(三)移动物联网连接,中国"一骑绝尘",头部地位稳固

目前,随着手机用户增长触及天花板,运营商的连接主力为基于蜂窝网络的移动物联网连接。国内三大运营商已将物联网作为重点业务,推进大连接战略。过去几年中国市场上移动物联网连接经历了快速增长,在全球市场所占的份额进一步扩大。

从IoT Analytics公开数据可以看出,2015年中国运营商移动物联网连接占全球的份额仅为27%,但到2020年中期,三大运营商移动物联网连接占全球的市场份额已达到75%,尤其是中国移动的物联网连接已超过全球半壁江山。

对于电信运营商来说,要实现物联网成为其新的收入来源,首先要有大规模的连接,如果没有连接,就谈不上收入来源。从全球运营商数据来看,少数头部运营商已占据移动物联网连接的绝大部分份额,因此物联网并不是给全球运营商带来的机遇,而只是给头部运营商带来的新机遇。

【知识链接】

中 移 物 联 网

中移物联网有限公司是中国移动通信集团有限公司出资成立的全资子公司。公司按照中国移动整体战略布局,围绕"物联网业务服务的支撑者、专用模组和芯片的提供者、物联网专用产品的推动者"的战略定位,专业化运营物联网专用网络,设计生产物联网专用模组和芯片,打造车联网、智能家居、智能穿戴等特色产品,开发运营物联网连接管理平台OneLink和物联网开放平台OneNET,推广物联网解决方案,形成了五大方向业务布局和物联网"云—网—边—端"全方位的体系架构。

为向社会提供更加优质的物联网技术、产品及服务,推动产业发展,公司密切协同中国移动各省公司及专业公司,以开放、合作、共享的发展理念,广泛开展国际、国内企业合作,以市场化机制独立运作,力争成为立足全国、服务全球的物联网领先企业,推动物联网在各行业

的规模应用。围绕5G+IoT，持续探索和研究前沿物联网技术，沉淀核心能力，打造优质的产品和服务，为千行百业数字化转型注智赋能，推动社会数字化、智能化发展，丰富人们万物互联的美好生活体验。中国移动建成了全球最大的物联网专用核心网路，物联卡用户数超过7亿。

(资料来源：中移物联网，http://iot.10086.cn/)

(四)低功耗广域网络"双寡头"格局

低功耗广域网络(LPWA)是近年来物联网市场发展最快的一个新事物，在2015年之前，几乎没人听说过低功耗广域网络，然而，目前已是家喻户晓，而且未来这一领域将占据广域物联网连接的最大份额。根据IoT Analytics的统计，截至2020年中期，NB-IoT(Narrow Band Internet of Things，窄带物联网)连接占据这一领域44%的份额，LoRa(low-power Wide-Area Network，低功耗广域网)以41%的比例紧随其后。IoT Analytics还预测，预计到2025年这一格局基本没有太大变化，NB-IoT和LoRa依然还占据40%以上的市场份额。

不过，LPWA市场格局存在一定的变数，尤其在中国市场，依赖于各相关主题未来的技术和市场策略。其中，NB-IoT由于得到全球主流运营商的支持，尤其是中国政府和运营商对此投入大量资源，因此预计未来在LPWA市场的份额会进一步扩大。LoRa目前连接最多的市场在中国，因此未来在中国市场上的策略对其全球市场份额影响明显。在国内，受限于无线电频谱监管政策，LoRa相关产业链向着局域场景拓展，如智慧园区、智慧社区、智慧家庭等领域；在海外，LoRa除了依然能够在广域市场中开拓，也在新的领域进行探索，如亚马逊新推出的通信协议Sidewalk中就借助LoRa实现智慧家庭生态从室内走向室外。在相关群体的博弈中，LPWA市场可能并不一定会朝着预期的方向发展。

【知识链接】

NB-IoT 与 LoRa 之争

LPWA技术是专为低速率、低功耗、广覆盖及大连接的物联网应用场景而设计，目前主流的LPWA技术有NB-IoT、eMTC、LoRa和sigfox。其中NB-IoT由通信行业最具权威的标准化组织3GPP制定，并由国际电信联盟ITU批准，属于国际标准，华为、中兴微电子、英特尔等都生产相关芯片；LoRa的核心技术掌握在美国Semtech公司手中，属于企业私有技术。NB-IoT与LoRa的比较如表10-1所示。

表10-1 NB-IoT与LoRa的比较

网络制式	建设者	建设及运营成本	覆盖范围	用户数据保密性
NB-IOT	运营商	运营商承担建设成本，用户承担模组成本与网络租用成本	优势：公用网络，覆盖范围广，更适合数量分散、地域分布较广的终端产品 劣势：深度覆盖不足，例如工厂内部、楼道等信号差，偏远山区基站少、覆盖差	用户数据必须经过运营商，运营数据不可控，保密性存在问题
LoRa	企业自建	企业承担网络建设成本，模组及后期运维成本	优势：按需自建，覆盖质量可控，更适合工厂等终端集中的应用场景 劣势：覆盖范围广度不够	用户数据掌握在用户手中

无线电频谱即无线电波，是介于3Hz到30GHz的电磁波，是一种有限不可再生资源。世界

各国政府都将频谱列为国家所有，国家监管且有偿使用。

国内三大运营商所使用的 NB-IoT 频段由国家统一分配，不存在被清频的风险。无线环境相对比较干净且能提供更高的服务质量。而 LoRa 在国内使用的 470MHz 至 518MHz 是工信部分配给广电的频段，在 2017 年 12 月印发的《微功率短距离无线电发射设备技术要求》（征求意见稿）中规定该频段可用于无线电抄表，但对发射功率、频点等有限制要求且若对当地广播业务产生干扰要停止使用。该要求若正式使用将对 LoRa 的发展产生致命打击。目前业内采用与地方广电合作的方式推广 LoRa 技术，但毕竟不符合无线电管理机构的要求，若国家重新分配该频段则存在被清理的风险。LoRa 无线环境复杂，干扰较大，通信质量无法保障。

（资料来源：搜狐网，https://www.sohu.com/a/402464295_500486）

（五）未来趋势

物联网连接数超过了非物联网连接数，实现了"物超人"的跨越，但不一定会带来物联网市场的爆发式增长，物联网依然需要和千行百业数字化的节奏保持一致，渐进式推进各行业数字化转型。随着移动通信产业进入 5G 时代，5G 成为经济社会的热点，加上广域物联网涉及的更多是各垂直行业，使得广域物联网备受关注。但以 WiFi、蓝牙为代表的短距离物联网也在经历着高速增长，占据整个物联网连接的大部分份额，对 C 端用户产生明显影响，也值得关注。中国占据广域物联网连接的绝大多数市场，包括蜂窝物联网和 LPWA，各方参与者的未来策略影响着市场结构的变化。

【知识链接】

华为 5G 面向行业市场的"思维导图"

2021 年 2 月 23 日，在 MWCS 2021（世界移动通信大会上海展）上，工信部副部长刘烈宏透露，中国在 5G 网络建设方面的累计投入已经超过 2 600 亿元。2 600 亿元的建设投入带来的是建成了 71.8 万个 5G 基站、实现了超过 2 亿元的 5G 终端连接量，5G 网络已覆盖全国所有地市。5G 的应用场景 80%是面向行业（To B）市场。行业市场不同于消费市场，对网络延时和网络稳定性都提出了苛刻的要求（例如 20ms&99.999%）。手机偶尔有一两秒没信号或许不是什么大问题，但在工厂中，哪怕出现 1 秒的延时，都可能造成最终生产出的产品不达标。这就使得 5G 在进入行业市场、工业市场时，需要提供 5G 专网。

2019 年 5 月，华为在第三届未来网络大会上，提出了 5G 确定性网络，随后成立了 5G 确定性网络产业联盟。2021 年 2 月 23 日，华为联合多方成立了 5G 确定性网络联合创新实验室，并发布了《5G 确定性网络架构产业白皮书》。什么是 5G 确定性网络？三大运营商提供了怎样的专网部署模式？5G 确定性网络又能为产业带来怎样的改变？

（资料来源：雷锋网，https://www.leiphone.com/news/202102/q5SxP6WBQveihuUm.html）

三、物联网在电子商务物流中的应用

如今，电子商务企业正在积极寻求与物联网企业多维度的合作，力求借助物联网技术实现物流持续升级，强化自身竞争力。基于物联网的电子商务物流体系结构如图 10-2 所示。例如，京东、斑马技术和神州数码联合宣布成立"物联网+电子商务物流联合实验室"，聚焦三大场景的改善：提升现有拣选和复核打包的生产效率；托盘和笼车资产实现可视化智能管理；寻找视觉和数据分析在物流中的应用。

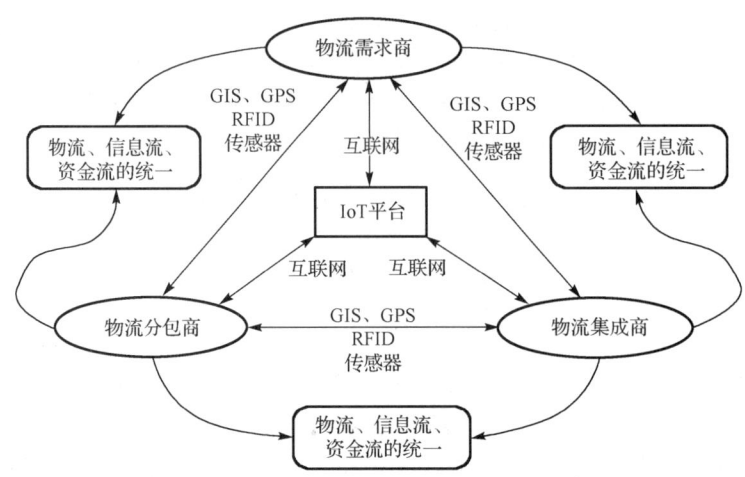

图 10-2　基于物联网的电子商务物流体系结构

（一）智能追踪与安全管理

包装环节是电子商务物流环节的起点。合适的包装必须根据物品的特性及形态进行选择。该子系统通过在产品的包装内安装 EPC、RFID 标签，对每一个产品进行编码，将产品的运输、中转等信息写入标签中，可以实现定位追踪、防伪防盗等功能，实现对产品的透明化管理。根据电子商务产品小、客户对产品流转过程敏感的特点，在产品上安装微型卫星导航定位仪，用户只需通过网络搜索就能清楚地看到物品位置，解决了之前只能经过扫码入库才能看到位置的问题，实现即时定位功能。通过在某些价值高或危险性高的产品包装上加装开箱报警装置，在到达目的地前，任何非正常开箱行为都会实时报警并通过手机软件传递给物流企业和客户，实现防伪防盗功能。

（二）智能仓储管理

首先，可以建立叉车智能系统，在入库产品、货箱、托盘、货架等设施上安装 EPC、RFID 编码标签，规划仓库路径，同时在叉车上安装 RFID 识别器。识别器可以实时掌握产品的进出库信息，指引叉车自动定位，快速分拣产品；在仓库装卸口安装地面天线，为每辆车辆安装 RFID 标签，能实现装卸自动对位；通过视频感应器能够实时感知仓库作业及管理状况；产品及车辆的数据存入智能系统信息平台，能够与运输管理子系统信息进行互动，实现提前调度、备货等功能。

其次，可以对仓库进行全面改造，使用激光定位机器人自动取货、智能叉车与立体化仓库系统相配套等，能够极大地提高仓库空间利用效率，实现全自动清点库存，降低人工盘点的成本和失误，实现仓储管理自动化、智能化，降低成本，提高准确率。当然，这样的改造需要大量的资金及较长的改造期，更适合新建仓库的提前规划。

（三）智能运输管理

电子商务消费产生的大量物流信息需要通过云计算、大数据等技术进行分析与利用。建立车辆信息平台，在货运车辆上安装 RFID 标签、GIS、GNSS 定位仪、摄像头等硬件设施，实时记录车辆信息，与仓储管理子系统对接，可完成产品、车辆进出仓信息自动记录、提前备货、车辆自动放行功能，在途可实现车辆车况报告、货物车辆调配、负载率查询等功能。

若能在信息处理中心预留与其他信息平台的接口，将数据转成标准格式，可实现信息交换功能。如与智能气象网及智能交通网实现对接，系统可以根据当前车辆所在路线的天气及交通状况进行实时分析，选择合适的路线。又如与海关、检验检疫等部门系统进行对接，当产品需要报关报检时，系统可将标准化信息传给相关部门，十分方便。

该信息平台能够使物流公司进行快速、集成化的管理，增强行业竞争力；也能够为客户提供一个及时的信息查询平台，提高客户满意度。该平台的进一步发展能够形成一个完整的物流运输相关用户群，扩大交易范围，增加企业效益。

(四)智能配送管理

电子商务物流产品配送的主要场地是中转仓，这种仓库的目的不是储存产品，而是要尽快将产品转运出去，工作模式通常为 7 天×24 小时不停歇地进行周转，面对大量订单需要始终保证敏捷性、准确性，提高效率，减少运输工具停留时间。这对物流的分拣及配送过程要求比一般物流模式更高，需要自动化程度高的分拣系统。通过将配送人员的手持扫描设备更换为可穿戴设备，可提高使用手持扫码器时的效率。采用立体传送带分拣装置，将 RFID 读取设备放置在传送带两侧，而产品包装上的 EPC/RFID 标签内含有产品的目的地、流转路径、重量、大小、货架信息等信息，当产品从传送带经过时读取设备读取标签信息，再使用机械手臂自动分拣。该自动分拣配货系统采用 EPC 技术，能够快速识别物品，不仅革新了传统的人工持纸笔查阅的方式，而且比现在大多数仓库拣货时采用的手持扫码器更高效。这种方式降低了产品在每一个中转仓内的停留时间，对库存压力有所缓解，能够提高拣选与分发过程的效率与准确率，大大加快配送的速度。

第二节　人工智能与电子商务物流

一、人工智能概述

人工智能(Artificial Intelligence)，英文缩写为 AI。它是研究、开发用于模拟、延伸和扩展人的智能的理论、方法、技术及应用系统的一门新的技术科学。

人工智能是计算机科学的一个分支，它企图了解智能的实质，并生产出一种新的能以人类智能相似的方式做出反应的智能机器。该领域的研究对象包括机器人、语言识别、图像识别、自然语言处理和专家系统等。人工智能从诞生以来，理论和技术日益成熟，应用领域也不断扩大，可以设想，未来人工智能带来的科技产品，将会是人类智慧的"容器"。人工智能可以对人的意识、思维的过程进行模拟。人工智能不是人的智能，但能像人那样思考，也可能超过人的智能。

人工智能是一门极富挑战性的科学，从事这项工作的人必须懂得计算机、心理学和哲学知识。人工智能包括十分广泛的科学,涉及不同的领域,如机器学习、计算机视觉等,总的说来,人工智能研究的一个主要目标是使机器能够胜任一些通常需要人类智能才能完成的复杂工作。但不同的时代、不同的人对这种"复杂工作"的理解是不同的。

人工智能有 4 个要素:算法、算力、数据、应用场景。随着四要素的进步与丰富,人工智能的应用领域也不断扩大,比如机器视觉、自动规划、智能控制、语言和图像理解等。

【知识链接】

图灵的人工智能世界

图灵是英国著名数学家、逻辑学家,被称为计算机科学之父。说到人工智能,不能不说图灵。图灵曾勾勒出一幅动人图景,可以说那里就是图灵营造的一个人工智能的世界。在那个世界里,具有自主"学习"和"思考"能力的机器分担了人类在各个领域的工作;能"思考"的机器通过"自主"的学习可以成为工程师、医生、诗人、棋手、科学家、画家、音乐家……凡是人类能做的工作,能"思考"的机器都可以做。图灵的设想及其验证方式(图灵测试)为人类塑造了一幅全新的世界图景。

制造一个长得像人或神话中的人物且拥有远超人类力量的机器的想法自古就有。只不过,在时代具备了建造能"思考"的机器的物质基础之后,这个想法才得以逐步实现。到底什么样的机器算是有"思考"的能力,图灵率先对此做出了回答。在他看来,只要能进行逻辑运算的机器就是能"思考"的机器。他认为,人类思考的本质或者说核心就是逻辑运算。

(资料来源:搜狐网,https://www.sohu.com/na/433865752_120743307)

二、人工智能在电子商务物流中的应用

从行业作业性质看,人工智能在物流行业应用前景可观:首先,有丰富的场景;其次,有大量重复的劳动;最后,物流作业的高效离不开数据规划与决策,而这些因素正是和人工智能应用相匹配的。而今,我们也不断看到领先企业在人工智能方面的研发与应用。随着国家发力推进新基建,人工智能的爆发前景可期。具体到电子商务物流领域,人工智能落地场景有仓(园区管理、仓储管理)、干(无人驾驶、车辆管理)、配(分单、调度、配送),以及其中涉及的装卸搬运、盘点、客服等环节。

(一)表单处理

电子商务物流行业有许多表单、文档数据,计算机视觉和深度学习等 AI 技术就可以在这一场景中应用。比如腾讯云的 OCR 技术,通过计算机视觉结构化识别表单内容,能够快速便捷地完成纸质报表单据的电子化,避免人工输单;对文档扫描件或者图片中的印章进行位置检测、内容提取,实现自动化一致性比对;独有的手写文字识别技术可以精准地识别出手写文字、数字、证件号码、日期等,实现手写文字的扫描件或图片数字化处理。

目前,中外运、顺丰等均与腾讯云合作应用该技术。以中外运的北京奔驰进口报关业务为例。因为零部件的单据非常复杂,一个零部件涉及的单据可能有 100 多页,以往一页一页地录,要花一周时间,如今应用了人工智能技术,一个人 40 分钟就可以解决,且准确率极高。

(二)园区管理表

单据处理完，货物进入园区。随着 IoT、5G 等技术的应用，人工智能在园区管理上同样可以发挥重要作用，比如监测、采集场院内车辆信息，提供车辆装载率、车辆调度、运力监测和场地人员能效等基础数据，优化运力成本；再比如对人员工作情况进行管理，规避员工不规范甚至危险的操作。2018 年，菜鸟网络曾宣布全面启动物流 IoT 战略，并向全行业发布了全球首个基于物流 IoT 的"未来园区"。这是 IoT、边缘计算和人工智能等前沿技术第一次在物流领域的大规模应用，"未来园区"可以识别每一个烟头、监控每一个井盖，实时保障园区安全和保护园区高效运转。

2019 年，京东物流披露，其已建成的 5G 智能园区，通过 5G+高清摄像头，不仅可以实现人员的定位管理，还可以实时感知仓内生产区拥挤程度，及时进行资源优化调度；5G 与 IoT 的结合，帮助对园区内的人员、资源、设备进行管理与协同；5G 还帮助园区智能识别车辆，并智能导引货车前往系统推荐的月台进行作业，让园区内的车辆更加高效有序。这中间同样是以人工智能技术为底层依托。

(三)搬运

从园区进入仓内，其中必然要发生的一个动作就是搬运。货物识别+机器人与自动化分拣则可大大降低人类的劳动量。举例来说，AMR（Automatic Mobile Robot）即自主移动机器人，是目前发展和应用较快的技术。与传统 AGV 不同的是，AMR 的运行不需要地面二维码、磁条等预设装置，SLAM（同步定位与地图构建）系统定位导航为其装上了"一双眼睛"，让其可以实现高效的搬运和拣货作业。

以 AMR 商业化项目落地领先的灵动科技为例，其率先将计算机视觉技术与多传感器输入相结合，让其机器人实现了真正的视觉自主导航。据介绍，灵动视觉 AMR 能够帮助企业实现人效提升 2 倍以上、拣货成本下降超过 30%的"降本增效"成果。

(四)装卸

2019 年，顺丰对外发布的"慧眼神瞳"一度备受关注，这也是顺丰科技人工智能计算机视觉成果在业务场景的落地突破。其实简单地说，"慧眼神瞳"就是利用各种视频和图像技术进行自动化分析的人工智能系统。比如中转场的装卸口环节，将摄像机部署在装卸口，通过分析车辆装载率、人员工作能效等基础数据，就可以刻画出装卸口作业场景的完整生产要素，将所有作业数据线上化，持续优化各项运营成本，提高运转效率。

同样，与华为云合作的德邦快递，也有类似技术应用。比如，可以通过 AI 来监控快递分拣的场地、场景，抓取对货物搬运不规范的情况，从而让业务员或者理货员操作的规范程度大大提高。如果说上述场景的应用是在"助人"，无人叉车的应用则是在"替人"。2018 年，德邦快递与智久共同宣布，作为德邦快递无人智慧物流的发展探索，首款无人叉车将应用于德邦快递浦东分拨中心。无人叉车采用"无人叉车+智能托盘+多层货架+JDS（调度系统）+LMS（库位管理系统）"的形式进行实地操作，多机调度、多车协同，并通过 RFID 及传感器等进行智能路径规划。新解决方案可使成本下降 30%，毛利润增加 7%。

(五)盘点

库存盘点也是仓储管理的重要一环。如何保证盘点的准确高效？人工智能同样可以提供助力。一汽物流就与百度云合作，运用无人机航拍取代人工盘点。简单来说，所谓无人机取代人工，就是无人机通过获取图像数据，基于视觉识别技术模型进行自动分析，并快速识别子库区，将库内汽车数量、车辆所在的车位号，与库存系统进行实时比对。如果实际数量与库存数量不吻合，将对异常数据进行警示，实现库存自动盘点。经过多次的数据训练，可将无人机准确识别率提升至100%。

此外，无人机还有报警、提示等功能，当实拍图与从 LVCS 获取车辆位置信息形成的图有差异时，无人机将会第一时间提示工作人员进行查漏补缺，避免产生重大损失。

(六)仓储系统

在仓内投入大量的机器人等设备，就需要一个系统进行管理，就像身体需要大脑。旷视科技就曾发布 AIoT 操作系统——河图(HETU)。河图是旷视科技推出的首个智能机器人，是一套致力于机器人与物流、制造业务快速集成，一站式解决规划、仿真、实施、运营全流程问题的操作系统。旷视的河图与机器人硬件设备相结合，不仅体现了河图对整个作业节奏的控制、连接运维等能力，还实现了人、设备、订单、空间、货的高效协同。

2019 年，极智嘉(Geek+)也曾宣布，推出实体智慧物流版的 aPaaS (application platform as a service)系统——极智云脑。极智云脑能够让客户轻松重构其解决方案，并在云端高效部署，自由调度机器人和各种设备，实现高度灵活的智能化系统，极大地降低了智慧物流的部署门槛，让 AI 唾手可得。而针对无人仓内物流机器人数量多、设备模型、接口、技术特点驳杂繁多，设备巡检和及时维护工作量大，京东物流 2018 年 8 月推出了 X 仓储大脑，在人工智能等技术的助力下，提升规划、运营监控及维保效率高达 80%，降低人力成本高达 50%。

(七)无人驾驶

运输是物流的重要一环，人工智能在该环节的应用也表现在多个方面，比如无人驾驶、车队管理、智能副驾等。以人们最熟知的无人驾驶为例，要实现无人驾驶，要依靠3个环节：感知、处理及执行，这均离不开人工智能。前不久，自动驾驶货运初创企业图森未来(TuSimple)宣布，获得美国卡车制造商 Navistar(纳威斯达)投资，双方将共同研发 L4 级无人驾驶卡车。图森未来表示，争取在 2024 年前量产无人驾驶卡车。目前，图森未来拥有一支超过 50 台卡车的无人驾驶车队，并服务于包括 UPS、McLane 在内的 18 位客户。2017 年 6 月，图森未来获准在加州展开自动驾驶汽车路测。而除了图森未来，嬴彻、智加、驭势等均在研发相关技术，包括亚马逊、京东等多家企业也尝试提出了各种解决方案，并已经有一些商用测试。

相比于公路运输，封闭的港口园区落地或更快速。2018 年 4 月 3 日，图森未来就对外发布了全球首个无人集卡车队港区内测试视频，宣布进军港内集装箱卡车无人驾驶运输市场。

【知识链接】

工信部公示《汽车驾驶自动化分级》

2020 年 3 月 9 日，工信部官网公示了《汽车驾驶自动化分级》推荐性国家标准报批稿，拟于2021年1月1日开始实施。2017年启动预研至今，大众、宝马、福特、吉利、广汽、长安等十余家国内外企业协助完成标准的起草与修改。基于驾驶自动化系统能够执行动态驾驶任务的程度，根据在执行动态驾驶任务中的角色分配及有无设计运行条件限制，《汽车驾驶自动化分级》将驾驶自动化分为0～5共6个等级，如表10-2所示。

表10-2　驾驶自动化的6个等级

分级	名称	车辆横向和纵向运动控制	目标和时间探测与响应	动态驾驶任务接管	设计运行条件
0级	应急辅助	驾驶员	驾驶员及系统	驾驶员	有限制
1级	部分驾驶辅助	驾驶员和系统	驾驶员和系统	驾驶员	有限制
2级	组合及时辅助	系统	驾驶员和系统	驾驶员	有限制
3级	有条件自动驾驶	系统	系统	动态驾驶任务接管用户（接管后成为驾驶员）	有限制
4级	高度自动驾驶	系统	系统	系统	有限制
5级	完全自动驾驶	系统	系统	系统	无限制

（资料来源：亿欧网，https://www.iyiou.com/news/202003111000335）

（八）智能副驾

说完"无人"，再说"有人"。驾驶从来不是一份安全的工作，对于长时间驾驶的司机尤甚，而计算机视觉则给了车辆发现危险的"眼睛"。

中寰卫星导航通信有限公司发布的智能副驾产品，依托车载智能硬件T-Box、ADAS和DMS设备，通过传感器数据融合和智能算法，结合ADAS地图等位置服务，从"人、车、路"三方面建立协同的安全管理机制，及时感知道路运输过程中的不安全因素，并通过监控管理平台实时呈现、预警，以安全共管云平台方案为商用车安全管理提供工具、手段和依据，降低风险、减少隐患，实现实时在线的虚拟"副驾"。当司机有风险系数不大的行为时，设备将启动报警，并上报平台，形成日报、月报，提供给车主甚至保险公司。如果出现重大风险，设备会立即启动本地报警。如果本地报警没有引起司机重视，则引导管理者介入。如果管理者依然还没有解决，设备则会启动亲情电话，让司机的妻子或者儿子在线提醒。

（九）装载

除了安全，运输的另外一个关注点在于装载率，即关注如何能装更多的货。基于大数据积累和AI深度学习算法，G7数字货舱就可以实时感知货物量方，自动记录量方变化曲线，时刻知晓装载率。通过AI摄像头和高精度传感器，可对厢内货物进行图像三维建模，保证货物运输状态全程可视化，并智能管控装车过程和装车进度。

智能挂车"数字货舱"V9版，搭载了业界首创的"量方"功能。"量方"功能，采用了传感器加AI算法，对舱内货物进行高精度扫描加三维图像建模，最终自动计算出货舱容积占用百分比，实现精准装载。不仅如此，货舱在装载过程中"哪里空""哪里满"，都将以全3D方式呈现。通过对货舱空间更合理地利用，时刻保证车辆的真正满载。除上述应用外，资料显示，在货车、轮船和飞机上安装与AI程序相连的传感器，也可以大大改善车队管理。这些程序可以监控油耗，针对减少石油和天然气的使用提供方法建议，及在重大故障发生之前主动提供维修意见。

(十)无人机配送

配送是货物流动过程的最后环节,也是物流链条上人力资源投入最多的环节。目前,在这一环节,常见的科技创新是无人机配送与无人车配送。亚马逊于 2013 年提出的 Prime Air 业务,将无人机引入物流领域。国内顺丰、京东、中通等企业也纷纷跟进。2019 年 5 月,中外运敦豪与亿航智能签署战略合作协议,并发布了国内首个全自动智能无人机物流解决方案。当时应用的是亿航天鹰(Falcon)物流无人机进行派送。该机型采用四轴八桨多旋翼结构、全备份多冗余设计、智能安全飞控算法,可实现垂直起降、视觉识别精准定位、智能规划航线、全自动飞行、实时联网调度,最大载重 5 公斤的快递包裹,可将单程派送时间从 40 分钟大幅缩短至 8 分钟。作为此次发布的全自动智能无人机物流解决方案的一部分,专门开发的 DHL 智能柜能够与无人机高度自动协作、无缝接驳,并可以实现无人机的自动起飞、降落,挂仓的自动装卸载,快件的自动分类和基于身份比对及实名认证的快件存取等一系列智能功能。

【知识链接】

民航局将进一步扩大无人机物流配送试点范围

2017 年和 2019 年,民航局批准江西丰羽顺途科技有限公司分别在江西的赣州南康区和四川雅江县开展无人机物流配送业务。通过这几年的试点,应该说主要积累了三方面的经验,包括无人机物流配送在山区和高原地区的运营安全,农特产品与市场需求的对接及对当地脱贫攻坚的拉动。在试点期间,运营企业在这两个试点地区先后开辟了 259 条航线,无人机运行 14 万架次,配送各类物资达 520 多吨,当地的农户直接增收 300 余万元,同时也解决了当地农户 100 多个就业岗位。

"十四五"期间,民航局对于无人机产业主要还是采取以放为主、放管结合,在确保无人机运营安全,特别是在确保城乡人民生命财产安全的前提下,坚持以放为主,减少行政审批,减少事前审批,加强、加大无人机运营,同时重点做好法规法律的重构工作,促使相关配套措施尽快出台,确保通航发展拥有自主的空间。

民航局的统计显示,2020 年,我国无人机生产运营企业已超过了 1 万家,无人机的商用飞行达到了 159 万小时,增长率在 30%以上。在目前国内的消费航拍市场及农业植保方面,无人机已经全面取代了人工作业。专家认为,无人机的爆发式增长态势及未来几十年的快速增长趋势,都为进一步扩大无人机物流配送范围提供了充分和必要条件。

(资料来源: http://news.cctv.com/2021/03/20/ARTImVVhuqnn4pGgm2VLFjDm210320.shtml)

(十一)无人车配送

无人配送车是应用在快递快运配送与即时物流配送中低速自动驾驶的无人车,其核心技术架构与汽车自动驾驶系统基本一致。京东、菜鸟、美团、苏宁等公司的无人配送车在小区、校园等封闭区域配送,在快递员接驳等多种场景中应用和测试。2016 年就有一款名为菜鸟小 G 的自动送包裹的机器人在阿里西溪园区亮相。2019 年 8 月,苏宁物流对外公开 5G 无人配送车的路测实况,这也是 5G 技术应用从实验阶段走向商业化应用的实例。

研发方面,代表企业如九号机器人。2018 年,其与美团进行了合作,联合发布了 Segway

配送机器人 S1。这是九号机器人在智能服务机器人领域的"试水"。在一年的时间里，S1 代产品已经运行了 5 000 多公里，积累了大量的运营数据。而后，九号机器人又新发布了 Segway 配送机器人 S2 与 Segway 室外配送机器人 X1。

（十二）调度

数据是提高物流效率的重要工具，一个提高物流效率的途径就是利用运用了以运筹学等为代表的科学的工具进行调度与规划。而这方面，算力+算法+数据"喂养"的人工智能也大展身手，借助人工智能技术，实现物流运配环节车辆、人员、设备等作业资源的协调统一，使作业效率最大化。以外卖为例，资料显示，美团实时智能配送系统是全球最大规模、高复杂度的多人多点实时智能配送调度系统。它能够基于海量数据和人工智能算法，在消费者、骑手、商家三者中实现最优匹配，同时需要考虑是否顺路、天气如何、路况如何、预计送达时间、商家出餐时间等复杂因素，实现 30 分钟左右准时送达。

饿了么的智能调度系统方舟，通过使用深层次神经网络与多场景智能适配分担，引入"大商圈"概念，为平高峰不同场景建立了不同的适配模型。得益于深度学习与多场景人工智能适配分单，该系统能实时感知供需、天气等压力变化，对预计送达时间、商户出餐时间、商圈未来订单负载等做出精准预测，用户的订单将会在最优决策下被匹配最佳路径，保证配送效率和体验。

（十三）分单

分单是快递的一个重要环节。人工智能的应用，实现了从人工分单到人工智能分单的转变。以送往北京的包裹为例，过去包裹到达北京的转运中心之后，需要专门的人工对包裹进行区分，哪些去往海淀区，哪些去往东城区，会被写上不同的编号。到达网点之后要经过再次分拨。到达配送站之后，快递员需要进行第三次分拨。这些分单工作人员要达到熟练操作程度至少要经过半年的训练，一个转运中心大则 100 多号人三班倒工作，小的也需要几十人，还会经常发生错误，出现类似去往北京的包裹意外来到了深圳这样的问题，严重影响派送效率和消费者体验。

菜鸟网络通过人工智能技术、大规模的机器学习，处理海量数据，实现智能分单。包裹发出时，就会对包裹要去往的网点及快递员做出精准的对应，并在面单上标识出编号，无需人工手写分单。包裹到达转运中心、网点及配送站之后，工作人员根据编号即可判断包裹的分配，分单准确率达到 99.99%，效率也得到提高。

（十四）客服

以言语理解为核心的认知智能研究也是人工智能领域的核心研究之一，目标是让机器具备处理海量语音内容和理解自然口语的能力，并在此基础上实现自然的人机交互。在日常生活中，小度、小爱等都是代表案例。而在物流快递业当中，其可以应用的场景之一是客服。客服工作难，人员流失率高，有报道称客服岗每年离职率高达 50%，为此巨头们都在打造智能客服系统。以"三通一达"、顺丰和美团、饿了么为主的头部公司均已上线了语音和文字智能客服，其服务半径辐射 80%以上终端消费者。

以圆通速递为例，圆通速递在 2017 年开始相继在官网、微信等渠道上线国内版智能在线机器人客服，代替或协助人工在线客服完成客户服务工作，一定程度上解决了客服用工成本高、服务时间难以满足客户需求的问题。相关资料显示，圆通速递高峰期每日电话呼入量超 200 万，需要 5 000 人工坐席处理。在配备智能语音客服机器人后，高峰期 90%以上电话呼入可通过语音机器人处理，日均服务量超 30 万，每秒可处理并发呼入量超 1 万次，在控制成本的前提下，极大限度地释放了人力。

人工智能在路径规划、智能选址、智能路由、商品布局等方面均可以应用。另外值得一提的是，此前科技部公布最新一批国家人工智能开放创新平台名单，宣布依托京东集团建设国家新一代智能供应链人工智能开放创新平台，领衔智能供应链国家战略发展。可见国家层面的重视。当然，技术应用要考虑投入与产出等问题。未来的物流一定是科技的物流，下一个时代一定是人工智能的时代。

 第三节　大数据与电子商务物流

一、大数据概述

（一）大数据概念

研究机构 Gartner 将"大数据"（Big data）定义为，需要新处理模式才能具有更强的决策力、洞察发现力和流程优化能力来适应海量、高增长率和多样化的信息资产。

麦肯锡全球研究所给出的定义是，一种规模大到在获取、存储、管理、分析方面大大超出了传统数据库软件工具能力范围的数据集合，具有海量的数据规模、快速的数据流转、多样的数据类型和价值密度低四大特征。

大数据技术的战略意义不在于掌握庞大的数据，而在于对这些含有意义的数据进行专业化处理。换而言之，如果把大数据比作一种产业，那么这种产业实现盈利的关键，在于提高对数据的"加工能力"，通过"加工"实现数据的"增值"。

从技术上看，大数据与云计算的关系就像一枚硬币的正反面一样密不可分。大数据必然无法用单台计算机进行处理，必须采用分布式架构。它的特色在于对海量数据进行分布式数据挖掘。但它必须依托云计算的分布式处理、分布式数据库和云存储、虚拟化技术。

随着云时代的来临，大数据也吸引了越来越多的关注。分析师团队认为，大数据通常用来形容一个公司创造的大量非结构化数据和半结构化数据，这些数据在下载到关系型数据库用于分析时会花费过多时间和金钱。大数据分析常和云计算联系到一起，因为实时的大型数据集分析需要像 MapReduce 一样的框架来向数百或甚至数千的计算机分配工作。

大数据需要特殊的技术，以有效地处理大量的容忍经过时间内的数据。适用于大数据的技术，包括大规模并行处理（MPP）数据库、数据挖掘、分布式文件系统、分布式数据库、云计算平台、互联网和可扩展的存储系统。

信息技术的飞速发展，推动了以大数据应用为标志的智慧物流产业的兴起。智慧物流极大地促进了物流产业优化和管理的透明度，实现了物流产业各个环节的信息共享和协同运作及社会资源的高效配置。而如何抓住大数据时代带给我们的机遇，成为物流企业在竞

争中赢得主动权和实现跨越发展的关键所在。作为当今物流业的发展热点，电子商务物流得到了很多关注，与大数据的结合是电子商务物流发展的必然趋势。

(二)物流大数据

大数据时代的来临，不是技术的变革，首当其冲是思维的变革，随之而来的将是商业模式的改变。在众多技术领域中，大数据是最容易收割成果的技术，它处在技术萌芽期和期望膨胀期这样一个转型过程中，经济价值的增长量非常大；并且，它通过数据化、价值化和角色的再定位，重新给每个企业寻找到挖掘价值的潜力。

物流大数据可以划分为三类：第一是微观层面，包括了运输、仓储、配送、包装、流通加工登记处数据的分类；第二是中观层面，就是供应链、采购物流、生产物流数据分类；第三是宏观层面，即基于商品管理，把商品分成不同的类型做数据分析。其中微观层面及中观层面的数据一般掌握在物流企业内部，但此类数据尚未进行处理分析，成为物流大数据交易中最重要的、最基本的供应方；整合、处理、分析源数据得到的具有新价值的数据，即宏观层面，指导物流企业经营管理的各个方面，因此，未来物流大数据交易的主要需求为宏观层面。

目前，物流大数据交易模式采用利益交换的模式——用服务去换取管理，即各个利益主体通过交换的方式，一方将信息的管理权交给另一方，另一方将信息整合起来后形成服务给一方。以菜鸟网络为例，其以消费者、商家、物流企业的数据为依托，为商家、快递企业提供预警预测分析，帮助快递企业提前获取这些信息，从而提前对物流资源进行一定的配置和整合。

二、大数据发展趋势

(一)数据的资源化

资源化是指大数据成为企业和社会关注的重要战略资源，并已成为大家争相抢夺的新焦点。因而，企业必须要提前制订大数据营销战略计划，抢占市场先机。大数据时代，也是信息数据化和数据资源化的时代。信息数据化，即信息的数字化表达和数字化传播，是人、事、物的相关信息以数字代码的形式，在计算机和互联网中予以呈现和流通。数据资源化，即数据的经济用途日渐拓展，数据的经济价值日益凸显，数据成为经济发展的战略性新资源。

信息数据化和数据资源化，表明了数据的本质是承载了数字信息的有价资源。简言之，信息是数据的价值渊源，资源是数据的价值形式。

然而，数据经济价值的日益凸显，也意味着市场主体围绕数据的封锁与获取、保护与使用的竞争纠纷日趋激烈，市场主体对于数据的不正当竞争行为和垄断行为不断涌现。当数据竞争从产品市场走向要素市场时，数据竞争的正当性边界却依旧备受争议。从国内最早的关于数据竞争的2010年"大众点评诉爱帮网系列案件"到2015年"新浪诉脉脉非法抓取微博用户数据案"，及有关淘宝屏蔽百度搜索，顺丰与菜鸟物流数据接口的争议，新浪与今日头条有关微博内容爬取的争议等，这些事件与争议无一例外，均与平台的海量数据有关。

(二)与云计算的深度结合

大数据离不开云处理,云处理为大数据提供了弹性可拓展的基础设备,是产生大数据的平台之一。自 2013 年开始,大数据技术已开始和云计算技术紧密结合,预计未来两者关系将更为密切。除此之外,物联网、移动互联网等新兴计算形态,也将助力大数据革命,让大数据营销发挥出更大的影响力。

如前所述,大数据与云计算的关系就像一枚硬币的正反面一样。打个比方:云计算技术就是一个容器,大数据正是存放在容器中的水,大数据是要依靠云计算技术来进行存储和计算的。大数据无法用单台的计算机进行处理,必须采用分布式计算架构。它的特色在于对海量数据的挖掘,但它必须依托云计算的分布式处理、分布式数据库、云存储和虚拟化技术。

(三)科学理论的突破

随着大数据的快速发展,就像计算机和互联网一样,大数据很有可能是新一轮的技术革命。随之兴起的数据挖掘、机器学习和人工智能等相关技术,可能会改变数据世界里的很多算法和基础理论,实现科学技术上的突破。

(四)数据科学和数据联盟的成立

未来,数据科学将成为一门专门的学科,被越来越多的人所认知。各大高校将设立专门的数据科学类专业,也会催生一批与之相关的新的就业岗位。与此同时,基于数据这个基础平台,也将建立起跨领域的数据共享平台。之后,数据共享将扩展到企业层面,并且成为未来产业的核心一环。

(五)数据泄露泛滥

未来几年,数据泄露事件的增长率也许会达到100%,除非数据在其源头就能够得到安全保障。可以说,在未来,每个《财富》500 强企业都会面临数据攻击,无论它们是否已经做好安全防范。而所有企业,无论规模大小,都需要重新审视今天的安全定义。在《财富》500 强企业中,超过 50%将会设置首席信息安全官这一职位。企业需要从新的角度来确保自身及客户数据安全,所有数据在创建之初便需要获得安全保障,而并非在数据保存的最后一个环节,仅仅加强后者的安全措施已被证明于事无补。

【知识链接】

大数据时代最后的遮羞布——信息保护

信息泄露,相信每个人都在生活中遇到过,要么是接到莫名其妙的电话,要么是收到很符合需求的推送。大数据织成的信息收集网远比你想象的要广……网上甚至形成了贩卖用户信息的"黑产"链条,而且背后涉及多家快递、互联网公司,只要下载并授权注册,客户的信息就唾手可得。可以说,在今天这个信息科技发展迅猛的时代,信息漏洞无处不在。通过不法手段获取用户信息并多次高价销售,对不法分子来说一本万利。用户信息被泄露后,有的还可能流向从事诈骗活动的犯罪分子手中。就这样,我们在科技迭代的洪流中,成了"猎物",有时损失的不只是财物,还会是人身安全。

大型数据泄露事件的频发及带来的恶果给我们敲起了警钟：一定要时刻注意保护自己的个人信息。

(资料来源：21财经，https://m.21jingji.com/comment/lists?aid=331964&cid=750)

(六)数据管理成为核心竞争力

当"数据资产是企业核心资产"的概念深入人心之后，企业对于数据管理便有了更清晰的界定。将数据管理作为企业核心竞争力，持续发展，战略性规划与运用数据资产，成为企业数据管理的核心。数据资产管理效率与主营业务收入增长率、销售收入增长率显著正相关。此外，对于具有互联网思维的企业而言，数据资产竞争力所占比重为36.8%，数据资产管理效果将直接影响企业财务表现。

(七)数据质量是商业智能(BI)成功的关键

采用自助式商业智能工具进行大数据处理的企业将会脱颖而出。其中要面临的一个挑战是，很多数据源会带来大量低质量数据。想要成功，企业需要理解原始数据与数据分析之间的差距，从而消除低质量数据并通过BI获得更佳决策。

(八)数据生态系统复合化程度加深

大数据的世界不只是一个单一的、巨大的计算机网络，而是一个由大量活动构件与多元参与者元素所构成的生态系统，终端设备提供商、基础设施提供商、网络服务提供商、网络接入服务提供商、数据服务使能者、数据服务提供商、触点服务零售商、数据服务零售商等一系列的参与者共同构建的生态系统。而今，这样一个数据生态系统的基本雏形已然形成，接下来的发展将趋向于系统内部角色的细分，也就是市场的细分；系统机制的调整，也就是商业模式的创新；系统结构的调整，也就是竞争环境的调整等，从而使得数据生态系统复合化程度逐渐加深。

三、大数据在电子商务物流中的应用

(一)车货匹配

通过对运力池进行大数据分析，公共运力的标准化和专业运力的个性化需求之间可以产生良好的匹配，同时，结合企业的信息系统全面整合与优化。通过对货主、司机和任务的精准画像，可实现智能化定价、为司机智能推荐任务和根据任务要求指派配送司机等。

从客户方面来讲，大数据应用会根据任务要求，如车型、配送公里数、配送预计时长、附加服务等自动计算运力价格并匹配最符合要求的司机，司机接到任务后会按照客户的要求提供高质量的服务。在司机方面，大数据应用可以根据司机的个人情况、服务质量、空闲时间为他自动匹配合适的任务，并进行智能化定价。基于大数据实现车货高效匹配，不仅能减少空驶带来的损耗，还能减少污染。

【知识链接】

大数据赋能，满帮集团建立车货匹配新逻辑

在很多地区处于观望状态时，贵州抢跑全国，于2014年制定了大数据兴省战略，成为全国首个大数据综合试验区,获批国内首个大数据综合试验区。而在大数据东风的吸引下,一个褪褓期的"互联网+"领域创业企业货车帮,也在这一年选择在贵州安家落户。

2014年,通过贵州省政府招商,货车帮选择来到贵阳安家。2014年起步时,贵阳货车帮只有几十人,但只用了短短两年左右时间,员工就发展到3 000人、注册车辆170万辆,一年可节省燃油价值约300亿元,晋级成为中国公路领军的网上运力池之一,成为贵州大数据产业发展的一张名片。2019年,货车帮与运满满合并,成为具有全国性行业领先优势的满帮集团,依托大数据创新,推进着公路货运和物流行业的转型升级,服务经济社会的高质量发展。

下一步,满帮集团将围绕发展智慧物流,用平台思维,将智能化调度和交易系统向国内外货主和第三方物流公司、物流园区开放,帮助它们优化升级,线上融合体系、线下实体布局,以数字化为抓手,构建公路物流生态圈,助力国家提升物流效率、降低物流成本。

(资料来源:凤凰网,https://finance.ifeng.com/c/81BDviDWSaM)

(二)运输路线优化

通过运用大数据,物流运输效率将得到大幅提高。大数据为物流企业间搭建起沟通的桥梁,物流车辆行车路径也将被最短化、最优化定制。

美国 UPS 公司使用大数据优化送货路线,配送人员不需要自己思考配送路径是否最优。UPS 采用大数据系统可实时分析20万种可能路线,3秒找出最佳路径。UPS 通过大数据分析,规定卡车不能左转,所以,UPS 的司机宁愿绕个圈,也不往左转。根据往年的数据显示,因为执行了尽量避免左转的政策,UPS 货车在行驶路程减少2.04亿公里的前提下,多送出了350 000件包裹。

【知识链接】

DHL 利用大数据精准服务

DHL 速递货运公司的快运卡车被特别改装成为 Smart Truck,并装有摩托罗拉的 XR48ORFIO 阅读器。每当运输车辆装载和卸载货物时,车载计算机会将货物上的 RFID 传感器的信息上传至数据中心服务器,服务器会在更新数据之后动态计算出最新最优的配送序列和路径。此外,在运送途中,远程信息处理数据库会根据即时交通状况和 GPS 数据实时更新配送路径,做到更精确地取货和交货,对随时接收的订单做出更灵活的反应,及向客户提供有关取货时间的精确信息。DHL 物流大数据应用如图10-3所示。

DHL 通过对末端运营大数据的采集,实现了全程可视化的监控及最优路径的调度,同时精确到了每一个运营结点。此外,拥有 Crowd-Based 手机应用程序的顾客可以实时更新他们的位置或即将到达的目的地,DHL 的包裹配送人员能够实时收到顾客的位置信息,防止配送失败,甚至按需更新配送目的地。

(三)库存预测

互联网技术和商业模式的改变带来了从生产者直接到顾客的供应渠道的改变。这样的改变,在时间和空间两个维度都为物流业创造新价值奠定了很好的基础。大数据技术可优化库存结构和降低库存存储成本。

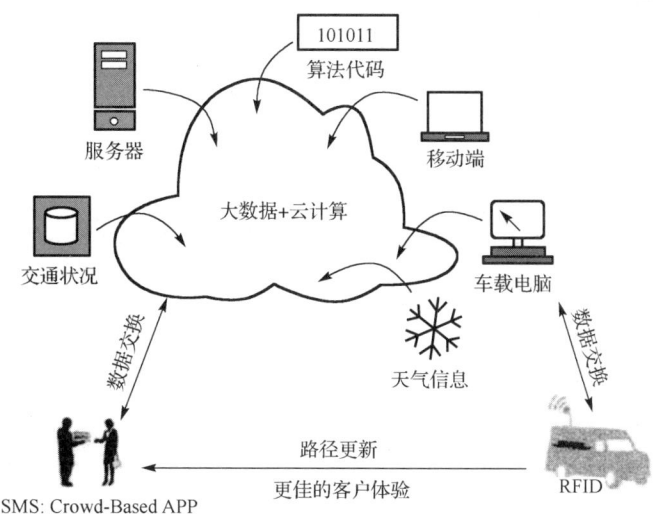

图 10-3 DHL 物流大数据应用

运用大数据分析商品品类，系统会自动分解用来促销和用来引流的商品；同时，系统会自动根据以往的销售数据进行建模和分析，以此判断当前商品的安全库存，并及时给出预警，而不再是根据往年的销售情况来预测当前的库存状况。总之，使用大数据技术可以降低库存，从而提高资金利用率。

(四) 设备修理预测

美国 UPS 公司从 2000 年就开始使用预测性分析来检测自己全美 60 000 辆车规模的车队，这样就能及时地进行防御性的修理。如果车在路上抛锚，损失会非常大，因为那样就需要再派一辆车，会造成延误和再装载的负担，并消耗大量的人力、物力。

以前，UPS 每两三年就会对车辆的零件进行定时更换，但这种方法不太有效，而且有的零件并没有什么问题就被换掉了。通过监测车辆的各个部位，UPS 如今只需要更换需更换的零件，从而节省了好几百万美元。

(五) 供应链协同管理

随着供应链变得越来越复杂，使用大数据技术可以迅速高效地发挥数据的最大价值，集成企业所有的计划和决策业务，包括需求预测、库存计划、资源配置、设备管理、渠道优化、生产作业计划、物料需求与采购计划等。这将彻底变革企业市场边界、业务组合、商业模式和运作模式等。

良好的供应商关系是消灭供应商与制造商间不信任成本的关键。双方库存与需求信息的交互，将降低由于缺货造成的生产损失。通过将资源数据、交易数据、供应商数据、质量数据等存储起来用于跟踪和分析供应链在执行过程中的效率、成本，能够控制产品质量；通过数学模型、优化和模拟技术综合平衡订单、产能、调度、库存和成本间的关系，找到优化解决方案，能够保证生产过程的节奏，达到最佳的物料供应分解和生产订单的拆分。

第四节 云计算与电子商务物流

一、云计算概述

(一) 云计算的概念

云计算(Cloud Computing),实际上是并行计算、分布式计算和网格计算的一种延伸,主要通过计算机网络庞大的计算处理能力,将待处理程序自动拆分成无数个较小的子程序,再交由多部服务器所组成的庞大系统搜寻、计算和分析,最后将处理结果回传给用户。在这种计算模式下,用户无须考虑终端的运算能力、存储能力、负载能力等问题,这些工作都将交给网络中超大规模的"云"来完成,实现资源共享和网络协同工作,从而大幅度提高网络资源的利用率,并能实现降低成本、提高运行效率的目的。

云计算是一种分布在大规模数据中心、能动态提供各种服务器资源,以满足科研、电子商务等领域需求的计算平台。云计算包含两个方面的含义:一方面,描述了基础设施,用来构建应用程序,其地位相当于 PC 机上的操作系统;另一方面,描述了建立在这种基础设施之上的云计算应用。云计算概念模型如图 10-4 所示。

图 10-4 云计算概念模型

【知识链接】

电子商务直播发展正夯 云计算技术硬核支撑

2020 年年初,受疫情的影响,带货直播出现了流量激增的情况。据统计,自 2020 年 2 月份以来,每天约有 3 万个新商家入驻淘宝,新开播的直播间数量同比翻倍,新开播的场次同比上涨 110%,直播带货成为当下最火热的新电子商务营销模式。电子商务直播带货的持续火热发展离不开各方面的支撑,在业务场景上更存在不少 IT 需求。

云计算能够为电子商务直播提供：①视频直播加速。提供低成本、高质量的全球直播加速服务；结合弹性伸缩服务，应对突发访问流量；提供推流—分发—播放一体化音视频解决方案。②快速视频解码。多路码率实时转码输出；GPU 转码有效支持百万级以上并发视频流转码并轻松扩容；快速视频解码，支持播放器秒开需求；窄带高清转码，有效节省带宽成本 20% 以上。③安全防护。高防网络：定制安全策略防护各种 4 层、7 层流量攻击，并提供安全专家服务优化策略；内容检测：提供文本识别、图片鉴黄、视频鉴黄、OCR 算法、音频识别等技术手段，提升直播平台审查效率和准确度。④数据安全。基于集团和外部情报库及入侵检测、撞库检测、恶意登录、操作识别、态势感知等技术，有效避免被拖库、撞库的数据泄露安全事故。⑤直播监控。直播全链路监控报警；提供流级别视频流信息(如码率、帧率、播放并发人数)实时监控；节点流量实时监控，自动化调度；直播流开启、掐断(违规内容)实时处理。

在未来，电子商务直播平台更聚焦产品创新和差异化场景。场景的多元化，也给各行各业提升服务体验带来了新的工具。

(资料来源：搜狐网，https://www.sohu.com/a/435461783_120595321)

(二) 云计算的实现形式

从用户体验的角度出发，云计算的主要实现形式分为 IaaS、PaaS 和 SaaS。PaaS 基于 IaaS 实现，SaaS 的服务层次又在 PaaS 之上，三者分别面对不同的需求。IaaS 提供的是用户直接访问底层计算资源、存储资源和网络资源的能力。PaaS 提供的是软件业务运行的环境。SaaS 是将软件以服务的形式通过网络传递到客户端。

1. 基础架构即服务(IaaS)

IaaS 处于云计算服务的最低层级，是一种作为标准化服务在网上提供基本存储和计算能力的手段，提供给用户的是计算能力、存储能力、网络和其他基本的资源租用。用户能够部署和运行任意软件，包括操作系统和应用程序。用户不能管理或控制底层的云计算基础设施，但能控制操作系统、存储、部署的应用，也可以选择网络组件(如防火墙、负载均衡)。有了 IaaS，企业可以将硬件外包到别的地方去。IaaS 公司会提供场外服务器、存储和网络硬件，企业可以租用。企业节省了维护成本和办公场地，可以在任何时候利用这些硬件来运行其应用。知名的 IaaS 公司包括亚马逊、微软、VMWare、Rackspace 和 Red Hat。

2. 平台即服务(PaaS)

PaaS 公司在网上提供各种开发和分发应用的解决方案，如虚拟服务器和操作系统，可节省企业在硬件上的费用，也让分散的工作室之间的合作变得更加容易。PaaS 产品包括网页应用管理、应用设计、应用虚拟主机、存储、安全及应用开发协作工具等。PaaS 产品可执行各个阶段的软件开发和测试，也可以专用于某个领域，提供给用户的是供应商提供的开发语言和工具创建的应用程序开发环境，并自动部署到云计算基础设施之上。用户不需要管理或控制底层的云基础设施，包括网络、服务器、操作系统、存储，但消费者能控制部署应用程序与环境配置。一些大的 PaaS 提供者有 Google App Engine、Microsoft Azure、Force.com、Heroku、Engine Yard。最近兴起的公司有 AppFog、Mendix 和 Standing Cloud。

3. 软件即服务（SaaS）

SaaS 是最成熟、最有知名度的云计算服务类型。在云计算真正变得火热之前，SaaS 本身已经是一个非常流行的概念了。SaaS 的目标是将一切业务运行的后台环境放入云端，通过一个瘦客户端（通常是 Web 浏览器）向最终用户直接提供服务。最终用户按需向云端请求服务，而本地无须维护任何基础架构或软件运行环境。SaaS 同 PaaS 的区别在于，使用 SaaS 的不是软件的开发人员，而是软件的最终用户。服务商提供基本商业服务，如电子邮件等。用户不需要管理或者控制底层的云计算基础设施，包括网络、服务器、操作系统、存储甚至单个应用程序的功能。用户接受的服务完全是从网页，如 Netflix、MOG、Google Apps、Box.net、Dropbox 或者苹果的 iCloud 那里进入的。尽管这些网页服务是用作商务和娱乐或者两者都有，但这也算是云技术的一部分。一些用作商务的 SaaS 应用包括 Citrix 的 Go To Meeting，Cisco 的 WebEx，Salesforce 的 CRM、ADP、Workday 和 Success Factors。

【知识链接】

信息化、网络化与数字化

信息化解决的是人与机器之间的数字联通的问题。如制造业企业信息化中许多企业使用的 ORACLE 数据库、PTC 公司的 PDM 产品数据管理、SAP 公司的 ERP 企业资源管理及 MES 制造执行系统、WMS 库存管理系统等，主要实现了管理者对企业各种资源的实时与非实时的监控、调度和计划等。

网络化解决的是人与人之间的数字联通的问题。过去实体的商贸渠道同时决定生产和消费两端的通用性和规模，但互联网直接更改了生产与消费间的贸易渠道。传统实体商贸渠道中间商最重要，可以通过对生产和消费两端的信息把握赚取中间差价，但互联网平台解决了生产与消费的短接问题，且以近零成本、近零延时实现供需两端的个性化与差异化。

数字化解决的是设备与设备之间的数据互联，依靠的技术包括大数据、云服务、移动互联网、物联网、人工智能、区块链和赛博系统等。过去 20 年在信息化和网络化基础上推进数字化的产生和发展，使得其与最具流动性的资本融合并快速实现资源配置再优化。

（资料来源：亿欧网，https://www.iyiou.com/analysis/202005021002827）

（三）我国云计算的发展情况

云计算能够极大地促进社会、经济、科技的发展，在国际各大公司对云计算热烈追捧的情况下，国内的一些公司对建立云中心很感兴趣，也都开始关注云计算市场，同时也逐渐形成了自己的云计算架构。我国有望真正进军云计算市场的企业包括以下几类。

第一类是移动、电信运营商。它们拥有强大的网络优势、庞大的服务器规模、雄厚的资金实力，有从事大规模数据中心建设和运营的经验，且在我国具有网络垄断地位，这为其云服务的前期推广提供了便利。中国移动推出的 Big Cloud 是试水之作，但谨慎的心态还是很明显，只是在对自己内部数据的挖掘做一些测试工作，也许是在等待市场和机会。

第二类是现有的大型电子商务企业。它们同样拥有强大的服务器资源，如阿里巴巴、京东、苏宁等，它们拥有很好的用户基础，用户访问量相当巨大，这类企业往往从 SaaS

入手，逐步进军云计算。

第三类是大型的主机租用服务商。它们既拥有大量的服务器资源，又有软硬件租用的市场经验，但弱点是软件研发能力不足，可采用成熟的云计算平台进行资源整合。国内此类服务商主要有安畅网络、中国数据、群英网络、上海世纪互联、景安网络等。

第四类是计算机制造企业。这类企业均愿意进军云计算市场，但大多数进展缓慢。如联想公司打造联想云，开启企业级云服务；华硕集团设立全资子公司华硕云端，致力云计算服务研发、运营与营销，以云计算储存服务 ASUS WebStorage 开始进行全球化布局。

【知识链接】

"京东云"领跑服贸会

依托大数据赋能和 AI 深度应用，京东会展云支持个性化线上展台搭建，为参展商免费提供个性化3D电子展台模板。参展商不仅可以通过3D电子展台给自己搭建个性化展台，还能享受到私密交谈、直播服务、智能客服、意向订单、电子签约、智能推荐等服务，实现供求高效对接、贸易精准匹配。

利用即时通讯、视频洽谈、在线翻译、智能客服等多种工具，京东会展云搭建了 5 000 个云端洽谈间，实现了一对一、一对多、多对多商务洽谈。值得一提的是，这些洽谈室考虑到了洽谈双方的信息数据安全和隐私问题，提供金融级技术加密功能，全力保障商务洽谈的信息数据安全和隐私。

在后疫情时期，京东会展云充分发挥数字中台的灵活性，以"线上+线下"双轮驱动会议管理系统，为无法参展的境外嘉宾和展客商提供线上服务。通过5G、直播、视频会议、在线翻译等技术手段，京东会展云打破地域和语言限制，连通线上线下会议论坛，提供 500 间在线会议室，可同时举办 100 人、500 人、1 000 人等规模的会议。同时，京东会展云为视频直播提供人工智能在线翻译，突破国界和语言限制，提升会议的全球影响力。

（资料来源：上云无忧，https://www.shangyun51.com/articledetail?id=4370）

二、基于云计算的电子商务模式

将云计算运用于电子商务环境，构建新型的商务模式，其主要思想还是基于电子外包服务的应用。利用电子外包服务所提供的"按需分配"的能力，电子商务企业可以在需要的时候快速获得相关资源和服务，不但免去了电子商务企业自身前期建设和后期维护等方面的烦恼，而且服务提供商能利用分布的"云"同时为众多用户提供服务，实现更深层次的资源共享和技术外包服务。

（一）基于供应链云的全程电子商务模式

利用分布在全球各个角落的"云"，可以构筑起一个庞大的供应链云系统，利用这个系统，我们可以实现以供应链管理为核心的全程电子商务模式。在这种模式下，利用云计算提供安全可靠的数据存储服务和运算处理，极大降低了客户终端设备的要求，轻松实现所有用户的数据共享和资源合理分配，并能在客户有需要时，及时提供几乎无限多的空间和服务。而这些优势，都将为全程电子商务实现资源整合、提供优质服务打下决定性的基础。基于云计算的全程电子商务模型如图10-5所示。

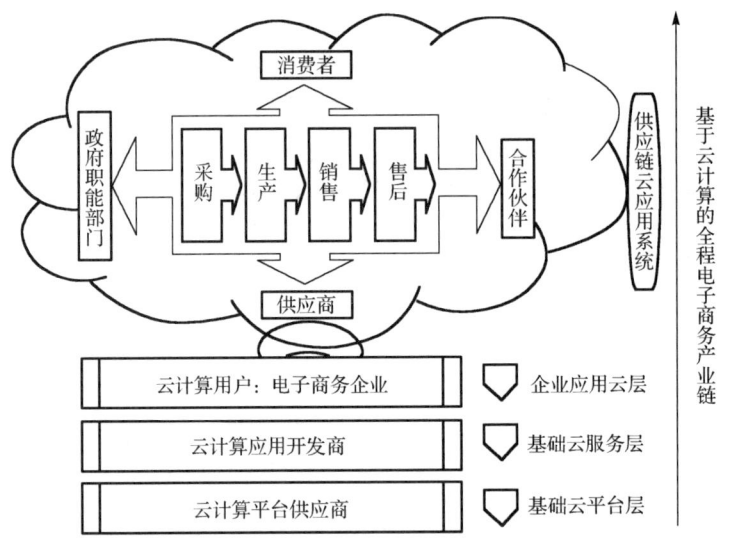

图10-5 基于云计算的全程电子商务模型

在模型中，可将基于云计算的全程电子商务体系分为三层，分别为基础云平台层、基础云服务层、企业应用云层。

(1) 基础云平台层。主要由平台供应商提供云计算基础架构和平台建设，为电子商务企业提供使用云计算的基本环境和物理基础。

(2) 基础云服务层。主要由应用开发商提供云计算的相关服务和公共应用接口，为电子商务企业提供所需的服务和软件。

(3) 企业应用云层。这一层是企业开展全程电子商务的核心层。在这一层中，电子商务企业用供应链管理的基本思想，开展企业核心业务流程的重组、构建供应链管理系统，并利用已有的云计算平台和服务，整合企业资源、改善企业流程、合理分配权限，利用广泛的"供应链云"实现全程电子商务的最终目标。

从云计算平台供应商，到云计算应用开发商，再到云计算的使用者——电子商务企业，形成了一个全新的基于云计算的产业链。目前，很多大型软件服务商都已经开始打造全程电子商务的服务系统，基于供应链云的全程电子商务已经进入了实践应用的阶段。

(二) 基于移动云的移动电子商务模式

随着"移动云计算""三网整合"等的发展，移动电子商务模式也将发生变革。由于有了庞大的分布式云系统，其信息处理能力、运算效率等都会得到大幅度的提高。而云计算为我们提供的"按需分配"的服务模式和4G、5G为我们带来的全新移动终端，将彻底突破移动电子商务存在的瓶颈。有了云计算，我们不用再担忧移动电子商务服务的安全问题，也不用再担心信息处理和数据传输等问题。用户只要持有一个简单的移动终端，就可以随时随地接入"云"，并及时、安全地获得电子商务平台的相关服务。基于移动云的移动电子商务的原理如图10-6所示。

第十章 智慧电子商务物流管理

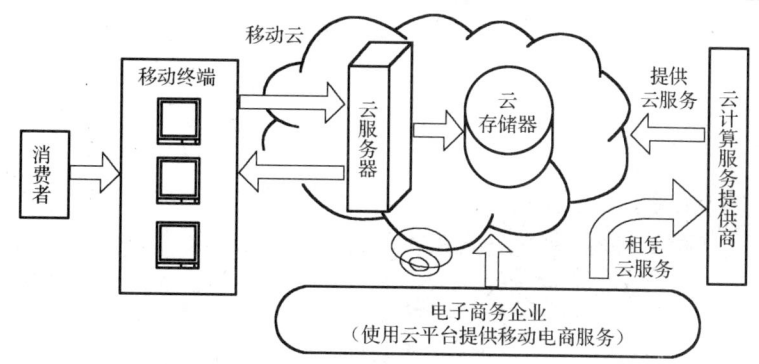

图 10-6 基于移动云的移动电子商务的基本原理

基于移动云的移动电子商务模式，不但解决了移动终端性能的瓶颈问题，还极大地提高了数据分享的便捷性、任务执行的高效性。在这种模式下，对手机等移动终端基本没有硬件性能的要求，只要具备简单的跨系统平台就可以顺利连接到云端，获取电子商务企业利用移动云所提供的信息和服务。

同时，电子商务企业自身也无须搭建复杂的移动电子商务平台，而只需要向云计算服务提供商申请租赁，就可以获取相应的云服务，从而快速实现其功能。移动云快捷高效的存储、运算、处理、共享能力，为移动电子商务的发展提供了全新的发展空间。

【本章小结】

物联网是利用局部网络或互联网等通信技术把传感器、控制器、机器、人员和物等通过新的方式连在一起，形成人与物、物与物相连，实现信息化、远程管理控制和智能化的网络。物联网是智能物流的基础，物联网技术应用于电子商务物流领域能够极大地提高其自动化、智能化和集约化水平，实现跨越式发展。

人工智能是研究、开发用于模拟、延伸和扩展人的智能的理论、方法、技术及应用系统的一门新的技术科学，涉及多个领域，如机器学习、计算机视觉等，可以应用于仓(园区管理、仓储管理)、干(无人驾驶、车辆管理)、配(分单、调度、配送)及其中涉及的装卸搬运、盘点、客服等环节。

大数据是需要新处理模式才能具有更强的决策力、洞察发现力和流程优化能力来适应海量、高增长率和多样化的信息资产。从技术上看，大数据与云计算的关系就像一枚硬币的正反面一样密不可分。大数据可应用于车货匹配、运输线路优化、库存预测、设备修理预测、供应链协同管理等。

在云环境下，电子商务物流企业整合了仓储、运输、货代等资源，服务涉及面更加广泛，这有助于解决当前电子商务物流存在的瓶颈问题。可以想象，在解决了云物流建设难题后，电子商务物流完全可以实现高效、快捷、透明、集约式发展，更好地响应消费者物流需求，并用最短的时间、最低的成本完成物流服务，为电子商务发展提供源源不断的动力。

 **案例阅读**

亚马逊加大智慧化仓储布局

亚马逊是全球商品品种最多的网上零售商。它坚持走自建物流方向,将集成物流与大数据紧紧相连,从而在营销方面实现了更大的价值。由于亚马逊有完善、优化的物流系统作为保障,它才能将物流作为促销的手段,并有能力严格地控制物流成本和有效地进行物流过程的组织运作。

亚马逊在业内率先使用了大数据、人工智能和云技术进行智慧仓储物流的管理,创新性地推出预测性调拨、跨区域配送、跨国境配送等服务。

1. 订单与客户服务中的大数据应用

(1) 浏览。

亚马逊基于大数据分析技术来精准分析客户的需求。基于系统记录的客户浏览历史,后台会把顾客感兴趣的库存放在离他们最近的运营中心,这样方便客户下单。

(2) 购物。

无论客户在哪,亚马逊都可以帮助客户快速下单,并很快知道他们喜欢的商品。

(3) 仓配。

亚马逊运营中心最快可在 30 分钟内完成整个订单的处理。大数据驱动的仓储订单运营非常高效,订单处理、快速拣选、快速包装、分拣等都由大数据驱动,且全程可视化。

(4) 送货。

亚马逊的物流体系会根据客户的具体需求时间进行科学配载,调整配送计划,实现在用户定义的时间范围内的精准送达。亚马逊还可以根据大数据的预测,提前发货,赢得绝对的竞争力。

(5) 客户服务。

亚马逊利用大数据驱动客户服务,创建了技术系统来识别和预测客户需求。根据用户的浏览记录、订单信息、来电问题,定制化地向用户推送不同的自助服务工具,大数据可以保证客户能随时随地电话联系到对应的客户服务团队。

2. 智能入库管理技术

(1) 入库。

亚马逊采用独特的采购入库监控策略,基于过往经验和历史数据的收集,来了解什么样的品类容易坏、坏在哪里,然后给其进行预包装。这都是收货环节提供的增值服务。

(2) 商品测量。

亚马逊的 Cubi Scan 仪器会对新入库的中小体积商品进行长宽高和体积的测量,并根据这些商品信息优化入库。这给供应商提供了很大方便,能够大大提升新品上线速度。亚马逊数据库存储了这些数据,在全国范围内共享,这样其他库房就可以直接利用这些后台数据进行后续的优化、设计和区域规划。

3. 智能拣货和智能算法

(1)智能算法驱动物流作业，保障最优路径。

亚马逊的大数据物流平台的数据算法会对每个人随机优化其拣货路径。系统会告诉员工应该去哪个货位拣货，并且可以确保全部拣选完之后的路径最短。通过这种智能的计算和智能的推荐，可以把传统作业模式的拣货行走路径减少至少60%。

(2)图书仓的复杂的作业方法。

图书仓采用的是加强版监控，会限制那些相似品尽量不要放在同一个货位。图书的进货量很大。亚马逊通过对数据的分析发现，穿插摆放可以保证每个员工出去拣货的任务比较均衡。

(3)畅销品的运营策略。

亚马逊根据后台的大数据，可以知道哪些物品的需求量比较高，然后会把它们放在离发货区比较近的地方，有些是放在货架上的，有些是放在托拍位上的，这样可以减少员工的负重行走路程。

4. 智能随机存储

随机存储是亚马逊运营的重要技术，但是随机存储不是随便存储，而是有一定原则性的。随机存储要考虑畅销商品与非畅销商品，还要考虑先进先出的原则，同时随机存储还与最佳路径有重要关系。

随机上架是亚马逊运营中心的一大特色，实现的是见缝插针的最佳存储方式。看似杂乱，实则乱中有序。乱是指可以打破品类和品类之间的界限，可以把它们放在一起。有序是指库位的标签就是它的 GPS，这个货位里面所有的商品其实在系统里面都是各就其位，非常精准地被记录在它所在的区域。

5. 智能分仓和智能调拨

亚马逊智能分仓和智能调拨拥有独特的技术优势。在亚马逊中国的 10 多个平行仓的调拨完全是在精准的供应链计划的驱动下进行的，它实现了智能分仓、就近备货和预测式调拨。

全国各个省市包括各大运营中心之间有干线的运输调配，以确保库存已经提前调拨到离客户最近的运营中心。整个智能化全国调拨运输网络很好地支持了平行仓的实行。全国范围内只要有货的用户就可以下单购买，这是大数据体系支持全国运输调拨网络的充分表现。

6. 精准库存预测

亚马逊的智能仓储管理技术能够实现连续动态盘点，对库存预测的精准率可达99.99%。在业务高峰期，亚马逊通过大数据分析可以做到对库存需求的精准预测，在配货规划、运力调配及末端配送等方面做好准备，从而平衡了订单运营能力，大大降低了爆仓的风险。

7. 可视化订单作业，包裹追踪

亚马逊实现了全球可视化的供应链管理，在中国就能看到来自大洋彼岸的库存。亚马逊平台可以让国内消费者、合作商和亚马逊的工作人员全程监控货物、包裹位置和订单状态。从前端的预约到收货、内部存储管理、库存调拨、拣货、包装，再到配送发货、送到客户手中，整个过程环环相扣，每个流程都有数据的支持，并通过系统实现对其的可视化管理。

（资料来源：CSDN 网，https://blog.csdn.net/dsdaasaaa/article/details/94763907）

案例思考：

1．智慧化仓储物流管理包括哪些方面？
2．亚马逊是如何综合运用各种技术的？

【思考题】

1．如何理解物联网与互联网的联系？
2．人工智能主要应用于电子商务物流的哪些领域？
3．大数据如何与电子商务物流相融合？
4．云计算下的电子商务物流有何特点？

【实训题】

调研报告：智慧电子商务物流发展典型企业案例剖析。

对选定的电子商务物流企业开展调研，通过各种渠道搜集资料，进行全面、系统的整理。基于图表、统计结果及文献资料，或者以纵向的发展过程或横向的类别分析，提出论点、分析论据、进行论证，撰写案例报告，并在课堂上展示汇报。

Chapter 11

第十一章 电子商务供应链金融

【学习目标】
- 了解供应链金融的发展历程;
- 理解供应链金融的基本内涵;
- 熟悉供应链金融的基本业务模式;
- 理解电子商务供应链金融的运作模式。

【引导案例】

京东的新零售供应链金融布局与解析

现今,几乎所有大型零售企业都在尝试或者开展供应链金融,尤其是年销售额超过100亿元的零售企业基本都是以"产业银行"的愿景在布局供应链金融、消费金融。下面来盘点一下京东的新零售供应链金融布局。

1. 京东全面布局,以新技术为重要支撑

此前,腾讯和京东携手形成战略同盟,一方面依赖于各自的生态体系,另一方面采取联合其他业态的形式对线上、线下服务以及物流进行生态布局,包括:零售百货(沃尔玛、万达广场、华润万家、永辉超市、家乐福等)、电子商务平台(京东、拼多多、唯品会等)、本地生活(美团、大众点评、京东到家等)、商超便利(京东之家等)、生鲜零售(每日优鲜、钱大妈等)、品牌商(海澜之家等)、物流(汇通天下等)、服务支持(微信支付、小程序、腾讯云、达达等)。京腾战队通过对用户的吃穿住行进行不断的拓展整合,将会进一步扩大其新零售生态版图。

早在2017年7月京东就提出"无界零售"概念,在这一战略思想指导下进行了新通路百万便利店计划以及无人零售的一些布局。

京东从消费者、场景、供应链、营销4个角度,打破生产商、品牌商、平台商的界限,使数据充分融合流动,推动行业效率全面提升。

根据京东方面的解读,无界的含义主要包含几个方面。首先是消费者的无界性,消费者可以跨越时间、空间做更多的选择。其次是场景无界,不仅仅是简单的线上和线下场景,而是出现了很多新型的零售场景。再次是供应链无界,用户数据和销售数据反向驱动供应

链,在设计、生产、流通环节创造更高的效率和更低的成本;最后是营销无界,整个营销带来的很多化学反应能够反向推动到消费端、场景层面、供应链和营销阶段。京东 3C 零售体验店分为两类:京东之家主要布局一二线城市的核心商圈,主营手机、数码、电脑等 3C 产品,同时涵盖家电、图书等京东其他品类;京东专卖店则主要设在各级城市的次商圈,目前已经开店 71 家。京东之家和京东专卖店所有商品均来自京东自营。与传统零售注重经营货品或经营流量不同,两类体验店均以经营场景为核心。

2. 供应链金融对京东零售的作用分析

京东商城针对不同对象提供的融资服务包括应收账款融资、订单融资、供应商委托贷款融资、应收账款资产包计划等。在这些融资中,京东商城的作用是供应商与银行之间的投资信托,而资金的发放由银行完成。此外,京东还推出了投资项目,包括协同投资信托计划和资产包转移计划。

京东供应链金融缩短了供应商结算账期。京东供应链金融平台的"应收账款融资"计划,只需 3~5 个工作日,供应商就能够从银行拿到部分贷款,进行下一轮的周转,而京东会在原有的 40 天账期里,将资金付给银行。在京东供应链金融平台中的结算前环节,供应商取得采购合同后,以应收账款债权转让或质押给银行,银行向供应商提供贷款。

(资料来源:搜狐网,https://www.sohu.com/a/426930306_757185)

思考题:

1. 新零售开展供应链金融有何优势?
2. 如何控制新零售供应链金融的风险?

第一节　供应链金融概述

供应链金融的核心是支持小微企业。小微企业的创新能力是最强的,解决就业岗位的比例最高,被市场接受的创新型小微企业也是增长性最快的。但政府引导基金基本上都落在大企业和央企身上,小微企业融资难、融资贵。这就带来一个核心的思考:如何才能保障和帮助小微企业存活?

与财税直接补贴不同,国内用商业银行和现存银行外金融机构直接去支持小微企业是不现实的。商业银行与现存银行外金融机构的首要任务就是防止风险,支行行长要为中小微民营企业的信用不足承担无限风险,必然在操作层面规避或者不作为。

只有与中小微企业直接产生经营关系而可以用自身话语权或对全供应链有超强控制能力确保避免中小微企业违约行为的链主企业,它们或自身具有足够现金流,或可以有足够信用从金融机构获取规模(甚至低息)贷款,并以供应链上贸易相关中小微企业的实际交易(包括交易合同)给予供应链金融服务支持。

链主企业既有能力监控/监管和给予供应链金融支持,也有意愿进行供应链金融服务,更能从供应链金融服务中获取额外收益,才有可能保障整个供应链运营的畅通。

一、供应链金融发展阶段

(一)国际供应链金融发展历程

供应链金融起源于物资融资业务。金融和物流的结合可追溯到数千年前,当时的美索不达米亚地区已出现了谷物仓单,而英国最早出现的流通纸币就是可兑付的银矿仓单。供应链金融随着物流的渐进发展而呈现演进式发展形态,可划分为三个阶段。

1. 起步阶段

19世纪中前期,当时物流金融业务的主要形式——存货质押已获得较大发展并已初具规模。物流仓储企业的参与改变了传统质押业务中银行与借款企业的关系,提高了存货质押融资的效率。在这一时期,美国于1916年颁布了统一的仓单法案(U. S. Warehousing Act of 1916),建立了社会化的仓单系统,增强了存货的流通性,促进了存货融资业务的进一步发展。由于在这一时期中作为第三方的物流仓储企业仅限于为质押存货提供简单的仓储服务,银行则多采用静态质押为主,借款企业必须偿还欠款后才能将质押存货予以解冻,因此物流金融业务对企业运营的总体支持力度较小。

2. 规范阶段

19世纪中叶至20世纪70年代,随着物流仓储企业具备更为丰富的经验和更为规范的操作,物流仓储企业能够提供更为灵活的业务监管方式,使得融资企业的质押存货品种涵盖面得到拓宽,并从初期的静态质押形式发展到了动态质押形式,借款企业可以在保持质押存货总量平衡的情况下通过交纳保证金、补充新的存货或根据银行的授权等方式取回质押存货用于企业的生产和运营,从而有效地支持了企业的运作。同时,在这一时期,应收账款与存货的有机结合在企业经营中的重要性日益得到重视。

3. 创新阶段

20世纪80年代至今,由于世界级企业寻求成本最小化,全球化业务外包所衍生出来的供应链管理概念得到兴起。为解决全球性外包活动导致的供应链整体融资成本问题及部分节点资金压力带来的"木桶短板"效应,企业开始了对财务供应链管理的价值挖掘,展开了相应的金融业务创新,以适应这一新的形势。应收账款融资、存货质押融资、预付款融资、保理、保险等供应链金融业务得到快速发展。由于供应链金融中融资还款的第一来源主要依靠产品的自偿性,即依靠供应链上物资的快速流动变为现金来偿还贷款。这客观上要求物流企业深度参与并主导供应链金融业务,以有效加强银行与借款企业之间的沟通。

综上所述,供应链金融的发展经历了从简单到复杂、从机械到灵活、从单环节到多环节直至全程化,并随着供应链的发展不断创新。

(二)中国的供应链金融发展

随着现代物流在我国的跨越式发展,物流金融业务开始进入国内。20世纪90年代末,中国物资储运总公司开展了我国第一单存货质押融资业务。我国的供应链金融服务同样经历了一个从无到有、从简单到复杂的过程,其发展历程具有明显的跨越式特征,发展过程中的创新性特色非常明显,目前在诸多方面已达到国际先进水平。

在 20 世纪 90 年代以前，我国物流金融业务开展的最初目的是为跨国公司以及部分中资企业提供存货质押融资服务，但各商业银行缺乏对质押存货信息的掌握及运营控制的专业经验。基于信贷风险的考虑，商业银行在存货质押融资业务的开展上非常谨慎，物流仓储企业也较少参与存货质押业务。

随着物流金融业务的发展，融资产品从单一仓储融资进一步发展成为商业贸易融资。自从 2005 年以来，随着金融市场竞争加剧，众多国内银行开展不同程度的物流金融业务，推出一系列的创新方案，物流金融业进入快速发展阶段。2007 年 10 月《中华人民共和国物权法》正式实施，也极大地改善了供应链金融业务的制度环境。凭借处于东部沿海地区的得天独厚的优势，物流金融业务发展尤为迅速。

二、供应链金融相关概念

（一）物流金融

物流金融指在面向物流运营的全过程中，银行和第三方物流服务提供商通过应用和开发各种金融产品，有效地组织和调剂物流领域中货币资金的运动，从而提高资金运行效率和物流服务绩效的一系列经营活动。从狭义上讲，物流金融是指贷款企业通过物流企业获得金融机构的资金支持；同时，物流企业与金融机构为贷款企业提供物流监管及相应的融资及金融结算服务，是一种集物流运作、商业运作和金融管理为一体的管理行为和过程。

物流金融主要涉及 3 个主体：第三方物流企业、贷款企业与其上下游和金融机构（如商业银行）。物流企业与金融机构联合起来为资金需求方企业提供结算和融资服务。

图 11-1 为通常意义上的物流金融业务流程关系，从图中可以看出，物流金融仅为供应链或非供应链中的某一贷款企业服务。由于物流金融业务仅面向一个企业，此融资方式流程简洁，不存在关联担保，且融资关系简单清楚、风险性小。

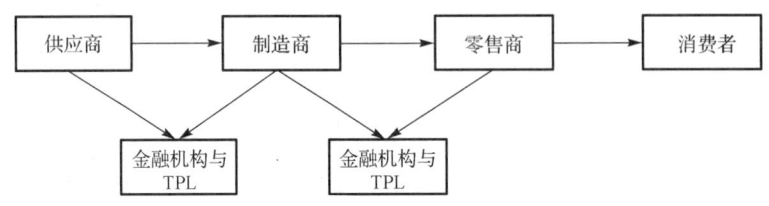

图 11-1　通常意义上的物流金融业务流程关系

物流企业开展物流金融业务的收益主要来自以下 3 个方面：一是物流金融的直接收益，即利息净收入；二是物流服务收益，包括货物监管、品质管理、仓储运输等活动所产生的收益；三是其他隐性收益，即由与客户企业的关系衍生出的其他专业技能服务收益。

（二）贸易金融

贸易金融是贸易双方在有债权债务关系的基础上，为国内或跨国的商品和服务贸易提供的贯穿贸易活动整个价值链的全面金融服务。它包括贸易结算、贸易融资等基础服务，以及信用担保、保值避险、财务管理等增值服务。其中贸易融资是基于买卖双方的交易过程而为产业链中的上下游提供资金融通,既满足其生产经营的正常需要,同时也保障交易安全、顺利、高效地开展。

贸易金融本质上是为商品和服务交易提供支付、结算、信贷、信用担保等服务,是紧紧围绕"贸易"这一实体经济活动而进行的。而物流金融则是以物流和产品(货物)为基础来为贸易中的买卖双方提供金融服务。在贸易金融中,对企业的贷款是以企业销售收入或贸易所产生的确定的未来现金流作为直接还款来源。贸易金融的收益主要来自3个方面:一是贸易融资的直接收益,即利息净收入;二是中间业务收益,包括手续费收入、汇兑收入等;三是资金交易的佣金收入。

贸易金融一般会涉及第三方物流企业、客户及其上下游和金融机构(如商业银行),通常是以商业银行作为平台提供商和综合风险管理者。

(三)供应链金融

供应链金融是以核心企业为切入点,通过对信息流、物流、资金流的有效控制或对有实力关联方的责任绑定,针对核心企业上下游长期合作的供应商、经销商提供的融资服务。其目标客户群主要为处于供应链上下游的中小企业。目前供应链金融已应用在了汽车、钢铁、能源、电子等大型且稳固的供应链中。供应链金融本质上是一种集物流运作、商业运作和金融管理为一体的管理行为和过程,它将贸易中的买方与卖方、第三方物流以及金融机构紧密地联系在一起,基于企业商品交易项下应收应付、预收预付和存货融资而衍生出来的组合融资。

从产业供应链角度来看,供应链金融的实质就是金融服务提供者通过对供应链参与企业的整体评价(行业、供应链和基本信息),针对供应链各渠道运作过程中企业拥有的流动性较差的资产,以资产所产生的确定的未来现金流作为直接还款来源,运用丰富的金融产品,采用闭合性资金运作的模式,并借助中介企业的渠道优势,来提供个性化的金融服务方案,为企业、渠道以及供应链提供全面的金融服务,以提升供应链的协同性,降低其运作成本。

供应链金融主要涉及4个运作主体:金融机构、核心企业、上下游企业、第三方物流企业。其中核心企业和上下游企业是融资服务的需求者;金融机构为融资服务的提供者;第三方物流企业仅作为金融机构的代理人或服务提供商,为贷款企业提供仓储、配送、监管等业务。供应链金融通过银行、生产企业以及多家经销商的资金流、物流、信息流的互补,突破了传统的地域限制,使厂家、经销商、下游用户和银行之间的资金流、物流与信息流在封闭流程中运作,达到提高销售效率、降低经营成本、多方共赢的目的。从风险控制体系的差别以及解决方案的问题导向维度,供应链金融的主要运作模式分为存货融资、预付款融资、应收账款融资模式。

(四)概念比较

物流金融、贸易金融常常被认为是供应链金融的组成部分,或者被看作同一种融资方式的多个称谓。三者在概念、运作主体、运作模式、运作流程等方面有所区别,故三者在运作中所产生的问题和应采取的相应对策有所不同。供应链金融、贸易金融和物流金融的辨析如图11-2所示。

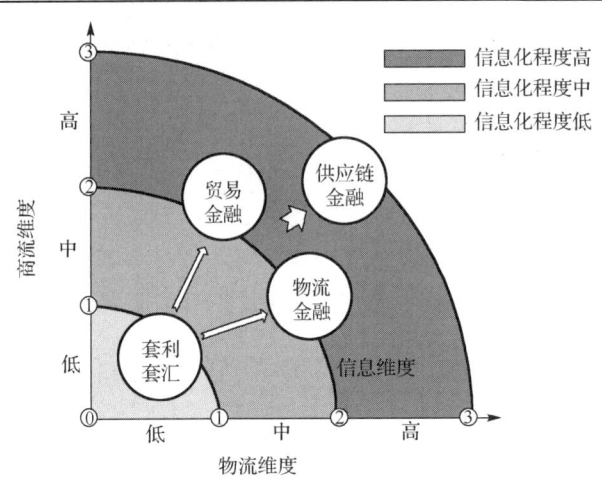

图 11-2 供应链金融、贸易金融和物流金融的辨析

（1）从运物方式上，物流金融表现出来的物流整合度较高，商流整合力比物流整合力低。这也就是说，物流金融中资金流的产生和相应的风险控制更多地凭借物流的整合来实现。作为融资方来讲，商流介入和管理的程度有限，相应的信息整合也更多地侧重于物流信息的聚合管理，对交易信息的整合相对有限。贸易金融的商流整合度较高，而物流的管理能力相对商流而言偏低，金融活动产生的依据和风险管理主要凭借对商流的把控。融资方介入物流活动的程度较低，对交易信息的聚合度较高，而对物流信息的整合度有限。供应链金融则在掌握和管理全面的商流和物流的基础上，开展综合性的融资业务。其风险控制既依赖于对整个交易过程和价值增值过程的设计、运营和管理，又依赖于物流方案的设计、流程的运营和操作，故供应链金融中对物流和交易信息的整合程度高。

（2）从服务对象上看，物流金融、贸易金融是面向所有符合其准入条件的中小企业，不限规模、种类和地域等；而供应链金融是为供应链中的上下游中小企业及供应链的核心企业提供融资服务。

（3）在担保及风险控制方面，开展物流金融、贸易金融业务时，中小企业以其自有资源提供担保，融资活动的风险主要由贷款企业产生。供应链金融业务不再片面强调授信主体的财务特征和行业地位，也不再简单地依据对授信主体的孤立评价做出信贷决策，而是真正注重并结合其真实贸易背景。供应链金融的担保以核心企业为主，或由核心企业负连带责任，其风险由核心企业及上下游中小企业产生；供应链中的任何一个环节出现问题，都将影响整个供应链的安全及贷款的顺利归还，因此操作风险较大。但是，金融机构的贷款收益也会因整条供应链的加入而随之增加。

（4）对于物流金融，物流企业作为融资活动的主要运作方，为贷款企业提供融资服务。供应链金融则以金融机构为主，物流企业仅作为金融机构的辅助部门提供物流运作服务。在融资活动中，物流金融一般仅涉及贷款企业所在地的金融机构；对于供应链金融，由于上下游企业及核心企业经营和生产的异地化趋势增强，因而涉及多个金融机构间的业务协作及信息共享，加大了监管难度。

总之，供应链金融、贸易金融和物流金融是三种紧密关联的业务模式，它们的共同点为依托于供应链运营的某些流程或全部流程,对供应链上的参与者,特别是需要改善现金流、提升资金能力的企业,如成长型的中小型企业,提供综合性的金融方案。共同目的是促进供应链运行的持续与稳定,实现供应链买卖企业、平台服务提供商、综合风险管理者及风险承担者或流动性提供者多方面的共赢。因此,从严格意义上讲,供应链金融是物流金融和贸易金融的高级阶段。

第二节 供应链金融的基本业务模式

企业在供应链运作过程中面临着现金流量周期的挑战,企业的现金流量周期涵盖了供应链运营的全过程。融资需求方向上游供应商采购产品,或者向下游分销商售卖产品时,就产生了订单到现金周期,即从下达订单产生应付账款、应收账款到收到现金这个过程中产生的资金缺口。而融资需求方基于市场做出预测,到生产制造和分销,则会产生预测到履行周期。上游供应商从接到采购订单到实际获得贷款产生了采购和付款周期,在上下游应收账款、应付账款之间还会产生信贷与利率周期。供应链融资需求如图11-3所示。

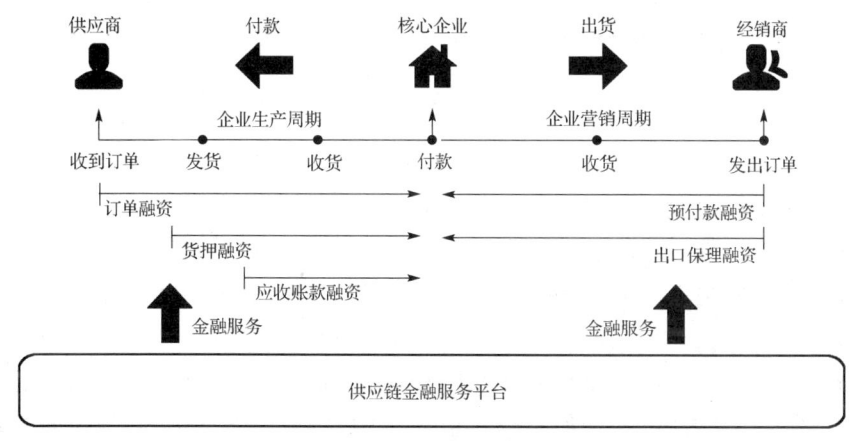

图 11-3 供应链融资需求

供应链上的融资需求包括订单融资、原材料融资、在制品融资、产成品融资和应收账款融资等,这些融资需求分布在生产经营周期的不同阶段(采购、生产、销售)。上述融资需求可进一步按照生产经营周期的不同阶段分为应收类、存货类、预付类,即应收账款融资模式、存货融资模式和预付账款融资模式。物流金融模式分类图如图11-4所示。

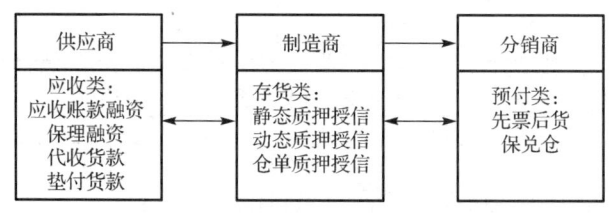

图 11-4 物流金融模式分类图

一、应收类融资模式

应收类融资产生的背景为赊销成为企业的主要销售方式,此时供应链上游的企业普遍承受着现金流紧张所带来的压力。为了确保生产运营的持续性,供应链上游企业需要找到较为便捷的资金来源。

应收类融资的主要方式包括应收账款融资、保理融资及第三方物流企业在应收类中的主要业务,包括代收货款、垫付货款等。

(一)应收账款融资

由于强势的下游厂商一般都会拖欠上游中小供应商的货款,供应商企业为取得运营资金,一般会以卖方与买方签订的真实贸易合同产生的应收账款为基础,并以合同项下的应收账款作为还款来源。供应商首先与供应链下游达成交易,下游厂商发出应收账款单据,融资企业以应收账款债权作为质押品向银行融资,将应收账款单据转给银行金融机构。同时,供应链下游厂商也对金融机构做出付款承诺。金融机构此时给供应商提供信用贷款,缓解供应商的资金流压力。一段时间后,当下游厂商销货得到资金之后再将应付账款支付给金融机构。债务企业在模式中起着反担保的作用,若购货方拒绝付款或无力付款,银行有权向融资企业要求偿还资金,这样银行进一步有效地转移和降低了其所承担的风险。在拥有良好贸易记录的前提下,中小企业可以将连续、多笔、单笔金额较小的应收账款汇聚成"池",即将分散的应收账款资源集中起来发挥作用,进行整体质押,获得银行授信。应收账款质押融资最大的特点便是债权的不转移。

应收账款融资模式的主要优势体现在,对于融资企业而言,有利于弱化银行对融资企业本身的限制。基于供应链金融的应收账款融资是围绕着一个产业链上的核心企业,针对其他多个中小型企业提供的全面金融服务。因而银行服务的主体不再局限于中小企业本身,而是整个供应链。银行的信用风险评估也从对中小企业静态的财务数据的评估转为对整个供应链交易风险的评估。对于银行而言,有利于缓解银行信息不对称的程度。供应链金融是把中小企业放在整个供应链中加以考虑的,处于供应链中的企业信息比较畅通,银行容易随时掌握和控制潜在的风险,降低企业的逆向选择风险和道德风险。若企业具有稳定的上下游企业、良好的运营环境,而且产业发展方向明确,就很容易对其信贷风险进行预测。应收账款质押融资操作流程图如图 11-5 所示。

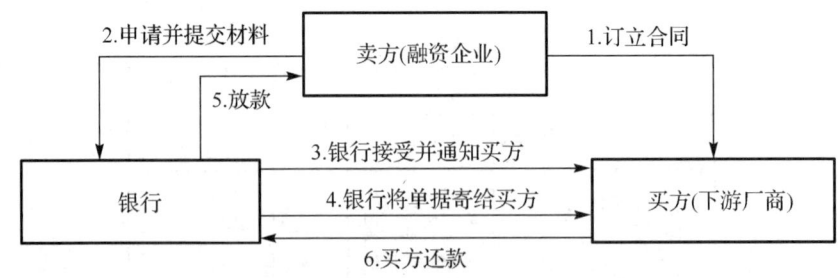

图 11-5 应收账款质押融资操作流程图

(1)买卖双方签订贸易合同,卖方(融资企业)向买家提供赊销;

(2)融资企业基于其与买方(可以是多家核心企业)的贸易关系积累应收账款,在银行办理应收账款质押手续;

(3)银行接受应收账款质押,向买方通知应收账款质押事宜和回款路径;

(4)银行将单据寄送至应收账款涉及的下游买方;

(5)银行在一定额度内向融资企业提供授信出账;

(6)下游买方将款项按通知路径汇至银行回款账户,部分偿还融资企业质押应收账款部分的贷款,部分划入融资企业的结算账户。

(二)保理融资

保理(Factoring)又称应收账款承购。保理业务主要是为以赊销方式进行销售的企业设计的一种综合性金融服务,通过收购企业应收账款为企业融资并向其提供资金融通、买方资信评估、销代账户管理、信用风险担保、账款催收等一系列综合金融服务。

保理融资的最大特色在于运用对融资企业的资产负债管理来实现债权保全,再结合债权让与和债权担保等制度,确保收回融资。对于融资企业而言,不仅获得了急需的资金,而且取得了保理商专业性的债权管理。当开办保理业务的主体由银行转变为专业物流公司时,物流保理这样一种全新的保理形式就产生了。从保理业务的服务内容来说,物流保理业务与银行保理业务并无本质的不同,但是其经营的主体由银行变成为客户经营物流业务的物流企业,使物流和金融流的联系更为紧密,由此衍生出许多银行保理业务所不具备的优势。随着保理业务的迅速发展,物流企业开始认识到这一业务的巨大潜力和自身从事保理业务的潜在优势。

物流保理最大的优势在于融资风险的降低。融资风险是指由于融资方式的选择所带来的财务风险、信用风险、经营风险等。物流保理业务融资是应收账款承购,不存在债务融资清偿能力的问题。因此,物流保理业务融资具有较小的财务风险。

物流保理业务流程如图 11-6 所示。

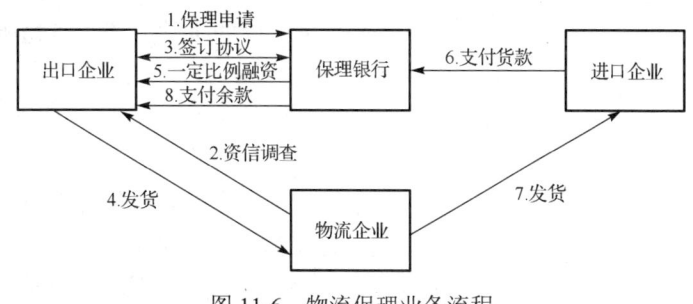

图 11-6 物流保理业务流程

(1)出口企业向进口企业的保理银行提出保理申请并提交资料。

(2)保理银行通过其授信的物流企业对进口企业进行资信调查,待其确定好进口企业信用额度,通知银行。

(3)银行同出口企业签订保理协议。为防止联合欺诈,一般要求物流企业提供担保。

(4)出口企业在信用额度内发货,并将发票和运输单据通过保理银行转给进口企业。

银行收到票据后获得质押权并通知物流企业提货和监管货物,同时进口企业将发票副本寄给保理银行。

(5)出口企业如果需要融资,则保理银行在收到发票副本后即以预付款方式向出口企业支付发票金额一定比例的融资(一般不超过80%),银行负责对应收账款进行管理及催收,并向出口企业提供百分之百的风险担保。

(6)到期后进口企业将货款全额付给保理银行(也可由物流企业在进口企业向其提供货物质押或担保情况下垫付给保理银行)。

(7)银行收到货款后通知物流企业发货给进口企业。

(8)保理银行在扣除相关费用及贴息后将余下金额转入出口企业的银行账户。

在物流保理业务中,出口企业在其产品交付物流企业运输的同时就能凭提单获得物流企业或保理银行预付的货款。

(三)代收货款

代收货款是一种第三方物流企业在向供应商提供货物承运服务前代替采购方先预付一定额度货款给供应商,从而取得货物运输业务和供应商货款收取代理权利,采购方在提货时将货款一次性支付给物流企业的服务形式。代收贷款业务流程如图11-7所示。

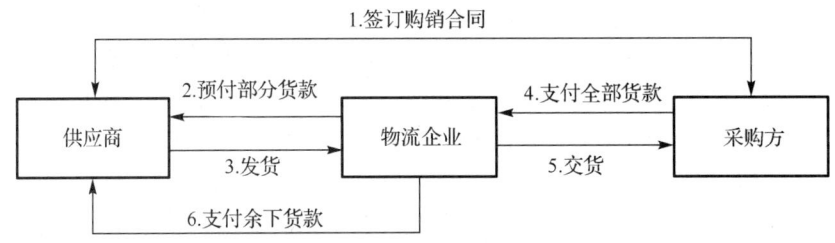

图11-7 代收货款业务流程

(1)供应商与采购方签订购销合同;物流企业按照供应商和采购方双方签订的购销合同,取得货物的承运权。

(2)物流企业代替采购方先向供应商预付一定比例的货款,获得货物所有权。

(3)供应商发货到物流企业指定仓库保管。

(4)采购方支付全部货款给物流企业。

(5)物流企业将货物交给采购方。

(6)物流企业在一定期限后将余款在扣除相关业务费用后支付给供应商。

代收货款模式适合的条件和范围为:发货方和第三方物流企业具有较密切的合作关系;货物质量较稳定,货差损失较小;货物利于计量;收货方信誉较高,能够做到货到付款。在这种模式中,第三方物流企业发挥的作用非常有限,这种模式是初级阶段的物流金融。

代收货款模式还有一种演变形式——托收货款,即为消除因垫付货款给第三方物流带来的资金占用问题,发货人将货权转移给金融机构,金融机构根据市场情况按一定比例提供融资;当提货人向金融机构偿还贷款后,金融机构向第三方物流企业发出放货指示,将货权还给提货人。此种方式下,物流公司的角色发生了变化,由原来的商业信用主体变成为金融机构提供货物信息、承担货物运送、协助控制风险的配角。

二、存货类融资模式

存货类融资又被称为库存融资，是以资产控制为基础的商业贷款。存货类融资业务模式主要发生在持有或制造周期以及销售周期，是目前国内物流金融实践成果最多的模式。目前主要包括三种模式，即静态质押授信模式、动态质押授信模式和仓单质押授信模式。

（一）静态质押授信模式

静态质押授信是指客户以自有或第三人合法拥有的动产为质押的授信业务。银行委托第三方物流公司对客户提供的抵押的商品实行监管，质押物不允许以货易货，客户必须还款赎货。静态质押授信适用于除存货以外没有其他合适的质押物的客户，而且客户的购销模式为批量进货、分次销售。静态质押授信是质押业务中对客户要求较苛刻的一种，更多地适用于贸易型客户。利用该产品，客户得以将原本积压在存货上的资金盘活，扩大经营规模。同时，该产品的保证金派生效应最为明显，因为只允许保证金赎货，而不允许以货易货，而赎货后所释放的授信敞口可被重新使用。

（二）动态质押授信模式

动态质押授信是静态质押授信的延伸产品。该模式下，银行对客户质押的商品价值设定最低限额，允许在限额以上的商品出库，客户可以以货易货。这适用于库存稳定、货物品类较为一致、抵押物的价值核定较为容易的客户。同时，对于一些客户的存货进出频繁、难以采用静态质押授信的情况，也可运用该产品。对于客户而言，由于可以以货易货，因此质押设定对于生产经营活动的影响相对较小，特别是对于库存稳定的客户而言，在合理设定质押价值底线的前提下，授信期间几乎无须启动追加保证金赎货的流程，因此对盘活存货的作用非常明显。

对银行而言，该产品的保证金效应相对小于静态质押授信，但是操作成本明显小于后者。因为以货易货的操作可以授权第三方物流企业进行。在动态质押授信模式中，还存在另外一种授信融资形态，即金融机构根据第三方物流企业的经营规模、运营现状、负债比例以及信用程度，授予物流企业信贷额度，物流企业可直接利用这些信贷额度向相关企业提供灵活质押业务。该模式有利于企业更加便捷地获得融资，减少原先质押贷款中一些烦琐的环节；也有利于银行提高对质押贷款的全过程监控能力，更加灵活地开展质押贷款服务，优化其质押贷款的业务流程和工作环节，降低贷款风险。

（三）仓单质押授信模式

仓单质押可分为标准仓单质押授信和普通仓单质押授信，其区别在于质押物是否为期货交割仓单。

标准仓单质押授信是指客户以自有或第三人合法拥有的标准仓单为质押的授信业务。标准仓单是指符合交易统一要求的、由指定交割仓库在完成入库商品验收、确认合格后，签发给货主用于提取商品的、经交易注册生效的标准化提货凭证。标准仓单质押适用于通过期货交易市场进行采购或销售的客户及通过期货交易市场套期保值、规避经营风险的客户。对于客户而言，相对于动产质押，标准仓单质押手续简便、成本较低。对银行而言，成本和风险都较低。此外，由于标准仓单的流动性很强，这也有利于银行在客户违约的情况下对质押物的处置。

普通仓单质押授信是指客户提供由仓库或其他第三方物流公司提供的非期货交割仓单作为质押物，并对仓单做出质押背书，银行提供融资的一种银行产品。仓单是指物流公司签发给存储人用以记载仓储货物唯一合法所有权的物权凭证。仓单的原始作用在于寄托品的转让或者货物所有人可以随时凭单向保管方提取货物。在物流金融业务中，仓单的作用为以"单"为质押品向银行机构借款。鉴于仓单的有价证券性质，出具仓单的仓库或第三方物流公司需要具有很高的资质，应建立区别于动产质押的仓单质押操作流程和风险管理体系。仓单质押授信流程，如图 11-8 所示。

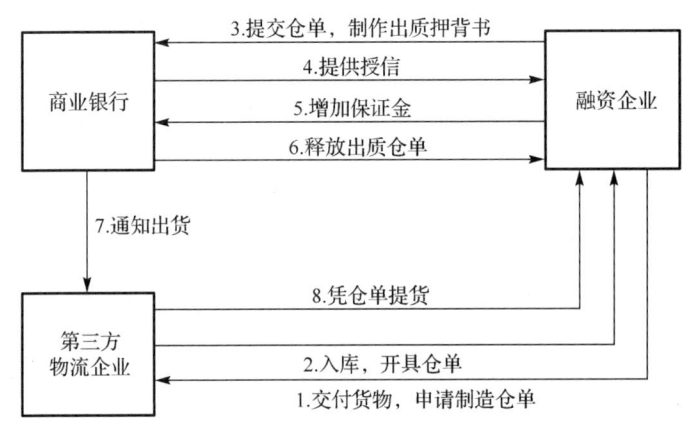

图 11-8　仓单质押授信流程

(1)融资企业向第三方仓库交付货物，申请制作仓单；
(2)第三方仓库检查货物并入库后为企业开具仓单；
(3)融资企业向银行提交仓单并制作出质押背书；
(4)银行向企业提供授信出账；
(5)企业为获得提货权向银行存入增加保证金；
(6)银行向企业释放出质仓单；
(7)银行通知第三方仓库释放仓单项下的货物；
(8)企业凭借仓单向第三方仓库提货。

三、预付类融资模式

预付类融资可称为未来存货的融资，主要用于融资企业的采购阶段。预付类融资的担保基础是预付款项下客户对供应商的提货权，或提货权实现后通过发货、运输等环节形成的在途存货和库存存货。预付类融资模式分为保兑仓和未来提货权融资仓储监管。

(一)保兑仓

保兑仓为三方预付款融资模式，也被称为"厂商银模式"。在这种融资模式中，核心企业(制造商)、经销商以及银行三方签订合同，在经销商交纳一定保证金的前提下，银行贷出全额贷款供客户向核心企业(卖方,即制造商)采购用于授信的质押物。客户分次向银行提交提货保证金,核心企业(制造商)根据银行的分次通知指示发货给经销商,经销商提货。卖方就发货不足部分的价值向银行承担退款责任,在一些情况下又以核心企业回购承诺作为担保措施。保兑仓适用于一些特殊的贸易背景,例如客户为了取得大批量采购的折扣,采取一次性付款方式,而厂家因为排产问题无法一次性发货;或者客户在淡季向上游打款,提供上游生产所需的流动资金,并锁定优惠的价格,然后在旺季分次提货用于销售。保兑仓的提出主要是针对商品采购阶段的资金短缺问题。保税仓模式流程如图11-9所示。

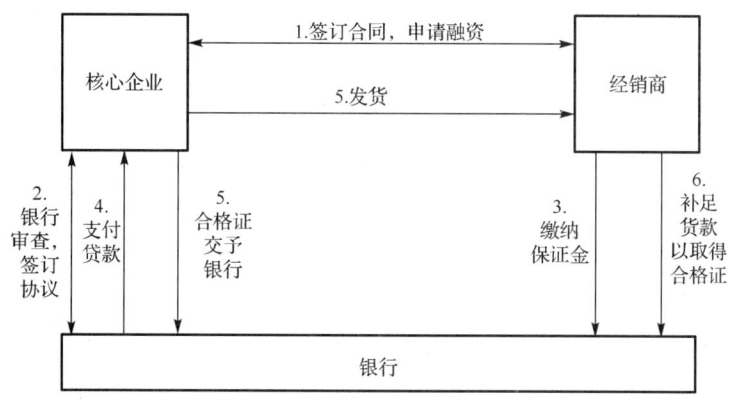

图 11-9 保兑仓模式流程

(1)核心企业与其经销商签订购销合同,并向银行申请三方预付款融资;

(2)银行审查核心企业资信情况、回购能力,与核心企业签订回购及质量保证协议;

(3)根据核心企业以及经销商的资信情况,银行确定经销商缴纳保证金的比例,经销商根据该比例缴纳保证金;

(4)在经销商缴纳保证金的基础上,银行签发以核心企业为收款人的银行承兑汇票或者向核心企业支付贷款;

(5)核心企业向经销商发货,并将合格证等其他文件交予银行作为监管方式;

(6)经销商实现销售,需要提货时,向银行补足货款,银行将其合格证交予经销商以便与产品一同交付顾客。

在保兑仓模式中,银行主要委托核心企业监管货物。对于一些特殊的行业如汽车销售行业,销售过程中必须实现汽车与合格证一同销售,一车一证,因此合格证可以作为银行的一种监管方式。为了便于控制货物的流动,在三方预付款模式的基础上,引入物流公司来对货物监管,这就形成了四方保兑仓模式。

(二)未来提货权融资仓储监管模式

未来提货权融资仓储监管模式,也叫先票/款后货模式,或四方保兑仓模式,是存货融资的进一步发展,是指由制造商、经销商(融资企业)、物流企业与商业银行共同签署"保兑仓业务合作协议"这一框架,经销商(融资企业)从银行取得授信,在缴纳一定比例保证金的前提下,银行为融资企业开出银行承兑汇票为其融资,向卖方议付全额贷款;卖方按照购销合同以及合作协议书的约定发运货物,货物到达后设定质押作为银行授信的担保。在上游企业承诺回购的前提下,由第三方物流企业提供信用担保,经销商(融资企业)以金融机构指定仓库的既定仓单向银行等金融机构申请质押贷款来缓解预付货款压力,同时由金融机构控制其提货权的融资业务。四方保兑仓模式流程如图11-10所示。

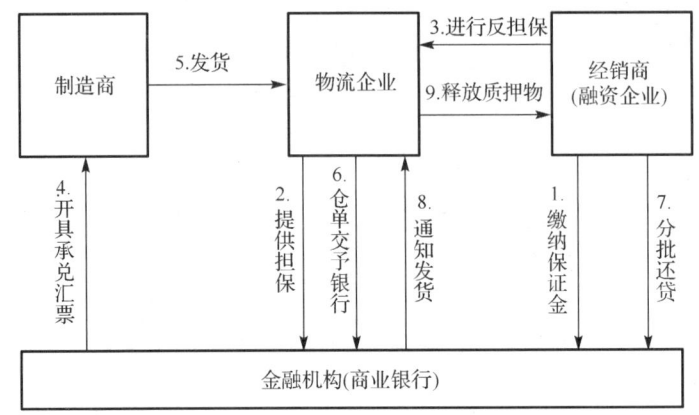

图11-10 四方保兑仓模式流程

(1)融资企业向银行缴纳一定比例的保证金;

(2)物流企业为融资企业提供担保;

(3)融资企业对物流企业进行反担保;

(4)银行向制造商开具承兑汇票;

(5)制造商向银行指定的仓库发货;

(6)货物入库后转为仓单质押,由物流企业开具仓单交给银行,金融机构在承兑汇票到期时兑现,将款项划拨到制造商账户;

(7)融资企业进行分批还贷;

(8)银行根据还贷金额通知物流企业发货;

(9)物流企业在借款企业履行了还款义务后释放质押物。

对客户而言,首先,由于授信时间不仅覆盖了上游的排产周期和在途时间,而且到货后可以转为库存融资,因此该产品对客户流动资金需求压力的缓解作用要高于存货融资。其次,因为是在银行资金支持下的大批量采购,所以客户可以从卖方获取较高的商业折扣,进而提前锁定商品采购价格,防范涨价的风险。

对银行而言,可以利用贸易链条的延伸,进一步开发上游企业业务资源。最后,通过争取订立卖方对其销售货物的回购或调整销售条款,有利于化解客户违约情况下的变现风险。由于货物直接由卖方发给客户,因此货物的权属要比存货融资模式更清晰。

对物流企业而言,通过与银行和供应链上下游的企业合作,物流企业的业务范围扩大了,形成了新的盈利模式。对未来提货权融资仓储监管模式来说,在考察风险的时候需要对上游客户的发货、退款和回购等履约能力进行考察;对在途风险的防范、损失责任的认定和货后入库环节的控制方面也要有所考虑。

第三节　电子商务企业供应链金融创新模式

随着互联网技术快速发展，越来越多的传统企业开始线上化，电子商务平台上的新生企业更是不计其数，其中很大一部分为中小企业，它们普遍面临融资难问题。供应链金融作为一种有效的融资方案，主要从供应链全局来协调和分配资金流，因而引发了广泛关注。

一、电子商务企业供应链金融的内涵

(一)概念界定

供应链金融目前有三种较为流行的认知视角，分别是基于供应链核心企业、电子平台服务商和商业银行视角的。本章结合实际背景，采用第二种视角下的供应链金融定义，即电子平台服务商将中小企业与自身平台或金融机构的信息有效对接，为平台上资金匮乏的中小企业提供各种形式的融资服务，在供应链金融服务中占主导地位。根据电子商务企业是否参与供应链日常活动，可进一步将供应链金融分为平台型电子商务供应链金融和自营型电子商务供应链金融。

(二)现实需求

一方面，电子商务平台上中小企业融资渠道有创新需求。考虑到中小企业在供应链中不可或缺的作用，如何创新金融服务为其提供可靠便捷的融资途径，已经成为供应链管理的关键因素。另一方面，电子商务企业开展金融服务需求。与传统商业银行相比，电子商务企业不仅有海量数据(商户交易流水、物流信息等)，而且数据处理成本要远低于银行人工操作成本。开展金融服务是电子商务企业新的业务增长点，未来将成为利润的重要来源。

【知识链接】

互联网+供应链金融的八大模式

(1)基于 B2B 电子商务平台的供应链金融。国内电子商务门户网站如网盛生意宝、慧聪网、焦点科技、敦煌网等。B2B 电子商务交易平台如上海钢联、找钢网等。

(2)基于 B2C 电子商务平台的供应链金融，如淘宝、天猫、京东、苏宁、唯品会、一号店。

(3)基于支付的供应链金融。支付宝、快钱、财付通、易宝支付、东方支付等均通过支付切入供应链金融领域。

(4)基于 ERP 系统的供应链金融，如用友、畅捷通平台、金蝶、鼎捷软件、久恒星资金管理平台、南北软件、富通天下、管家婆等。

(5)基于一站式供应链管理平台的供应链金融，如国内上市企业的怡亚通、苏州的一号链、南京的汇通达；外贸综合服务平台——阿里巴巴一达通等。

(6)基于 SaaS 模式的行业解决方案的供应链金融，如国内零售行业的富基标商、合力中税；进销存管理的金蝶智慧记、平安银行橙 e 网生意管家、物流行业的宁波大掌柜、深圳的易流 e-TMS 等。

(7) 基于大型商贸交易园区与物流园区的供应链金融，如深圳华强北电子交易市场、义乌小商品交易城、临沂商贸物流城、海宁皮革城等。

(8) 基于大型物流企业的供应链金融。快递公司如顺丰、申通、圆通、中通、百世汇通等。物流公司如德邦、华宇、安能等。

（资料来源：搜狐网，https://www.sohu.com/a/392451641_481840?）

二、电子商务企业供应链金融的主要模式

（一）平台型电子商务供应链金融

平台型电子商务供应链金融服务由第三方电子商务平台服务企业开展，融资对象为平台上的中小企业。目前这一类型的供应链金融运作企业主要有阿里巴巴、敦煌网、金银岛等大型网站。其按照资金来源又可以进一步划分为基于自有资金和基于外来资金两种。

1. 基于自有资金的平台型电子商务供应链金融

以阿里小贷为例介绍基于自有资金的平台型电子商务供应链金融运作模式。阿里巴巴小额贷款主要有面向 B2C、C2C 平台的"淘宝（天猫）小额贷款"，还有一些专项贷款产品，如天猫供应链贷款。图 11-11 给出了阿里订单贷款融资模式的具体操作流程。

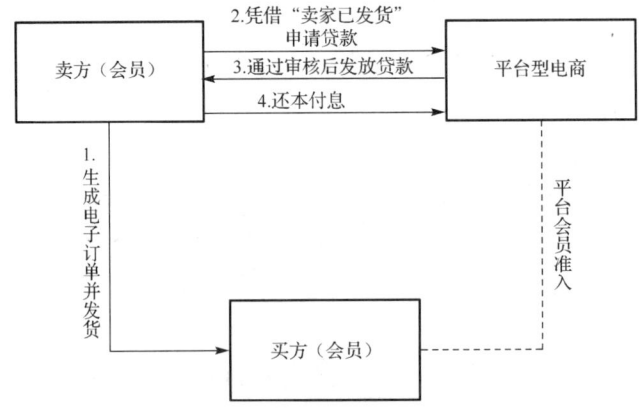

图 11-11　阿里订单贷款融资模式的具体操作流程

淘宝卖家得到订单并发货；卖家凭借"卖家已发货"的订单申请贷款；淘宝后台基于订单和历史数据进行分析并给出授信额度，审核通过后即发放贷款；卖家按期还本付息。

2. 基于外来资金的平台型电子商务供应链金融

该类服务由第三方平台企业和商业银行合作开展。电子商务企业提供平台信息，但是不参与具体业务，银行则负责提供融资服务，融资对象为第三方平台上的中小企业。以敦煌网、金银岛等 B2B 大型网站为例介绍基于外来资金的电子订单模式和电子仓单模式。

（1）电子订单模式——供应商融资。

中小企业通常是电子商务平台的上游企业，电子商务企业作为中介负责给银行提供平台数据。当核心企业向中小供应商下达订单后，供应商凭借电子商务企业确认过的电子订单合同向银行申请贷款，获批后可以提前获取部分货款，待到账期规定的时间再将收回的账款返还给银行。图 11-12 为电子订单模式——供应商融资的具体操作流程。

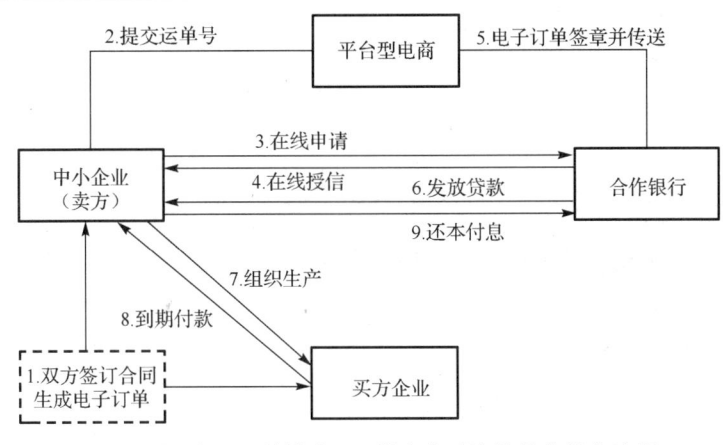

图 11-12 电子订单模式——供应商融资的具体操作流程

买卖双方基于第三方电子商务平台生成电子订单;中小企业提交运单号;中小企业登录电子商务后台进行在线申请并提供要求的各类材料;商业银行对中小企业进行在线授信;电子商务企业对电子订单签章并传送给银行;银行为中小企业发放贷款;中小企业利用贷款及时组织生产;买方企业依约支付货款;中小企业还本付息。

(2) 电子订单模式——分销商融资。

中小企业通常是电子商务平台的供应链下游企业,先向银行缴纳保证金,银行再向卖方企业开出承兑汇票,卖方企业把货物交给第三方物流企业。在中小企业分批还款时,第三方物流企业根据银行核对后的指令按批次返还货物,直至最后钱货两清。图 11-13 为电子订单模式——分销商融资的具体操作流程。

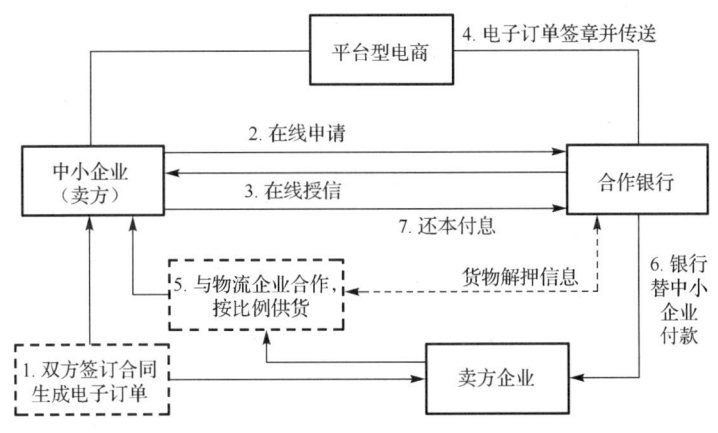

图 11-13 电子订单模式——分销商融资的具体操作流程

买卖双方基于第三方电子商务平台生成电子订单;中小企业在电子商务后台在线申请并提供要求的各类材料;商业银行对中小企业进行在线授信;电子商务企业对电子订单签章并传送给银行;银行与物流企业合作,按照中小企业缴纳保证金的比例发放货物;银行向卖方企业付款;中小企业依约还本付息。

(3) 电子仓单模式。

在这种模式下,借款企业通常是电子商务平台上的中小企业,电子商务企业仍然扮演中介角色。中小企业将银行认可的电子仓单质押给银行,进而获得一定比例的贷款。在具体业务实现过程中,电子仓单的审核、传递通常由物流企业或电子商务企业协助完成。图 11-14 为电子仓单融资的具体操作流程。

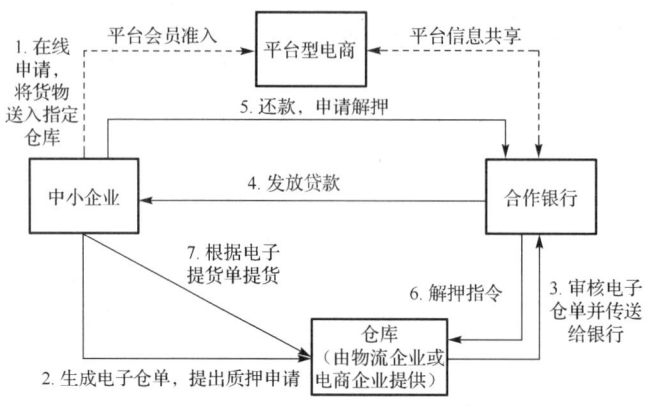

图 11-14　电子仓单融资的具体操作流程

中小企业申请商品入库,将货物存放于银行指定的仓库(如金银岛交割库);生成电子仓单,中小企业向银行提出质押申请;物流企业或电子商务企业对电子仓单进行审核签章并将仓单传送给银行;银行向中小企业发放贷款;中小企业还本付息,申请货物解押;银行向物流企业或电子商务企业发送解押指令;中小企业凭借正式的电子提货单提取货物。

(二)自营型电子商务供应链金融

自营型电子商务在线供应链金融服务由直接参与供应链活动的电子商务企业开展,融资对象集中于自营渠道上下游的中小企业。目前此类供应链金融运作企业主要有京东、苏宁云商等。同理,按照资金来源其又可以进一步划分为基于自有资金和基于外来资金两种。

1. 基于自有资金的自营型电子商务供应链金融

以京东"京保贝"为例介绍此类供应链金融模式。京东的"京保贝"融资模式如图 11-15 所示。具体来说,京东基于平台大数据构建风险评估模型,为上游中小供应商量身定做融资方案,以最大限度防范风险。

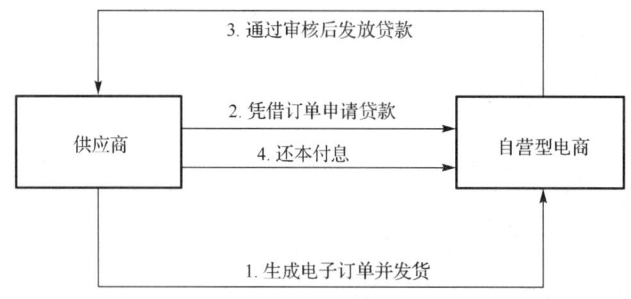

图 11-15　京东的"京保贝"融资模式

供货商与京东签订合同,并将货物发往京东指定仓库;供应商提交货款申请等相关材料(后续贷款业务的资料可由系统提供,无须重复提交);供货商历史交易信息共享至京东金融平台后,京东确定供货商融资额度并发放贷款;到期后供应商还本付息。

2. 基于外来资金的自营型电子商务供应链金融

该类别金融服务由参与供应链活动的电子商务企业与商业银行合作开展，融资对象局限于自营渠道上下游的中小企业。电子商务企业不仅与银行共享平台信息，而且同时扮演供应链核心企业的角色。基于应收账款的电子订单融资模式如图 11-16 所示。

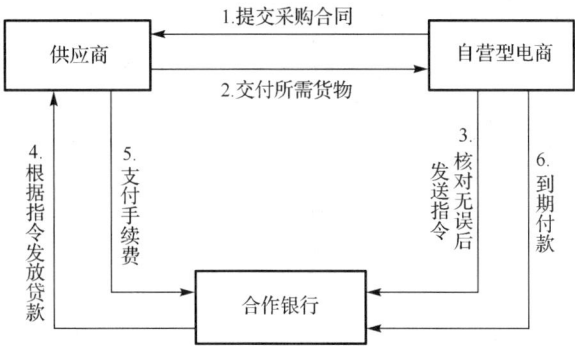

图 11-16　基于应收账款的电子订单融资模式

电子商务企业向上游供应商提交采购合同；供应商向自营型电子商务交付所需货物；电子商务企业核对合同无误后向银行发送贷款指令；银行根据电子商务企业指令核定供应商资质后发放贷款；供应商向银行支付手续费；电子商务企业到期按应收账款金额付款至供应商的银行融资专户，银行扣除贷款后进行尾款结算。

需要特别说明的是，对于自营型电子商务与银行合作开展的供应链金融服务，电子商务企业作为供应链核心企业为中小企业提供担保，并充分利用平台积累的信息帮助银行进行更高效的风险管控。这里存在两种情况：一是电子商务企业先从银行获得授信再给中小企业授信；二是银行对中小企业直接授信，本质上都是基于应收账款的融资。

(三) 两种模式的比较

电子商务企业在开展供应链金融服务时，无论是否与商业银行合作，其实质都是挖掘丰富的平台数据，将中小企业的电子商务信用部分转化为授信额度内的金融信用，从而通过自有资金或者外来资金帮助企业快速获得贷款。图 11-17 显示了电子商务企业供应链金融运作机理。

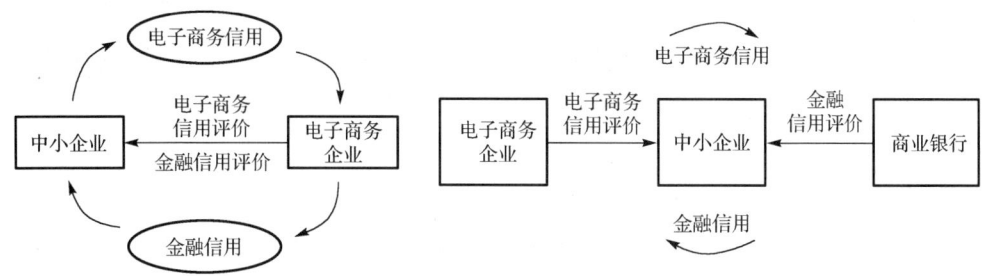

图 11-17　电子商务企业供应链金融运作机理

平台型电子商务虽然不参与具体的供应链活动，但是平台上的众多企业特别是小微企业为电子商务供应链金融服务提供了广阔的市场空间。这些小微企业融资频率高，单次融资额较少，总体上易于管控，这也解释了为什么阿里小贷拥有较低的坏账率。对于自营型电子商务企业，由于自身在供应链中的突出地位，它可以为上下游企业提供较高的授信额度。同时，基于应收账款等方式的融资模式有效降低了信用风险，促进了供应链的良性发展。

此外，鉴于不同类别供应链金融服务的实际操作流程存在差异，可以从多个角度进行细致比较。不同类别的电子商务供应链金融特征比较如表11-1所示。

表11-1 不同类别的电子商务供应链金融特征比较

融资模式	平台型电子商务供应链金融		自营型电子商务供应链金融	
	基于自有资金	基于外来资金	基于自有资金	基于外来资金
代表企业	阿里小贷	敦煌网、金银岛	京东、苏宁	京东等
目标客户	平台小微企业	平台中小企业 平台小微企业	供应链上下游中小企业	供应链上下游中小企业
融资额度	较小	较小	较大	较大
融资频率	高	高	较高	较高
参与主体	电子商务企业 中小企业	电子商务企业 中小企业 物流企业 商业银行 核心企业	电子商务企业 中小企业	电子商务企业 中小企业 物流企业 商业银行
授信条件	动产和流动资金质押 电子信用	动产和流动资金质押 电子信用 平台担保	动产和流动资金质押 电子信用	动产和流动资金质押 电子信用
服务效率	放贷速度快	放贷速度一般	放贷速度快	放贷速度一般
融资费用	高	较高	一般	一般

电子商务企业供应链金融产品如图11-18所示。总体来说，目前较为常见的方式是订单融资。未来电子商务企业将对更多的供应链环节进行渗透和开发，体现在线供应链金融产品和服务的多元化趋势。

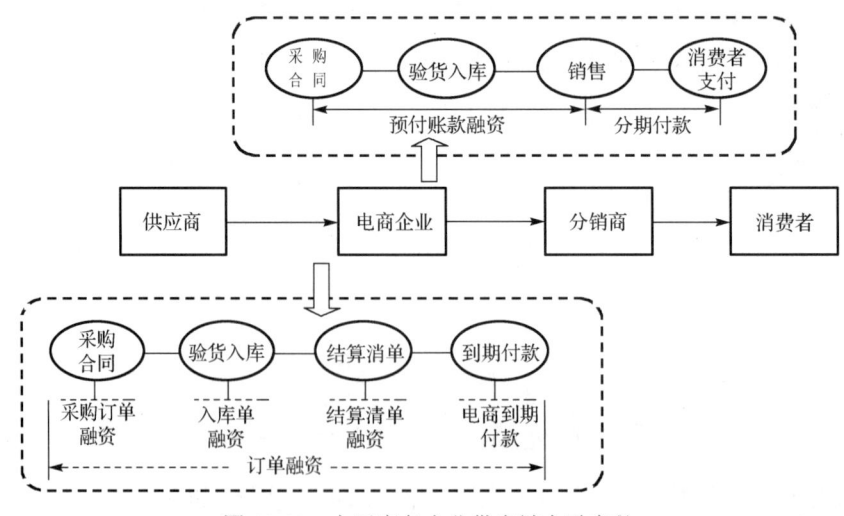

图11-18 电子商务企业供应链金融产品

从根本上来说,电子商务企业供应链金融相比于其他融资模式有其独特并且难以复制的优势,特别是信息流与资金流的高效结合。我国电子商务企业开展供应链金融服务仍然处于起步阶段,且国际上的先例也不多见,因此这一业务发展成熟后有引领世界的作用。随着电子商务企业做了自建物流、申请成立银行等一系列大动作,电子商务企业有望实现资金松绑、降低贷款风险,未来电子商务企业供应链金融将有更加广阔的施展空间。

【本章小结】

供应链金融随着物流的渐进发展而呈现演进式发展形态,可划分为三个阶段:起步阶段、规范阶段和创新阶段。物流金融、贸易金融和供应链金融是三种紧密关联的业务模式,供应链金融是物流金融和贸易金融的高级阶段。供应链金融可以分为应收账款融资模式、存货融资模式和预付账款融资模式。

电子商务供应链金融可以理解为电子商务服务企业主导的在线供应链金融。具体来说是指电子商务企业基于电子商务平台,将供应链成员间的信息流、资金流、物流有效整合,为平台上单个企业或上下游多个企业提供融资服务,以构建产品供应链与平台合作共赢、协同发展的电子商务生态。根据电子商务企业是否参与供应链日常活动,可将电子商务企业供应链金融进一步细分为"平台型电子商务供应链金融"和"自营型电子商务供应链金融"。

 案例阅读

天猫"双十一"狂欢背后的供应链金融

作为国内疫情后首个"双十一",2020年的"双十一"肩负重任,也成功带动了全年最大的消费爆发点。11月12日凌晨,天猫公布今年"双十一"战报:2020年天猫"双十一"全球狂欢季总成交额4 982亿元,105个产业带成交额超过1亿元,超过450个品牌成交额过亿元,210万线下小店参与。

网商银行助力天猫"双十一":早在10月23日,天猫超市宣布将联合银行一同为中小商家提供百亿元规模的供应链金融服务,同时利率下调至4%,资金使用时间延长至6个月,实现线上申请、实时到账、随借随还,灵活满足各类中小商家的不同需求。

在试运营期间,天猫超市已经为近500个中小商家提供不同规模的供应链金融支持,舒缓了经营压力。据悉,2020年"双十一"中小商家累计向银行贷款超2 600亿元,同比增长35%。

据悉,网商银行在2020年9月率先公布了数字供应链金融升级计划,通过与钉钉的全面打通,在未来5年,预计将与1万家品牌合作,通过供应链金融方式服务1 000万小微经营者,引领供应链金融正式进入普惠阶段。

以妙洁为例,通过和网商银行供应链金融合作,一方面主动加强线上渠道销售,另一方面引入网商银行的无接触贷款,以应对线下需求回暖。妙洁经销商整体信贷通过率提升了20%,经销商所拿到的无接触贷款,只能定向用于采购货品,保障资金流入实体经济。金融合作帮助妙洁在稳住销量的同时,部分产品销售额逆势增长超过两位数。

预售模式舒缓商家压力:2020年"双十一"实践了"先付定金后付尾款"的预售模式。

从物流角度来看，此举实现了对消费者需求的精准预测，为物流环节速度的提高提供了有力保障。快递公司借助非峰值时期运力，将商品提前配送至距消费者最近的物流网点。在消费者支付尾款后，快递公司从物流网点直接发货给消费者，让"尾款人"秒变"收货人"，提升消费者的大促物流体验。

从供应链金融角度来看，为了让上游中小商家有充足的备货资金，在消费者支付定金后，天猫通过网商银行提前将定金垫付给商家，使中小商家产品回款账期平均缩短20天。此举加速了整条供应链上的资金流动速度，极大地减轻了上游中小企业的资金压力。

（资料来源：亿邦动力网，https://www.ebrun.com/20201126/412038.shtml）

案例思考：

1. 天猫"双十一"背后的供应链金融有什么样的特点？
2. 开展电子商务供应链金融业务最大的困难是什么？

【思考题】

1. 电子商务企业与供应链金融有何关联？
2. 电子商务供应链金融的主要模式有哪些？
3. 如何控制电子商务供应链金融风险？

【实训题】

分小组完成某电子商务平台供应链金融调查报告，参考大纲如下：

1. 调查总体说明；
2. 某电子商务平台供应链金融模式介绍；
3. 某电子商务平台供应链金融模式的价值；
4. 某电子商务平台供应链金融模式的缺陷；
5. 某电子商务平台供应链金融模式的改进建议；
6. 总结。

Chapter 12

第十二章　区块链与电子商务物流

【学习目标】

- 认识区块链及数字货币；
- 了解区块链技术的应用场景；
- 理解区块链对电子商务物流的作用；
- 熟悉基于区块链的电子商务物流体系框架。

【引导案例】

区块链赋能实体的典范——ONTS本体之星打造电子商务区块链新时代

科技发展日新月异，以大数据、云计算、物联网、虚拟现实为代表的创新科技，在线上购物领域逐渐发挥出至关重要的作用。目前，放眼全球，全球电子商务都随着技术的更新变得更加数字化和智能化，开放、低成本、高效率也是当下的发展趋势。电子商务的发展，不仅表现在全球跨境电子商务的数据不断增加上，也带动了全球经济供给结构性改革和消费升级，引领着数字经济的发展，拉动了消费升级，电子商务领域正快速走在一个新时代和新市场中。

不过，电子商务市场长期以来也面临着几大痛点：对于消费者来说，失信问题严重，商品质量参差不齐，消费信息泄露；对于平台来说，市场基本稳定，新兴平台难以加入等。

今天，一个全新的电子商务生态服务体系正在悄然崛起，ONTS本体之星为解决全球电子商务生态平台区块链的技术以及生态信任的痛点，为世界企业、服务体系下商家全球支付提供技术支持。

ONTS本体之星构建基于区块链的新零售商业信用经济生态。运用区块链技术，它将打造一个供应链可追溯、信用可量化，数据公开透明，集消费购物、会员服务、精准营销、集中采购等场景于一体，形成线上电子商务交易、线下购物体验，多方参与、多方受益的新零售生态。

ONTS商城涵盖服饰、日化、珠宝首饰、生鲜、家居用品等上千个种类，满足了人们的衣、食、住、行等多样化需求。共享智能生态圈，是中国商业发展未来的必然趋势。它借助市场资源整合，依托互联网或大型组织机构进行资源经营，形成资源联盟优势，使商家扩大销售，使消费者降低购物成本。ONTS平台如图12-1所示。

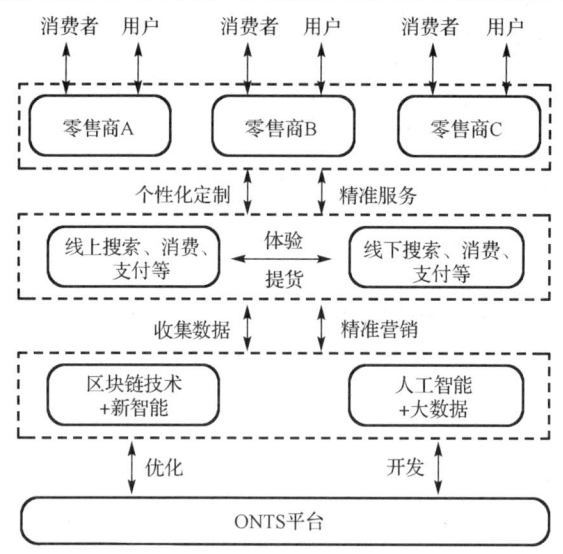

图 12-1　ONTS 平台

ONTS 利用通证的方式将购物者和电子商务平台联系在一起。通证商城是分布式商业的体现。相比于传统商业，区块链电子商务平台在底层技术、组织形式、利益联系、生产关系上都做了颠覆性的革新，建立了一个真正在信息和利益上双管齐下的去中心化的线上购物商城，挖掘分布式商业、通证经济的无限潜能。

ONTS 由全球顶级的区块链技术团队之一打造，目的是运用区块链技术，解决电子商务行业需要面对的假货以及巨头们对于数据的垄断、商家和消费者产品数据的不对称等种种难题。在 ONTS 平台上，不仅能实现商家更好的进行数据分析整理，以此促进整体的商业销售运营，也能保障产品的真实性和安全性，让消费者购物更加放心。也能借助区块链技术建立起消费者—商家—平台之间的更加密切的联系，共享数据和资源，以此实现交易市场的高度可靠，以低成本的交易方式实现多方共赢。

（资料来源：搜狐网，https://www.sohu.com/a/432425778_120505348）

思考题：
1. 你认为 ONTS 平台是否存在风险？
2. 你是否看好区块链在电子商务物流中的应用前景？

第一节　区块链概述

一、区块链的起源

每个时代都有自己值得骄傲的技术，无论是晶体管、激光、互联网，还是载人航天飞机。近十年中，金融网络领域最具颠覆性、最闪耀的技术发明莫过于区块链。无论是与数字货币一道横空出世，继续发力衍生出智能合约，还是在可预见的未来，不断重塑整个金融世界,都让它的夺目光芒无法掩盖。全球正在掀起一股区块链的热潮。来自学术界和科技界的各种力量投身区块链的开发和创业大潮之中,也诞生了一批非常有创新意识的创业公司,成为金融科技(Fintech)的一股重要力量。目前,已有超过 20 家全球顶级的金融机构、风险基金高调宣布参与各种区块链应用开发项目。然而究其源头,我们不得不追溯到"拜占庭将军问题"和"双花问题",后者比较简单,即如何杜绝非实体货币的再次被使用,或者是双重支付(只要引入盖时间戳的电子签名就能解决)。而拜占庭将军问题则看起来费解且扑朔迷离,但我们又不能回避,因为它是整个区块链技术核心思想的真正根源,也直接决定了区块链技术的种种与众不同的颠覆性特质。

(一)拜占庭将军问题

拜占庭将军问题,是由 2013 年计算机科学领域最高奖项图灵奖获得者莱斯利·兰伯特提出的点对点通信中的基本问题。其含义是在存在消息丢失的不可靠信道上试图通过消息传递的方式达到一致性是不可能的。因此对一致性的研究一般假设信道是可靠的,或不存在该问题。

1. 起源

拜占庭位于如今的土耳其伊斯坦布尔,是东罗马帝国的首都。由于当时拜占庭罗马帝国国土辽阔,为了防御的目的,每个军队都分隔很远,将军与将军之间只能靠信差传消息。在战争的时候,拜占庭军队内所有将军和副官必须达成一致的共识,决定是否有赢的可能性才去攻打敌人的阵营。但是,在军队内有可能存有叛徒和敌军的间谍,他们不仅会左右将军们的决定,也会扰乱整体军队的秩序。将军们在达成共识时,结果并不代表大多数人的意见。这时候,在已知有成员谋反的情况下,其余忠诚的将军如何在不受叛徒影响情况下达成一致的协议?拜占庭问题就此形成。拜占庭将军问题图示如图 12-2 所示。

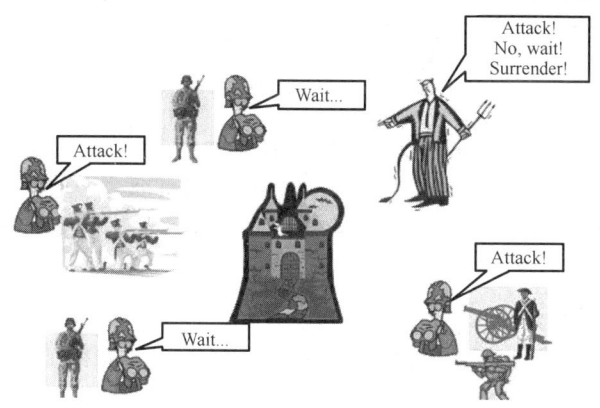

图 12-2 拜占庭将军问题图示

2. 将军问题

拜占庭将军问题是一个协议问题,拜占庭帝国军队的将军们必须全体一致地决定是否攻击某一支敌军。问题是这些将军在地理上是分隔开来的,并且将军的军队中存在叛徒。叛徒可以任意行动以达到以下目标:欺骗某些将军采取进攻行动;促成一个不是所有将军都同意的决定,如将军们不希望进攻时促成进攻行动;或者迷惑某些将军,使他们无法做出决定。如果叛徒达到了这些目的之一,则任何攻击行动的结果都是注定要失败的,只有完全达成一致才能获得胜利。

拜占庭假设是对现实世界的模型化,由于硬件错误、网络拥塞或断开及遭到恶意攻击,计算机和网络可能出现不可预料的行为。拜占庭容错协议必须处理这些失效问题,并且还要满足所要解决的问题要求的规范。这些算法通常以其弹性 t 作为特征,t 表示算法可以应付的错误进程数。

很多经典算法问题只有在 $n \geq 3t+1$ 时才有解,如拜占庭将军问题,其中 n 是系统中进程的总数,即将军数量;t 是叛徒数量。

(二)中本聪与区块链技术

拜占庭将军问题就是一个互不信任的分布式网络,而要获得最大的利益,又必须一起努力才能完成,所以如何达成一致的共识,变成了一个难题。莱斯利·兰伯特提出了拜占庭将军问题,但真正解决这个难题的是中本聪。

【知识链接】

中本聪是谁

比特币从赠送都无人愿意要到价格暴涨数十万倍,这不得不说是个传奇,而相较于比特币而言,它的创始人中本聪更是个传奇,因为至今为止,中本聪是谁,依旧是一个谜题。2011 年比特币走上正轨之后,中本聪在一封电子邮件中写道:"我已转移到其他事物上去了"。从此以后就没了中本聪的消息,他从网络上彻底销声匿迹。

至今仍没有人知道中本聪是谁,人们猜测中本聪也很可能是一个团队,因为 2008 年时,他创造的区块链算法实在太精密,不像是一个人能够完成的。从名字上来看,中本聪是一个日本人,那么中本聪到底是哪国人?他曾在论坛上自称自己是一名日本 43 岁的男性,他 2008 年公布比特币时,是通过自己注册的网站公布的,而这个比特币官网注册时使用的服务器,的确是在日本。不过中本聪的英语实在太流畅,而且他从来没有使用过日文。

中本聪在消失之后,引起了大量网友和黑客的好奇,因为他本人的账户拥有上百万枚比特币,早在 2014 年,这些币的价值就已经超过了 10 亿美元。如果按现在 5 万美元的价格计算,那么中本聪的比特币资产将高达 500 亿美元。直到今天,中本聪也没有出来发言过。或许对他来说,比特币能发展成现在这样,已经是最大的惊喜了。如果他出现,势必会引起不必要的麻烦和纠纷,还是静静地做一个富豪好了。

(资料来源:腾讯网,https://new.qq.com/rain/a/20210401A01XLL00)

1. 工作量证明

工作量证明,简单理解就是一份证明,现实中的毕业证、驾驶证都属于工作量证明,它用已检验结果的方式证明你过去做过了多少工作。在拜占庭系统里,加入工作量证明,其实就是简单粗暴地引入一个条件:大家都别忙着发起消息,都来做个题,看谁最聪明,谁就有资格第一个发起消息。这个题必须是绝对公平的。中本聪在设计区块链时,采用了一种工作量证明机制叫哈希现金,在一个交易块要找到一个随机数,计算机只能用穷举法来找到这个随机数。可以说,能不能找到全靠运气,所以对于各个节点来说,这个世界上,只有随机才是真正的公平。实现随机的最好办法是使用数学，所有的将军在寻找共识的过程，都借助了大家认可的数学逻辑。

2. 时间戳

如果不同的将军先后解出了题，各自先后向这个网络发布消息，那么各个节点都会收到来自不同节点发起的进攻或者不进攻的消息，那怎么办呢？只有时间最早的发起者才是有效的。中本聪巧妙地设计了一个时间戳的东西，为每个将军在解好题的时间（出块时间）盖上时间印章。

3. 奖励机制

将军们又凭什么要一起做工作量证明呢？中本聪也完全可以设置一个奖励机制，比特币的奖励机制是每打包一个块奖励25枚比特币。当然，拜占庭将军问题的奖励机制可以是瓜分拜占庭获得的利益。

4. 非对称加密

当某个节点发出统一进攻的消息后，各个节点收到发起者的消息后必须签名盖章，确认各自的身份。中本聪在这里引用现代加密技术为这个信息签名。这种加密技术——非对称加密完全可以解决古代难以解决的签名问题：消息传送的私密性；能够确认身份；签名不可伪造、篡改。

非对称加密算法的加密和解密使用不同的两个密钥，这两个密钥就是我们经常听到的"公开密钥"（公钥）和"私有密钥"（私钥）。公钥和私钥一般成对出现，如果消息使用公钥加密，那么需要该公钥对应的私钥才能解密；同样，如果消息使用私钥加密，那么需要该私钥对应的公钥才能解密。

非对称加密的作用是：保护消息内容，并且让消息接收方确定发送方的身份。比如，将军A想给将军B发送消息，为防止消息泄露，将军A只需要使用将军B的公钥对信息加密，而将军B的公钥是公开的，将军B只需要用只有他自己知道的私钥解密即可。将军B想要在信件上声明自己的身份，他可以自己写一段"签名文本"，然后用私钥签名，并广播出去。所有人可以根据B的公钥来验证该签名，确定将军将军B的身份。

由此，一个不可信的分布式网络变成了一个可信的网络，所有的参与者可以在某件事上达成一致。

5. 共识机制

如何预防背叛的将军？在中本聪设计的分布式网络里：

(1)每个将军都有一份实时与其他将军同步的消息账本。

(2)账本里每个将军的签名都是可以验证身份的。如果有哪些消息不一致，可以知道消息不一致的是哪些将军。

(3)尽管有消息不一致的，但只要超过半数同意进攻，就可以达成共识。

由此，在一个分布式的系统中，尽管有坏人，坏人可以做任意事情（不受Protocol限制），比如不响应、发送错误信息、对不同节点发送不同决定、不同错误节点联合起来干坏事等，但是，只要大多数人是好人，就完全有可能去中心化地实现共识。

区块链上的共识机制主要解决由谁来构造区块及如何维护区块链统一的问题。基于区块链的交易如图12-3所示。

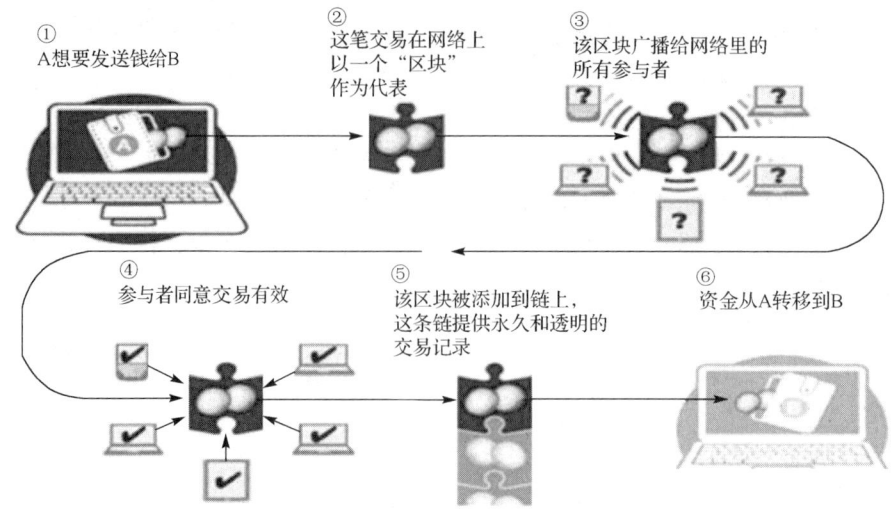

图 12-3 基于区块链的交易

基于互联网的区块链技术克服了口头协议与书面协议的种种缺点，使用消息加密技术、公平的工作量证明机制，创建了一组所有将军都认可的协议。这套协议的出现，使拜占庭将军问题得到了完美的解决。

二、区块链与数字货币

数字货币（Digital Currency，DC），是电子货币形式的替代货币。数字金币和密码货币都属于数字货币。数字货币是一种不受管制的、数字化的货币，通常由开发者发行和管理，被特定虚拟社区的成员所接受和使用。欧洲银行业管理局将虚拟货币定义为价值的数字化表示，不由央行或当局发行，也不与法币挂钩，但由于被公众所接受，所以可作为支付手段，也可以电子形式转移、存储或交易。

（一）数字货币的四种类型

1. 央行法定数字货币

央行数字货币（Central bank digital currencies，CBDC），根据我国的定义，是由人民银行发行，由指定运营机构参与运营并向公众兑换，以广义账户体系为基础，支持银行账户松耦合功能，与纸钞和硬币等价，并具有价值特征和法偿性的可控匿名的支付工具。我国正在研发的 Digital Currency Electronic Payment，简称 DC/EP，是中国版的央行数字货币，译为"数字货币和电子支付工具"。DC/EP 是纸钞的数字化替代，是具有价值特征的数字支付工具。所谓价值特征，就是指不需要账户就能实现价值转移。我们知道，用纸钞进行支付的时候，是不需要账户的。而用 DC/EP 支付也是如此，不需要账户就能实现物权转移。这一点就不像微信和支付宝，转账还需要绑定银行账户。央行数字货币的支付可以采用扫码、汇款转账、碰一碰等方式。但你持有的央行的数字货币，是没有利息的。央行的数字货币和纸钞、硬币一样，属于流通中的现金，也就是 M0。

【知识链接】

我国稳妥推进法定数字货币标准建设

法定数字货币是数字经济时代下的重要基础设施，是保障数字经济平稳运行、提高货币和支付体系运行效率、提升普惠金融水平的基础性工具。《中共中央关于制定国民经济和社会发展第十四个五年规划和二〇三五年远景目标的建议》提出，要建设现代中央银行制度，稳妥推进数字货币研发。习近平在二十国集团领导人第十五次峰会上表示，要以开放和包容方式探讨制定法定数字货币标准和原则。

推动以法定数字货币为核心的数字金融基础设施建设，需要发挥标准的技术支撑、互联互通和规范引领作用，以完善的标准体系支持构建高效稳健的法定数字货币运行机制，助力数字人民币发展行稳致远。我国较早开始法定数字货币研究，整体工作处于世界领先地位。2014年，中国人民银行成立专门团队，研究发行法定数字货币的可行性；2017年，组织开展数字人民币体系(DC/EP)研发；2019年，基本完成了顶层设计、标准制定、功能研发、联调测试等工作；2020年，稳步推进数字人民币试点工作，先行在深圳、苏州、雄安、成都以及未来冬奥会场景进行内部封闭测试。

(资料来源：网易，https://www.163.com/dy/article/G6H5VIEU0530P452.html)

2. 超主权数字货币

超主权数字货币通常是跨央行的、由 IMF 等国际货币金融组织推动的相关研究成果。国内学界曾经做了一些相关研究，比如用分布式技术改造 SDR 等。现有的研究探索更多是由国际组织在推动，但由于美国等国家的积极性有限，实际上也并没有太大进展。

3. 民间稳定币

顾名思义，其特点是价格相对稳定，试图为混乱的数字货币体系创造"中间锚"，通常有基于法定货币、基于加密货币或无抵押的稳定币。其虽属私人数字货币的范畴，但却具有一定的"准公共性"。由于法律限制，国内在此领域并未有太大发展。

4. 一般加密数字货币

这种货币从比特币开始已经逐渐市场化运作，政府关注的只是投资者保护、交易合规性、反洗钱等。此领域我国近年来实行的是"准地下经济"模式，但华人及其资本在全球数字货币算力中却占有了较高的地位。

【知识链接】

Libra 到底有何"过人之处"让各国"如临大敌"

Libra 自推出以来，饱受各国监管质疑。尽管 Libra 项目负责人大卫·马库斯(David Marcus)曾多次在公开场合强调，Libra 无意与各国主权货币竞争且不会干涉国家货币政策，但一些国家仍对其超主权货币定位抱有较大敌意，担心其会对现有金融体系产生冲击。其中，德国、法国等表示明确禁止 Libra。

2019年6月18日，Facebook 发布 Libra 白皮书。Libra 是由 Facebook 主导发行的、以区块链技术为基础的、由专门协会机构管理的数字货币。Libra 的使命是建立一套简单的、无国界的货币,是服务于数十亿人的金融基础设施。Libra 的价值与一篮子法定货币有效挂钩,一篮子法定货币的结构为美元 50%、欧元 18%、日元 14%、英镑 11%、新加坡元 7%。每一枚发行的 Libra 都使用真实的储备资产作为担保,同时由全球众多有竞争力的交易所及其他流动性提供商提供兑换支持。Libra 的三大特点,让各国"如临大敌"。

一是行业巨无霸联合创始,覆盖巨大客户群体。Libra 由 Facebook 牵头,联合创始机构 28 家,包括信用卡清算巨头 MasterCard 和 VISA、线上支付系统 PayPal、线上旅游预订公司 BookingHoldings、电子商务平台 eBay 和 Mercado、线上打车平台 Left 和 Uber、流媒体音乐平台 Spotify、线上奢侈品平台 Farfetch、电信运营商 Vodafone。这些巨无霸级创始机构可为 Libra 提供足够的信用背书,而且拥有巨大的覆盖全球的客户群体,归并计算至少 20 亿元。

二是应用数字技术,构建独立的金融基础设施。微信支付、支付宝已经证明了建设数字化金融基础设施的可行性,只是微信支付和支付宝不发行自己的数字货币。Libra 应用联盟区块链的分布式对等架构,也有可能同时应用隐私计算技术以防止多方数据协同架构下的数据泄露,保护数据隐私和数据安全。分布式对等架构和隐私计算技术历经迭代演进,理论上应该具备大规模应用的可行性。Facebook 宣称,Libra 的目标是创建一个简单的全球性货币和财务基础设施,应用自己的 Calibra 电子钱包或者 Facebook 旗下 Messenger/WhatsApp 等即时通信软件,提供可以覆盖全球各个角落的交易和转账平台,不再需要银行。

三是以"硬资产"做支撑,保持价值稳定。Libra 协会成员每家至少投资 1 000 万美元,作为储备金。用户购买 Libra 的法定货币,也将成为储备金,用来支撑 Libra 的价值。Libra 用储备金进行低风险、低回报的投资,与欧美国家的债券与法定货币等低波动率实体资产捆绑,以保持价值稳定。Facebook 低调表示:"这个项目的成功,取决于其与现有金融体系受信任的、安全的融合。世界各国政府,尤其是监管和执法当局,是这项努力必不可少的合作伙伴。"同时它又高调宣称:"希望 Libra 成为一个不受华尔街控制、也不受中央银行控制的新金融系统的基础设施。"Libra 更像是一个企图僭越中央银行威权、颠覆现有货币体系的数字化的新金融系统。Libra 能否成功,将取决于市场准入和行政许可。

(资料来源:腾讯网,https://new.qq.com/rain/a/20210323A0CH4F00)

(二)比特币(BTC)

对于比特币与区块链,有两种常见的错误概念在业界广为传播。

错误观念 1:比特币与区块链是父与子的关系。

错误观念 2:区块链是比特币的一个意外发现和生产物,带来出乎意料的惊喜,之前没有人意料到这一切。

中本聪版本的第 1 版"比特币区块链"的基础协议非常简单,通过盖时间戳,各方一同记账、一同公证,每 10 分钟确认一次,形成一个记录全网这 10 分钟所有正确交易的账本数据库"区块",然后每个合法的区块连成一个个链条,形成分布式的、大家一致同意的账本数据库,这就是区块链。

区块链本质上是一个去中心化的分布式账本数据库,是比特币的底层技术,和比特币是相伴相生的关系。区块链是一串使用与密码学相关联的技术所产生的数据块,每个数据块中包含了多次比特币网络交易有效确认的信息。每当有加密交易产生时,网络中有强大运算能力的矿工(Miner)就开始利用算法解密验证交易，创造出新的区块来记录最新的交易。新的区块按照时间顺序线性地被补充到原有的区块链末端，这个账本会不停地增长和延长。

通过复杂的公共钥匙和私人钥匙的设置，区块链网络将整个金融网络所有交易的账本实时广播，实时将交易记录分发给每一个客户端，同时还能保证每个人只能对自己的财产进行修改。当然，账本里也有别人的交易记录，虽然可以看到数值和对应的交易地址(基本上这是由一段冗长的乱序字母和数字组成)，但是如果不借用其他技术手段也根本无法知道交易者的真实身份。区块链结构图如图 12-4 所示。

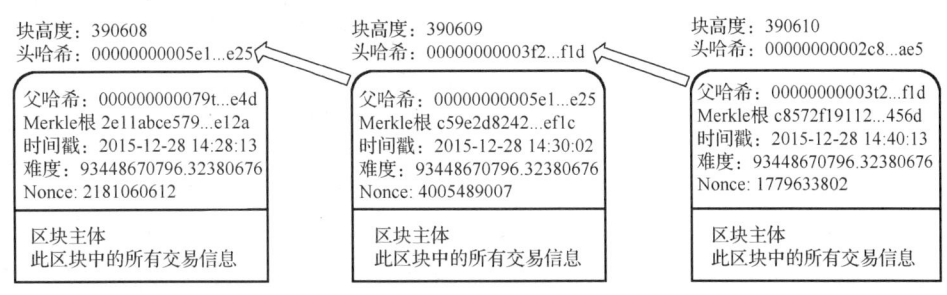

图 12-4　区块链结构图

分布式账本示意图如图 12-5 所示。

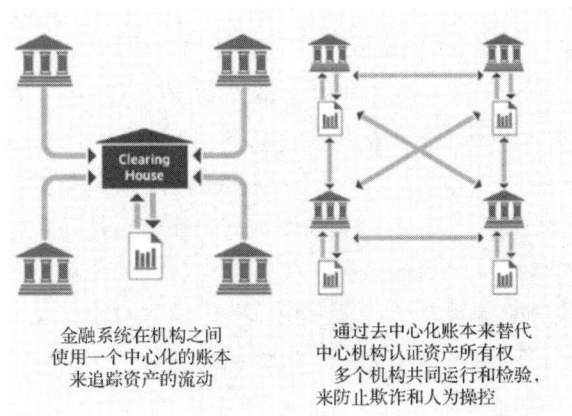

图 12-5　分布式账本示意图

如果从不同的技术角度来剖析，我们可以这样看待区块链：它是一种数据库、一种分布式系统，也是一种网络底层协议。

(1)数据库。区块链是一种公共数据库，它记录了网际上所有的交易信息，随时更新，让每个用户可以通过合法的手段从中读取信息、写入信息。但它又有一套特殊的机制，防止以往的数据被篡改。

(2)分布式系统。区块链是一种分布式系统，不存储在某一两个特定的服务器或安全节点上，而是分布式地存在于网络上所有的完整节点上，在每个节点保留信息备份。

(3)网络底层协议。区块链是一种共识协议，基于这种协议，可以开发出数目繁多的应用。这些应用在每一时刻都保存一条最长的、最具权威的、共同认可的数据记录，并遵循共同认可的机制进行不需要中间权威仲裁的、直接的、点对点的交互信息。

【知识链接】

比特币是无限量发行吗

比特币的货币是通过挖矿（工作量证明）来发行的，总数量是通过程序限定的2 100万枚，而第一笔区块奖励也是硬编码限定的。矿工挖出一个区块所获得的奖励，每隔21万个区块将减少一半，按照平均10分钟挖出一个区块的执行效率，也就是说差不多每4年会锐减一次。基于此，到2140年，所有比特币（20 999 999 980）将全部发行完毕，之后不会再有新的比特币产生。

（资料来源：搜狐科技，http://www.sohu.com/a/169021718_453997）

由于区块链最先被应用于数字货币——比特币，所以各方的开发设计者很容易想到，运用或改造这种区块链技术（加密算法、处理时间、区块大小等）可以造出新的数字货币。各种数字货币层出不穷，从分文不值到估值上亿美元。其他代表性数字货币还有以太币（ETH）、瑞波币（XRP）、比特现金（BCC）等。

【知识链接】

比特币疯涨狂跌是炒作还是价值回归

2021年3月11日消息，比特币再次突破56 000美元关口！相较于2010年的0.061 9美元作为基准，暴涨了904 684倍。值得注意的是，3月10日，比特币日内价格突破5.5万美元，比特币再次走出"过山车"行情。据AssetDash最新数据，比特币总市值已超过腾讯和Facebook，位列全球第六。不论是"过山车"式的行情还是持续上涨的行情，总有人欢喜有人忧。有人赚得盆满钵满，也有人血本无归。比特币价格的异常波动，让市场投资者越发看不明白：比特币疯涨狂跌，是炒作还是价值回归呢？

（资料来源：微尚时代，https://www.wstimes.cn/article/159626.htm）

第二节 基于区块链的电子商务应用

一、区块链的去中心化

区块链就是一个网络记账本，不过由于伪造成本极高，理论上不存在被伪造的情况。因此，区块链技术受到很多投行的青睐，全球顶级的九大投行都在投入巨资做研发。区块链的数据区块取代了传统的服务器，使得每个参与区块链系统的节点都是主机，所有的数据变更和所有的交易信息都被记录在云系统上。从理论上来说，它是一个证明与自证的系统。

我们每个人在网络平台买东西的时候，需要把钱打给淘宝等电子商务平台。淘宝等电子商务平台充当一个中介机构，托管了买家的资金。卖家看到买家已打款给淘宝，于是去发货。等买家收到货后，会有一个确认收货的机制，淘宝再将买家之前的托管资金转给卖家。这个方式非常复杂，而且很烦琐，卖家回款的速度也比较慢，而作为中介的电子商务平台却赚得盆满钵满。

区块链的出现，就是要消灭这种中心化系统，以点对点的模式进行交易，可以省略掉中心化的模式，直接让买家与卖家进行交易，通过计算机程序实现物物相连的构想。

对去中心化进程的一个回应是分享。分享是去中心化进程的动词表达，这也是我们有很多分享社区的原因。我们可以分享数据、进程、影响力、信息，去中心化的结果即分享行为的增加。从中心化到去中心化，如图12-6所示。

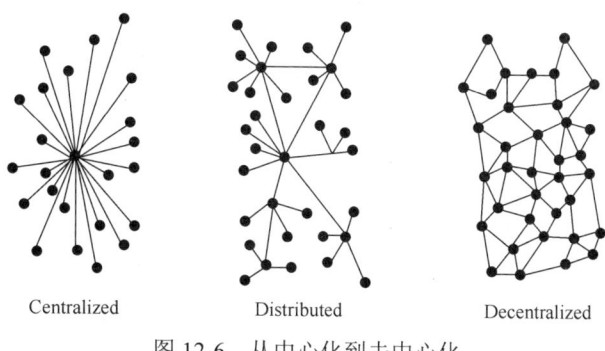

图12-6 从中心化到去中心化

二、区块链的电子商务应用场景

区块链技术为电子商务带来了巨大改变，通过多方参与、业务协同、多链协作，避免"单链"：基于区块链和电子商务体系，围绕生产商、供货商、销售商、消费者构建商品链；围绕采购订单、商品库存、快递订单、销售记录，构建交易链；围绕收单、支付、分账、融资构建资金链；围绕交易、信用、监管、数据资产构建商业链。四链合一，服务于电子商务生态升级与推进电子商务发展。

(一)商品溯源

借助区块链技术的数据可溯源能力，在政府监管机制下，从商品生产的产业源头到销售商将商品售卖到消费者手中的全程记录在链上，从而提高政府穿透式监管能力，规范生产商、供应商等企业的诚信合法经营，提升消费者商品溯源体验，促进电子商务健康发展。

在跨境电子商务下，利用物联网技术将跨境电子商务平台上的产品的原产地信息、物流信息、报关/认证信息、零售终端信息等全部归档至区块链系统中，保证以上商品信息在跨境电子商务平台中无法被篡改。消费者能够通过跨境电子商务平台，向系统发出查询产品信息的请求。物联网区块链系统通过跨境电子商务平台向消费者反馈真实可靠的产品信息。

(二)电子发票

基于区块链技术的电子发票全流程应用，实现了整个区块链电子发票从开具、流转到入账报销、查询和归档的全流程生态。通过构建电子发票联盟链,税务机关、开票/受票企业、发票服务商以区块链节点形式参与电子发票全流程应用过程,通过区块链的共识机制和智能合约技术,实现对于电子发票的链上开具、链上报销、链上归档等,满足电子发票多方参与、全流程应用的安全可信、流程可溯的要求。

2020年3月,北京市税务局发布公告,试点推行区块链电子发票,并在停车场、景区等多种场景中实现了区块链电子发票应用,未来将在更多应用场景中使用。

(三)供应链改进

供应链是任何电子商务平台的关键要素,因此需要非常小心地处理。在电子商务的供应链平台上实现区块链技术,可以帮助解决业务核心的记录和产品跟踪等重要问题。在嵌入式传感器和RFID标签的帮助下,保持记录变得更加容易。区块链有助于在电子商务平台内跟踪产品的整个路线。区块链技术还有助于消除供应链中的中间环节,从而减少超额成本,这对公司和终端客户都是一个额外的优势。一旦零售商在库存管理中安装了区块链技术,它们也可以不用为雇佣管理库存的员工支付额外支出。

(四)安全保护

区块链技术的去中心化特性提供了最大限度的数据保护。在去中心化系统中,每笔交易都存储为一个块,多笔交易构成一个链,该链从所有端加密。随着区块链变长,黑客不可能突破数据块并篡改数据,从而提供最大的保护。区块链网络中的所有节点都不可能被破坏,这意味着数据是安全的。例如,亚马逊成功地将其区块链平台与云存储集成在了一起,云存储拥有超过150种功能,为交易创建了一个安全、永久的分类账。

(五)道德实践

领先的电子商务公司被指责缺乏透明度和与其他零售商存在不道德行为。有些公司甚至取消了供应商和客户之间的直接互动,甚至在没有通知的情况下关闭了商家的网站。使用区块链技术有助于解决这些问题。因此,各大电子商务平台都在利用区块链技术来解决当前电子商务平台面临的问题。

【知识链接】

顺丰加大区块链应用

顺丰基于自身的业务发展诉求和战略布局,目前已经实现了区块链技术在药品、农产品/食品和跨境商品等泛物资供应与运输领域进行溯源等多个场景的应用落地,从生产和加工源头保证品质和安全,基于顺丰对物流和信息流每个环节的实时监控,结合区块链对关键节点和全程信息的保真,从内到外实现信息溯源和业务透明。

就目前的客观情况来说,在日益严格的高标准监管下,群众依然对产品原产地信任存疑,在医疗用品、食品和物资的供应链中,对供应链上下游单据、运输仓储等关键信息的验证仍有所缺失。为了百姓的健康,确保食品/药品的安全成了行业重中之重。顺丰表示,区块链技术恰恰是解决这个困境的钥匙。基于区块链的信息溯源和存证可以加强信息伪造的壁垒,通过链上多方共同进行信息验证以达成共识,提高伪造难度,增强链上信息可信性,使信息串联且不可篡改,可以真正构建一个可信、透视的供应链端到端生态体系,解决各个企业的信任壁垒和数据孤岛问题,提升供应链上下游协同的效率和效果。

顺丰表示,在金融和应用服务上,区块链也正在发挥着更大的作用。顺丰区块链以金融供应链上下游的真实贸易为背景,采取可信存证手段,能够有效解决电子数据易丢失、被删除、被篡改等问题,实现高效可行的数据可信存储。一方面,能进一步降低企业生产成本,提高资金利用率;另一方面,能为用户提供真实透明、可追溯的实时数据保全,有助于实现一个数据可用而不可见的数据安全共享与交易平台。

(资料来源:单号无忧,http://www.danhaowy.com/gjkd/54462.html)

第三节 区块链视角下的电子商务物流体系

一、基于区块链的电子商务平台应用

运用区块链技术提升电子商务平台运作效率的具体方法需要落实到整个用户体验流程中。图 12-7 为基于区块链的电子商务平台交易流程,由用户、电子商务平台、区块链这三个主体主导。

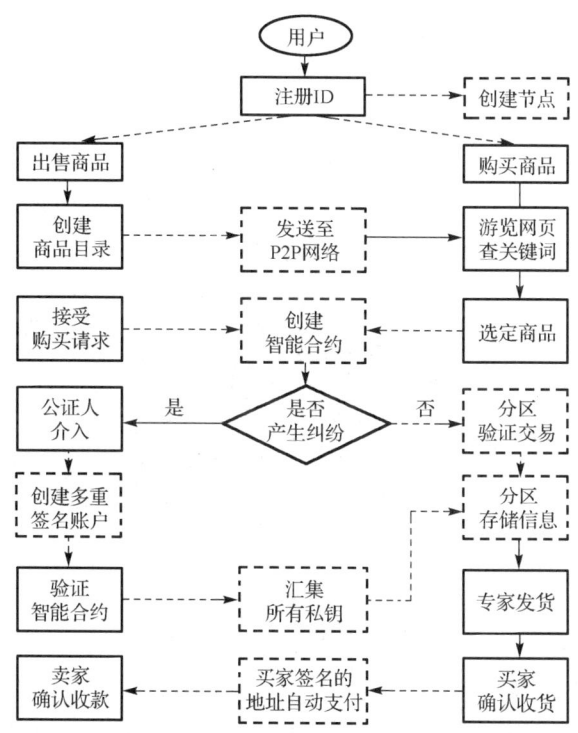

图 12-7 基于区块链的电子商务平台交易流程

用户第一次使用基于区块链的电子商务平台时需要注册个人账号 ID，其作用是方便用户寻找目标商品并与其他用户进行沟通。此 ID 为每个用户唯一的身份证明，后台系统会在区块链上自动生成一个节点与之对应。因此用户无须再绑定其他个人信息，从而增强了用户信息的私密性保护。

用户要想在该平台上销售产品时，需要创建一个包含产品的价格、型号、数目等详细信息的商品目录。该目录一旦创建完成便会通过分布式网络发送至平台销售页面，而关于该商品的所有消息会同步发送到用户的个人账号中。

用户要想在该平台上购买商品，可以在销售页面进行浏览或者直接查找关键词。在选定心仪的商品后可以和卖方就价格、数量及运输方式等内容进行沟通。直到协商一致后，电子商务平台会根据买卖双方的数字签名创建一个智能合约，该智能合约会发送到相应商品属性的区块进行验证。若各区块都验证成功，卖方便可以按约定条款发货。当买方收到商品且验证无误后，数字货币会从买方数字签名的账户地址自动支付到卖方账户。整个交易过程的所有信息会存储在区块链的各流程节点位置。

二、基于区块链的电子商务物流体系框架

电子商务在整体运作过程中涉及包括电子商务企业、物流企业、消费者、供应商、政府等在内的多个主体，而这些主体通过信息和价值的相互连接共同构成了电子商务综合体系。其中，根据各主体之间传递方式的不同，可将该体系细分为流通体系、支付体系和信用体系，将共识机制、智能合约、非中心化等技术特征与之结合，从而构建区块链视角下的电子商务物流体系。区块链视角下的电子商务概念流程图如图 12-8 所示。

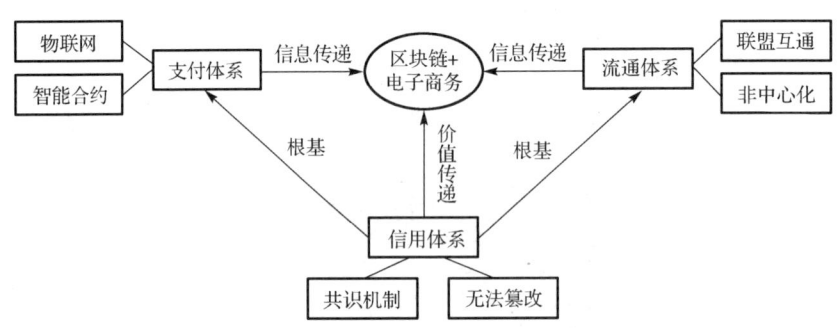

图 12-8　区块链视角下的电子商务概念模型图

（一）流通体系

通过运用区块链技术，商品每个流通环节的信息都被分配到各相应区块中，任何生成的信息都被永久性记录且无法篡改，从而代替了传统的检测及跟踪体系，避免了各流通环节记录的冗余性和不准确性，实现了商品从供应商到在线商店、最终到用户的全程自动化及数字化的检测跟踪。其中，交易和物流是衔接整个电子商务流通的关键，将电子商务平台与产品/合作商物联网融合，实现了重要信息的有效传递和分块存储。流通体系的区块链信息存储如图 12-9 所示。

将区块链非中心化的技术应用于流通体系的交易环节，让每笔交易都生成相应的交易指令，

将该指令记录在区块链中，使其不可被篡改，并作为核实该交易有效性的评判依据。针对重大交易，则可以将该笔交易信息发送至各区块评选出的权威成员处进行审核，以此形成共同许可，从而确保涉及此次交易的所有信息都准确无误且无法修改，保证了交易的安全性和公平性。

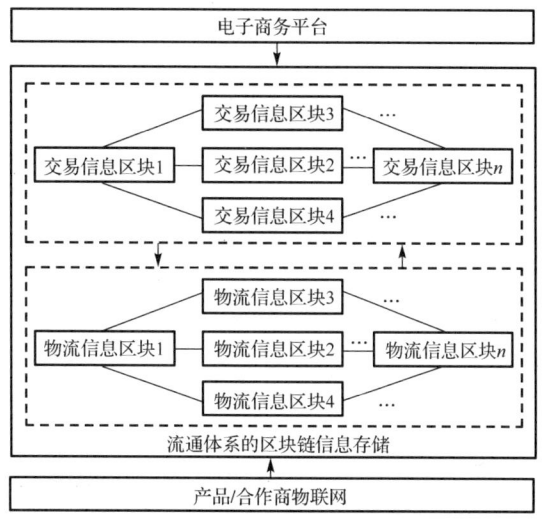

图 12-9 流通体系的区块链信息存储

将区块链联盟模式应用于流通体系的物流环节，能够保证商品在物流过程中的可追踪性，同时通过实时更新物流配送资料能够保证各环节信息的准确性。而通过弱中心化的模式改造物流领域，能够有效加强监管并提升物流效率。由于用户信息、产品信息、物流信息等关键信息都被记录在各区块中无法注销和篡改，实现了信息的可追溯性和准确性。在物流运输过程中，能够追踪货品位置和降低人工成本，促进电子商务物流模式的转型升级。

(二) 支付体系

目前大部分电子商务支付过程由第三方中介完成，呈现半垄断情形，其安全性和可信度面临考验。应用区块链支付体系，能够消除中间商作用，将节约的管理费用用于为客户提供更实惠的商品和服务，从而促进相关企业之间形成良性竞争关系，监督整个电子商务行业努力寻找最佳的价值导向。

此外，将区块链技术和物联网技术有机结合，将使跨境电子商务支付体系实现重大突破。基于区块链技术的实时性和不可篡改性，可将所有交易信息存储在同一个网络数据区块中，从而极大地降低欺诈风险。基于区块链技术的非中心化与物联网技术的可跟踪性，能够较好地适用于跨境支付结算场景，有效解决因跨境而造成的支付时间较长、手续费用较高、中间环节冗余等问题。

同时，基于自动化执行的智能合约技术能够消除由于各国法律法规不同而造成的跨境法律风险，特别是诉讼风险和执行风险，而比特币全球通用的特征使得它能够成为各个国家电子商务支付的媒介。

综上，区块链的无政府趋势对于跨境电子商务的发展而言具有先天优势，未来需要打通外汇管理、进出口政策之间的渠道。同时，各国银行之间可以相互合作，建立一个应用于电子商务的非中心化全球支付系统，减少第三方金融机构的中间环节。图 12-10 为非中心化支付系统架构。该系统通过系统内部自动执行从安全验证到核对凭证的一系列流程，实现支付方和收款方的无缝连接，从而消除隐性成本，做到实时到账，降低资金风险，提高服务质量。

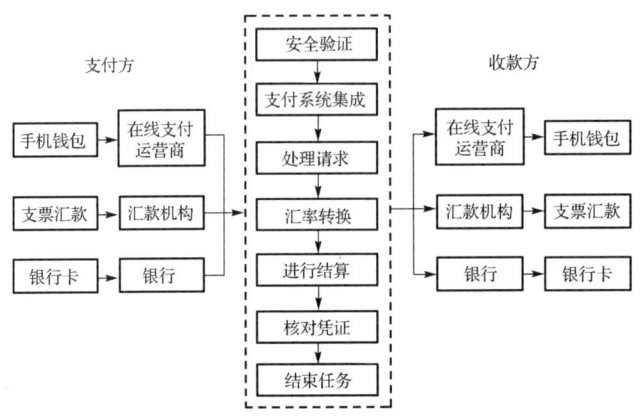

图 12-10　非中心化支付系统架构

（三）信用体系

信用体系的构建主体为电子商务企业。根据企业视角不同可将信用体系分为针对电子商务企业内部的信任体系和针对电子商务企业外部的监管体系。区块链独有的技术特征使得信用体系真正实现了价值传递并极大地降低了电子商务的风险和成本。

1. 针对电子商务企业内部的信任体系

这种体系主要用于记录和维护资产数据。目前电子商务企业对于资产数据的处理方式一般分为两种：一种是授权某一权威机构登记所有资产数据，这种方式的信任体系的建立成本较高，且风险较为集中，容易产生道德风险；另一种是流程中各参与者自行登记维护资产数据，由主管企业定期进行审查核实，这种方式的信任体系维护成本较高，且数据管理过程复杂，易产生冗余。为了将资产转移过程中的负面影响最小化，可以利用区块链技术建立一个共同享有、难以篡改、无法独控的信任体系。

信任体系得以实现的原因在于区块链和互联网在电子商务的信息认同方面具有差异性。在传统的互联网情形下，对于分布式数据库信息只需要在某节点予以确认就能被动地同步到各节点上。这种信息确认过程较为简单，所以主要在企业局域网内完成，而很少有跨越企业边界的大规模信息共识。而在区块链情形下，信息有效性的确认需要通过多节点的共识机制完成，这充分契合了电子商务市场共识共治的原则，解决了电子商务模式中信息断裂的问题。

2. 针对电子商务企业外部的监管体系

区块链技术的融入使得这种体系从原本的政府集权审查提升为社会共同治理。其中，非中心化和不可篡改的特点使得监管系统能够对数据自动记录和审核，无须人工采集和企业上报，在保证数据源客观性和准确性的基础上减少了监管成本，深化了政府监管者与市场参与者的合作关系，使得整个电子商务市场能够高效运行。

电子商务的监管体系除了要保证数据源的准确性，更重要的是确保监管数据的完整性和保密性，因此利用区块链的分布式记账特性，在监管系统中构建分布式数据库和参与者共识协议，避免了交易环节的暗箱操作和售后环节的信息不安全问题。同时，此特性使得相关联合监管流程得以同步进行，而不必等到特定时间集中审核，节省了相应的人力成本。

此外，要求每个用户在进入电子商务交易信息区块时加盖时间戳，确保了该信息的所有权和相应的责任承担，使用户能够相互监督和评价，重塑了共享经济模式下的信任关系。将信息区块首尾相连形成不可伪造和篡改的数据链，并对涉及用户个人隐私且法律监管不做要求的信息使用数据密钥技术加密，可保证数据本身的安全性和数据使用者的私密性。

【本章小结】

区块链成为当前最受瞩目的新技术。我们可以把区块链看成是一种数据库、一种分布式系统，也是一种网络底层协议。基于区块链技术的数字货币有比特币、以太币、瑞波币、比特现金等。区块链的去中心化是其最显著的特点，未来区块链会应用于任何领域，给人类生活带来极大的影响。基于区块链的操作流程改革是实现电子商务物流优化升级的核心。电子商务在整体运作过程中涉及包括电子商务企业、物流企业、消费者、供应商、政府等在内的多个主体，而这些主体通过信息和价值的相互连接共同构成了电子商务综合体系。根据各主体之间传递方式的不同，可将该体系细分为支付体系、流通体系和信用体系。

案例阅读

区块链时代须掌握区块链思维

要想抓住区块链时代的机遇，最关键的是实现认知升级，切实掌握区块链思维，这是一套融合汇聚互联网思维、金融思维、产业思维和社群思维的复杂性思维体系。驭凡教育赫赫老师在授课时指出，未来，运用区块链思维，可以"拨开前方的迷雾，穿越到未来看现在"，用"区块链+"的力量，切实帮助各行各业实现产业升级。

当前，以区块链为代表的新一代科技革命和产业变革正在重构全球创新版图，重塑世界经济格局。"区块链+产业"融合发展迈入了"千帆竞渡、百花齐放"的新阶段，为世界经济发展注入了新的动力，正在成为全球创新创业的主赛道。

驭凡教育表示，2018—2019年区块链创业公司暴增，随之带来的大量人才需求，区块链作为一个伴随技术研究发展而兴起的新领域，也受到了众多高校以及技能培训机构的重视，成为行业人才培养重点领域之一。

思维决定成败。那么，到底什么是区块链思维，区块链的人才标准和职业方向是什么？驭凡教育认为，虽然国家层面上已经为区块链站台，但是目前区块链行业人才严重不足，被业内普遍认为是影响行业发展的重要因素，这主要是由于区块链技术开发核心是将现有技术应用到新的逻辑架构中进而实现新功能。区块链人才招募难并非技术门槛高，而是同时拥有复合性技术知识和区块链实际开发经验的存量人才有限。

区块链涉及IT、通信、密码学、经济学、组织行为学等诸多知识领域，而区块链人才的关键素质在于掌握区块链思维。"想要成为区块链人才，手里要有一张地图，要搞清楚区块链的金融生态、项目生态、服务生态。同时必须以区块链的思维为基础。"驭凡教育强调。驭凡教育指出，要想成为区块链人才，最关键在于实现思维升级，切实掌握"区块链思维"。

驭凡教育认为区块链思维其实就是四种思维：一是金融思维，要深刻地理解区块链所构建的数字金融体系是什么，跟传统的金融体系区别在哪里；二是技术思维，要深刻学习和理解区块链的底层技术和思维；三是社群思维，要懂区块链所构建出的社群文化和社群群体的思维；四是产业思维，要清楚区块链技术如何与产业相结合落地应用。

纵观中国区块链产业的发展历程，虽然起步稍晚且基础设施不完善，但支持性和监管性的双重政策扶持创造了国内区块链领域的创新创业沃土，完善了该领域的人才培训机制，也极大地加快了中国区块链行业发展速度。此外，资本的加持不仅丰富了新兴产业生态，加速了传统产业升级，推进了"产业区块链"解决方案落地，也为我国争夺人才、专利和应用等高地，建设具有中国特色的区块链产业生态提供了强有力的支持。

(资料来源：搜狐科技，https://www.sohu.com/a/420299652_120390085)

案例思考：

1. 谈谈你对"区块链+"力量的看法。
2. 当前国内区块链技术发展如何？

【思考题】

1. 谈谈你对拜占庭将军问题的理解。
2. 区块链和比特币有何联系与区别？
3. 怎样看待区块链技术的发展？
4. 区块链如何与电子商务物流融合？

【实训题】

分组完成区块链+电子商务调查报告：通过现场访谈，结合图书馆、互联网搜集资料，学习区块链相关知识，并撰写调查报告，报告包含但不限于以下内容。

1. 区块链+电子商务的现状；
2. 区块链技术在电子商务中的应用场景；
3. 区块链技术在电子商务中推广的难题；
4. 区块链+电子商务的最新进展。

参考资料

[1] 白东蕊，岳云康. 电子商务概论(第4版)[M]. 北京：人民邮电出版社，2019.
[2] 蔡桢毅. 电子商务物流[M]. 北京：中国劳动社会保障出版社，2017.
[3] 陈道志，卢伟. 跨境电商实务[M]. 北京：人民邮电出版社，2018.
[4] 陈飞，叶春明，陈涛. 基于区块链的食品溯源系统设计[J]. 计算机工程与应用，2021，57(2)：60-69.
[5] 陈红松. 云计算与物联网信息融合[M]. 北京：清华大学出版社，2017.
[6] 陈梦建. 电子商务基础[M]. 北京：电子工业出版社，2020.
[7] 陈祢，陈长彬，陶安. 物联网技术在生鲜农产品冷链物流中的应用研究[J]. 价值工程，2020，39(20)：129-132.
[8] 陈旭华. 跨境电商物流理论与实务[M]. 杭州：浙江大学出版社，2020.
[9] 仇新红. 基于面向云计算与物联网技术的B2C电子商务模式思考[J]. 电子商务，2020(7)：45-46.
[10] 戴菲，徐燕. 新零售背景下生鲜农产品电商竞争优势、问题及优化策略[J]. 价格月刊，2020(2)：21-25.
[11] 董双双. 电子商务与物流[M]. 北京：科学出版社，2017.
[12] 杜军，韩子惠，焦媛媛. 互联网金融服务的盈利模式演化及实现路径研究：以京东供应链金融为例[J]. 管理评论，2019，31(8)：277-294.
[13] 方磊. 电子商务物流管理(第二版)[M]. 北京：清华大学出版社，2017.
[14] 龚强，班铭媛，张一林. 区块链、企业数字化与供应链金融创新[J]. 管理世界，2021，37(2)：22-34+3.
[15] 龚志锋，闫丰. 人机共舞[M]. 北京：机械工业出版社，2019.
[16] 郭海佳. 21世纪电子商务物流管理与新技术研究[M]. 北京：中国水利水电出版社，2017.
[17] 何黎明，张晓东，马增荣. 中国物流技术发展报告2017[M]. 北京：中国财富出版社，2017.
[18] 黄刚. 物流大生态[M]. 北京：机械工业出版社，2017.
[19] 霍艳芳，齐二石. 智慧物流与智慧供应链[M]. 北京：清华大学出版社，2020.
[20] 贾松涛，杨晓娟. 基于区块链技术的跨境电商新模式[J]. 现代商业，2021(3)：30-32.
[21] 姜红波，韩洁平，陈葵花，等. 电子商务概论(第3版)[M]. 北京：清华大学出版社，2019.
[22] 金毓，陈旭华. 跨境电商实务[M]. 北京：中国商务出版社，2017.
[23] 凯利. 数字货币时代：区块链技术的应用与未来[M]. 北京：中国人民大学出版社，2017.
[24] 康梅生. 互联网时代下电子商务与物流发展研究[M]. 成都：西南财经大学出版社，2020.
[25] 克兰兹. 物联网时代[M]. 北京：中信出版社，2018.

[26] 李家华，李方敏. 电子商务物流[M]. 北京：中国铁道出版社，2017.

[27] 李健，王亚静，冯耕中，等. 供应链金融述评：现状与未来[J]. 系统工程理论与实践，40(8)：1977-1995.

[28] 李强. "互联网+"背景下跨境电商运作模式创新研究[J]. 技术经济与管理研究，2019(3)：71-75.

[29] 李文发. 采购与供应链全流程控制与运营管理[M]. 北京：人民邮电出版社，2020.

[30] 李晓，刘正刚. 基于区块链技术的供应链智能治理机制[J]. 中国流通经济，2017(11)：34-44.

[31] 林庆. 物流3.0："互联网+"开启智能物流新时代[M]. 北京：人民邮电出版社，2017.

[32] 刘宝红. 采购与供应链管理(第3版)[M]. 北京：机械工业出版社，2019.

[33] 刘华，李瑞婷. 区块链技术下冷链物流安全性研究[M]. 北京：中国财政经济出版社，2020.

[34] 刘磊，梁娟娟，曾红武. 电子商务物流(第3版)[M]. 北京：电子工业出版社，2021.

[35] 刘鹏. 大数据[M]. 北京：电子工业出版社，2017.

[36] 刘伟，武长虹. 跨境电商综试区战略[M]. 杭州：浙江大学出版社，2019.

[37] 刘志勇，齐立云，原景成. 大数据时代我国快递业的发展现状与趋势[J]. 交通运输研究，2019，5(5)：41-48.

[38] 柳荣. 采购与供应链管理[M]. 北京：人民邮电出版社，2018.

[39] 鲁馨蔓. 电子商务物流管理与应用[M]. 北京：北京大学出版社，2019.

[40] 陆端. 跨境电子商务物流[M]. 北京：人民邮电出版社，2020.

[41] 罗杏玲. 区块链技术在物流领域中的应用探索[J]. 中国商论，2017(24)：7-8.

[42] 马健美. 互联网供应链金融破解中小企业融资困境研究[J]. 商业经济，2021(4)：62-63.

[43] 马宁. 电子商务物流管理(微课版)[M]. 北京：人民邮电出版社，2020.

[44] 马士华，林勇. 供应链管理(第6版)[M]. 北京：机械工业出版社，2020.

[45] 南熙. 智慧物流在大数据时代的发展研究[M]. 延边：延边大学出版社，2020.

[46] 农家庆. 跨境电商[M]. 北京：清华大学出版社，2020.

[47] 庞宇雄. 深度区块链[M]. 北京：北京大学出版社，2020.

[48] 朴银玥. 论大数据时代智慧物流的发展[J]. 商业经济，2021(4)：41-43+193.

[49] 商累. 电子商务物流实务[M]. 北京：机械工业出版社，2017.

[50] 邵贵平. 电子商务物流管理[M]. 北京：人民邮电出版社，2020.

[51] 盛甫斌，刘晓冰. 区块链技术在跨境贸易场景中的应用[J]. 企业管理，2021(1)：114-118.

[52] 宋华. 互联网供应链金融[M]. 北京：中国人民大学出版社，2017.

[53] 宋华. 中国供应链金融的发展趋势[J]. 中国流通经济，2019，33(3)：3-9.

[54] 孙克武. 电子商务物流与供应链管理[M]. 北京：中国铁道出版社，2017.

[55] 孙韬. 跨境电子商务与国际物流：机遇、模式及运作[M]. 北京：电子工业出版社，2020.

[56] 汪传雷，万一荻，秦琴，等. 基于区块链的供应链物流信息生态圈模型[J]. 情报理论与实践，2017，40(7)：115-121.

[57] 王喜福. 区块链与智慧物流[M]. 北京：电子工业出版社，2020.

[58] 肖旭. 跨境电商实务(第3版)[M]. 北京：中国人民大学出版社，2020.

[59] 许应楠. 电子商务基础[M]. 北京：人民邮电出版社，2020.

[60] 杨宝华，陈昌. 区块链原理、设计与应用[M]. 北京：机械工业出版社，2017.

[61] 杨静. 区块链在冷链物流上应用的探讨[J]. 物流工程与管理，2021，43（1）：91-93.

[62] 杨路明. 电子商务物流管理（第2版）[M]. 北京：机械工业出版社，2020.

[63] 杨明，杨鑫，马明勇. 互联网视角下供应链金融的新发展[J]. 金融发展研究，2021（2）：73-79.

[64] 殷延海. 互联网+物流配送[M]. 上海：复旦大学出版社，2019.

[65] 于戈，聂铁铮，李晓华，等. 区块链系统中的分布式数据管理技术：挑战与展望[J]. 计算机学报，2021，44（1）：28-54.

[66] 郁道华，林菊玲，杜宗晟. 电子商务与现代物流[M]. 合肥：安徽大学出版社，2019.

[67] 喻跃梅. 电子商务概论（第3版）[M]. 北京：电子工业出版社，2021.

[68] 张铎. 电子商务物流管理[M]. 北京：高等教育出版社，2020.

[69] 张瀚艺. 基于区块链的我国农产品电子商务发展路径探讨[J]. 商业经济研究，2017（12）：96-98.

[70] 张静. 自由贸易港（区）跨境电商平台对接的法律保障[J]. 湖北经济学院学报（人文社会科学版），2020，17（9）：74-76.

[71] 张军玲. 电子商务物流管理[M]. 北京：电子工业出版社，2017.

[72] 张娴. 跨境电子商务物流管理[M]. 北京：高等教育出版社，2020.

[73] 张晓. 大数据对供应链物流管理发展影响[J]. 中国商论，2020（24）：47-48.

[74] 张衍斌. 基于区块链的电子商务信息生态系统模型研究[J]. 图书馆学研究，2018（6）.

[75] 张衍斌. 以区块链技术构建中欧跨境电子商务生态圈[J]. 中国流通经济，2018（2）.

[76] 张艳. 电子商务与物流管理[M]. 北京：中国纺织出版社，2018.

[77] 张雨钊. 论区块链视角下电商平台体系的构建及应用[J]. 中国商论，2021（4）：26-28.

[78] 张远，供应链视角下电子商务企业物流成本的管理与控制[M]. 北京：水利水电出版社，2019.

[79] 赵国利. 农产品冷链物流发展现状及对策研究文献综述[J]. 农业与技术，2021，41（2）：178-180.

[80] 郑秀田. 跨境电子商务概论[M]. 北京：人民邮电出版社，2021.

[81] 周长青. 电子商务物流[M]. 重庆：重庆大学出版社，2017.

[82] 周频，李燕璇. 基于电子商务平台的供应链金融融资模式风险控制分析[J]. 经贸实践，2017（5）.

[83] 周艳红. 供应链金融研究综述[J]. 电子商务，2020（2）：56-57+84.

[84] 朱美虹. 电子商务与现代物流[M]. 北京：中国人民大学出版社，2018.

[85] 朱孟高. 电子商务物流管理[M]. 北京：电子工业出版社，2020.

[86] 朱兴雄，何清素，郭善琪. 区块链技术在供应链金融中的应用[J]. 中国流通经济，2018，32（3）：111-119.